ARQUITETURA DE INTERIORES
ILUSTRADA

FRANCIS D. K. CHING é Professor Emérito de Arquitetura na Universidade de Washington. É autor ou co-autor de inúmeros livros de arquitetura e projeto, incluindo *Desenho para Arquitetos* (2ª Edição), *Edificações Sustentáveis Ilustradas*, *Introdução à Arquitetura*, *Representação Gráfica em Arquitetura* (6ª Edição), *Sistemas Estruturais Ilustrados* (2ª Edição), *Técnicas de Construção Ilustradas* (5ª Edição) e *Uma História Universal da Arquitetura* (3ª Edição), todos publicados pela Bookman Companhia Editora.

CORKY BINGGELI, ASID, é sócia da Corky Binggeli Interior Design, em Boston, e leciona no Instituto de Tecnologia Wentworth, de Boston, e na Faculdade de Arquitetura de Boston. Ela é membro do ASID e ex-presidente do ASID – Nova Inglaterra, e autora de *Graphic Standards Field Guide to Commercial Interiors*; *Materials for Interior Environments* e *Building Systems for Interior Designers*; e coeditora de *Interior Graphic Standards, Second Edition*.

```
C539a   Ching, Francis D. K.
            Arquitetura de interiores ilustrada / Francis D. K. Ching,
        Corky Binggeli ; tradução: Alexandre Salvaterra. – 4. ed. –
        Porto Alegre : Bookman, 2019.
            vi, 390 p. : il. ; 28 cm.

            ISBN 978-85-8260-515-8

            1. Arquitetura. 2. Arquitetura de interiores. I. Binggeli,
        Corky. II. Título.

                                                    CDU 72.012.8
```

Catalogação na publicação: Karin Lorien Menoncin – CRB 10/2147

FRANCIS D.K. CHING
CORKY BINGGELI

ARQUITETURA DE INTERIORES
ILUSTRADA

QUARTA EDIÇÃO

Tradução

Alexandre Salvaterra
Arquiteto e urbanista pela Universidade Federal do Rio Grande do Sul

Porto Alegre
2019

Obra originalmente publicada sob o título *Interior Design Illustrated*, 4th Edition
ISBN 9781119377207 / 111937720X

All Rights Reserved. This translation published under license with the original publisher John Wiley & Sons, Inc.
Copyright © 2018.

Gerente editorial: *Arysinha Jacques Affonso*

Colaboraram nesta edição:

Coordenadora editorial: *Denise Weber Nowaczyk*

Capa: *Márcio Monticelli* (arte sobre capa original)

Leitura final: *Amanda Jansson Breitsameter*

Editoração: *Clic Editoração Eletrônica Ltda*

Reservados todos os direitos de publicação, em língua portuguesa, à
BOOKMAN EDITORA LTDA., uma empresa do GRUPO A EDUCAÇÃO S.A.
Av. Jerônimo de Ornelas, 670 – Santana
90040-340 – Porto Alegre – RS
Fone: (51) 3027-7000   Fax: (51) 3027-7070

É proibida a duplicação ou reprodução deste volume, no todo ou em parte, sob quaisquer
formas ou por quaisquer meios (eletrônico, mecânico, gravação, fotocópia, distribuição na Web
e outros), sem permissão expressa da Editora.

Unidade São Paulo
Rua Doutor Cesário Mota Jr., 63 – Vila Buarque
01221-020 São Paulo SP
Fone: (11) 3221-9033

SAC 0800 703-3444 – www.grupoa.com.br

IMPRESSO NO BRASIL
PRINTED IN BRAZIL

Prefácio

Passamos a maior parte de nossas vidas dentro de edificações, nos espaços internos criados pelas estruturas e pelas cascas das edificações. Esses espaços internos fornecem o contexto para a maioria de nossas atividades e dão substância e vida à arquitetura que as abriga. Este texto introdutório é um estudo visual sobre a natureza e o projeto desses ambientes internos.

O objetivo deste manual é apresentar aos estudantes de arquitetura de interiores os elementos fundamentais que constituem nossos ambientes internos. Ele apresenta de modo sucinto as características de cada elemento e mostra as escolhas disponíveis para seleção e arranjo dessas características em padrões de projeto. Nessa escolha, são enfatizados os elementos básicos e os princípios de projeto e como as relações de projeto determinam as características funcionais, estruturais e estéticas dos espaços internos.

Esta quarta edição conserva a organização da terceira, com textos e ilustrações atualizados e acrescentados para tratar das normas de sustentabilidade, do uso de recursos e dos avanços recentes. A seção sobre iluminação reflete a prática de projeto, os estilos de lâmpadas e luminárias e a conservação de energia da atualidade, dando destaque ao uso crescente dos diodos emissores de luz, os LEDs. A seção sobre móveis e acessórios responde às mudanças nos ambientes de trabalho. Novas abordagens em relação a residências respondem às mudanças nos ambientes de trabalho e à popularização dos *home offices* e do teletrabalho. Entre os novos tópicos sobre residências estão as unidades de habitação acessórias e as torneiras automáticas. As normas e os códigos incluem as exigências atuais do International Code Council (ICC Conselho do Código de Edificações dos Estados Unidos) e da ADA (Lei para os Norte-Americanos com Deficiência). Finalmente, a Bibliografia e o Glossário foram atualizados.

Essa investigação das maneiras e dos meios de desenvolvimento dos ambientes internos começa com o espaço propriamente dito, uma vez que é a matéria-prima com a qual os arquitetos de interiores devem trabalhar.

Capítulo 1 – O Espaço Interno parte de uma discussão genérica do espaço na arquitetura, segue em direção às características particulares do espaço interno em três dimensões e apresenta os componentes essenciais de uma edificação. Também é abordada a reciclagem de uso em edificações existentes e a circulação dentro dos prédios.

Capítulo 2 – A Arquitetura de Interiores apresenta as linhas gerais para traduzir as necessidades e exigências do programa de necessidades em decisões tridimensionais de projeto. Introduz-se a arquitetura de interiores, bem como o projeto em edificações existentes e a preservação histórica. O uso de produtos artesanais e a resiliência dos prédios são tratados. Os tópicos incluem o projeto para uma população em envelhecimento e para as crianças, bem como os espaços de trabalho compartilhado (*coworking*). Os sistemas de certificação em sustentabilidade aplicados às edificações também foram atualizados. As impressões tridimensionais e a realidade virtual são apresentadas.

Capítulo 3 – Um Vocabulário de Projeto explora os elementos e princípios fundamentais do projeto visual e aplica cada um deles ao campo único do projeto de interiores. São apresentadas novas informações sobre os fotorreceptores na retina dos mamíferos e as estratégias para enfatizar a iluminação e as cores conjuntamente.

Capítulo 4 – Componentes Construtivos de Interiores descreve as principais características dos elementos internos e discute como cada um deles afeta o desenvolvimento funcional e estético dos espaços internos. São introduzidas novas opções nos sistemas de paredes de vidro e a importância das vistas da natureza. A cobertura dos elevadores é ampliada para incluir os elevadores sem casa de máquinas.

Capítulo 5 – Instalações Prediais apresenta as linhas gerais dos sistemas de controle dos ambientes internos que devem estar integrados com a estrutura de uma edificação e o leiaute dos espaços internos. É abordado o papel do arquiteto de interiores na informação dos clientes quanto às instalações e aos sistemas prediais. Foram atualizados os tipos de aparelhos sanitários, bem como as informações sobre sistemas elétricos sem fio. Também foram incluídas informações sobre os problemas relacionados ao uso de retardantes de chamas.

Capítulo 6 – A Iluminação e a Acústica trata da dinâmica e sempre presente interação da luz e do som com os ambientes internos. São abordadas as mudanças recentes no processo de projeto de iluminação e aproveitamento da luz natural, incluindo o uso crescente de LEDs e sensores de iluminação. As mudanças no uso de lâmpadas incandescentes, fluorescentes e de descarga de alta intensidade também são tratadas. São discutidas as mudanças correntes na indústria da iluminação. Também é incluída a integração do projeto acústico nas práticas de arquitetura de interiores, bem como a importância da privacidade acústica e do mascaramento de sons.

Capítulo 7 – Materiais de Acabamento introduz a palheta empregada pelos arquitetos de interiores para modificar os elementos de arquitetura dos espaços internos. É ampliada a consideração dos critérios funcionais a fim de incluir as propriedades hidrofóbicas. Os pisos acabados agora cobrem o problema da descarga eletrostática (ESD). Amplia-se a cobertura de pisos de bambu, granitina e almofadas de carpete, e atualiza-se as informações sobre a reciclagem de carpetes. Adiciona-se a cobertura dos painéis de madeira compostos, do aglomerado, do MDF e dos produtos feitos com painéis tridimensionais formados a vácuo; e aumenta-se o número de informações sobre as tintas com chumbo. Agora a cobertura sobre tetos também inclui os forros do tipo nuvem ou em placas retangulares isoladas.

Capítulo 8 – Móveis e Acessórios discute os tipos básicos de móveis soltos e embutidos e suas relações com o ambiente construído. Os novos tópicos incluem a cobertura dos móveis e acessórios fabricados para cruzar a barreira entre produtos residenciais e comerciais, inclusive aqueles desenhados evitando-se insumos indesejáveis. São tratadas as declarações dos produtos quanto à saúde dos usuários (Health Product Declarations – HPDs), as mesas para se trabalhar em pé, as novidades na proteção solar e as peças artesanais.

Como a arquitetura de interiores é em grande parte uma arte visual, são amplamente utilizados desenhos para transmitir informações, expressar ideias e especular possibilidades. Algumas das ilustrações são bastante abstratas; outras são mais específicas e particulares. Todas, no entanto, devem ser vistas essencialmente como diagramas que servem para demonstrar os princípios de projeto ou para esclarecer as relações existentes entre os elementos de um projeto.

O objetivo da educação sobre arquitetura de interiores é preparar os estudantes para serem profissionais responsáveis, bem informados e proficientes, que criem espaços belos, seguros e confortáveis, que respeitem a Terra e seus recursos. O campo de projeto de interiores abrange tanto o projeto visual e funcional quanto o conhecimento básico dos materiais construtivos, da construção e da tecnologia. Essa introdução à arquitetura de interiores tem, portanto, um amplo escopo. A intenção, contudo, é tratar o assunto com clareza, torná-lo tão acessível quanto possível e estimular estudos e pesquisas mais aprofundados.

Sumário

1   **O Espaço Interno** 1

2   **A Arquitetura de Interiores** 35

3   **Um Vocabulário de Projeto** 91

4   **Componentes Construtivos de Interiores** 155

5   **Instalações Prediais** 227

6   **A Iluminação e a Acústica** 255

7   **Materiais de Acabamento** 297

8   **Móveis e Acessórios** 329

    Bibliografia 369

    Glossário 371

    Índice 375

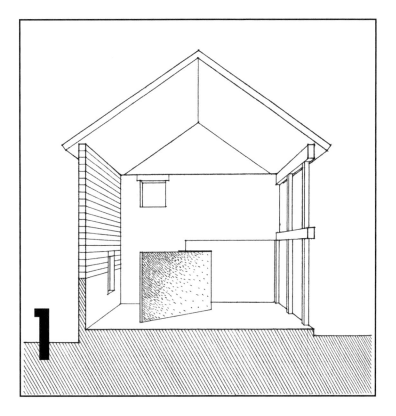

O Espaço Interno

O ESPAÇO

O espaço é um ingrediente primordial na palheta do projetista e o elemento puro da arquitetura de interiores. Pelo volume espacial, não somente nos movemos, mas também vemos formas, ouvimos sons, sentimos brisas agradáveis, o calor do sol e as fragrâncias das flores que desabrocham. O espaço herda as características sensuais e estéticas dos elementos em seu entorno.

O espaço não é uma matéria concreta como a pedra ou a madeira. É um vapor inerentemente difuso e sem forma. O espaço universal não tem definição. Uma vez que um elemento é colocado em seu campo, contudo, é estabelecida uma relação visual. À medida que outros elementos são introduzidos no campo, diversas relações se estabelecem entre o espaço e os elementos, bem como entre os próprios elementos. O espaço é então formado por nossa percepção de tais relacionamentos.

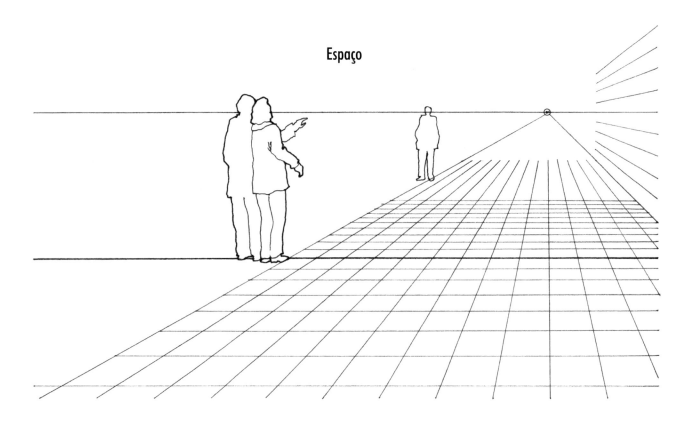

Espaço

O ESPAÇO NA ARQUITETURA

Os elementos geométricos — o ponto, a linha, o plano e o volume — podem ser dispostos de modo a diferenciar e definir o espaço. Na arquitetura, tais elementos fundamentais se tornam elementos lineares (pilares e vigas) e planos (paredes, pisos e coberturas).

- Um pilar marca um ponto no espaço e o torna visível em três dimensões.
- Dois pilares definem uma membrana espacial através da qual podemos passar.
- Apoiando uma viga, os pilares delineiam as bordas de um plano transparente.
- Uma parede, um plano opaco, marca uma porção de espaço amorfo e separa o "aqui" e o "ali".
- Um piso define um campo espacial com limites territoriais.
- Uma cobertura abriga o volume espacial sob ela.

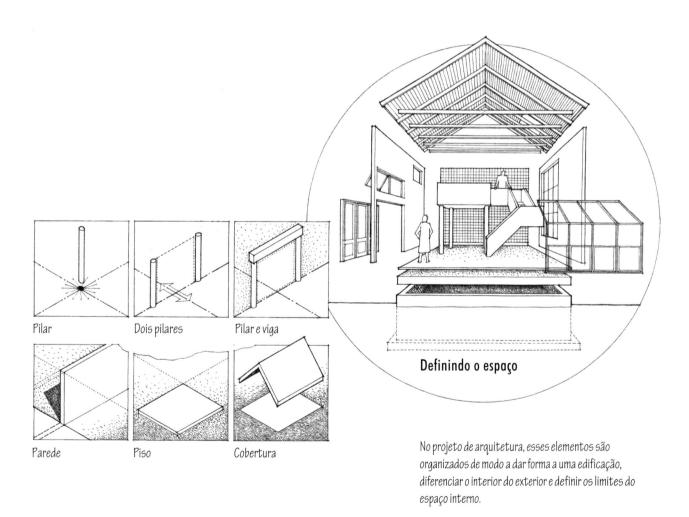

Pilar   Dois pilares   Pilar e viga

Parede   Piso   Cobertura

Definindo o espaço

No projeto de arquitetura, esses elementos são organizados de modo a dar forma a uma edificação, diferenciar o interior do exterior e definir os limites do espaço interno.

4   O ESPAÇO EXTERNO

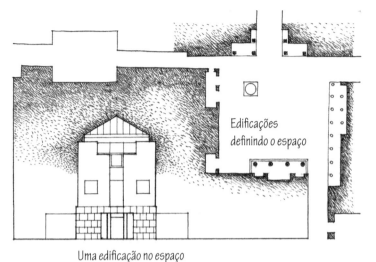

Uma edificação no espaço

Edificações definindo o espaço

A forma, a escala e a organização espacial de uma edificação são a resposta do projetista a uma gama de condições — exigências funcionais, aspectos técnicos da *estrutura* e da execução, realidades econômicas, características expressivas da imagem e do estilo. Além disso, a arquitetura de uma edificação deve respeitar o contexto físico de seu terreno e do espaço externo.

Uma edificação pode se relacionar com o terreno de diversas formas. Ela pode se mimetizar com o entorno ou dominá-lo. Ela pode fechar e capturar uma porção do espaço externo. Uma de suas faces pode ser configurada de forma a responder a uma característica do lote ou definir um limite no espaço externo. Em cada caso, deve-se dar a atenção adequada ao relacionamento potencial entre o espaço interno e o externo, definido pela natureza das paredes externas de uma edificação.

As edificações afetam e são afetadas pelas condições de seus terrenos e do ambiente que as cerca. A seleção e a ocupação de terrenos para reduzir os danos sobre estes, o escoamento superficial de águas pluviais, os efeitos de ilha térmica e a poluição luminosa contribuem para o *projeto sustentável*.

Edificações

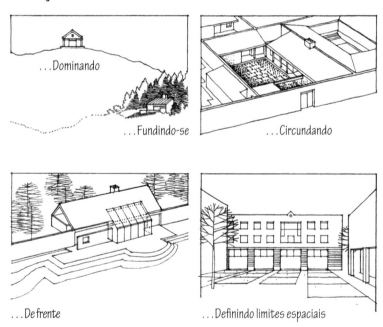

...Dominando
...Fundindo-se
...Circundando
...De frente
...Definindo limites espaciais

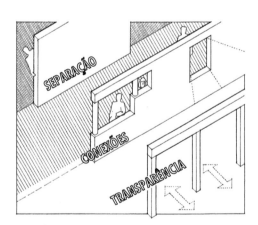

Paredes externas

DO EXTERIOR PARA O INTERIOR

As paredes externas de uma edificação constituem a interface entre nossos ambientes internos e externos. Ao definir tanto o espaço interno quanto o externo, elas determinam o caráter de cada um deles. Podem ser grossas e pesadas e expressar uma distinção clara entre um ambiente interno controlado e o espaço externo do qual ele é isolado. Mas elas também podem ser finas ou mesmo transparentes e tentar fundir o interior com o exterior.

Os vãos de portas e janelas, as aberturas que penetram as paredes externas de uma edificação, são transições espaciais entre o exterior e o interior. Sua escala, caráter e composição frequentemente nos dizem algo sobre a natureza dos espaços internos que estão entre elas.

Espaços especiais de transição, ao pertencer tanto ao mundo externo quanto ao interno, podem ser empregados para mediar os dois ambientes. Entre os exemplos familiares estão varandas, terraços e galerias arcadas.

Muitas casas unifamiliares têm degraus em todas as entradas, que se tornam barreiras para pessoas com limitações físicas. A *visitabilidade* é um movimento pela construção de novas casas que possam ser imediatamente ocupadas e visitadas por pessoas com problemas de mobilidade.

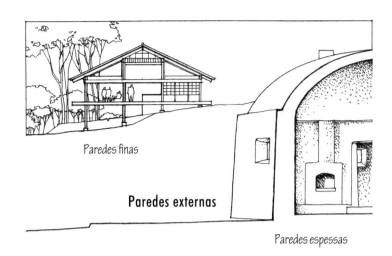

Paredes finas

Paredes externas

Paredes espessas

Transições espaciais

6 O ESPAÇO INTERNO

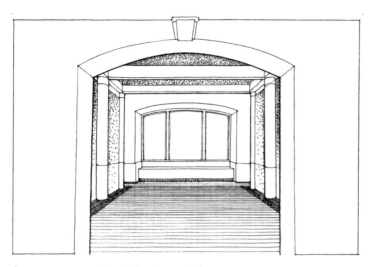

Os acessos marcam a transição entre aqui e lá.

Ao ingressar em uma edificação, temos a sensação de proteção e fechamento. Essa percepção depende da delimitação que resulta dos planos de pisos, paredes e tetos do espaço interno. Esses são elementos de arquitetura que definem os limites físicos dos recintos. Eles fecham os espaços, ressaltam seus limites e os separam dos espaços internos adjacentes e do exterior.

Pisos, paredes e tetos fazem mais do que delimitar uma simples quantidade de espaço. Suas formas, configurações e padrões de aberturas de janelas e portas também imprimem no recinto certas características arquitetônicas e espaciais. Usamos termos como saguão, sótão, solário e alcova não somente para descrever o quanto grande ou pequeno é um ambiente, mas também para caracterizar sua escala e proporção, seu tipo de iluminação e a natureza das superfícies que o fecham e a forma como ele se relaciona com os espaços adjacentes.

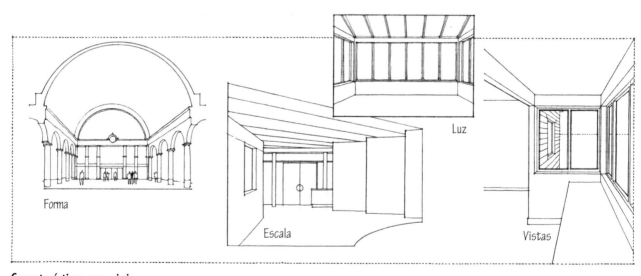

Características espaciais

O ESPAÇO INTERNO

A arquitetura de interiores necessariamente ultrapassa a definição de espaço na arquitetura. Ao planejar o leiaute, o mobiliário e o enriquecimento do espaço, o arquiteto de interiores deve estar muito consciente de seu caráter na arquitetura, assim como de seu potencial de modificação e melhoria. O projeto de espaços internos requer, portanto, uma compreensão de como eles são formados por meio dos sistemas construtivos da *estrutura* e das *vedações*. Com tal entendimento, o arquiteto de interiores pode efetivamente escolher entre desenvolver, continuar ou mesmo apresentar um contraponto às características essenciais de um espaço na arquitetura.

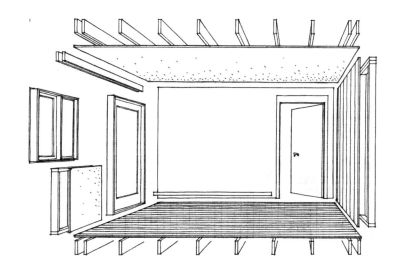

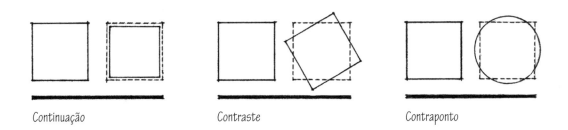

Continuação   Contraste   Contraponto

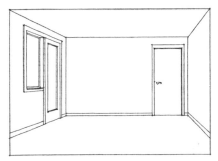

A casca básica

...modificada arquitetonicamente

...ou por meio da arquitetura de interiores

O espaço interno

8 ESTRUTURANDO O ESPAÇO

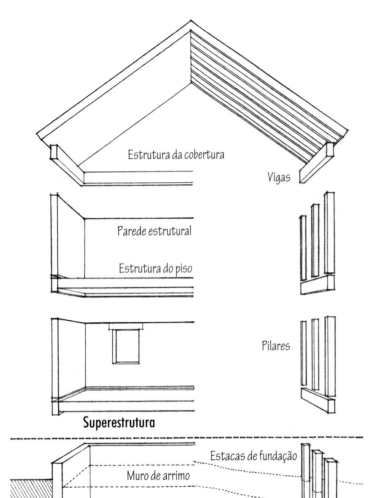

Superestrutura

Fundações

As edificações consistem basicamente em sistemas físicos de estrutura, vedações e instalações.

Sistema estrutural
- A superestrutura é a extensão vertical do sistema de fundação e consiste em pilares, vigas e paredes portantes que sustentam as estruturas de piso e cobertura.
- O sistema de fundação é a subestrutura que forma a base de uma edificação, ancora-a firmemente ao solo e sustenta os elementos construtivos e os espaços acima.

Esses sistemas devem trabalhar em conjunto para sustentar os seguintes tipos de cargas:

Cargas mortas: O modo como uma edificação é construída determina sua *carga morta*, que é carga vertical estática que abrange o peso de seus componentes estruturais e não estruturais, incluindo todos os equipamentos permanentemente fixos à estrutura.

Cargas vivas: O modo como uma edificação é utilizada determina sua *carga viva*, a qual é carga móvel ou que pode ser removida e que compreende o peso de seus usuários e de equipamentos e acessórios móveis. Em climas frios ou úmidos, a água e a neve acumuladas representam uma carga viva adicional a uma edificação.

Cargas dinâmicas: O local onde uma edificação se localiza determina sua capacidade de resistência a uma *carga dinâmica*. Esse tipo de solicitação pode mudar repentinamente em virtude da ação do vento ou de um terremoto.

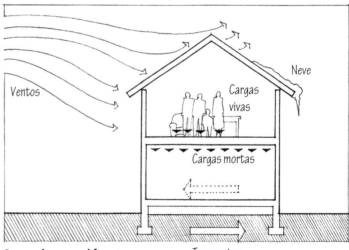

Cargas de uma edificação

Sistema de vedações externas

- As *vedações externas* de uma edificação consistem nas paredes externas, janelas, portas e cobertura, que protegem e abrigam os espaços internos do ambiente externo.
- As paredes internas, as divisórias e os tetos subdividem e definem o espaço interno. Muitos desses componentes são de natureza não estrutural e transferem outras cargas além de seu próprio peso.

Instalações prediais

- As instalações fornecem os serviços essenciais a uma edificação, como o aquecimento, a ventilação e a climatização de espaços internos.
- O sistema hidrossanitário fornece água própria para consumo humano e combate a incêndio e elimina o esgoto.
- Os sistemas elétricos controlam e distribuem energia para iluminação, equipamentos, segurança, comunicação e transporte vertical.

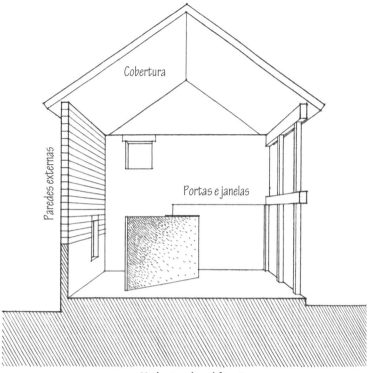

Vedações da edificação

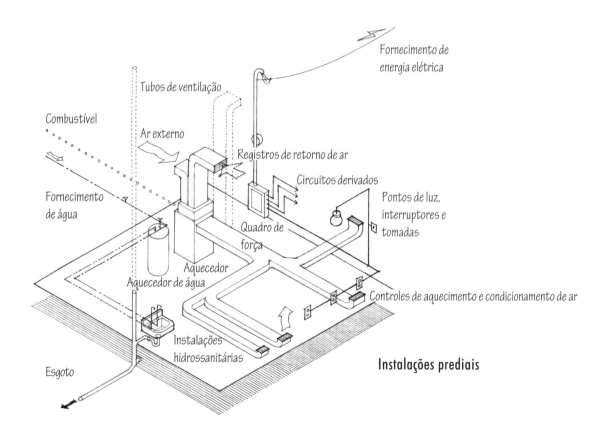

Instalações prediais

SISTEMAS ESTRUTURAIS

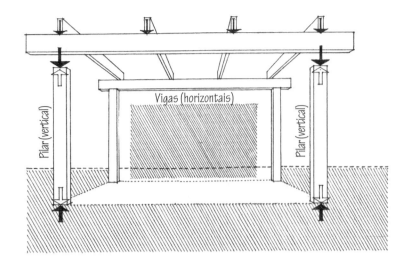

O sistema estrutural de uma edificação é formado conforme a geometria de seus materiais e como estes reagem às forças aplicadas sobre eles. Essa geometria e forma estrutural, por sua vez, influenciam as dimensões, a proporção e o arranjo dos espaços internos do volume construído.

Os dois elementos estruturais lineares básicos são o pilar e a viga. Um *pilar* é um apoio vertical que transmite para baixo forças de compressão, ao longo de seu fuste. Quanto mais espesso for o pilar em relação a sua altura, maior será sua capacidade de suportar carga e sua habilidade de resistir à flambagem que resulta de cargas excêntricas ou de *forças laterais*.

Uma *viga* é um elemento horizontal que transmite a seus apoios forças perpendiculares ao longo de sua extensão. Uma viga está sujeita a flexão e deflexão resultantes de uma combinação interna de forças de compressão e tensão. Essas forças são proporcionalmente maiores ao longo das porções superiores e inferiores da seção transversal da viga. O aumento da altura da viga e da quantidade de material nos locais onde as forças são maiores otimizam o desempenho de uma viga.

A. Os pilares estão sujeitos à compressão.
B. Os pilares esguios podem sofrer flambagem.
C. Os pilares grossos podem ser comprimidos ou
D. No caso da madeira ou do concreto, podem gretar ou fraturar.

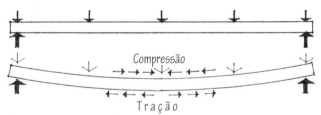

As vigas estão sujeitas à flexão.

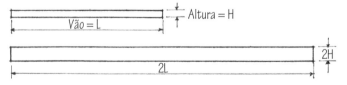

O aumento da altura de uma viga permite que ela vença vãos maiores.

SISTEMAS ESTRUTURAIS LINEARES

Os pilares marcam pontos no espaço e definem uma medida para as divisões horizontais da edificação. As vigas fazem conexões estruturais e visuais através do espaço entre seus apoios. Juntos, pilares e vigas formam uma estrutura que funciona como esqueleto em torno dos volumes interconexos no espaço.

Enquanto um sistema estrutural linear pode sugerir uma malha de espaços repetitivos, são necessários pisos, paredes e planos de teto para sustentar e fechar o ambiente interno. Pisos e planos de teto, que definem os limites verticais do espaço, podem consistir em lajes planas ou de um arranjo hierarquizado de *vigas mestras* (grandes vigas, as principais) com *vigas* e *barrotes* (uma série de vigas menores, paralelas entre si). As paredes e as divisões não precisam ser portantes (estruturais) nem estar alinhadas com os pilares de uma estrutura, exceto quando funcionarem como *paredes de cisalhamento* e derem estabilidade estrutural. Elas são livres para definir as dimensões horizontais do espaço, de acordo com necessidades, desejos ou circunstâncias.

Os sistemas estruturais lineares são cumulativos por natureza e eminentemente flexíveis. Permitem ampliações, modificações e adaptações de espaços individuais a usos específicos.

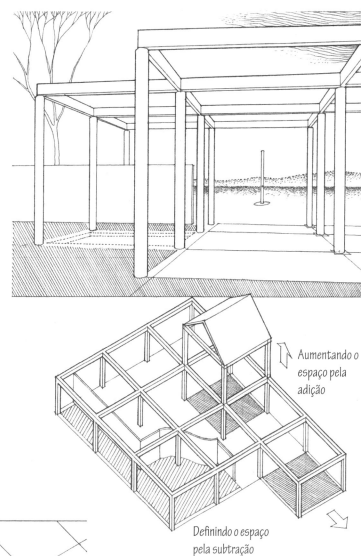

Aumentando o espaço pela adição

Definindo o espaço pela subtração

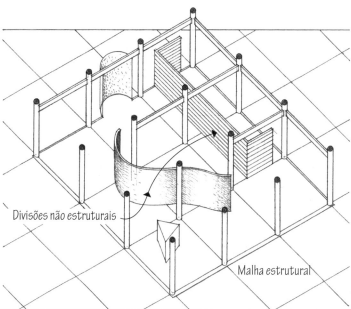

Divisões não estruturais

Malha estrutural

12 SISTEMAS ESTRUTURAIS PLANOS

Os dois tipos principais de elementos estruturais planos são a *parede estrutural* (ou portante) e a laje horizontal. Uma parede estrutural age como um longo e fino pilar na transmissão de forças de compressão a seus apoios e às fundações.

Aberturas de portas e janelas em uma parede estrutural tendem a afetar sua integridade estrutural. Qualquer abertura deve ser vencida por um arco ou uma pequena viga ou verga, que suporta a carga da parede acima e permite que as forças de compressão se distribuam em torno da abertura em direção às seções adjacentes da parede.

Um padrão comum de paredes portantes é um leiaute ortogonal de barrotes de piso e caibros de telhado ou de lajes horizontais. Para estabilidade lateral, *pilastras* e paredes transversais são frequentemente utilizadas para auxiliar no contraventamento das paredes estruturais.

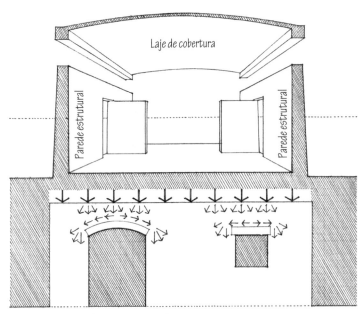

Pequenas vigas ou vergas são necessárias para vencer vãos em paredes estruturais.

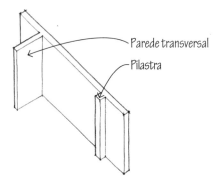

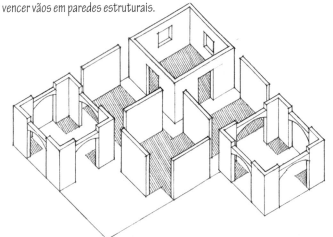

Vários graus de fechamento espacial são possíveis com o uso de paredes, dependendo do tamanho e da localização das aberturas em seus planos.

Enquanto os elementos estruturais delineiam as bordas dos volumes espaciais, elementos planos como paredes estruturais definem os limites físicos do espaço. Eles fornecem uma sensação real de fechamento e servem como barreiras contra o clima.

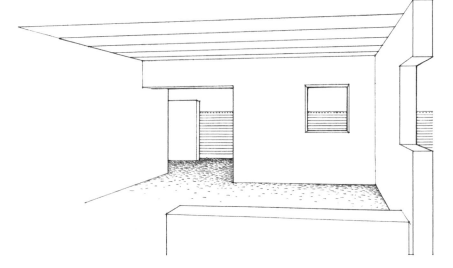

SISTEMAS ESTRUTURAIS PLANOS   13

Uma laje é um plano horizontal rígido, geralmente monolítico. Um exemplo comum é a laje de concreto armado. Uma laje tem a capacidade de suportar cargas concentradas e distribuídas, pois as forças resultantes podem ser distribuídas pelo plano da laje e alcançar os apoios por diversos caminhos.

Quando apoiada em duas bordas, uma laje pode ser considerada uma viga larga e baixa que se desenvolve em uma direção. Apoiada em quatro lados, uma laje se torna um elemento estrutural armado em duas direções. Para maior eficiência e redução de seu peso, uma laje pode ter sua seção modificada, incorporando nervuras.

Quando inteiramente conectadas a pilares de concreto armado, as lajes planas podem ser apoiadas sem vigas. Elas formam camadas horizontais de espaços que são perfuradas apenas pelos fustes dos pilares de apoio.

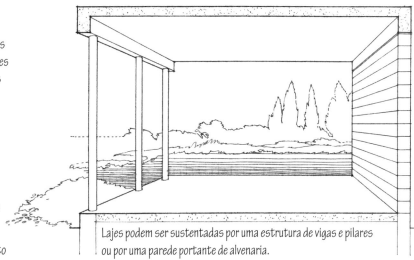

Lajes podem ser sustentadas por uma estrutura de vigas e pilares ou por uma parede portante de alvenaria.

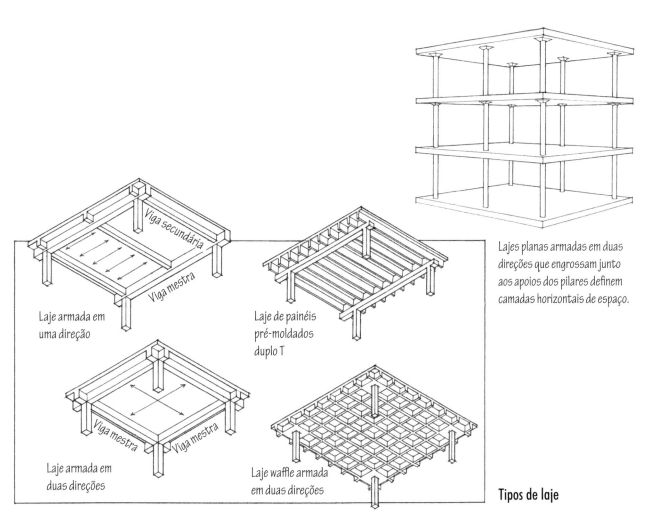

Lajes planas armadas em duas direções que engrossam junto aos apoios dos pilares definem camadas horizontais de espaço.

Laje armada em uma direção

Laje de painéis pré-moldados duplo T

Laje armada em duas direções

Laje waffle armada em duas direções

Tipos de laje

14 SISTEMAS ESPACIAIS ESPECIAIS

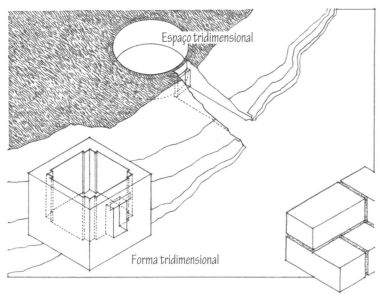

Um sistema estrutural espacial consiste em uma massa tridimensional. A massa do material ocupa o vácuo no espaço. Ao se retirar a massa interna, esculpe-se o espaço interno. Devido à eficiência dos métodos construtivos e à resistência dos materiais de construção modernos, hoje os sistemas estruturais volumétricos puros são bastante raros, embora o projeto e desenho assistido por computador (CAD) esteja mudando os paradigmas — um bom exemplo é a Sala de Concertos Walt Disney, projetada por Frank Gehry. Em pequena escala, no entanto, as unidades de alvenaria (tijolos ou pedras) podem ser consideradas elementos estruturais espaciais. Em uma escala maior, qualquer construção que fecha espaços internos pode ser vista como uma estrutura tridimensional que deve ter resistência em largura, comprimento e altura.

Sala de Concertos Walt Disney, Los Angeles, Califórnia, Frank Gehry, 2003

Sistemas compostos combinam elementos lineares, planos e volumétricos em composições tridimensionais de forma e espaço.

SISTEMAS ESTRUTURAIS COMPOSTOS   15

A maior parte dos sistemas estruturais é, na verdade, composições de elementos lineares, planos e volumétricos. Nenhum sistema é sempre superior a todos os outros; depende da situação. Para o projetista de estruturas, cada um apresenta vantagens e desvantagens, conforme o tamanho, a localização e o uso a que se destina a edificação. Um arquiteto de interiores deve estar consciente do caráter dos espaços internos que cada sistema define.

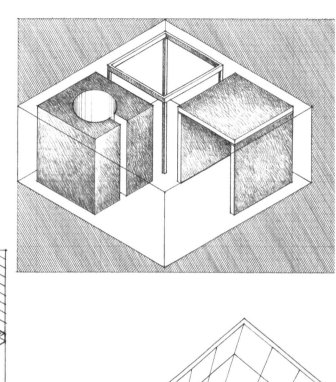

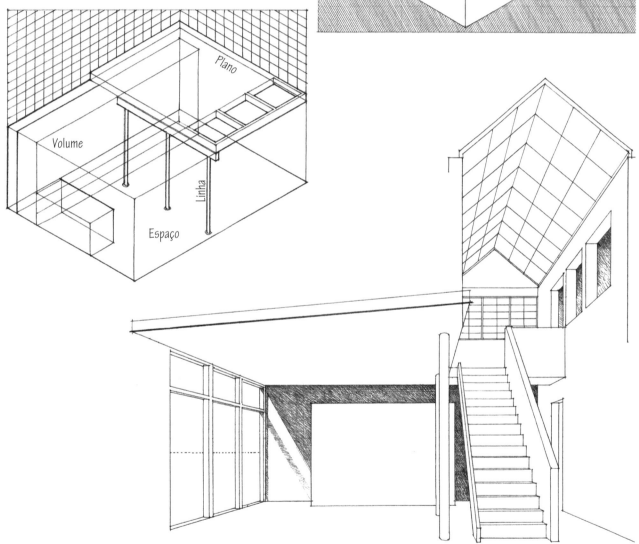

16 CONFIGURANDO O ESPAÇO INTERNO

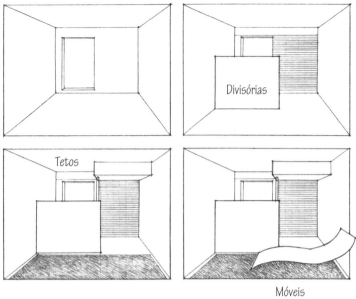

Embora o sistema estrutural de uma edificação determine a forma básica e o padrão de seus espaços internos, esses espaços são, em última análise, estruturados pelos elementos de arquitetura de interiores. O termo "estruturados" aqui não se refere a suporte físico, mas sim à seleção e ao arranjo de elementos internos de modo que suas relações visuais definam e organizem o espaço interno de um recinto.

Divisórias não estruturais e tetos suspensos são frequentemente empregados para definir ou modificar o espaço interno de uma estrutura ou de uma pele de uma edificação.

A cor, a *textura* e o *padrão* das superfícies de paredes, pisos e tetos afetam nossa percepção de suas posições relativas no espaço e nossa consciência das dimensões, escalas e proporções de um recinto.

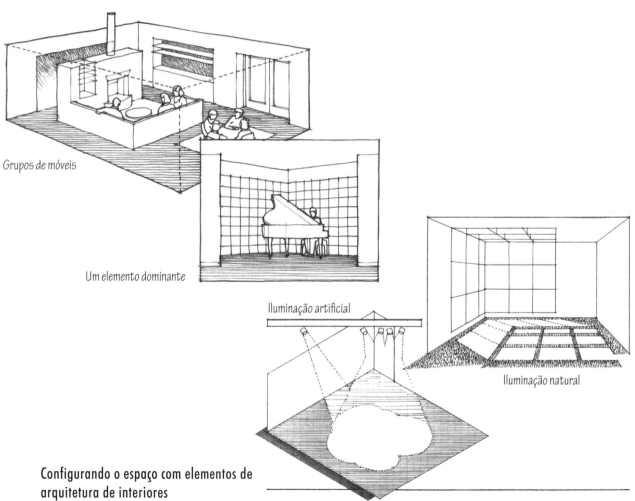

Configurando o espaço com elementos de arquitetura de interiores

CONFIGURANDO O ESPAÇO INTERNO 17

Dentro de um espaço maior, a forma e o arranjo dos acessórios podem dividir áreas, criar uma sensação de fechamento e definir padrões espaciais.

A iluminação e os padrões de claro/escuro criados por ela podem direcionar nossa atenção a determinada área de uma sala, tirar a ênfase de outras áreas e, portanto, criar divisões espaciais.

Até mesmo a natureza acústica das superfícies de um ambiente podem afetar os limites aparentes de um espaço. Superfícies macias e absorventes abafam sons e podem diminuir nossa percepção das dimensões físicas de um recinto. Superfícies duras que refletem sons em um recinto ajudam a definir seus limites físicos. Ecos podem sugerir um grande volume.

Enfim, o espaço é estruturado da forma como o usamos. A natureza de nossas atividades e os rituais que desenvolvemos em sua realização influenciam como planejamos, dispomos e organizamos o espaço interior.

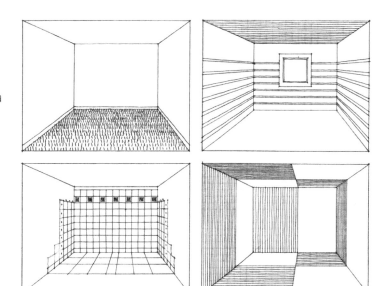

Cor, textura e padrão

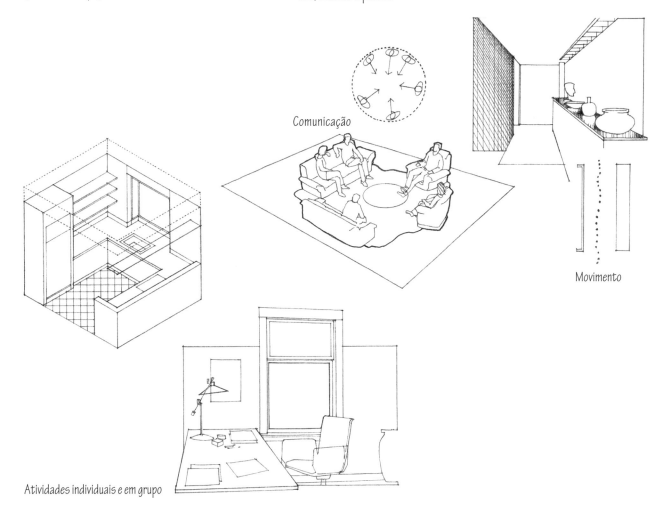

Comunicação

Movimento

Atividades individuais e em grupo

18 A FORMA ESPACIAL

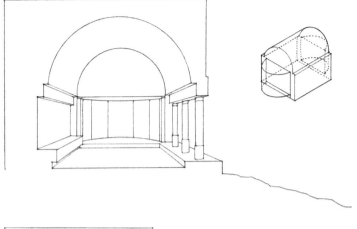

Os espaços internos são formados primeiramente pelo sistema estrutural de uma edificação, depois definidos pelos planos de paredes e tetos e então relacionados a outros espaços por meio de janelas e portas. Cada edificação tem um padrão reconhecível desses elementos e sistemas. Cada padrão tem uma geometria inerente que molda ou entalha um volume de espaço, determinando sua aparência.

A capacidade de ler esse relacionamento entre *figura e fundo* determinado pela forma dos elementos que definem o espaço e aqueles dos espaços definidos é útil. Tanto a estrutura como o espaço podem dominar tal relacionamento. Seja qual pareça dominar, devemos ter a capacidade de perceber os demais como parceiros iguais no relacionamento.

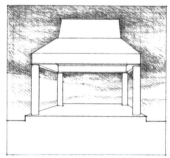
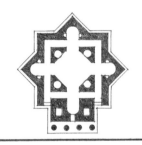

A FORMA ESPACIAL

É igualmente útil ver esse relacionamento alternante entre figura e fundo que ocorre quando elementos de arquitetura de interiores, como mesas e cadeiras, são introduzidos e dispostos em um espaço interno.

Quando se coloca uma cadeira em um recinto, ela não somente ocupa espaço, mas também cria um relacionamento espacial com o entorno. Devemos ver mais do que a forma da cadeira. Devemos também reconhecer a forma do espaço em torno da cadeira depois que ela ocupou parte daquele vazio.

À medida que são introduzidos outros elementos no padrão, as relações espaciais se multiplicam. Os elementos começam a se organizar em conjuntos ou grupos, cada um não somente ocupando espaço, mas também definindo e trabalhando a forma espacial.

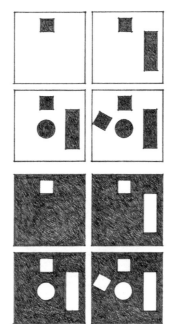

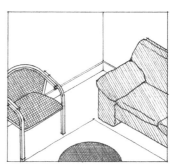

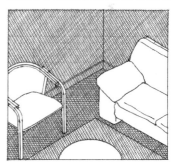

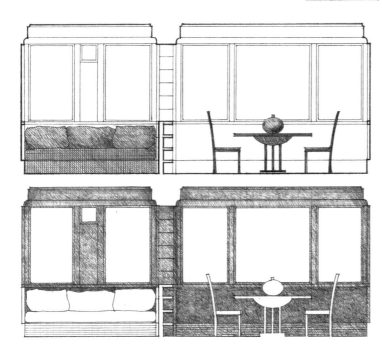

DIMENSÕES ESPACIAIS

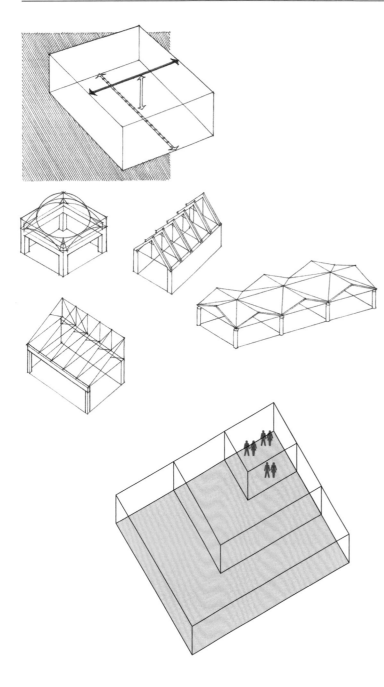

As dimensões do espaço interno, como a forma do espaço, estão diretamente relacionadas à natureza do sistema estrutural de uma edificação – a resistência de seus materiais e o tamanho e o espaçamento de seus elementos. As dimensões do espaço, por sua vez, determinam as proporções e a escala de um recinto e influenciam o modo como ele é empregado.

Uma dimensão horizontal do espaço, sua largura, tem sido tradicionalmente limitada pelas técnicas e pelos materiais empregados em sua cobertura. Atualmente, com os recursos econômicos necessários, quase todo tipo de estrutura é possível na arquitetura. Vigas de madeira ou aço e lajes de concreto podem vencer até 9 metros. Treliças de madeira ou aço podem vencer vãos ainda maiores, de 30 metros ou mais. É possível alcançar vãos de cobertura maiores com o uso de treliças espaciais e uma variedade de estruturas curvas, como domos, sistemas suspensos e membranas sustentadas pela pressão do ar.

Ainda que a largura de um espaço interior possa estar limitada pela necessidade estrutural, ela deve ser determinada pelas exigências de seus usuários e suas necessidades de definir limites físicos para si próprios e suas atividades.

Os projetistas tradicionalmente desenvolviam as relações espaciais fazendo esboços e maquetes. *Os sistemas dos programas de CAD (Projeto Assistido por Computador) e BIM (Gestão das Informações da Edificação)* estão mudando a maneira como os projetistas trabalham. Essas tecnologias de informática permitem que eles criem maquetes interativas de edificações no computador e coordenem os sistemas das edificações à medida que projetam.

A modelagem de edificações com um programa tridimensional de CAD pode aumentar a produtividade, acelerar a geração e alternativas de projeto e facilitar a correção de erros decorrentes das disparidades entre desenhos diferentes. Contudo, o uso desses sistemas realmente exige competências específicas no uso das ferramentas de tecnologia de informação e gestão de projetos.

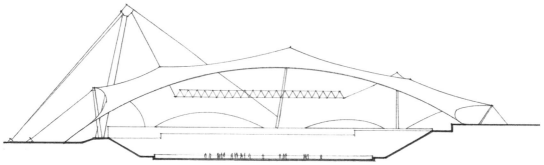

ESPAÇOS QUADRADOS

A outra dimensão horizontal do espaço, sua profundidade, é limitada pelo desejo e pela circunstância. Juntamente com a largura, a profundidade de um espaço determina a proporção da forma da planta baixa de um recinto.

Um recinto quadrado, no qual a largura é equivalente à profundidade, é de natureza estática e frequentemente tem caráter formal. A igualdade entre os quatro lados coloca o foco no centro do ambiente. Essa centralidade pode ser acentuada ao cobrirmos o recinto com um domo ou uma estrutura piramidal.

Para retirar a centralidade de um ambiente quadrado, a forma do teto pode ser assimétrica ou podemos tratar um ou mais planos de parede de forma distinta em relação aos outros.

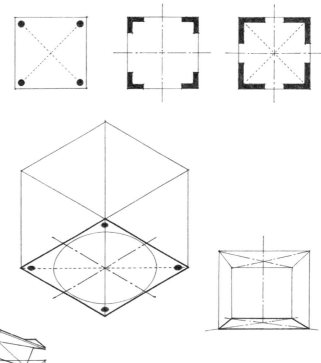

  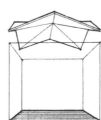

Pirâmides, domos e coberturas similares podem enfatizar a centralidade de espaços de planta quadrada.

A inserção de elementos de arquitetura, como janelas e escadas, pode retirar a ênfase da centralidade de espaços de planta quadrada.

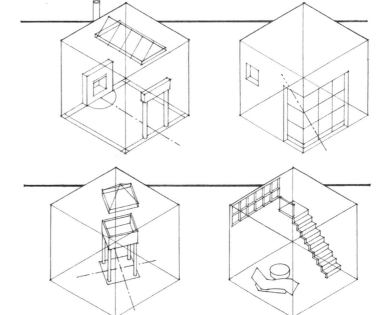

ESPAÇOS RETANGULARES

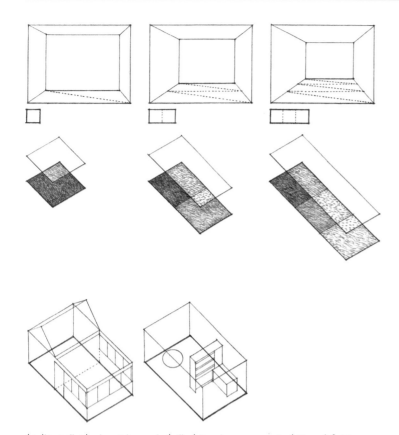

Espaços de planta quadrada são raros e peculiares. Em geral, um recinto tem mais profundidade do que largura. Um espaço retangular, normalmente mais profundo, é eminentemente flexível. Seu caráter e sua utilidade são determinados não somente por sua relação entre largura e profundidade, mas também pela configuração do teto, o padrão das aberturas de janelas e portas e seu relacionamento com os espaços adjacentes.

Quando a profundidade do espaço é maior do que o dobro da largura, ela tende a dominar e controlar o leiaute e o uso do recinto. Tendo largura suficiente, o espaço poderá ser dividido em diversas áreas separadas, mas relacionadas.

Um espaço cuja profundidade excede em muito sua largura encoraja o movimento ao longo de sua dimensão maior. Essa característica dos espaços lineares os torna adequados ao uso como galerias ou como conectores a outros espaços.

As dimensões horizontais por si só não determinam as características definitivas e a utilidade de um espaço. Elas podem simplesmente sugerir oportunidades para desenvolvimento.

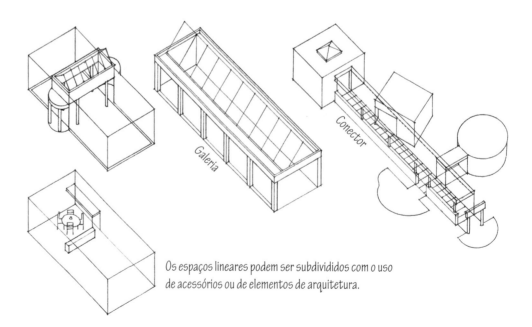

Os espaços lineares podem ser subdivididos com o uso de acessórios ou de elementos de arquitetura.

ESPAÇOS RETANGULARES 23

Tanto os espaços quadrados quanto os retangulares podem ser alterados pela adição ou subtração ou mesmo pela fusão com espaços adjacentes. Essas modificações podem ser empregadas para criar um nicho ou para refletir uma circunstância contígua ou uma característica do terreno.

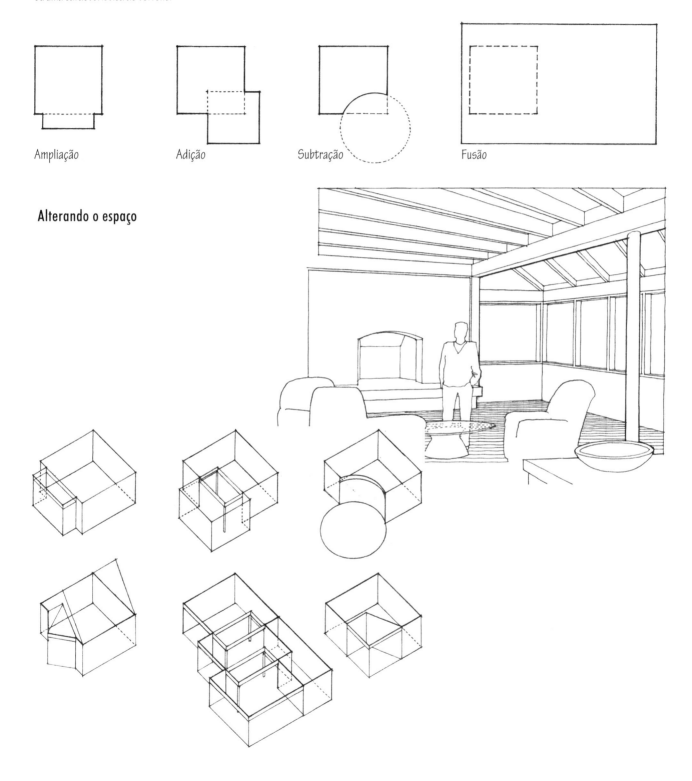

Ampliação Adição Subtração Fusão

Alterando o espaço

24   ESPAÇOS CURVILÍNEOS

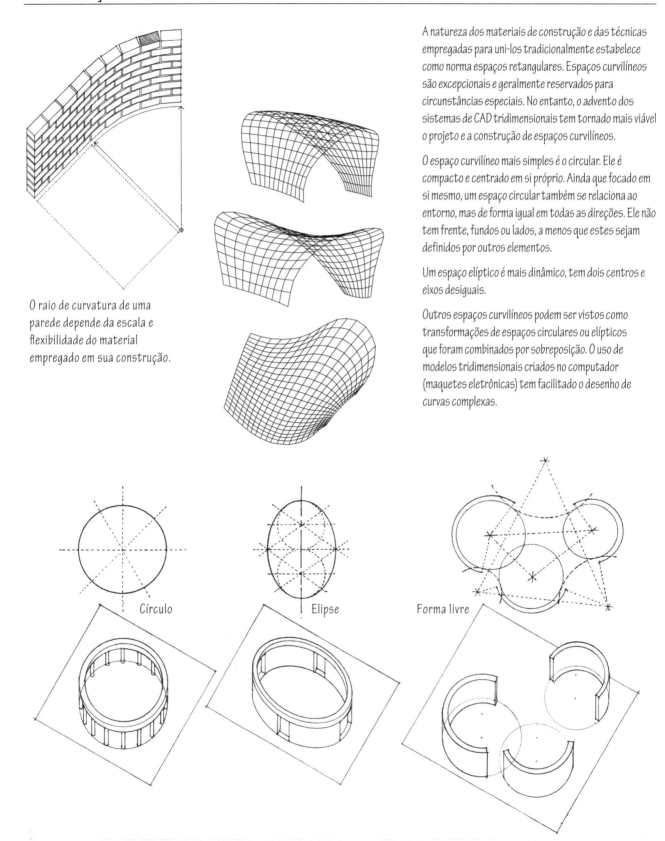

O raio de curvatura de uma parede depende da escala e flexibilidade do material empregado em sua construção.

A natureza dos materiais de construção e das técnicas empregadas para uni-los tradicionalmente estabelece como norma espaços retangulares. Espaços curvilíneos são excepcionais e geralmente reservados para circunstâncias especiais. No entanto, o advento dos sistemas de CAD tridimensionais tem tornado mais viável o projeto e a construção de espaços curvilíneos.

O espaço curvilíneo mais simples é o circular. Ele é compacto e centrado em si próprio. Ainda que focado em si mesmo, um espaço circular também se relaciona ao entorno, mas de forma igual em todas as direções. Ele não tem frente, fundos ou lados, a menos que estes sejam definidos por outros elementos.

Um espaço elíptico é mais dinâmico, tem dois centros e eixos desiguais.

Outros espaços curvilíneos podem ser vistos como transformações de espaços circulares ou elípticos que foram combinados por sobreposição. O uso de modelos tridimensionais criados no computador (maquetes eletrônicas) tem facilitado o desenho de curvas complexas.

Círculo   Elipse   Forma livre

ESPAÇOS CURVILÍNEOS   25

Dentro de um contexto retilíneo, um espaço curvilíneo se destaca. Sua geometria contrastante pode ser utilizada para exprimir a importância ou peculiaridade de sua função. Ele pode definir um volume solto inserido em um espaço maior. Ele pode servir como espaço central em torno do qual outros recintos se conectam. Ele pode enfatizar o limite de um espaço e refletir uma condição externa do terreno.

Paredes curvas são dinâmicas e visualmente ativas, guiando nossos olhos ao longo de suas curvaturas. O aspecto côncavo de uma parede curva fecha e direciona o foco para dentro do espaço, enquanto seu aspecto convexo joga o espaço para fora.

Uma consideração importante ao se lidar com um espaço curvilíneo é a integração do mobiliário e de outros elementos de interior com seu volume. Um modo de resolver geometrias conflitantes é distribuir as formas interiores como objetos soltos dentro do espaço curvilíneo. Outra opção é integrar a forma de móveis e equipamentos embutidos aos limites curvos do espaço.

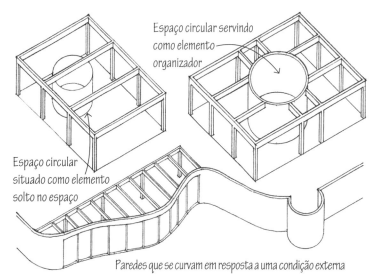

Espaço circular servindo como elemento organizador

Espaço circular situado como elemento solto no espaço

Paredes que se curvam em resposta a uma condição externa

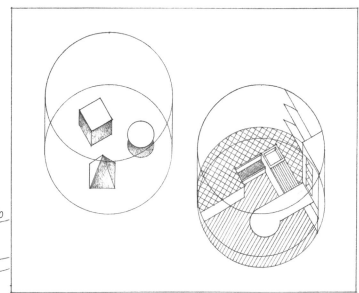

Móveis e acessórios podem ser inseridos como objetos soltos no interior de um espaço curvilíneo ou estar integrados dentro de formas curvas.

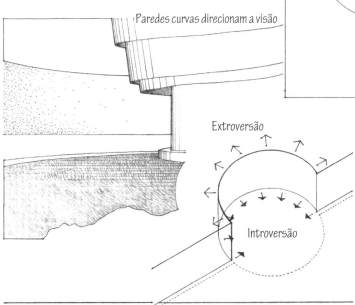

Paredes curvas direcionam a visão

Extroversão

Introversão

26 A DIMENSÃO VERTICAL DO ESPAÇO

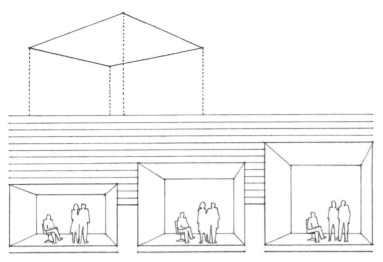

A terceira dimensão do espaço interno, sua altura, é estabelecida pelo plano do teto. Essa dimensão vertical é tão influente no estabelecimento das características espaciais de um recinto quanto as dimensões horizontais do espaço. O projeto do teto é um elemento importante da arquitetura de interiores.

Ao passo que nossa percepção das dimensões horizontais de um recinto são muitas vezes distorcidas pela redução de profundidade da perspectiva (o escorço), podemos sentir de modo mais preciso o relacionamento entre a altura de um espaço e nossa própria altura corporal. Uma mudança visível na altura de um teto parece ter um efeito maior na nossa percepção de um espaço do que uma mudança semelhante em sua largura ou profundidade.

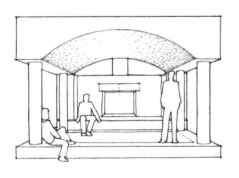

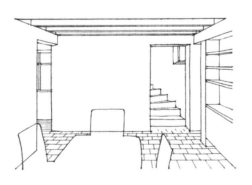

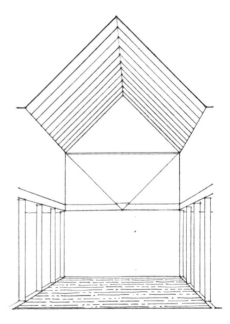

A variação da altura do teto pode ter um efeito poderoso no tamanho percebido de um espaço.

Pés-direitos altos são muitas vezes associados à sensação de imponência ou poder. Pés-direitos baixos frequentemente denotam a intimidade e o aconchego de uma gruta. Nossa percepção do tamanho de um espaço, contudo, é afetada não pela altura do teto de forma isolada, mas também por seu relacionamento com a largura e a profundidade do espaço.

Um teto definido por um plano de piso de um pavimento superior costuma ser plano. Um teto criado por uma estrutura de telhado pode refletir a forma deste e a maneira como o espaço é coberto. Tetos com uma *água*, *oitões* e *abóbadas* direcionam o espaço, enquanto tetos cupulares ou piramidais enfatizam a centralidade do espaço.

Reduzir o pé-direito pode aumentar a sensação de intimidade, modificar a acústica ou agregar uma textura visual. *Forros*, *marquises* e *nuvens interiores* podem ser empregados para reduzir a altura de um teto em seu perímetro ou outras áreas desejadas.

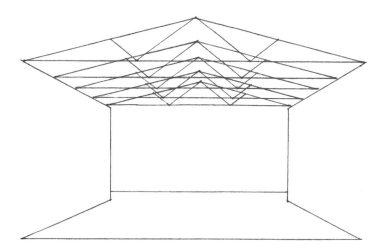

A estrutura de uma cobertura às vezes pode ser deixada aparente, conferindo textura, padrão e altura ao plano de teto.

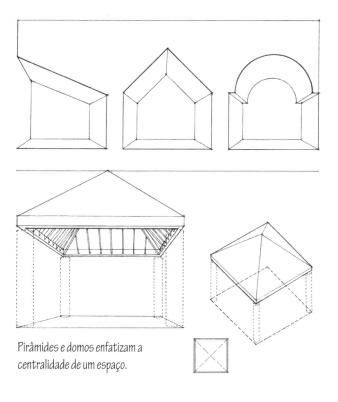

Pirâmides e domos enfatizam a centralidade de um espaço.

28 TRANSIÇÕES ESPACIAIS

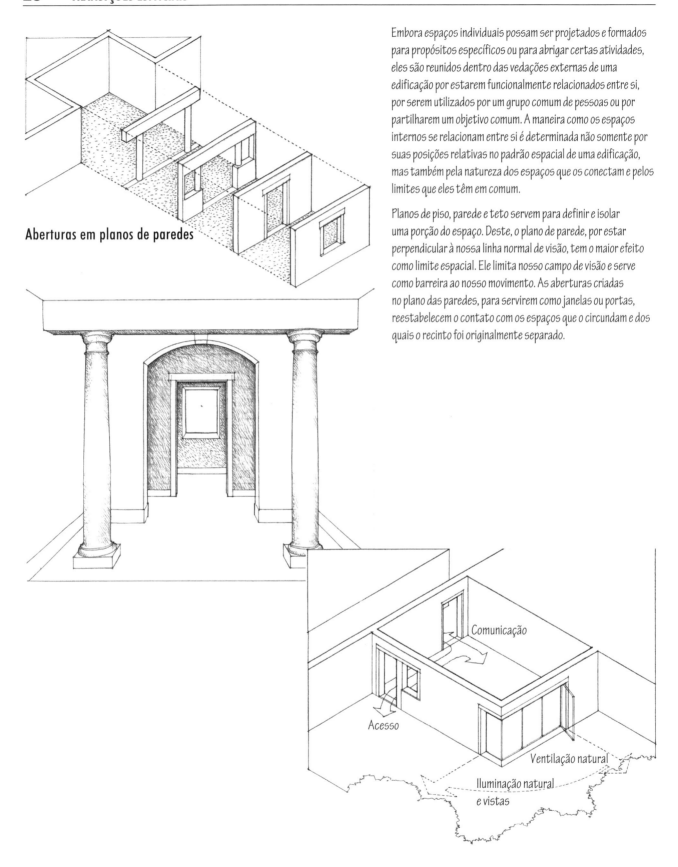

Aberturas em planos de paredes

Embora espaços individuais possam ser projetados e formados para propósitos específicos ou para abrigar certas atividades, eles são reunidos dentro das vedações externas de uma edificação por estarem funcionalmente relacionados entre si, por serem utilizados por um grupo comum de pessoas ou por partilharem um objetivo comum. A maneira como os espaços internos se relacionam entre si é determinada não somente por suas posições relativas no padrão espacial de uma edificação, mas também pela natureza dos espaços que os conectam e pelos limites que eles têm em comum.

Planos de piso, parede e teto servem para definir e isolar uma porção do espaço. Deste, o plano de parede, por estar perpendicular à nossa linha normal de visão, tem o maior efeito como limite espacial. Ele limita nosso campo de visão e serve como barreira ao nosso movimento. As aberturas criadas no plano das paredes, para servirem como janelas ou portas, reestabelecem o contato com os espaços que o circundam e dos quais o recinto foi originalmente separado.

PORTAS 29

As portas fornecem acesso físico de um espaço a outro. Quando fechadas, isolam um recinto dos espaços adjacentes. Quando abertas, estabelecem vínculos visuais, espaciais e acústicos entre os espaços. Grandes vãos sem folhas reduzem a integridade do isolamento de um recinto e fortalecem sua conexão com os espaços adjacentes ou com o exterior.

A espessura da parede que separa dois espaços é exposta no vão da porta. Essa profundidade determina o grau de separação que percebemos à medida que passamos pela abertura, deslocando-nos de um espaço ao outro. O tamanho e o tratamento da porta também podem dar uma pista visual da natureza do espaço no qual se está entrando.

O número e a localização das portas ao longo do perímetro de um recinto afeta nosso padrão de movimento dentro do espaço e o modo como dispomos os equipamentos e organizamos nossas atividades.

A largura da abertura das portas afeta a movimentação das pessoas e dos acessórios. Uma porta com 90 cm de largura se reduz a cerca de 80 cm se as espessuras da porta aberta e de suas ferragens forem levadas em consideração. Luzes de porta com menos de 80 cm se tornam barreiras para cadeiras de rodas (de tamanho padrão), afetando a *acessibilidade*, a visitabilidade e o uso por idosos.

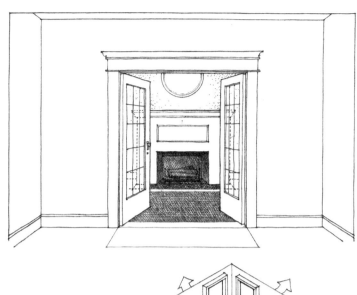

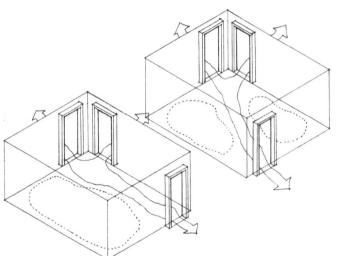

A localização das portas afeta nossos padrões de movimento e atividades dentro de um recinto.

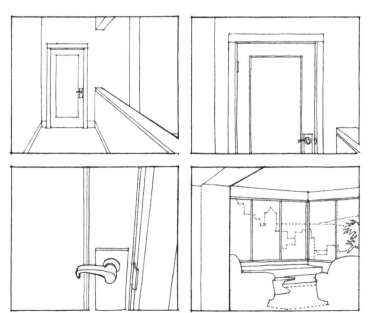

JANELAS

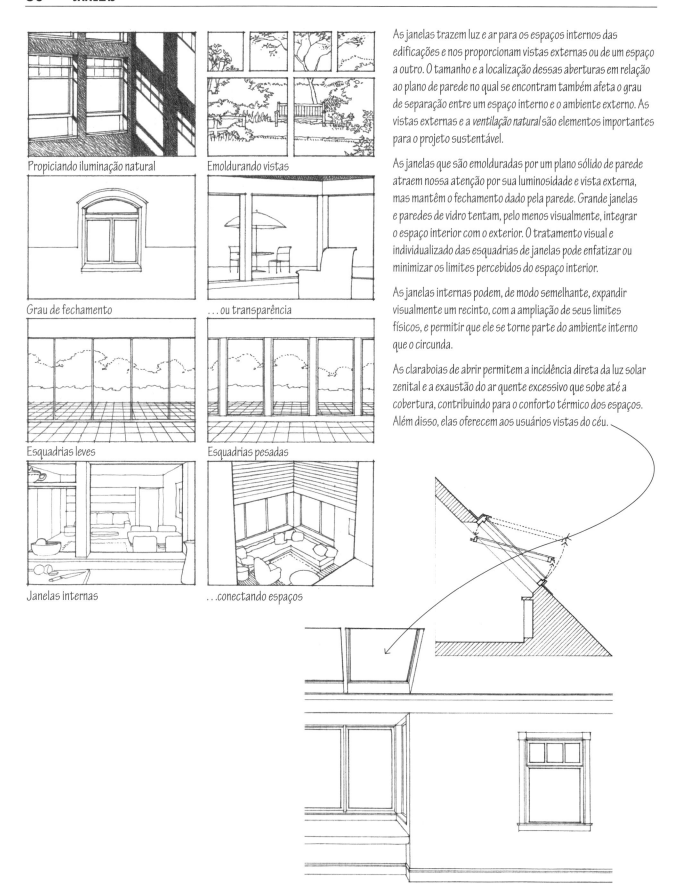

Propiciando iluminação natural

Emoldurando vistas

Grau de fechamento

...ou transparência

Esquadrias leves

Esquadrias pesadas

Janelas internas

...conectando espaços

As janelas trazem luz e ar para os espaços internos das edificações e nos proporcionam vistas externas ou de um espaço a outro. O tamanho e a localização dessas aberturas em relação ao plano de parede no qual se encontram também afeta o grau de separação entre um espaço interno e o ambiente externo. As vistas externas e a *ventilação natural* são elementos importantes para o projeto sustentável.

As janelas que são emolduradas por um plano sólido de parede atraem nossa atenção por sua luminosidade e vista externa, mas mantêm o fechamento dado pela parede. Grande janelas e paredes de vidro tentam, pelo menos visualmente, integrar o espaço interior com o exterior. O tratamento visual e individualizado das esquadrias de janelas pode enfatizar ou minimizar os limites percebidos do espaço interior.

As janelas internas podem, de modo semelhante, expandir visualmente um recinto, com a ampliação de seus limites físicos, e permitir que ele se torne parte do ambiente interno que o circunda.

As claraboias de abrir permitem a incidência direta da luz solar zenital e a exaustão do ar quente excessivo que sobe até a cobertura, contribuindo para o conforto térmico dos espaços. Além disso, elas oferecem aos usuários vistas do céu.

Escadas também são importantes formas de transição espacial entre recintos. Um lanço de escada externo que leva à entrada de uma edificação pode servir para separar o domínio privado do passeio público e enfatizar o ato de ingressar em um espaço de transição como um pórtico ou terraço. Entradas sem degraus estimulam a visitabilidade e o envelhecimento no lugar.

Escadas externas conectam os vários níveis de uma edificação. A maneira como elas desempenham essa função dá forma ao nosso movimento no espaço – como nos aproximamos de uma escada, o local e o modo como subimos ou descemos e o que temos oportunidade de fazer ao longo do percurso. Degraus largos e baixos podem ser convidativos, ao passo que uma escada estreita e com degraus altos pode levar a locais mais privativos. Patamares que interrompem um lanço de degraus podem permitir a mudança de direção em uma escada e nos dar espaço para pausa, repouso e observação.

Os arquitetos têm procurado criar oportunidades para a movimentação dos usuários dentro dos espaços internos de trabalho. Um resultado desse esforço tem sido o uso mais frequente de escadarias amplas para as pessoas se sentarem, quase como arquibancadas, as quais muitas vezes conectam espaços de trabalho ou apresentação.

O projeto ativo foca o papel dos projetistas em lidar com as crises de saúde pública urgentes e aquelas relacionadas a doenças como o diabetes. As diretrizes de projeto ativo vão além das estipuladas por programas de certificação como o LEED (Leadership in Energy and Environmental Design), buscando abordar as diferentes necessidades das pessoas e mostrar aos projetistas como promover as atividades físicas diárias e incluir medidas para tornar as escadas mais visíveis e convidativas. Essas orientações objetivam o aumento do uso das escadas posicionando-as em locais convenientes para a circulação cotidiana, instalando placas motivacionais que estimulem o uso das escadas e projetando escadas bem visíveis, atraentes e confortáveis.

O espaço ocupado por uma escadaria pode ser considerável, mas sua forma pode ser inserida em um interior de diversos modos. Ela pode ocupar um espaço e criar um foco, desenvolver-se ao longo de uma de suas laterais ou circundar um recinto. Ela pode estar limitada por um espaço ou avançar em uma série de terraços.

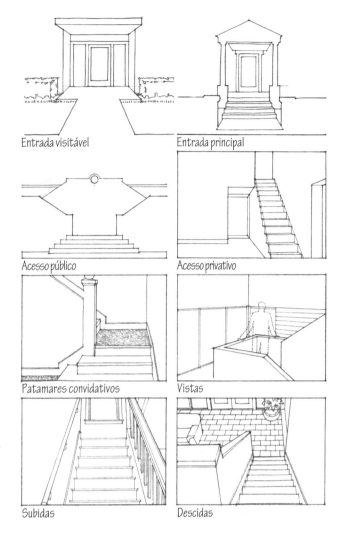

Entrada visitável · Entrada principal
Acesso público · Acesso privativo
Patamares convidativos · Vistas
Subidas · Descidas

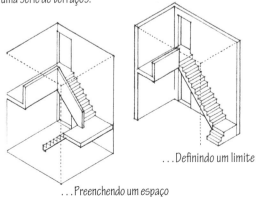

...Preenchendo um espaço · ...Definindo um limite

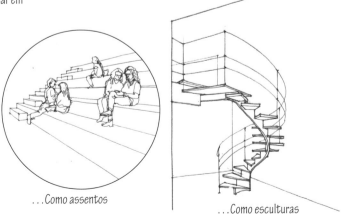

...Como assentos · ...Como esculturas

Escadas

MODIFICANDO O ESPAÇO

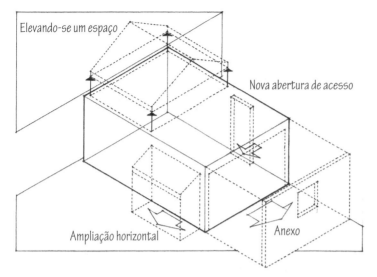

Elevando-se um espaço
Nova abertura de acesso
Ampliação horizontal
Anexo

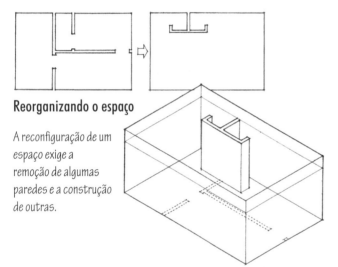

Reorganizando o espaço

A reconfiguração de um espaço exige a remoção de algumas paredes e a construção de outras.

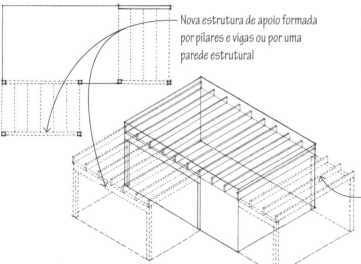

Nova estrutura de apoio formada por pilares e vigas ou por uma parede estrutural

Estrutura preexistente ampliada

Acrescentando um novo espaço

O planejamento e projeto de arquitetura de uma nova edificação leva em consideração a natureza das atividades a serem acomodadas, os requisitos espaciais para a forma, escala e luz, e as relações que se busca entre os vários espaços internos. No entanto, quando uma edificação existente precisa ser utilizada para atividades diferentes das originais, as exigências impostas pelas atividades devem ser adequadas às condições existentes. Quando há uma disparidade, pode ser necessária uma modificação dos espaços existentes.

Muitas reformas em interiores implicam modificar o prédio existente. Quando o projeto envolve mudanças no uso da edificação, o processo é chamado de *reciclagem de uso*. Os prédios existentes podem ajudar na preservação das características históricas e do caráter arquitetônico de um ambiente construído.

Dois dos principais tipos de alteração podem ser considerados. O primeiro envolve mudanças estruturais nos limites do espaço interno e é de natureza mais permanente do que o segundo. O segundo tipo de alteração envolve modificações não estruturais e melhorias obtidas mediante o projeto de interiores.

A aceitação de unidades de habitação acessórias que anteriormente eram proibidas por um código de edificação oferece oportunidades para a criação de moradias em habitações unifamiliares ou pequenos prédios localizados em comunidades específicas. Essa permissão do parcelamento de um imóvel existente contribui para que construções mais antigas evoluam e atendam às necessidades de moradia do século XXI, ao mesmo tempo que promovem a ocupação de longo prazo e a estabilidade do bairro.

Uma mudança estrutural pode envolver a remoção ou adição de paredes para alterar a forma e rearranjar o padrão dos espaços existentes ou para acrescentar um espaço. Ao fazer novas alterações, é extremamente importante entender a distinção entre *paredes* estruturais e não estruturais. Portanto, sempre é aconselhável consultar um engenheiro ou arquiteto profissional para fazer modificações estruturais em um espaço.

MODIFICANDO O ESPAÇO

Dentro dos limites de um espaço, o padrão existente de aberturas também pode ser alterado. Janelas podem ser ampliadas ou acrescentadas, para uma melhor iluminação natural ou para aproveitar uma vista. Pode-se mudar ou acrescentar um vão de porta, para facilitar o acesso a um recinto ou a circulação dentro do espaço. Uma porta grande pode ser criada para unir dois espaços adjacentes. Qualquer criação ou ampliação de um novo vão de porta em uma parede estrutural exige uma verga ou um *travessão* dimensionado para suportar a carga de parede acima da abertura.

Para acrescentar uma escada, iluminar naturalmente um espaço com claraboias ou criar um relacionamento vertical entre dois níveis espaciais, são necessárias modificações estruturais no piso ou no teto. Alterações nessas estruturas horizontais de uma edificação exigem que as bordas de qualquer nova abertura sejam reforçadas e sustentadas por um sistema de vigas, pilares, estacas ou paredes estruturais.

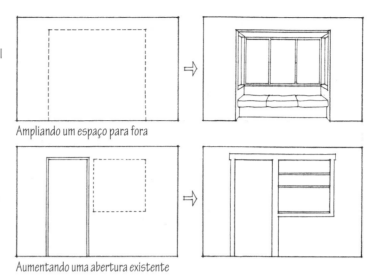

Ampliando um espaço para fora

Aumentando uma abertura existente

Novas aberturas em paredes

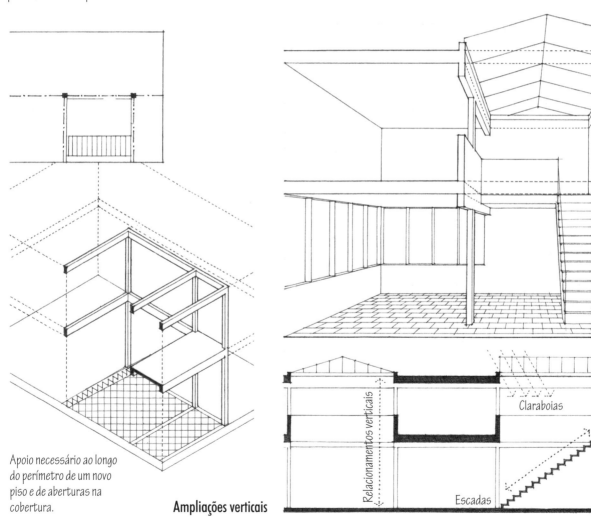

Apoio necessário ao longo do perímetro de um novo piso e de aberturas na cobertura.

Ampliações verticais

Relacionamentos verticais

Claraboias

Escadas

34 A ARQUITETURA DE INTERIORES

Mesmo quando lidamos com questões específicas de projeto e com diferentes aspectos dos espaços internos de uma edificação, devemos ter em mente a estrutura como um todo e os padrões de arquitetura. Em particular, qualquer mudança nos limites físicos de um espaço deve ser cuidadosamente planejada, de modo que a integridade estrutural de uma edificação não seja afetada de forma prejudicial. Grandes mudanças estruturais em um espaço, portanto, exigem o acompanhamento de um engenheiro ou arquiteto profissional.

Contudo, os espaços internos podem ser modificados e aprimorados sem alteração estrutural. As alterações estruturais afetam os limites físicos do espaço; as alterações não estruturais se baseiam no modo como percebemos, usamos e habitamos o espaço. Esses são os tipos de alterações mais comumente planejadas e executadas pelos arquitetos de interiores.

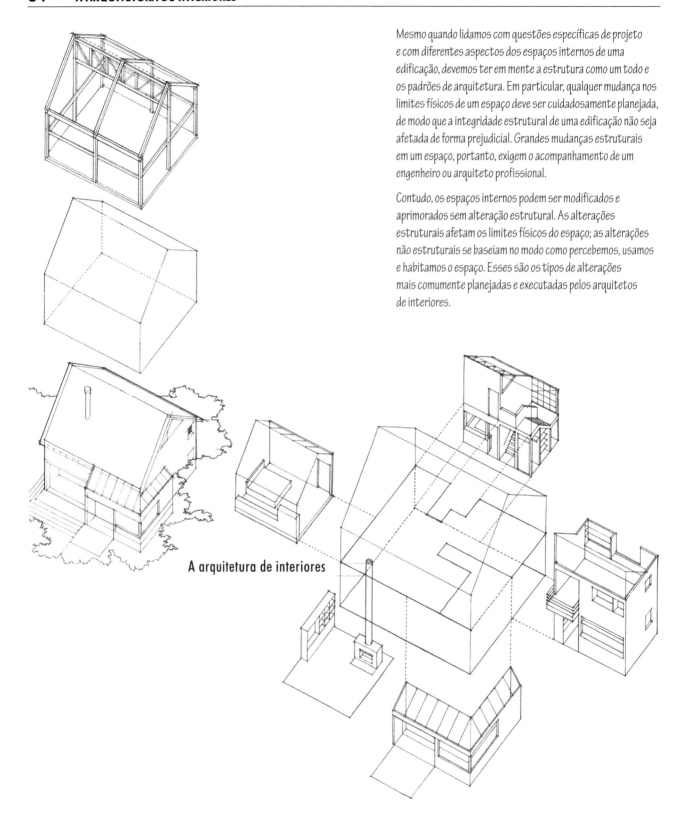

A arquitetura de interiores

A Arquitetura de Interiores

36 A ARQUITETURA DE INTERIORES

A arquitetura de interiores é o planejamento, o leiaute e o projeto de espaços internos às edificações. Esses ambientes físicos satisfazem nossa necessidade básica de abrigo e proteção; eles estabelecem o palco para a maior parte de nossas atividades e influenciam suas formas; nutrem nossas aspirações e exprimem as ideias que acompanham nossas ações; afetam nossas vistas, humores e personalidades. O objetivo da arquitetura de interiores é, portanto, a melhoria funcional, o aprimoramento estético e a melhoria psicológica dos espaços internos. Cada vez mais as instituições de ensino estão usando o termo arquitetura de interiores em seus programas que focam os processos de projeto criativo direcionadas às necessidades dos usuários, deixando de ver as edificações como meros objetos.

Muitos projetos atuais envolvem a arquitetura de interiores de prédios existentes, bem como o atendimento das necessidades espaciais, técnicas, culturais e funcionais a partir do interior. Quando um arquiteto projeta uma nova edificação, ele já pode ter em mente suas futuras e inevitáveis transformações. É claro que isso aumenta a complexidade do papel do arquiteto de interiores, mas também cria mais oportunidades. Os arquitetos de interiores devem aproveitar ao máximo o que já têm à sua disposição e construir apenas aquilo que seja absolutamente necessário.

A preservação do patrimônio arquitetônico tem passado ao primeiro plano em muitas cidades norte-americanas e se tornado extremamente desejável. Alguns recursos tecnológicos até pouco tempo desconhecidos – como radares de solo, termógrafos de infravermelhos e *drones* com câmeras – vêm expandindo as fronteiras dos levantamentos e da documentação de construções existentes. Os novos materiais podem conservar os prédios vedando alvenarias e concreto contra a penetração da água, preenchendo fissuras de modo efetivo e protegendo componentes ferrosos da oxidação. Também é possível a geração matemática de modelos tridimensionais a fim de determinar a resistência e as vulnerabilidades de prédios mais antigos. Todavia, algumas intervenções necessárias à preservação são tão profundas que se tornam irreversíveis.

Uma das tendências atuais é trabalhar com artesões locais e de outros países em desenvolvimento a fim de produzir produtos de decoração que combinam materiais locais com temas modernos. Esses esforços criam empregos para os artesãos e ajudam as pessoas das comunidades a abrirem seus próprios negócios, muitas vezes com o apoio de programas de financiamento para pequenas empresas.

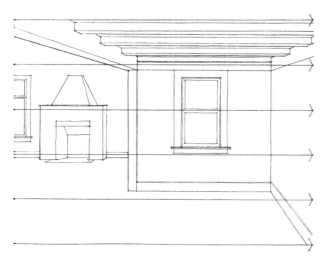

O contexto da arquitetura

Elementos de interior

A resiliência é a capacidade de uma organização, um local ou uma família de resistir a uma catástrofe – evento climático, convulsão social ou crise na habitação popular, por exemplo – e, no fim, estar melhor do que antes. Um sistema resiliente é aquele projetado para evoluir e se adaptar às condições mutáveis ao longo do tempo. Os especialistas sugerem que as contribuições de um arquiteto de interiores ao projeto de abrigos pós-desastres poderiam incluir palhetas de cores apropriadas à cultura local e acabamentos internos adequados à região, bem como leiautes e programas de necessidades que promovam a coesão social, fatores importantes para uma boa recuperação após um evento traumático. O relatório Perkins + Will, *Weathering the storm: Mental health and resilient design*, identificou as seguintes estratégias de projeto para a abordagem de grandes crises:

- Terraços e coberturas verdes, para servirem de espaços de refúgio e produção de alimentos
- Sistemas de energia renovável *in loco*
- Edificações acima do nível da planície aluvial
- Transporte para os usuários das edificações, inclusive o transporte público, bicicletas e botes infláveis
- Armazenagem de suprimentos de emergência *in loco*
- Sistemas de comunicação de emergência
- Abrigos no próprio local
- Treinamento de pessoal
- Sistemas de comunicação com os usuários

Projetar para uma população que está envelhecendo aumenta a necessidade de se dominar o projeto universal e o projeto para a longevidade, especialmente em reformas, ampliações e novas construções. O uso simples e intuitivo é apoiado por equipamentos sem fio, como termostatos e sistemas de segurança, *home media*, sistemas de iluminação, babás-eletrônicas e fogões embutidos. As dimensões apropriadas e o espaço necessário para acesso e uso são basicamente resolvidos com a instalação de armários e balcões de cozinha mais elevados (no caso de moradores muito altos) ou rebaixados (para moradores de baixa estatura). As portas de correr embutidas aumentam o espaço útil em banheiros e *closets* exíguos, e boxes mais espaçosos facilitam o uso com animais de estimação, cadeirantes e banheiras portáteis para bebês. Um recinto extra pode ter uso bastante flexível com o passar dos anos, servindo de quarto de brinquedos, sala de jogos, gabinete, dormitório para hóspedes ou acessível (no térreo), além de poder acomodar um cuidador residente.

Os cômodos flexíveis também são muito apropriados para as moradias que incluem várias gerações. As perspectivas peculiares dos membros da geração do milênio estão reconfigurando o projeto e desenvolvimento dos interiores. Maior nem sempre significa melhor. As casas projetadas para envelhecer junto com seus moradores e se adaptarem às suas mudanças de necessidades estão se tornando cada vez mais comuns. Os clientes estão procurando moradias que se relacionem tanto com seus contextos naturais quanto com os estilos de vida do usuário, e os arquitetos têm consultado os clientes para saber que tipo de ambientes os fazem se sentir à vontade.

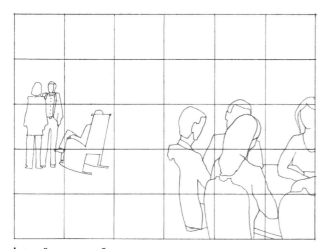

Intenções, percepção e uso

O ambiente interno

WeWork, uma firma de especialistas em projeto de escritórios empoderadores e colaborativos, cita cinco estratégias para a criação de espaços de coworking (Metropolis, junho de 2016):

1. Projete uma iluminação quente, estabelecendo vínculo com a luz natural.
2. Crie um espectro sonoro ao fornecer múltiplas opções em termos de nível energético e ruídos que variem com o nível de atividade e o espírito do momento.
3. Configure espaços aconchegantes, convidativos e confortáveis, conectando os humanos com a natureza e os materiais naturais.
4. Baseie-se em dados harmonizados, como a taxa de ocupação dos espaços.
5. Conecte atividades heterogêneas projetando centros de serviços de apoio. Por exemplo, reúna as impressoras e a copa em uma área para que as pessoas entrem e saiam constantemente do local, encorajando-as a parar para uma conversa rápida.

Os escritórios vêm tentando replicar os espaços privados e sociais da arquitetura residencial. Algumas áreas são confortáveis e aconchegantes, outras são mais expansivas e oferecem vistas do exterior. Quanto maior for o nível de minimalismo de um espaço de trabalho e a energia dispendida aos ambientes colaborativos e não estruturados, mais efetivo será o escritório. As cozinhas ou copas podem ser como a "sala com lareira" de uma casa e os refeitórios e as lancherias têm se transformado em espaços de trabalho, que devem ser equilibrados com zonas com poucos ou nenhum recurso tecnológico a fim de favorecer as interações pessoais.

As pesquisas que os sociólogos e profissionais da saúde têm feito sobre o impacto dos projetos nos usuários vêm mostrando como os espaços internos afetam nossa produtividade e bem-estar. Os arquitetos de interiores conhecem a importância de se reunirem com os futuros usuários dos ambientes e, pela experiência, entender como um projeto os ajudará. Frequentemente, são os arquitetos que fazem a interface com outros profissionais, trazendo uma perspectiva mais ampla para a mesa de discussões.

O projeto atual de espaços hospitalares e serviços de saúde foca os pacientes, com o projeto baseado em evidências conectando o projeto centrado nos pacientes com o aprimoramento da segurança dos pacientes e trabalhadores, os resultados para os usuários, o desempenho ambiental e a eficiência operacional.

Hoje tudo tem mudado tão rapidamente que os projetistas precisam sempre levar em conta os movimentos ou rearranjos, uma vez que certas ideias de um projeto perdurarão e outras não. Permanece em aberto a questão sobre como uma pessoa pode ser produtiva em termos individuais. Os problemas acústicos tornaram-se dominantes, produzindo múltiplos tipos de espaços ou condições de trabalho. A circulação entre os espaços também está se tornando cada vez mais importante.

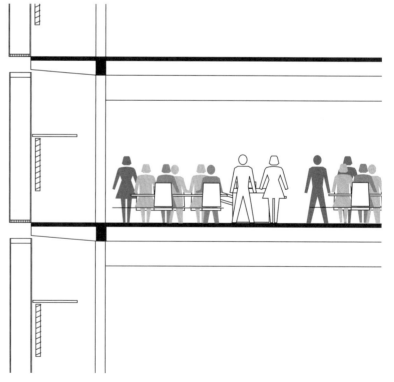

A EQUIPE DE PROJETO E EXECUÇÃO 39

O desenvolvimento das formas de arquitetura e dos sistemas complementares de qualquer edificação tem implicações para o arquiteto de interiores, assim como as informações que esse coleta sobre o cliente, o espaço e os usos pretendidos afetam o trabalho dos outros membros da equipe de projeto.

O arquiteto de interiores pode trabalhar como autônomo, colaborando com outros projetistas, arquitetos e especialistas em uma firma de projetos maior ou atuar como consultor para uma firma de arquitetura. De qualquer modo, ele terá contato com arquitetos, engenheiros e outros consultores de outras empresas. Além disso, trabalhará com representantes de clientes, inclusive síndicos, administradores e usuários finais.

O arquiteto de interiores muitas vezes é o intermediário entre o cliente e as fontes de acabamentos e acessórios. O usuário (por exemplo, as camareiras de um hotel) frequentemente vê elementos críticos que talvez passem despercebidos aos projetistas profissionais. Durante a construção, o arquiteto de interiores também está em contato com empreiteiros e fornecedores. Todos os membros da equipe de projeto e execução devem se esforçar para manter uma atmosfera de comunicação, cooperação e respeito mútuo. A coordenação entre os profissionais durante todos os processos de projeto permite que a especialidade de cada área contribua com soluções criativas para os desafios que forem surgindo.

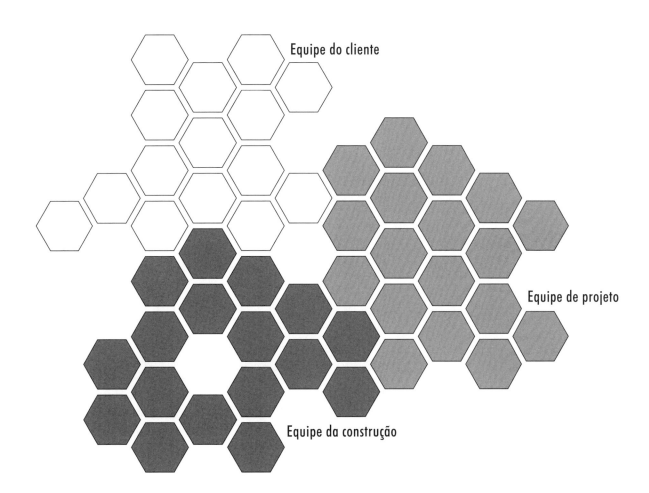

40 A EQUIPE DE PROJETO E EXECUÇÃO

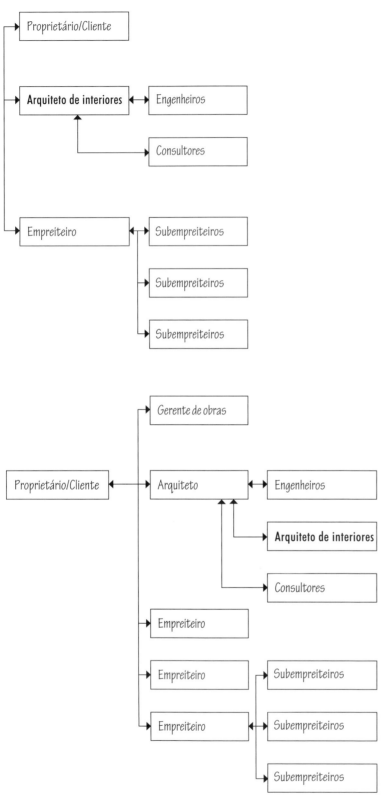

A necessidade de criação de espaços que funcionarão com as mudanças da atualidade e permanecerão relevantes amanhã torna cada vez mais importante uma abordagem interdisciplinar que inclua os vários projetistas, arquitetos, engenheiros e gerentes operacionais. Devemos olhar para uma edificação como um todo interconectado, interativo, e não como um conjunto de componentes separados que pertencem a uma única profissão. Os complexos desafios exigem conhecimentos técnicos de uma variedade de disciplinas, incluindo a arquitetura em geral e a de interiores, o paisagismo, o design gráfico, as diversas engenharias (estrutural, industrial, mecânica, acústica, elétrica, hidrossanitária), bem como outras disciplinas, que incluem a psicologia, sociologia e antropologia.

No momento em que este livro estava sendo escrito (2018), a arquitetura ainda era uma profissão dominada pelos homens. A diversidade de soluções, conexões e ideias de que necessitamos exige um maior equilíbrio de gênero no setor.

Uma equipe de projeto inclui os talentos disponíveis dentro da firma de arquitetura e consultores especializados, e é preferível que essa união de esforços seja desde o início do processo projetual. Infelizmente, isso não é a regra, em virtude dos prazos e orçamentos apertados. Porém, quando essa interação de fato acontece, o profissional responsável pela arquitetura de interiores frequentemente é quem reúne as diferentes disciplinas.

Talvez possamos dizer que os arquitetos de interiores possuem uma capacidade ímpar de facilitar as colaborações interdisciplinares. Eles são ávidos pesquisadores dentro de seu próprio campo de atuação e também em outras áreas. Na prática, raramente trabalham sozinhos, mas, em vez disso, reúnem as pessoas e capacitações necessárias para fazer entregas bem-sucedidas a seus clientes ao elaborar as melhores soluções possíveis.

A conscientização a respeito das diferenças culturais pode ser promovida por equipes multidisciplinares. Isso é uma questão óbvia em projetos para clientes abastados ou do exterior, mas também é muito importante nos esforços que buscam resolver o problema dos sem-teto. Os programas de inclusão social para essas pessoas costumam considerar fatores de dignidade humana, como o direito a higiene, alimentação, segurança, emprego e vida em comunidade. Alguns programas sociais voltados para essa questão envolvem inclusive estudantes universitários, que colaboram de modo presencial ou à distância e se formam já qualificados para trabalhar em equipe. Esses novos profissionais percebem que a arquitetura e a arquitetura de interiores funcionam melhor quando são consideradas uma unidade.

O arquiteto de interiores determina quais elementos usar e como dispô-los em padrões durante o processo de projeto. Ainda que seja apresentado como uma série linear de passos, o processo de projeto costuma ser mais como um ciclo interativo no qual uma sequência de análises cuidadosas, síntese e avaliação de informações disponíveis, *insights* e soluções possíveis são repetidas até que se alcance um ajuste adequado entre o que existe e o que se deseja.

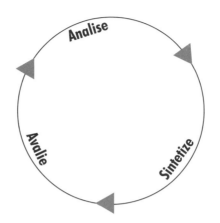

Passos do processo de projeto

- Defina o problema
- Elabore o programa de necessidades
- Desenvolva o conceito do projeto
- Avalie as alternativas
- Tome decisões de projeto
- Desenvolva e refine o projeto
- Implemente o projeto
- Reavalie o projeto final

Primeiro se define o problema de projeto. A habilidade de definir e entender adequadamente a natureza do problema de projeto é parte essencial da solução. Essa definição deve especificar como a solução de projeto se dará e quais metas e objetivos serão alcançados.

Defina o problema

[ ] **Identifique as necessidades do cliente.**
  - Quem, o que, quando, onde, como, por quê?

[ ] **Estabeleça os objetivos preliminares.**
  - Exigências funcionais
  - Imagem estética e estilo
  - Estímulo psicológico e significado

42   A ANÁLISE

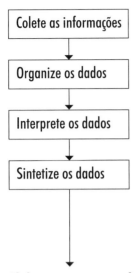

Elabore o programa de necessidades

[ ] *O que existe?*
- Colete e analise informações relevantes.
- Documente o contexto físico/cultural.
- Descreva os elementos existentes.

[ ] *O que se deseja?*
- Identifique necessidades e preferências do usuário.
- Esclareça objetivos.
- Desenvolva matrizes, tabelas e diagramas de adjacências espaciais.

[ ] *O que é possível?*
- O que pode ser alterado... o que não pode?
- O que pode ser controlado... o que não pode?
- O que é permitido... o que é proibido?
- Defina prazos e limites econômicos, legais e técnicos.

Uma análise do problema exige que este seja decomposto, que as questões levantadas sejam esclarecidas e que sejam determinados valores aos vários aspectos do problema. A análise também envolve a coleta de informações relevantes que nos ajudariam a entender a natureza do problema e a desenvolver respostas apropriadas. Desde o primeiro momento, vale a pena saber que limitações irão ajudar a dar forma às soluções de projeto. Qualquer condicionante – o que pode ser mudado e o que não pode ser alterado – deve ser identificado. Devem ser observados impedimentos financeiros, legais ou técnicos que irão afetar a solução de projeto.

Por meio do processo de projetar, deverá emergir uma compreensão mais clara do problema. Poderão ser desenvolvidas novas informações que talvez alterem nossa percepção do problema e de sua solução. Consequentemente, a análise do problema costuma continuar ao longo do processo de projeto.

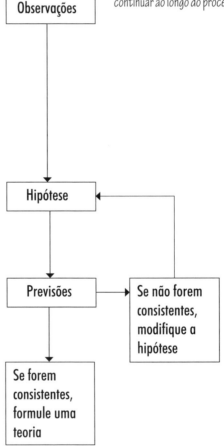

A SÍNTESE

A partir da análise do problema e de suas partes, podemos começar a formular possíveis soluções. Isso exige sintetizar — coletar e integrar — respostas para várias questões e aspectos do problema em soluções coerentes. Projetar requer pensamento racional com base em conhecimentos e obtido com experiência e pesquisas. *O projeto baseado em evidências* busca obter resultados de projeto superiores com base em decisões tomadas em pesquisas confiáveis. Também desempenham papéis importantes no processo de projeto a intuição e a imaginação, que acrescentam a dimensão criativa ao processo de projeto, sem as quais ele seria puramente racional.

As incubadoras patrocinadas pelas universidades, que são espaços com muita colaboração e pouca estruturação criados para promover novas ideias, consideram o projeto como um convite à conexão. Esses espaços evitam formalizar os projetos naquele modo excessivo que dificulta a conexão das pessoas. Isso costuma exigir que tais locais funcionem 24 horas por dia e sete dias por semana e possuam conexões sem fio de altíssima qualidade e uma atmosfera descontraída. O projeto dos interiores e seus acabamentos são flexíveis e funcionais, permitindo mudanças de acordo com o surgimento de novas necessidades. As incubadoras acadêmicas cultivam ideias em um ambiente controlado, mas não restritivo.

Há várias abordagens possíveis para a geração de ideias e a síntese de possíveis soluções de projeto:

- Isolar uma ou mais questões fundamentais de valor ou importância e desenvolver soluções a partir delas.
- Estudar situações análogas que podem servir como modelos para o desenvolvimento de soluções possíveis.
- Desenvolver soluções ideais para partes do problema, que podem estar integradas a soluções completas e ponderadas pela realidade do que já existe.

Como Rosanne Somerson descreveu na edição de maio de 2016 da revista *Metropolis*, quando os alunos foram obrigados a se sentarem para projetar fazendo associações livres por mais de cerca de 45 minutos, eles tenderam a ficar desconfortáveis. Entretanto, quando foram instruídos a vencer esse desconforto, os estudantes muitas vezes deram uma direção totalmente distinta a seus trabalhos — uma resposta surpreendente ao estado de tédio em que se encontravam. Ser criativo é frequentemente desconfortável, ou mesmo doloroso. Para arquitetos e artistas, a criatividade não raro é o resultado da busca de um novo caminho e o encontro fortuito com o desconhecido. São descobertas novas maneiras de conceitualizar ideias de maneiras expansivas e não lineares que vão além das divisões perceptuais e cognitivas tradicionais. Quando uma ideia não dá certo, seus materiais e processos podem sugerir rumos alternativos. Esse ímpeto pode resultar em um momento de *insight* que indica como sustentar e estimular grandes avanços na criatividade.

Desenvolva o conceito do projeto

[ ] **Considere todas as ideias.**
- Faça diagramas dos principais relacionamentos funcionais e espaciais.
- Atribua valores a questões e elementos fundamentais.
- Busque formas de combinar várias boas ideias em uma ideia única e ainda melhor.
- Manipule as partes para ver como uma modificação poderia afetar o conjunto.
- Analise a situação sob diferentes pontos de vista.

[ ] **Defina o conceito.**
- Verbalize as principais ideias de projeto de maneira concisa.

[ ] **Desenvolva desenhos esquemáticos.**
- Estabeleça as principais relações funcionais e espaciais.
- Mostre os tamanhos e os formatos relativos dos elementos importantes.
- Desenvolva diversas alternativas para estudos comparativos.

44   A AVALIAÇÃO

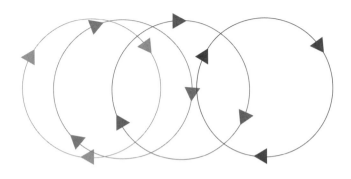

Projetar exige que se tenha uma visão crítica das alternativas e se pese cuidadosamente os pontos fortes e fracos de cada proposta até que seja alcançado o melhor ajuste possível entre o problema e a solução. Dentro de uma gama de soluções possíveis, cada uma deve ser avaliada de acordo com os critérios expostos no programa de necessidades e esclarecida na análise do problema. Análises sucessivas do problema e a avaliação de soluções alternativas devem ajudar a diminuir as escolhas para o desenvolvimento do projeto. Enquanto os estágios iniciais do processo de projeto incentivam pensamentos divergentes do problema, essa fase posterior requer um foco convergente em uma solução de projeto específica.

Avalie as alternativas

[ ] Compare cada alternativa com os objetivos do projeto.

[ ] Pese os benefícios e os pontos fortes contra os custos e riscos de cada alternativa.

[ ] Classifique as alternativas em termos de adequação e efetividade.

Tome decisões de projeto

[ ] Combine os melhores elementos de projeto no projeto final.
- Faça desenhos preliminares.
- Desenhe em escala.
- Mostre detalhes importantes da arquitetura de interiores (por exemplo, paredes, janelas, móveis embutidos).
- Mostre o mobiliário, se for apropriado.
- Programas de computador podem combinar esses passos.

[ ] Faça uma seleção preliminar dos materiais de construção.
- Desenvolva esquemas de cores e acabamentos alternativos.
- Colete amostras de materiais.

[ ] Faça uma seleção preliminar dos móveis e elementos de iluminação.

[ ] Prepare uma apresentação ao cliente, para ter um retorno e uma aprovação preliminar.

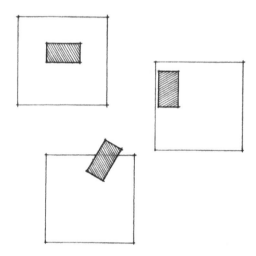

Teste e refine as ideias

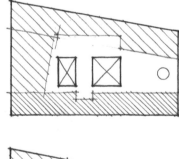

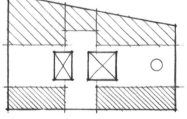

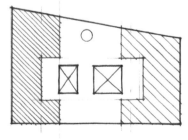

A IMPLEMENTAÇÃO

Uma vez tomada a decisão final, a proposta de projeto é desenvolvida, aperfeiçoada e preparada para execução. Isso inclui a elaboração de desenhos executivos e especificações e outros serviços relacionados à compra de materiais, construção e supervisão.

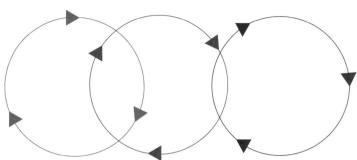

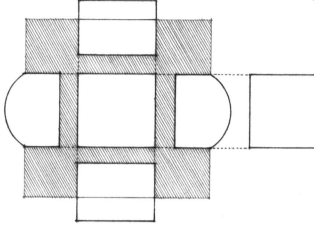

Desenvolva e refine o projeto

[ ] Desenvolva plantas baixas, elevações, cortes e detalhes.

[ ] Desenvolva maquetes eletrônicas dos espaços internos, bem como passeios virtuais.

[ ] Desenvolva especificações para os materiais de acabamento de interiores, de iluminação e acessórios.

Implemente o projeto

[ ] Prepare os desenhos executivos.

[ ] Finalize as especificações para os materiais de acabamento de interiores, de iluminação e acessórios.

Reavalie o projeto final

[ ] Faça as revisões de projeto

[ ] Busque a coordenação final entre arquiteto, engenheiros e consultores

[ ] Solicite o retorno do cliente

[ ] Faça uma avaliação pós-ocupação

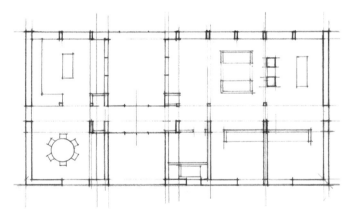

Nenhum processo de projeto está finalizado até que uma solução de projeto tenha sido implementada e avaliada quanto a sua efetividade na solução do problema determinado. Essa análise crítica de um projeto completo pode aumentar nossa base de conhecimento, aguçar nossa intuição e dar lições valiosas que podem ser aplicadas em trabalhos futuros.

Uma das idiossincrasias do processo de projeto é que ele nem sempre leva a apenas uma resposta óbvia e correta. Na verdade, muitas vezes há mais do que uma solução para um problema de projeto. Como podemos então julgar se um projeto é bom ou ruim?

Um projeto pode ser considerado bom no julgamento do projetista, do cliente ou das pessoas que o experimentaram e usaram por uma ou várias razões:

- Porque ele funciona bem – "dá certo".
- Porque ele é viável economicamente – é econômico, eficiente e duradouro.
- Porque ele tem boa aparência – é esteticamente agradável.
- Porque ele é sustentável e acessível.
- Porque ele recria uma sensação que nos faz lembrar outros tempos e locais – ele porta significados.

Às vezes podemos julgar um projeto como bom porque ele segue as tendências atuais de projeto ou devido ao impacto que ele terá nas outras pessoas – ele está na moda ou aumenta nosso *status*.

Como essas razões sugerem, há vários significados que podem ser transmitidos por meio de um projeto. Alguns operam em um nível amplamente compreendido e aceito pelo público geral. Outros são mais prontamente discernidos por grupos específicos de pessoas. Projetos bem-sucedidos em geral operam em mais de um nível de significados e, dessa forma, atraem um universo de pessoas maior.

Um bom projeto, portanto, deve ser compreensível ao seu público. Saber por que algo foi feito ajuda a tornar um projeto compreensível. Se um projeto não expressar uma ideia, comunicar um significado ou trouxer uma resposta, ele será ignorado ou parecerá ruim.

CRITÉRIOS DE PROJETO 47

Ao se definir e analisar um problema de projeto, pode-se também desenvolver objetivos e critérios por meio dos quais a efetividade de uma solução pode ser medida. Seja qual for a natureza do problema de projeto de interior com o qual se está lidando, há diversos critérios com os quais devemos nos preocupar.

Função e propósito
Primeiramente, a função desejada do projeto deve ser atendida e seu propósito deve ser alcançado.

Utilidade, economia e sustentabilidade
Em segundo lugar, um projeto deve apresentar utilidade, honestidade, economia e sustentabilidade na seleção e no uso de materiais.

Forma e estilo
Em terceiro lugar, o projeto deve ser esteticamente agradável aos olhos e aos nossos demais sentidos.

Imagem e significado
Em quarto lugar, deve projetar uma imagem e promover associações que tenham significados para as pessoas que o usam e experimentam. Embora a tecnologia tenha tornado o aspecto visual incrivelmente fácil, os arquitetos precisam focar mais em como narrar uma história. Nós, humanos, precisamos de contato. Uma força de trabalho ágil pode trabalhar em qualquer local – não por causa da agilidade da tecnologia, mas em virtude das necessidades dos indivíduos criativos que a usam.

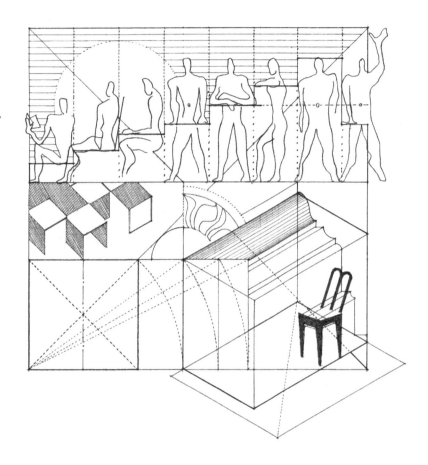

48 O PROJETO SUSTENTÁVEL

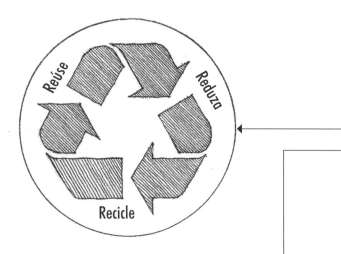

As edificações consomem grandes quantidades de materiais e energia para sua construção e operação. O projeto sustentável tem como objetivo produzir edificações que usem recursos energéticos e naturais de modo eficiente ao longo de toda sua vida. A arquitetura sustentável se esforça para buscar soluções de arquitetura que protejam tanto o ambiente natural como as inúmeras formas de vida da Terra. Simplificando, as estratégias de projeto sustentável para a construção de interiores incluem o seguinte:

- Reduza, reúse e recicle materiais.
- Avalie os impactos ao meio ambiente e à saúde, da aquisição das matérias-primas até o fim da vida útil.
- Projete buscando a eficiência em energia e no uso da água.
- Promova o acesso ao ar fresco, à luz natural, a materiais não tóxicos e a espaços públicos verdes que convidem as pessoas a se exercitarem e a terem contato social.

Pesquisas mostram que a presença de plantas no espaço de trabalho contribui para tornar os trabalhadores mais felizes em seus empregos. Além disso, certos vegetais são capazes de reduzir a concentração de poluentes aéreos internos e algumas dessas limpadoras de ar também são fáceis de cuidar. A combinação desses efeitos torna as plantas de interior uma boa escolha para um ambiente sustentável.

O PROJETO SUSTENTÁVEL   49

Desde 1984, as pesquisas têm demonstrado que os pacientes hospitalizados que desfrutam de uma vista da natureza têm período de convalescença mais breve do que aqueles que não têm essa condição. Estudos influentes apoiaram a hipótese que E. O. Wilson descreveu em Biophilia: os seres humanos possuem uma conexão inata com o mundo natural. Esses estudos têm indicado que a presença de água, luz natural e vista para o exterior pode reduzir o estresse, abaixar a pressão sanguínea, melhorar a função cognitiva e aprimorar a memorização. Nossa conexão frequentemente visual com o mundo natural também é auditiva, olfativa e tátil.

Após estudar extensivamente as características e o comportamento das plantas e dos animais, Janine Benyus desenvolveu uma tese baseada em suas observações sobre como a vida funciona. Seu livro de 1997, Biomimicry, que incluiu novas pesquisas e material de cinco guias de campo que ela havia publicado em 1990, descreve sua investigação sobre novas maneiras pelas quais a comunidade de projeto pode criar inovações inspiradas na natureza e inseri-las em produtos sintéticos. Sua abordagem à solução de problemas se destaca pela mudança na maneira pela qual as pessoas veem o mundo natural.

Em 2014, Bill Browning, um estrategista da sustentabilidade, foi coautor de 14 *Patterns of Biophilic Design: Improving Health and Well-Being in the Built Environment*, que agrupou os 14 padrões em três categorias amplas:

1. A natureza no espaço: "a presença direta, física e efêmera da natureza em um ambiente"
2. Análogos naturais: "evocações não vivas e indiretas da natureza, como objetos, materiais, cores, formatos, sequências e padrões"
3. A natureza do espaço: "configurações espaciais na natureza"

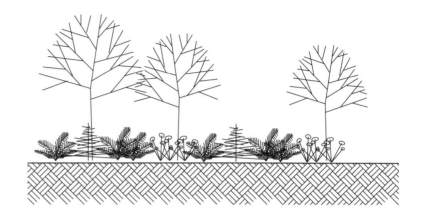

A Ziehl-Abegg, uma indústria alemã, recentemente lançou no mercado uma pá de ventilador baseada nas bordas serrilhadas da asa da coruja, aperfeiçoando de modo significativo sua aerodinâmica e reduzindo a geração de ruído e o consumo de energia.

Os sistemas e padrões de certificação de sustentabilidade

Em 2000, o U.S. Green Building Council (USGBC) lançou o LEED – *Leadership in Energy and Environmental Design* – um sistema de *benchmark* que vem promovendo a demanda global por edificações ecologicamente sustentáveis. Para que possam atender aos rigorosos critérios do LEED, os arquitetos, engenheiros e outros profissionais da construção civil têm tido de trabalhar juntos e adotar uma abordagem de projeto extremamente integrada.

Existem vários sistemas e padrões de certificação de sustentabilidade, além das atualizações do LEED:

- O sistema LEED v4 do USGBC aumentou os requisitos técnicos em relação às versões anteriores do LEED e incluiu novas exigências para alguns projetos, como os de centros de dados, depósitos, centros de distribuição, hotéis e motéis, escolas existentes, lojas existentes e prédios residenciais de média altura. Além disso, o LEED v4 exige que os fabricantes divulguem o conteúdo de seus produtos e pensem em seus ciclos de vida. O mercado atual exige um nível de transparência mais elevado. O processo pode ser complicado, mas parece que essas medidas são inevitáveis e irreversíveis.
- O WELL Building Standard, administrado pelo International WELL Building Institute, estabelece padrões de desempenho para edificações em sete categorias relacionadas à saúde humana – ar, água, nutrição, luz, boa forma física, conforto e mente – buscando melhorar o humor das pessoas, a qualidade do sono, a nutrição, a boa forma física e o desempenho no trabalho.
- A Green Globes, da Green Building Initiatives, é um protocolo de avaliação online, sistema de certificação e guia para o projeto, a operação e a manutenção de edificações sustentáveis. Ele é interativo, flexível, barato e oferece o reconhecimento no mercado dos atributos ambientais de um prédio por meio da verificação de terceiros.
- O Living Product Challenge, do International Living Future Institute, exige que os fabricantes e fornecedores desenvolvam produtos usando processos que usem apenas energia renovável e respeitem o balanço hídrico dos locais em que são feitos. O Living Product Challenge aborda métodos de projeto e construção e se inspira nas ideias de biomímica e da biofilia.
- O Living Building Challenge (LBC) define a medida mais avançada possível de sustentabilidade no ambiente construído atual. Ele exige uma adesão estrita a alguns dos padrões de desempenho predial mais rigorosos do mundo. A certificação só é possível quando todas as exigências do programa são atendidas durante 12 meses ininterruptos de operação e ocupação total.
- Health Product Declaration (HPD) Collaborative é uma ferramenta pública e gratuita para o registro objetivo e acurado dos conteúdos de um produto e de como cada um de seus ingredientes se relacionam à saúde da ecologia como um todo. Ela está incentivando os fabricantes a serem totalmente transparentes com seus produtos.
- Environmental Product Declaration (EPD) é um relatório padronizado que descreve em linhas gerais os resultados dos dados coletados em uma avaliação do ciclo de vida que apresente com transparência os impactos ambientais de um produto de seu berço ao túmulo, passando por toda a cadeia de valor, qualificando tudo o que entra (energia, água, materiais) e tudo o que sai (emissões ao solo, ar e água). Completar a EPD ajuda a identificar com precisão onde os materiais e processos têm maior impacto ambiental. O relatório oferece uma linguagem e um sistema de medição comuns sobre o impacto ambiental dos produtos ao longo de todo o seu ciclo de vida. Ele é utilizado principalmente para a comunicação entre as empresas, e não entre elas e os consumidores.

Eficiência e conservação energéticas

Seleção do terreno e sustentabilidade

Seleção dos materiais e recursos

Qualidade do ambiente interno

Eficiência e conservação da água

Categorias típicas dos parâmetros de sustentabilidade

O PROJETO SUSTENTÁVEL E OS ARQUITETOS DE INTERIORES 51

Os arquitetos de interiores podem promover o projeto sustentável das seguintes maneiras:

- Reduzindo o uso da energia, ao especificar sistemas de iluminação e equipamentos eficientes.
- Projetando de modo a tirar partido da iluminação natural, das vistas e do ar fresco.
- Levando em consideração uma desmontagem futura, para que os materiais empregados possam ser retirados e reciclados.
- Limitando o consumo de água *potável* em bacias sanitárias e pias.
- Selecionando, em fontes locais, acabamentos e materiais para os interiores que sejam de fontes rapidamente renováveis, de demolições, de reformas ou reciclados.
- Escolhendo produtos e materiais de instalação com baixas emissões de *compostos orgânicos voláteis* (COVs).
- Especificando produtos de fabricantes que reduzam ao máximo o consumo de energia, água e matérias-primas.
- Evitando a geração de resíduos na manufatura, embalagem e instalação.

52 FATORES HUMANOS

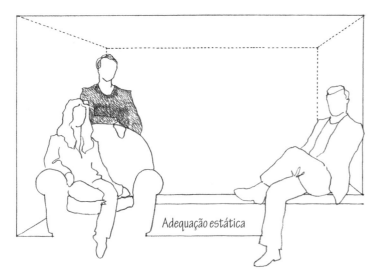

Adequação estática

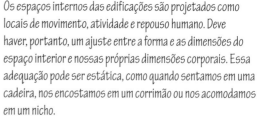

Os espaços internos das edificações são projetados como locais de movimento, atividade e repouso humano. Deve haver, portanto, um ajuste entre a forma e as dimensões do espaço interior e nossas próprias dimensões corporais. Essa adequação pode ser estática, como quando sentamos em uma cadeira, nos encostamos em um corrimão ou nos acomodamos em um nicho.

Também pode haver uma adequação dinâmica, como quando entramos no saguão de um prédio, subimos uma escada ou nos deslocamos por salas e corredores de uma edificação. O modo pelo qual um espaço promove ou restringe a circulação tem forte influência no bem-estar de seus usuários. Quando nos sentamos, nosso metabolismo baixa, o colesterol bom cai, os músculos da parte inferior de nosso corpo relaxam e parte de nossa insulina é produzida de maneira menos eficiente — tudo contribuindo para a incidência de doenças cardíacas e o diabetes. Assim, é muito importante que nos levantemos a cada 30 minutos, ainda que seja apenas por alguns minutos. Passamos o dia inteiro sentados em função da forma como nossos ambientes foram planejados. Já está comprovado que a atividade física estimula as funções mentais, e projetar espaços para diferentes funções tem impacto tanto físico quanto mental. Por conseguinte, o projeto de escadas confortáveis e bem-iluminadas, que servem como conexões que estimulam a circulação entre os espaços, tem se tornado uma característica importante na arquitetura. Os móveis com regulagem de altura, que são fáceis de ser ajustados para o uso sentado ou em pé, também estão se tornando cada vez mais populares.

Um terceiro tipo de ajuste é como o espaço acomoda nossa necessidade de manter distâncias sociais e controlar nosso espaço pessoal.

Além dessas dimensões físicas e psicológicas, o espaço também tem características táteis, auditivas, olfativas e térmicas que influem na maneira como o sentimos e no que fazemos dentro dele.

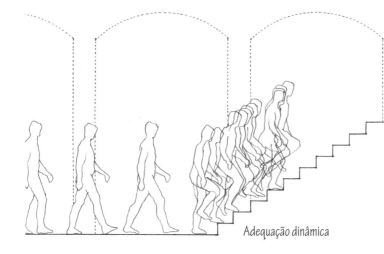

Adequação dinâmica

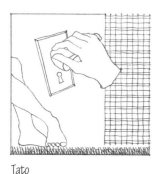

Tato

Audição

Olfato

Temperatura

DIMENSÕES HUMANAS

Nossas dimensões corporais e o modo pelo qual nos movemos no espaço e o percebemos são determinantes primordiais dos projetos de arquitetura e de arquitetura de interiores. Na seção a seguir, as dimensões humanas básicas são ilustradas nas posições de pé, caminhando, sentado, subindo ou descendo escadas, deitando-se, esticando-se e observando. Diretrizes para as dimensões também são dadas para atividades em grupo, como jantar ou conversar.

Há uma diferença entre as dimensões estruturais dos nossos corpos e aquelas exigências dimensionais resultantes do modo como nos esticamos para alcançar uma coisa sobre uma prateleira, nos sentamos a uma mesa, descemos um lanço de escadas ou interagimos com outras pessoas. Essas são dimensões funcionais que variam de acordo com a natureza da atividade que está sendo executada e a situação social.

Deve-se sempre ser cauteloso ao usar tabelas de dimensões ou ilustrações, como as apresentadas nas páginas a seguir. Elas baseiam-se em medidas típicas ou médias que às vezes precisam ser modificadas para satisfazer às necessidades de usuários específicos. Variações da norma sempre irão existir em função das diferenças entre homens e mulheres, vários grupos etários e étnicos e até mesmo indivíduos.

A maioria das pessoas vivencia diferentes fases e habilidades à medida que cresce e envelhece e com as mudanças de peso, altura e capacidade física. Essas mudanças ao longo do tempo afetam o modo como um ambiente interior irá receber ou acomodar o usuário. Duas maneiras de acomodar essas condições são o projeto para usuários obesos e o projeto para evitar que os idosos precisem se mudar.

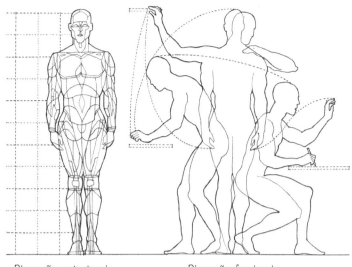

Dimensões estruturais   Dimensões funcionais

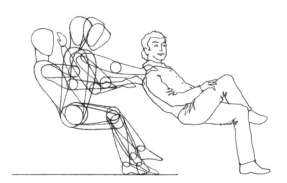

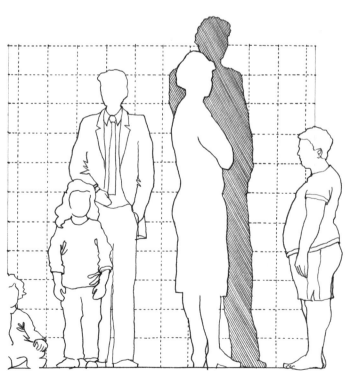

Variações e habilidades individuais

54 DIMENSÕES HUMANAS

A menos que especificado de modo diverso, as dimensões estão em milímetros.

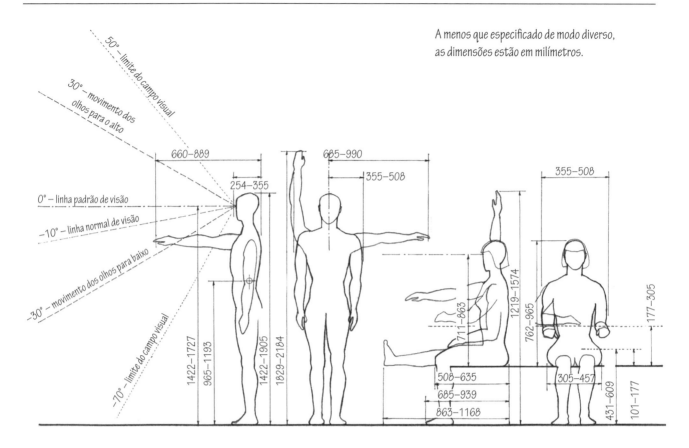

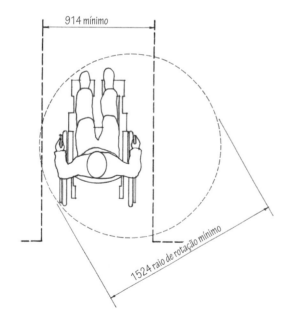

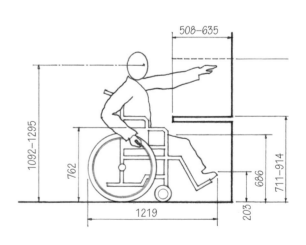

Projetando para a longevidade

Conforme os padrões das Nações Unidas, as populações do Japão, da Itália, Alemanha, Finlândia e Grécia são consideradas superidosas, com mais de 20% de seus cidadãos acima de 65 anos de idade. De acordo com o Escritório de Censos dos Estados Unidos, em 2050 projeta-se que a população norte-americana com mais de 65 anos será de 83,7 milhões, que é quase o dobro do estimado para essa população em 2012 (43,1 milhões). Ou seja, em 30 anos aproximadamente um em cada cinco adultos dos Estados Unidos terá mais de 65 anos.

Uma vez que o número de indivíduos que se muda para lares para idosos tem diminuído em vários países – como os Estados Unidos – e é muito pequeno no Brasil, muitas pessoas com limitação física estão vivendo em moradias projetadas para usuários com agilidade e habilidade motora que eles não possuem. Alguns estados norte-americanos, como Oregon, já aprovaram leis para estimular o projeto voluntário inclusivo para todas as idades tanto em novas construções como em reformas e reciclagens de uso.

Os arquitetos de interiores precisarão se reciclar e atender a essas mudanças nas normas de projeto e execução de reformas e novas construções que visam a moradias de qualidade. De acordo com a Sociedade Americana de Arquitetos de Interior:

- Restaurantes, hotéis e motéis deverão ser acessíveis.
- Escritórios, lojas e outros espaços de trabalho exigirão adequações em iluminação, assentos, tecnologias, planos de trabalho e locais silenciosos para trabalhadores mais velhos.
- Haverá uma necessidade cada vez maior de atendimento de pacientes em ambulatórios ou em casa, com o aumento de acomodações para cuidadores e zeladores.
- As lojas terão de ser acessíveis e acomodar usuários de tecnologias assistivas.
- Haverá uma demanda crescente por comunidades multifamiliares ou multiuso e complexos urbanos que desfrutem de acesso facilitado a cuidados médicos, entretenimento e comércio.

Outras tendências incluem analisar como a atividade de projetar envolve redes, nas quais a autoria de um projeto não é tão importante e há o senso de que as pessoas estão trabalhando juntas, reagindo a estarem constantemente conectadas e explorando as coisas que determinam a maneira pela qual lidamos com uma maior longevidade. Por exemplo, afastar-nos das mídias digitais em benefício dos materiais impressos ou entrar no espírito do trabalho artesanal nos elementos de um interior pode nos aproximar das características que definem a condição humana.

Projetando para os serviços médicos pediátricos

As instalações médicas têm sido líderes na criação de ambientes lúdicos baseados em pesquisas, os quais apoiam, distraem e curam as crianças. Esses espaços visam a ser:

- Empoderadores, fazendo com que os pacientes participem ativamente em seus períodos de tratamento
- Familiares, receptivos e simpáticos
- Confiáveis, contribuindo para a melhoria do vínculo entre os pacientes e a instituição hospitalar
- Incentivadores de experiências compartilhadas que unem os pacientes, suas famílias e os funcionários

As distrações positivas para os pacientes reduzem o estresse dos pais e permitem aos trabalhadores da saúde realizarem suas atividades de forma mais eficiente.

Acessibilidade total às instalações

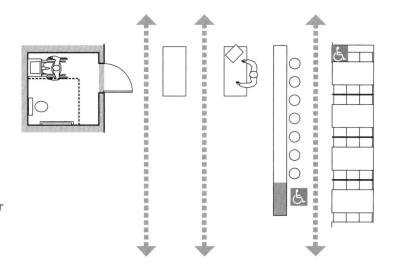

56 O ESPAÇO PESSOAL

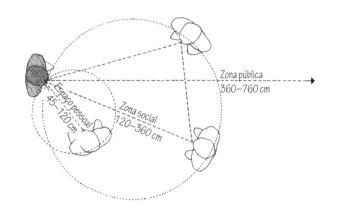

Os seres humanos, assim como os animais, têm a percepção dos usos apropriados do espaço em torno de seus corpos, o que varia conforme os grupos, a cultura e os indivíduos de um grupo. Isso se chama de espaço territorial ou de defesa de um indivíduo. Os outros têm a permissão de penetrar nessas áreas somente por curtos períodos de tempo. A presença de outras pessoas, de objetos e do ambiente imediato pode aumentar ou reduzir nossa sensação de espaço pessoal. A invasão do espaço pessoal de um indivíduo pode afetar os sentimentos da pessoa e as reações em relação a tudo em torno dela.

Zona íntima
Permite o contato físico; a invasão por um estranho pode resultar em desconforto.

Espaço pessoal
Permite aos amigos se aproximar e possivelmente ingressar brevemente nos limites mais íntimos; é possível conversar com níveis de voz baixos.

Zona social
Apropriada para negociações informais, sociais e profissionais; a comunicação ocorre sob níveis de voz normais a aumentados.

Zona pública
Aceitável para relacionamentos de comportamento formal ou hierárquico; são necessários níveis de voz mais altos com enunciados mais claros.

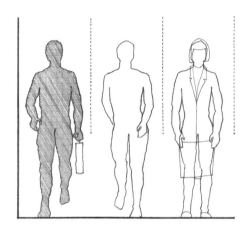

O espaço para se movimentar varia de cerca de 75 a 90 cm, para uma única pessoa, a 180 a 240 cm, para três pessoas caminhando lado a lado.

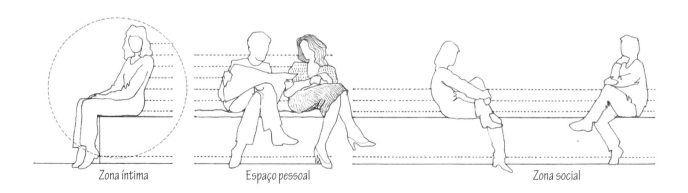

DIMENSÕES FUNCIONAIS 57

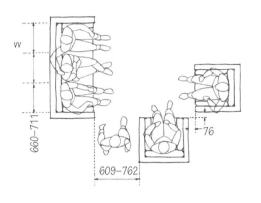

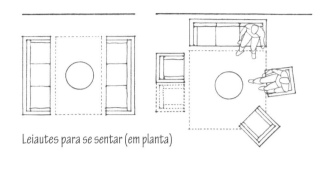

Leiautes para se sentar (em planta)

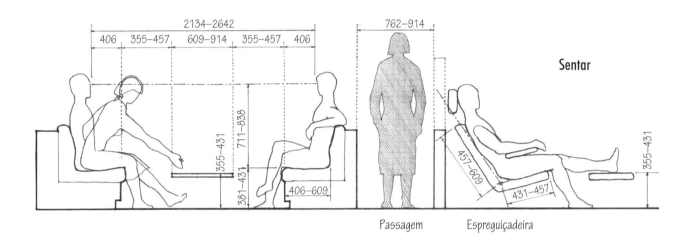

Sentar

Passagem   Espreguiçadeira

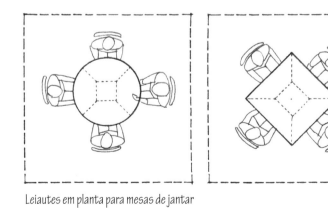

Leiautes em planta para mesas de jantar

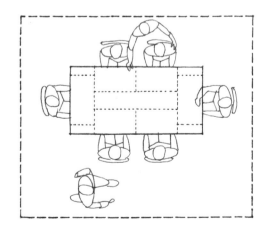

58 DIMENSÕES FUNCIONAIS

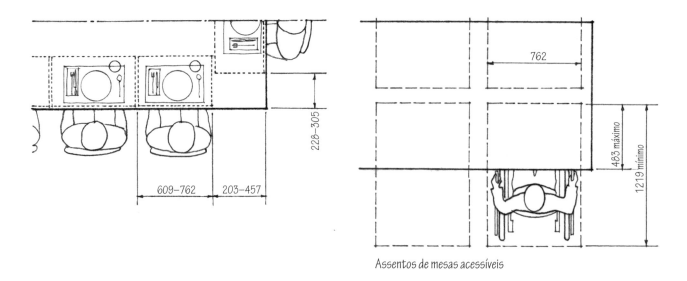

Assentos de mesas acessíveis

Jantar

A menos que especificado de modo diverso,
as dimensões estão em milímetros.

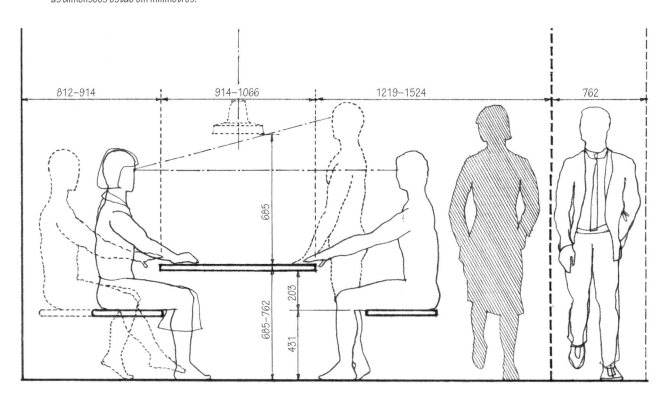

DIMENSÕES FUNCIONAIS

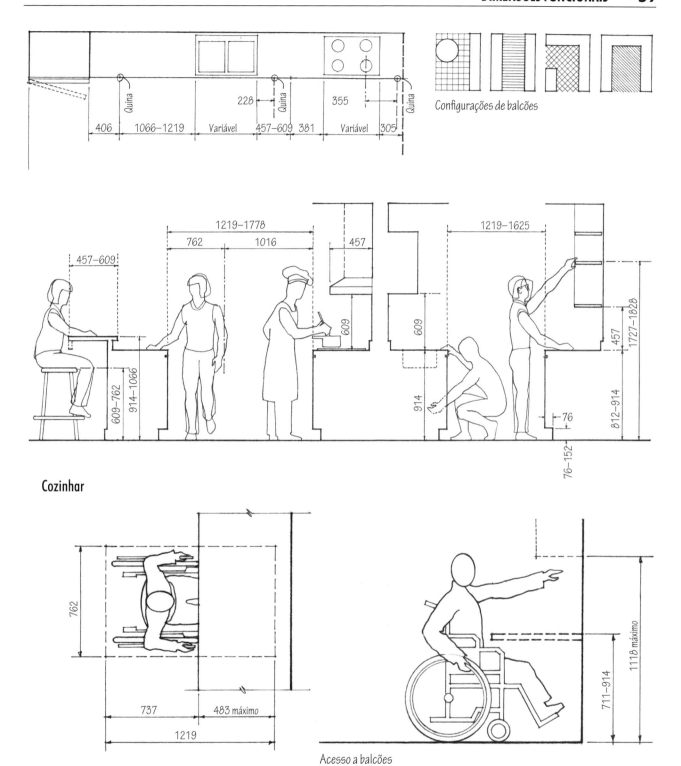

Configurações de balcões

Cozinhar

Acesso a balcões

DIMENSÕES FUNCIONAIS

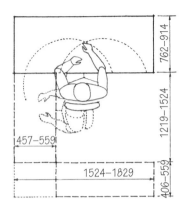
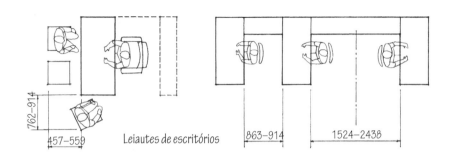

Leiautes de escritórios

Postos de trabalho

Os postos de trabalho estão mudando com rapidez para se adequarem às novas necessidades. Algumas das novidades são os espaços de trabalho criativos nos quais as pessoas podem:

- Jogar
- Se reunir de modo informal
- Ter privacidade, quando necessária

Um bom desempenho acústico pode tornar os espaços mais versáteis e permitir a acomodação de mais pessoas. Propor espaços criativos jamais é uma questão de se fazer grandes investimentos, e sim de se pensar naquilo que pode ser feito para os clientes que é criativo e único. O espaço pode permitir às pessoas trabalhar de modo individual, mas também ser parte de uma unidade de operação e de uma comunidade maior.

Os escritórios cada vez mais têm sido projetados com uma cozinha, cafeteria ou salão em seu centro, para facilitar a colaboração e mobilidade dos usuários. Esses espaços muitas vezes são pensados adotando-se estratégias de cafés, e podem ter sofás confortáveis, cadeiras forradas, bancos soltos ou fixos, assim como balcões na altura de bares ou mesas para uso comum. Existe uma demanda crescente por amenidades como espaços com vegetação, escadas soltas e salas de amamentação.

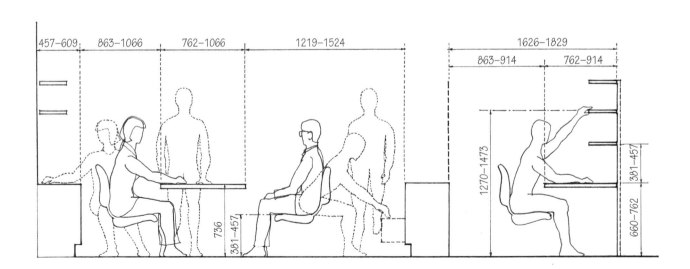

DIMENSÕES FUNCIONAIS

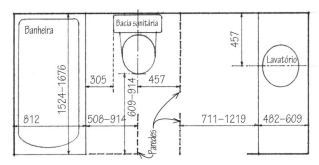

Ducha com mangueira com pelo menos 1,5 m de comprimento, que pode ser utilizada como uma cabeça de ducha fixa ou manual.

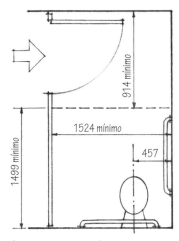

Compartimento para bacia sanitária acessível

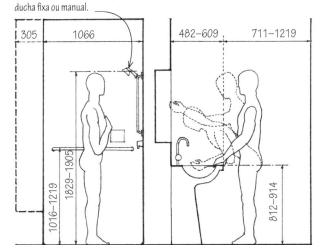

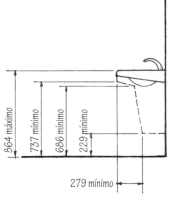

Lavatório acessível

Lavar-se

Compartimento para bacia sanitária acessível

Todas as dimensões estão em milímetros.

62 DIMENSÕES FUNCIONAIS

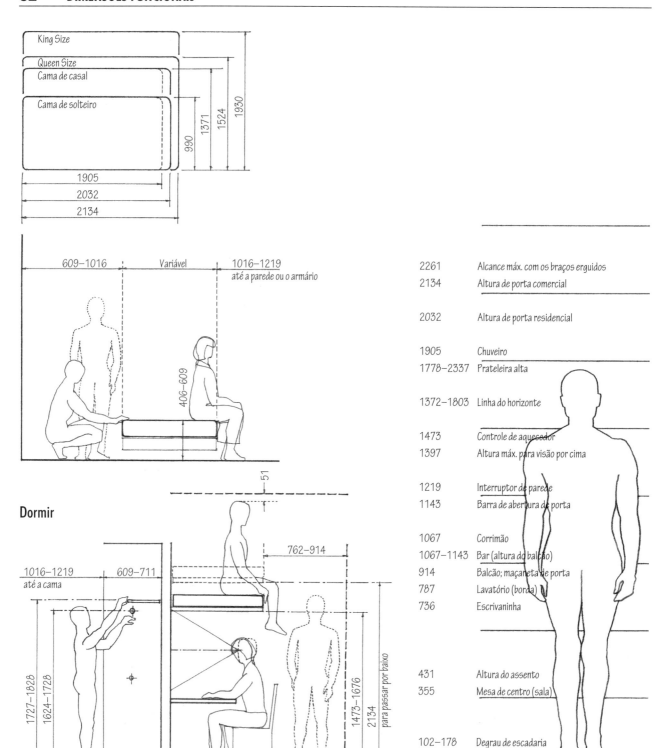

Dormir

2261	Alcance máx. com os braços erguidos
2134	Altura de porta comercial
2032	Altura de porta residencial
1905	Chuveiro
1778–2337	Prateleira alta
1372–1803	Linha do horizonte
1473	Controle de aquecedor
1397	Altura máx. para visão por cima
1219	Interruptor de parede
1143	Barra de abertura de porta
1067	Corrimão
1067–1143	Bar (altura do balcão)
914	Balcão; maçaneta de porta
787	Lavatório (borda)
736	Escrivaninha
431	Altura do assento
355	Mesa de centro (sala)
102–178	Degrau de escadaria
76	Espaço livre mínimo para os pés

Alturas

A ELABORAÇÃO DO PROGRAMA DE NECESSIDADES

Os trabalhadores da atualidade, tanto os imigrantes digitais como os nativos digitais, estão procurando experiências autênticas no trabalho, que pareçam ser parte natural de seus estilos de vida, interesses e objetivos. Essa é a essência de um local de trabalho autêntico, cuja característica vital é uma combinação de tipologias espaciais, com áreas redistribuídas em diferentes ambientes, experiências e posturas. Os espaços de trabalho contemporâneos devem apoiar todos os estilos de trabalho e de vida, oferecendo um senso de que há a escolha sobre como, quando e onde o indivíduo executará o seu melhor trabalho. Essa diversidade também promove um senso de comunidade e colaboração, fomenta a imaginação e a criatividade e foca a saúde e felicidade dos funcionários.

O processo de elaboração do programa de necessidades começa pela análise do que se sabe (a realidade atual), e, então, implica o entendimento de que tudo evoluirá e mudará – às vezes em poucos anos. Trabalhar com base na eficiência, economia e sustentabilidade desde o início permite o bom desenvolvimento de um projeto.

Existem inúmeros métodos para a elaboração do programa dos vários tipos de edificações. Um processo – a programação funcional – é definido pelas diretrizes do Facility Guidelines Institute para hospitais, clínicas sem internação e instituições para residentes de longo prazo. Ele começa com uma reunião de gerentes e administradores, além de membros de outras disciplinas, para a discussão dos objetivos do projeto. Os projetistas devem entender qual é a missão e quais são os valores essenciais da organização a fim de que possam avaliar as opções. Os objetivos de sustentabilidade são avaliados a partir dessa missão e valores. A seleção de um sistema de certificação em sustentabilidade, como o LEED ou o Green Globes, combina o desempenho predial com os resultados para os pacientes ou residentes e oferece uma melhoria contínua.

O projeto inclusivo (também chamado de universal) precisa ser incorporado ao programa de necessidades de uma edificação desde o início do processo. Os custos de aprimoramento de um prédio existente são afetados por condicionantes espaciais e estruturais, a execução fora do horário comercial (para limitar o impacto nos espaços sendo utilizados), as modificações que prejudicam os acabamentos existentes e expõem materiais nocivos à saúde (como o amianto e as antigas tintas com chumbo) e a necessidade de atualizar o prédio de acordo com as exigências atuais do código de obras vigente.

Tanto os desastres naturais como aqueles provocados pelo homem têm feito da resiliência uma preocupação para os projetistas e outros profissionais, inclusive de agências reguladoras, órgãos públicos e companhias de seguros. A compreensão dos impactos gerados pelas possíveis mudanças climáticas em um local deve ser considerada desde o início. As pesquisas sobre a ênfase atual nos equipamentos individuais que aprendem os padrões pessoais de comportamento podem não corresponder totalmente à realidade. Por outro lado, o aumento da qualidade e da disciplina da colaboração talvez traga enormes dividendos na transformação da maneira como trabalhamos.

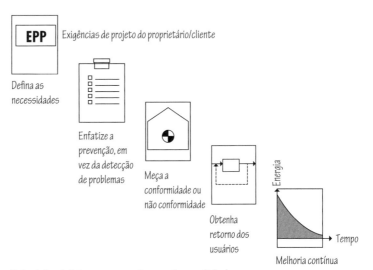

Princípios básicos para o alcance da qualidade

64 A ELABORAÇÃO DO PROGRAMA DE NECESSIDADES

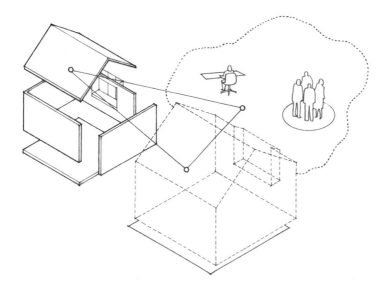

Um critério primordial para julgar o sucesso de um projeto de interiores é se ele é funcional. Funcionalidade é o nível mais fundamental de projeto. Projetamos para melhorar o funcionamento dos espaços internos e tornar mais convenientes as tarefas e atividades que executamos neles. O funcionamento adequado de um projeto está diretamente relacionado aos propósitos daqueles que o habitam e usam, assim como a suas habilidades e dimensões físicas.

Para ajudar a entender e, em última análise, cumprir a função e o objetivo de um espaço interno, é necessário analisar cuidadosamente o usuário e as exigências impostas pelas atividades que ocorrerão naquele espaço. As ideias gerais a seguir podem ajudar o projetista a incluir tais exigências no programa de necessidades, traduzir tais necessidades em formas e padrões e integrá-las no contexto espacial.

NECESSIDADES DO USUÁRIO

[ ] **Identifique os usuários.**
- Indivíduos
- Grupos de usuários
- Características dos usuários
- Pais que trabalham fora
- Grupos etários: os usuários idosos de hoje podem ser mais ativos do que os do passado
- Nativos digitais e sua necessidade de rápidos processos de produção
- Ritmos circadianos

[ ] **Identifique as necessidades.**
- Necessidades e habilidades individuais específicas
- Necessidades e habilidades de grupos
- Projeto inclusivo

[ ] **Estabeleça as necessidades territoriais.**
- Espaço pessoal
- Privacidade
- Interação
- Comunicações digitais
- Acesso
- Segurança
- Menor diferenciação entre espaços internos e externos: zonas de transição

[ ] **Determine as preferências.**
- Objetos favoritos
- Cores favoritas
- Locais especiais
- Interesses especiais

[ ] **Identifique as exigências do código de edificações e de outras normas aplicáveis.**

[ ] **Investigue as preocupações ambientais.**
- Economia de energia
- Iluminação natural, vistas e ar fresco
- Reduza, reúse, recicle
- Conservação de água
- Materiais e processos de fabricação sustentáveis
- Materias não tóxicos
- Redução de resíduos

A ELABORAÇÃO DO PROGRAMA DE NECESSIDADES 65

NECESSIDADES DOS MÓVEIS, EQUIPAMENTOS E ACESSÓRIOS

[ ] Determine móveis, equipamentos e acessórios para cada atividade.

Número, tipo e estilo de:
- Assentos
- Mesas
- Superfícies de trabalho
- Unidades de armazenagem e apresentação
- Acessórios

[ ] Identifique outras instalações especiais necessárias.
- Iluminação
- Eletricidade
- Mecânica
- Tubulações
- Tecnologia da informação e comunicações
- Segurança patrimonial
- Segurança contra incêndios
- Isolamento acústico

[ ] Estabeleça exigências de qualidade para os acessórios.
- Conforto
- Segurança
- Variedade
- Flexibilidade
- Estilo
- Durabilidade e manutenção
- Sustentabilidade

[ ] Desenvolva leiautes possíveis.
- Agrupamentos funcionais
- Leiautes personalizados
- Leiautes flexíveis

NECESSIDADES DAS ATIVIDADES

[ ] Identifique as atividades primárias e secundárias.
- Nome e função da atividade primária
- Nomes e funções das atividades secundárias ou relacionadas

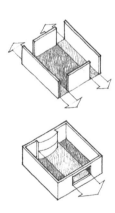

[ ] Analise a natureza das atividades.
- Ativas ou passivas
- Ruidosas ou silenciosas
- Públicas, em pequeno grupo ou privativas
- Compatibilidade entre atividades, se o espaço for utilizado para mais de uma atividade
- Frequência de uso.
- Horários de dia e de noite.

[ ] Determine as exigências.
- Privacidade e fechamento
- Acesso
- Acessibilidade
- Comunicação
- Flexibilidade
- Luz
- Desempenho acústico
- Segurança
- Manutenção e durabilidade

ANÁLISE DO ESPAÇO

[ ] **Documente o espaço existente ou proposto.**
- Meça e desenhe plantas baixas, *cortes e elevações internas*
- Fotografe o espaço existente
- Caso seja necessário, meça o espaço usando, de preferência, uma trena eletrônica (a laser)

[ ] **Analise o espaço.**
- Orientação solar e condições do terreno naquele local
- Forma, escala e proporção do espaço
- Localização de portas, pontos de acesso e percursos de circulação que eles sugerem
- Janelas e a iluminação, vistas e ventilação que elas propiciam
- Materiais de parede, piso e teto
- Detalhes de arquitetura significativos
- Localização do mobiliário fixo e dos pontos de saída dos sistemas hidrossanitários, elétricos e mecânicos
- Modificações possíveis na arquitetura
- Elementos para possível reutilização, inclusive acabamentos e acessórios

EXIGÊNCIAS DIMENSIONAIS

[ ] **Determine as dimensões necessárias de espaço e agrupamentos de móveis.**
- Cada grupamento funcional de móveis
- Acesso e movimento dentro das áreas de atividades e entre elas
- Número de pessoas atendidas
- Distâncias sociais e interações apropriadas

O planejamento de espaços

A forma da estrutura e das vedações de uma edificação afeta o caráter dos espaços dentro dela. O planejamento de espaços envolve o uso eficiente e produtivo desses espaços, adequando os padrões de uso aos padrões de arquitetura do espaço.

O termo "planejamento de espaços" é frequentemente empregado para se referir à tarefa específica de planejar e projetar espaços de grande escala para empreendimentos comerciais e varejistas. Nesse sentido estrito, os planejadores de espaço programam as necessidades dos clientes, estudam as atividades dos usuários e analisam as exigências espaciais. Os resultados de tal planejamento são então utilizados no projeto de arquitetura de uma nova construção ou para negociar o aluguel de espaços comerciais existentes.

Comunicação

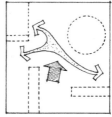
Movimento

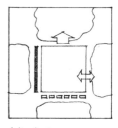
Adjacências

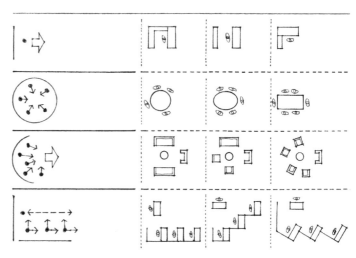
Necessidades de mobiliário e leiautes

A ELABORAÇÃO DO PROGRAMA DE NECESSIDADES 67

Em um sentido mais amplo, todos os arquitetos de interiores estão envolvidos com o planejamento e o leiaute de espaços internos, sejam pequenos ou grandes, residenciais ou comerciais. Uma vez que foi esboçado um programa de projeto e se desenvolveu uma análise das necessidades do cliente ou dos usuários, a tarefa de projeto é alocar adequadamente os espaços internos desejados ou disponíveis para as várias atividades exigidas.

As necessidades de área podem ser estimadas a partir de uma análise do número de pessoas servidas, dos acessórios e equipamentos de que elas precisam e da natureza da atividade que irá ser acomodada dentro de cada espaço. Essas exigências de área podem então ser traduzidas em blocos de espaço aproximados e relacionadas entre si e com o contexto da arquitetura de modo funcional e estético.

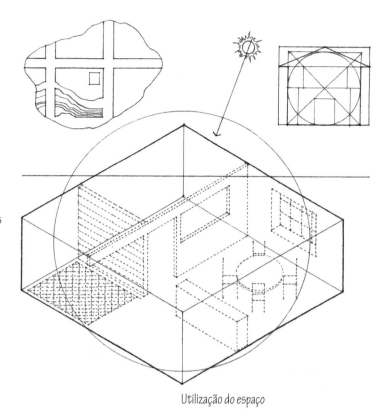

Utilização do espaço

Análise das necessidades do usuário + Espaços existentes ou propostos... integração

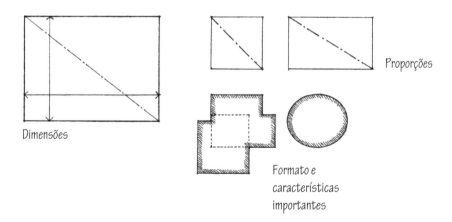

Dimensões

Proporções

Formato e características importantes

CARACTERÍSTICAS DESEJADAS

[ ] Determine as características apropriadas ao contexto espacial e compatíveis com as necessidades ou os desejos do cliente ou dos usuários
- Sensação, ambiência ou atmosfera
- Imagem e estilo
- Grau de fechamento espacial
- Conforto e segurança
- Características da luz
- Foco e orientação do espaço
- Cor e tom
- Texturas
- Desempenho acústico
- Desempenho térmico
- Flexibilidade e duração estimada de uso
- Promoção de movimentos físicos

RELAÇÕES DESEJADAS

[ ] Relações desejadas entre:
- Áreas de atividades relacionadas
- Áreas de atividades e espaço para circulação
- Recintos e espaços adjacentes
- Recintos e exterior

[ ] Zoneamento desejado de atividades
- Organização das atividades em grupos ou arranjos de acordo com a compatibilidade e o uso

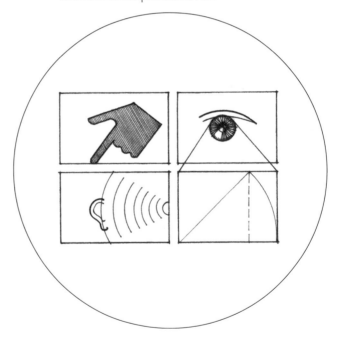

RELAÇÕES ENTRE ATIVIDADES

Seja colaborando no projeto de uma edificação ou planejando ou reformando uma edificação existente, o arquiteto de interiores busca um ajuste adequado entre as demandas das atividades e a natureza da arquitetura dos espaços que os abrigam.

Certas atividades podem exigir uma relação de intimidade ou de adjacência entre si, ao passo que outras podem estar mais distantes ou isoladas, por questões de privacidade. Algumas atividades podem exigir uma fácil acessibilidade; outras podem precisar de entradas e saídas controladas. Algumas atividades podem exigir iluminação e ventilação naturais, já outras talvez não precisem estar localizadas perto de janelas externas. Algumas atividades podem ter exigências espaciais específicas, enquanto outras podem ser mais flexíveis ou permitir o compartilhamento de um espaço.

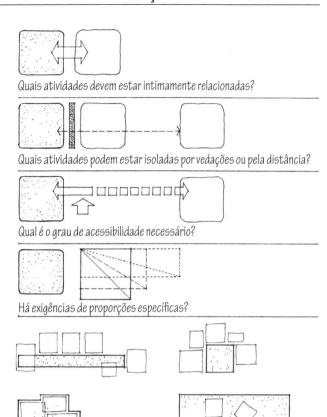

Quais atividades devem estar intimamente relacionadas?

Quais atividades podem estar isoladas por vedações ou pela distância?

Qual é o grau de acessibilidade necessário?

Há exigências de proporções específicas?

As relações entre as atividades sugerem um padrão espacial?

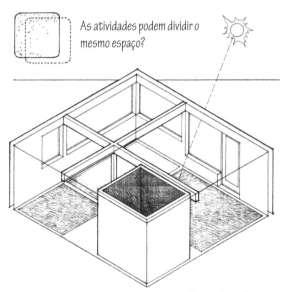

As atividades podem dividir o mesmo espaço?

Quais atividades exigem iluminação natural e ventilação?

70 ADEQUANDO O USO AO ESPAÇO

À medida que as áreas internas são organizadas com base nas considerações discutidas durante a elaboração do programa de necessidades, assim como nas considerações do terreno e do entorno, o arquiteto começará a desenvolver a forma e a configuração da nova edificação.

Esteja situado dentro de uma edificação existente ou contemplado com um novo prédio projetado por inteiro, geralmente o espaço oferece dicas ao arquiteto de interiores de como ele pode ser melhor utilizado. Os acessos a um espaço podem definir um padrão de movimento que divide a área em certas zonas. Algumas delas podem estar mais acessíveis do que outras. Algumas podem ser suficientemente grandes para acomodar atividades em grupo, mas outras não. Algumas podem ter acesso a janelas externas ou a claraboias, para iluminação ou ventilação natural, ou podem ser internalizadas. Algumas podem incluir um centro natural de interesse, como uma janela com uma bela vista ou uma lareira.

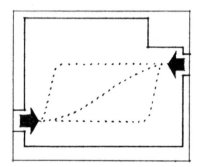

Circulações possíveis

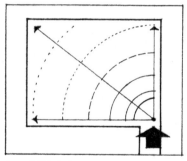

Acessibilidade de zonas

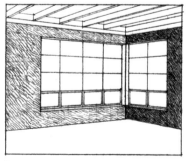

Vistas externas

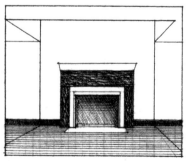

Foco interno

ADEQUANDO O USO AO ESPAÇO   71

O zoneamento de um espaço pode ser sugerido pela forma de suas vedações ou pela arquitetura. As portas sugerem circulações e dão acesso a certas zonas. A iluminação natural resultante de janelas ou claraboias deve influenciar a localização das atividades. Uma vista exterior ou um foco interno pode sugerir como um espaço pode ser organizado.

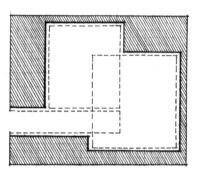 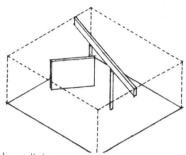

Divisões sugeridas pelo formato do recinto ou pela arquitetura

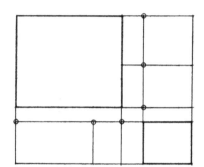 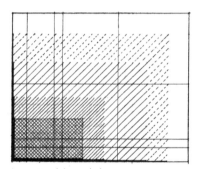

Tamanho e proporção das zonas   Luz natural disponível

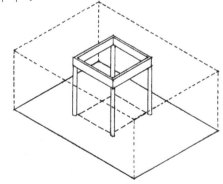

LEIAUTES EM PLANTA BAIXA

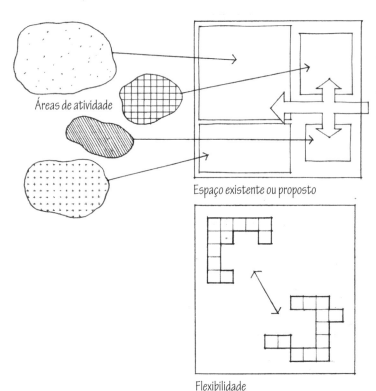

Áreas de atividade

Espaço existente ou proposto

Flexibilidade

Das análises anteriores das atividades e do espaço, podemos começar a relacionar as características espaciais de cada atividade às características dos espaços disponíveis. A tarefa de projeto então se volta para a seleção e a disposição de acessórios, móveis e acabamentos e pontos de iluminação dentro de padrões tridimensionais limitados pelos limites espaciais dados. Esses leiautes de configurações e formas no espaço devem responder tanto a critérios funcionais como estéticos.

Função

- Agrupamento de mobiliário conforme atividades específicas
- Dimensões e afastamentos adequados
- Distâncias sociais apropriadas
- Privacidade visual e acústica correta
- Flexibilidade ou adaptabilidade adequada
- Iluminação apropriada e outras instalações prediais

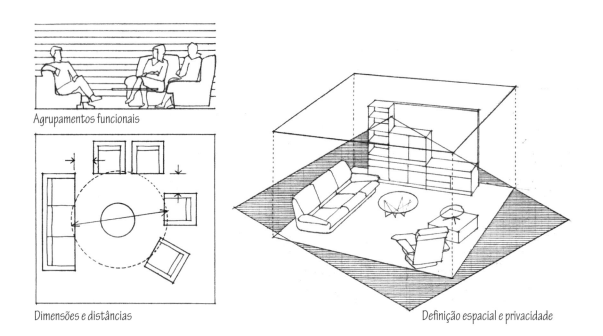

Agrupamentos funcionais

Dimensões e distâncias

Definição espacial e privacidade

LEIAUTES EM PLANTA BAIXA

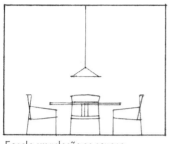

Escala em relação ao espaço

Estética

- Escala apropriada à função espacial
- Agrupamento visual: unidade com variedade
- Leitura de figura e fundo em planta baixa
- Composição tridimensional: ritmo, harmonia, equilíbrio
- Orientação apropriada em relação à luz, à vista ou a um foco interno
- Formato, cor, textura e padrão

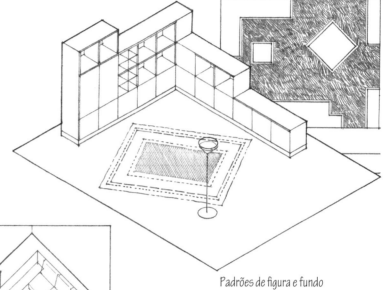

Padrões de figura e fundo

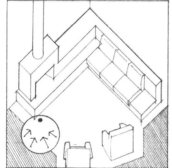

Agrupamento e orientação

Objetos soltos no espaço ou se fundindo com ele

74 ESTRATÉGIAS DE PLANEJAMENTO

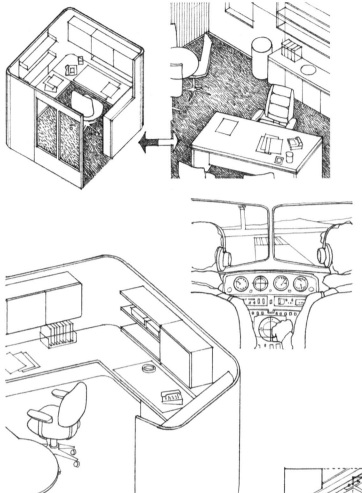

Dimensões mínimas

Os leiautes em planta baixa podem ser classificados genericamente em duas grandes categorias, de acordo com o modo como cada uma usa o espaço disponível — leiautes com dimensões mínimas ou com dimensões folgadas. Os primeiros apresentam uma relação íntima entre o mobiliário e os equipamentos. Isso pode ser particularmente apropriado quando o espaço tem alto custo ou quando é necessária eficiência funcional. Um leiaute com dimensões mínimas deve ser lançado com muito cuidado e conforme seu uso previsto, e talvez ele não seja imediatamente adaptável a outros usos.

Em geral, um leiaute com dimensões mínimas emprega móveis unitários ou modulados que podem ser arranjados de diversas maneiras para formar conjuntos integrados e muitas vezes multifuncionais. Tais conjuntos utilizam o espaço de forma eficiente e deixam uma quantidade máxima de área de piso em torno deles. Um leiaute personalizado de móveis modulados também pode ser empregado para definir um espaço dentro de um volume maior, para melhorar a privacidade ou a intimidade.

Levado a uma situação extrema, um leiaute com dimensões mínimas pode ser construído com móveis embutidos e se tornar uma extensão permanente da arquitetura de um recinto. Assim como os móveis modulados, os móveis embutidos usam o espaço de forma eficiente; transmitem uma aparência unificada, de ordem, e mitigam a superocupação visual de um espaço.

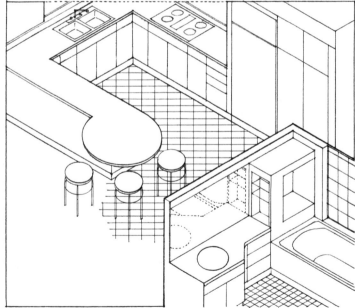

Leiautes personalizados ou com dimensões mínimas exigem cuidadosos estudos e análises das relações funcionais.

Dimensões folgadas

Um segundo tipo de leiaute, mais comum, apresenta dimensões folgadas entre a função e o espaço. Leiautes com dimensões folgadas são desejáveis pela flexibilidade e diversidade que propiciam.

A maior parte dos recintos com dimensões folgadas consegue acomodar uma diversidade de usos, especialmente se os móveis puderem ser facilmente deslocados e reordenados. Essa inerente flexibilidade de se adaptar a mudanças em uso ou circunstância torna um leiaute com dimensões folgadas o método mais comum de distribuição do mobiliário dentro de um espaço. Ele também oferece a oportunidade de se ter uma mistura maior de tipos, tamanhos e estilos a serem selecionados ao longo do tempo, para combinar com praticamente qualquer situação de projeto.

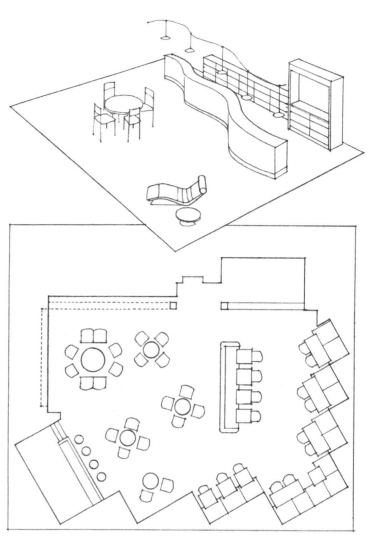

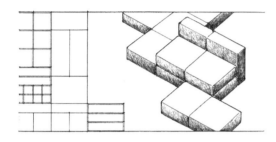

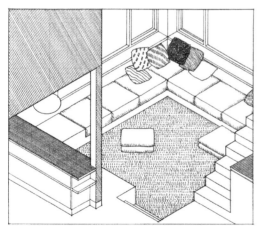

Os acessórios modulados são flexíveis e utilizam o espaço de forma eficiente.

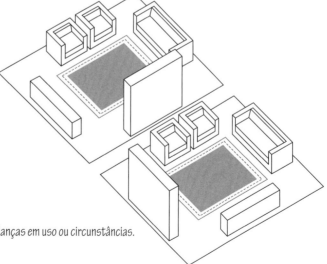

Os leiautes com dimensões folgadas podem refletir mudanças em uso ou circunstâncias.

76 A REPRESENTAÇÃO GRÁFICA

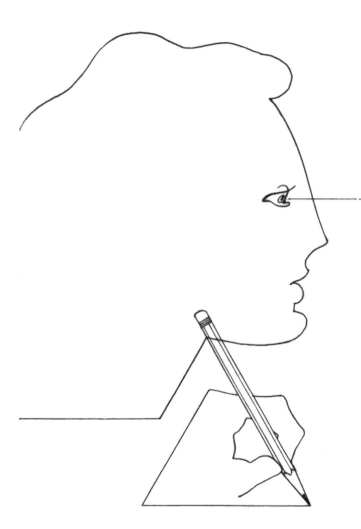

Os arquitetos usam desenhos de muitas formas. Os desenhos para apresentação feitos ao final de um projeto de arquitetura são utilizados para persuadir o cliente, os colegas ou o público em geral quanto aos méritos de uma grande proposta de arquitetura. Os desenhos executivos são necessários para que se dê instruções gráficas para a execução ou construção de uma obra. Mas os projetistas também usam tanto o processo quanto o produto da atividade de desenhar de outros modos. No projeto, a função do desenho se expande para incluir o registro do que já existe, eliminar ideias e especular e planejar para o futuro. Ao longo do processo de projeto, usamos desenhos para guiar o desenvolvimento de uma ideia, desde o conceito até a proposta e a realidade construída.

Seja feita a caneta ou a lápis no papel ou desenvolvida em CAD, a representação gráfica de ideias de projeto é particularmente útil nos estágios preliminares do processo. Desenhar uma ideia de projeto no papel nos possibilita explorar e esclarecer tal ideia de modo bastante similar à formação e ordenação de um pensamento que é posto em palavras. Tornar as ideias de projeto concretas e visíveis nos permite agir sobre elas. Podemos analisá-las, vê-las sob novos ângulos, combiná-las de novos modos e transformá-las em novas ideias.

O desenvolvimento de programas CAD tridimensionais ou BIM (Building Information Modeling) que apresentam imagens bem elaboradas durante o processo de projeto tem auxiliado na visualização dos projetos. Contudo, imagens impressionantes não devem deter a análise cuidadosa e a investigação de alternativas. Muitos arquitetos de interior acham que podem se concentrar na síntese de ideias de projeto mais facilmente usando uma folha de papel e um lápis ou uma caneta, sem a distração e as limitações de usar um programa de computador. Os esboços informais podem evoluir e se transformar em esquemas de projeto alternativos. Analise as ideias, sintetize as boas e avalie os resultados. Então, refine-as em desenhos preliminares, para maior avaliação e desenvolvimento.

SISTEMAS DE REPRESENTAÇÃO GRÁFICA

A tarefa central do desenho de arquitetura é representar formas, construções e ambientes espaciais tridimensionais em uma superfície bidimensional. Três tipos distintos de sistemas de representação foram desenvolvidos com o passar dos anos para cumprir essa missão: *desenhos de vistas múltiplas, desenhos de linhas paralelas e perspectivas cônicas*. Esses sistemas visuais de representação constituem uma linguagem gráfica que é governada por um conjunto consistente de princípios.

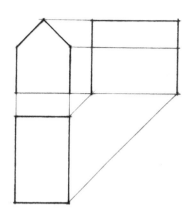

Desenhos de vistas múltiplas
- Plantas baixas, cortes e elevações
- Uma série de projeções ortográficas

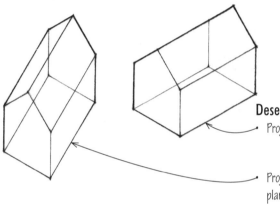

Desenhos de linhas paralelas
- Projeções axonométricas

- Projeções oblíquas, incluindo elevações oblíquas e plantas baixas oblíquas

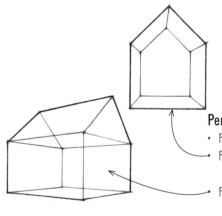

Perspectivas cônicas
- Projeções em perspectiva
- Perspectiva com um ponto de fuga

- Perspectiva com dois pontos de fuga

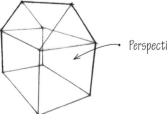

- Perspectiva com três pontos de fuga

78 DESENHOS DE VISTAS MÚLTIPLAS

Desenhos de vistas múltiplas compreendem os tipos de desenhos que conhecemos como plantas baixas, elevações e cortes. Cada um é uma projeção ortográfica de um aspecto específico de um objeto ou uma construção. Na projeção ortográfica, projetores paralelos encontram o plano do desenho em ângulos retos. Assim, a projeção ortográfica de uma característica ou de um elemento que é paralelo ao desenho permanece com tamanho, formato e configuração reais. Isso resulta na principal vantagem dos desenhos de vistas múltiplas — a capacidade de localizar pontos precisos, medir o comprimento e a inclinação de linhas e descrever o formato e tamanho dos planos.

Um desenho de vistas múltiplas pode revelar apenas informações parciais sobre um objeto ou uma construção. Há uma ambiguidade inerente na profundidade, já que a terceira dimensão é achatada contra o plano do desenho. Seja qual for a profundidade lida em uma planta baixa, um corte ou uma elevação isoladamente, dicas de profundidade devem ser sugeridas por tais representações gráficas, como pesos distintos de linhas hierarquizadas e tons contrastantes. Embora possamos inferir uma sensação de profundidade, apenas podemos ter certeza ao olharmos os desenhos adicionais. Assim, precisamos de uma série de vistas distintas, mas relacionadas, para descrever na totalidade a natureza tridimensional de uma forma ou composição — daí o termo "vistas múltiplas".

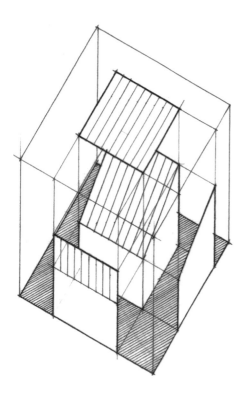

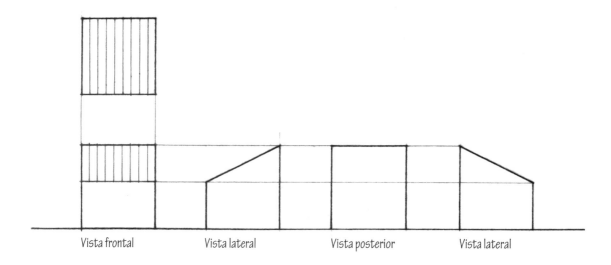

Vista frontal   Vista lateral   Vista posterior   Vista lateral

Uma planta baixa é uma projeção ortográfica de um objeto, uma edificação ou uma composição em um plano horizontal.

A *planta baixa de um pavimento* representa um corte horizontal através de uma edificação ou de parte de uma edificação, geralmente a uma altura de 1,20 m em relação ao piso, removendo-se a parte de cima.

- Destaque com linhas grossas a espessura das paredes e dos pilares que são cortados.
- Observe a localização e o tamanho das portas e janelas.

80 CORTES

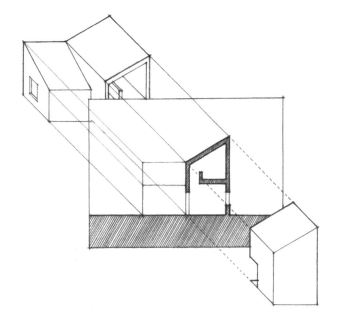

Um *corte* é uma projeção ortográfica de um objeto ou uma estrutura da forma como seria visualizada se seccionada por um plano vertical, para mostrar sua configuração interna.

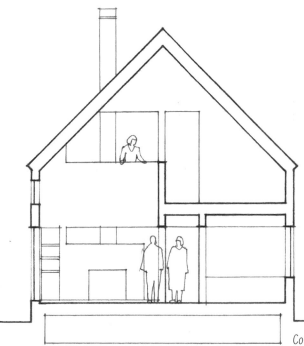

Um corte de edificação mostra as relações entre os pisos, as paredes e a estrutura da cobertura de uma edificação, e revela as dimensões verticais, o formato e a escala dos espaços definidos por esses elementos.

- Destaque com linhas grossas o piso, as paredes e os elementos dos tetos que são cortados.
- Desenhe as elevações dos elementos que são vistos além do plano de corte.
- Desenhe figuras humanas, pois elas ajudam a estabelecer a escala do espaço.

Corte de uma edificação

ELEVAÇÕES INTERNAS 81

Elevações internas são projeções ortográficas daquelas paredes internas significativas em uma edificação. Embora sejam normalmente incluídas nos cortes, elas podem ser mostradas isoladamente para apresentar e estudar espaços altamente detalhados, como cozinhas, banheiros e escadas. Nesse caso, em vez de ressaltar o corte, enfatizamos as linhas limítrofes das superfícies das paredes internas.

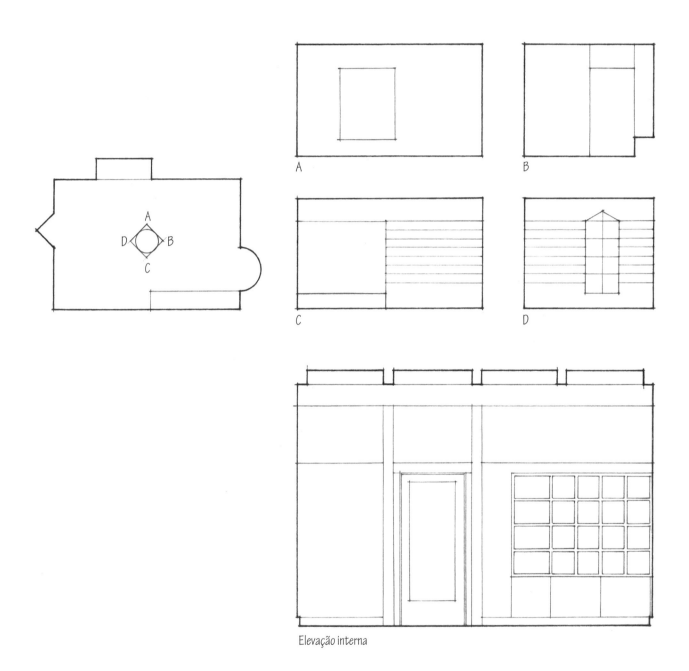

Elevação interna

82 DESENHOS DE LINHAS PARALELAS

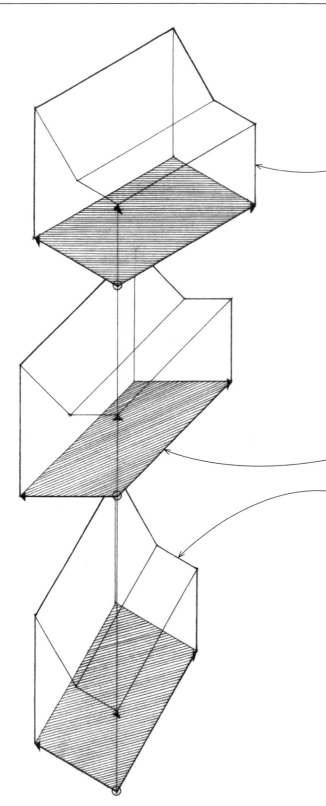

Desenhos de linhas paralelas transmitem a natureza tridimensional de uma forma ou construção em uma única representação. Eles incluem um subconjunto de projeções ortográficas conhecidas como projeções axonométricas, entre as quais a mais comum é a projeção isométrica, bem como toda a classe de projeções oblíquas.

Projeções axonométricas

- Isométricas – Os três eixos principais estão em ângulos iguais com o plano do desenho.
- Dimétricas – Dois dos eixos principais estão em ângulos iguais com o plano do desenho.
- Trimétricas – Os três eixos principais estão em ângulos desiguais com o plano do desenho.

Projeções oblíquas

- Elevações oblíquas – Uma das faces verticais principais está orientada paralelamente ao plano do desenho.
- Plantas oblíquas – Uma das faces horizontais principais está orientada paralelamente ao plano do desenho.

Em todos os desenhos de linhas paralelas – tanto os axonométricos quanto os oblíquos:

- As linhas paralelas do objeto permanecem paralelas nas vistas desenhadas.
- Todas as dimensões paralelas a qualquer um dos três eixos principais podem ser medidas e representadas em escala.

ISOMÉTRICAS 83

Isométricas são projeções axonométricas de um objeto ou uma edificação inclinada ao plano do desenho de tal modo que os três eixos principais são igualmente reduzidos.

- Os três eixos principais estão a um ângulo de 120° em relação ao plano do desenho.
- Em uma isométrica pura, esses três eixos são reduzidos de modo igual para 0,816 de seus comprimentos reais.
- É comum, no entanto, construir um desenho isométrico lançando todas as linhas axiais — linhas paralelas a qualquer um dos principais eixos — com seus comprimentos reais e na mesma escala.

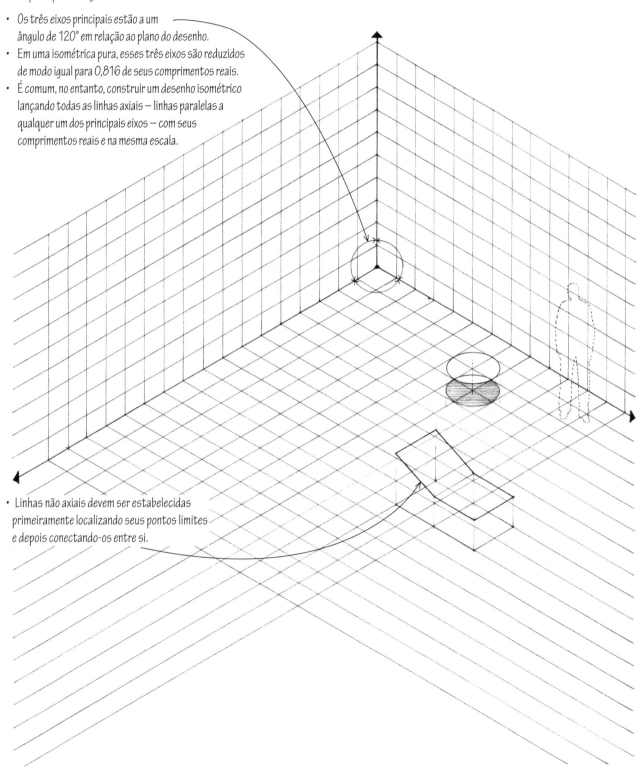

- Linhas não axiais devem ser estabelecidas primeiramente localizando seus pontos limites e depois conectando-os entre si.

84 PLANTAS OBLÍQUAS

Plantas oblíquas orientam os planos horizontais do objeto paralelamente ao plano do desenho. Por consequência, esses planos horizontais revelam suas dimensões e formas verdadeiras, enquanto os dois conjuntos primordiais de planos verticais são proporcionalmente reduzidos.

- Uma vantagem de construir plantas oblíquas é a possibilidade de usar plantas baixas como desenhos de base.
- A rotação da planta baixa oferece uma vasta gama de vistas possíveis nas quais os dois principais conjuntos de planos verticais podem receber diferentes graus de ênfase.
- As plantas oblíquas apresentam um ponto de vista mais alto para dentro do espaço interno do que as isométricas.

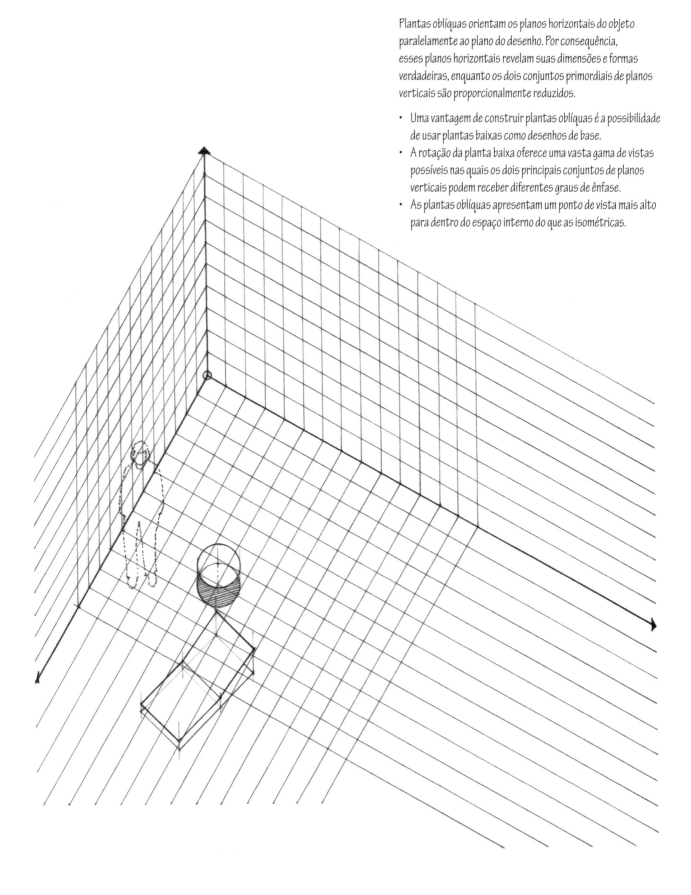

PERSPECTIVAS CÔNICAS

As perspectivas cônicas representam uma forma ou construção tridimensional projetando todos os seus pontos em um plano do desenho (PD) por meio do uso de linhas retas que convergem para um ponto fixo que representa a visão de um único olho do observador. Embora normalmente visualizemos com os dois olhos, com o que chamamos de visão binocular, a perspectiva cônica pressupõe que vejamos um objeto ou uma cena tridimensional com um único olho, o qual chamamos de ponto de vista do observador (PV).

Desenhos de linhas paralelas e de vistas múltiplas utilizam projetores paralelos, e o tamanho projetado de um elemento permanece o mesmo independentemente de sua distância ao plano do desenho. Os projetores convergentes ou linhas de visão em uma perspectiva cônica, no entanto, alteram o tamanho aparente de uma linha ou um plano, conforme a distância do plano do desenho e do observador. Em outras palavras, as linhas de visão convergentes reduzem o tamanho dos objetos à distância.

O uso principal das perspectivas cônicas em projetos é representar uma vista experimental do espaço e das relações espaciais.

As maquetes eletrônicas, ao seguir os princípios matemáticos da perspectiva, podem facilmente criar perspectivas distorcidas. Portanto, manter a porção central de um objeto ou uma cena dentro de um cone de visão razoável, com 60°, evita tal distorção. Esse problema pode ser resolvido no Autodesk Revit por meio da manipulação do comprimento focal.

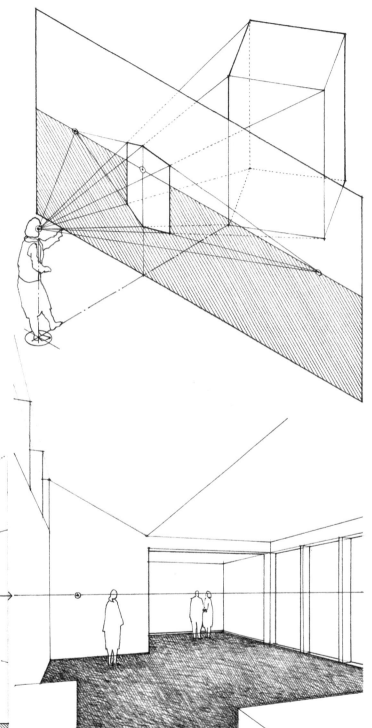

86   PERSPECTIVAS CÔNICAS COM UM PONTO DE FUGA

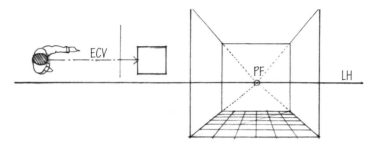

Se visualizarmos um cubo com nosso eixo central de visão (ECV) perpendicular a uma de suas faces, todas as linhas verticais do cubo são paralelas com o plano do desenho e permanecem verticais. As linhas horizontais que são paralelas ao plano do desenho (PD) e perpendiculares ao ECV também permanecem horizontais. As linhas paralelas ao ECV, contudo, darão a impressão de convergir a um único ponto na linha do horizonte (LH), o ponto de fuga (PF).

Perspectivas cônicas com um ponto de fuga são particularmente efetivas na representação de espaços internos, porque a apresentação dos três planos dá uma clara sensação de fechamento. As linhas paralelas que convergem no eixo central de visão (ECV) criam a sensação de profundidade. Deslocar o ECV para a direita ou esquerda pode atrair a atenção para as paredes de um lado ou outro.

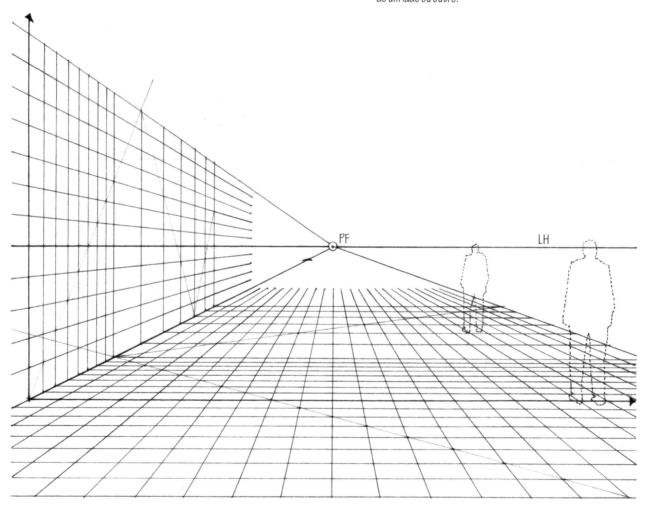

PERSPECTIVAS CÔNICAS COM DOIS PONTOS DE FUGA

Se mudarmos a forma como olhamos para o cubo de tal modo que o vejamos de maneira oblíqua, mas mantivermos nosso ECV horizontal, as linhas verticais do cubo permanecerão verticais. Os dois grupos de linhas horizontais, contudo, agora estão oblíquos ao plano do desenho e dão a impressão de convergirem, um conjunto para a esquerda (PFE) e o outro para a direita (PFD). Esses são os dois pontos que dão nome à perspectiva com dois pontos de fuga.

O efeito representativo de uma perspectiva com dois pontos de fuga varia conforme o ângulo de visão do observador. Na representação de espaços internos, uma perspectiva com dois pontos de fuga é mais eficiente quando o ângulo de observação se aproxima do que uma perspectiva com um ponto de fuga. Qualquer perspectiva cônica que apresenta três planos de um volume espacial fornece a clara sensação de fechamento inerente aos espaços interiores.

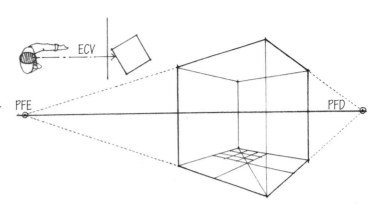

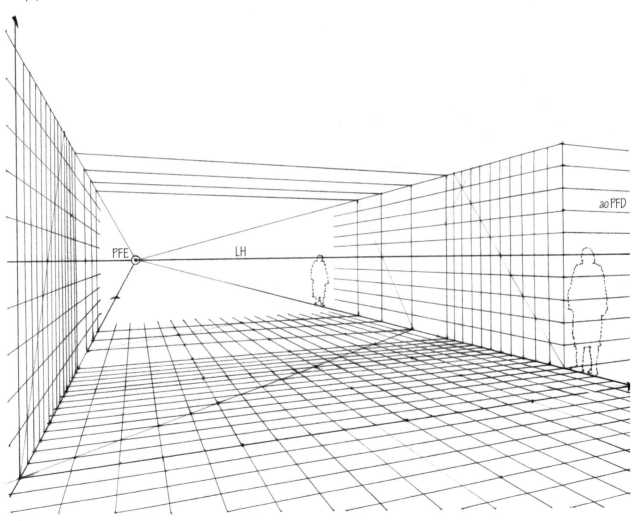

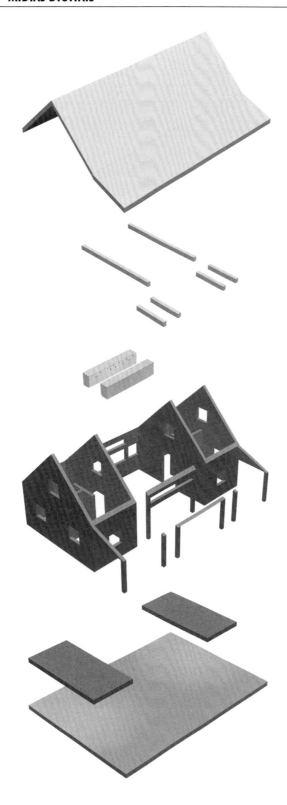

Impressão tridimensional

O surgimento da impressão tridimensional talvez revolucione o trabalho dos estudantes e arquitetos de interiores com a economia do tempo dedicado à elaboração de maquetes convencionais e dos materiais dispendidos, além da redução dos dejetos produzidos. O aumento da variedade de materiais disponíveis que podem ser utilizados com uma impressora tridimensional e do número de alunos familiarizados com a produção rápida de protótipos que ingressam na prática da arquitetura e de outras profissões associadas provavelmente acarretará muitas inovações futuras.

Realidade virtual

A tecnologia da realidade virtual (RV) continua a se tornar mais e mais fácil de usar, acessível e onipresente. Ela já é uma ferramenta de projeto, marketing e apresentação aos clientes comum e valiosa desde o início do processo projetual. A RV está mudando a maneira pela qual arquitetos e projetistas em geral abordam o projeto com seus clientes, transformando a prática profissional. Hoje, a RV ajuda na tomada de decisões-chave e no entendimento de uma proposta de projeto em três dimensões. A RV oferece aos clientes uma facilidade de visualização e compreensão com a qual eles não podiam contar no passado. Está se tornando consensual a ideia de que a melhor maneira de utilizar a RV durante o processo projetual é na comunicação e no entendimento das expectativas do cliente.

O uso da realidade virtual tem se difundido especialmente nas firmas de arquitetura maiores e, sem dúvida, continuará a aumentar à medida que a tecnologia for evoluindo. A RV permite aos clientes sentir um projeto de modo intuitivo, em vez de abstrato, expressando de forma muito melhor a escala do que até mesmo as melhores representações gráficas estáticas. Os arquitetos ao redor do mundo já estão começando a se reunir de modo virtual, entrando juntos em maquetes eletrônicas dos projetos nos quais estão trabalhando. No futuro próximo, avatares usarão dados em tempo real e acompanharão os movimentos dos próprios usuários de uma edificação. Talvez chegue o dia em que a tecnologia da RV consiga criar uma verdadeira fusão entre o espaço virtual e o físico.

ESBOÇOS À MÃO LIVRE   89

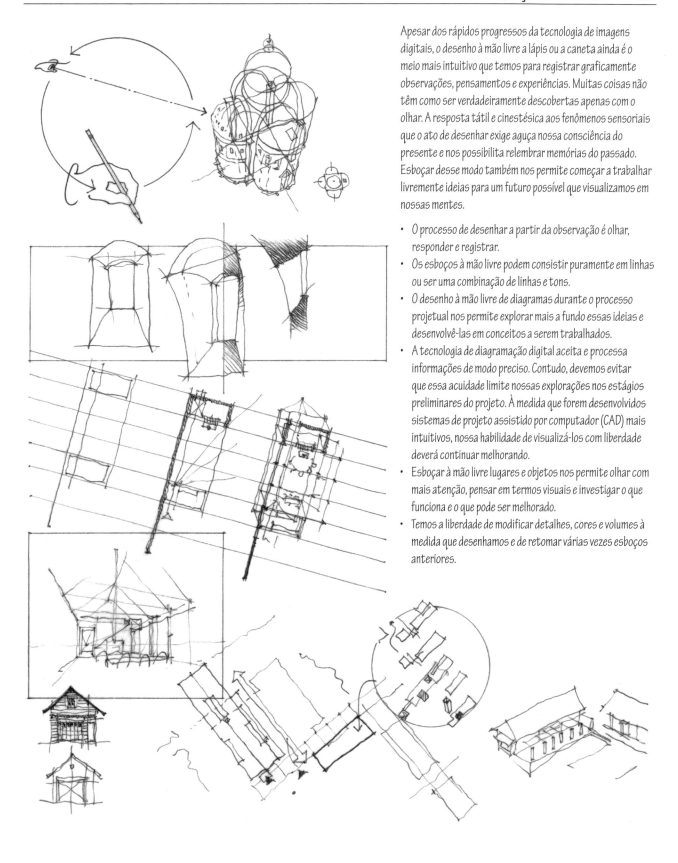

Apesar dos rápidos progressos da tecnologia de imagens digitais, o desenho à mão livre a lápis ou a caneta ainda é o meio mais intuitivo que temos para registrar graficamente observações, pensamentos e experiências. Muitas coisas não têm como ser verdadeiramente descobertas apenas com o olhar. A resposta tátil e cinestésica aos fenômenos sensoriais que o ato de desenhar exige aguça nossa consciência do presente e nos possibilita relembrar memórias do passado. Esboçar desse modo também nos permite começar a trabalhar livremente ideias para um futuro possível que visualizamos em nossas mentes.

- O processo de desenhar a partir da observação é olhar, responder e registrar.
- Os esboços à mão livre podem consistir puramente em linhas ou ser uma combinação de linhas e tons.
- O desenho à mão livre de diagramas durante o processo projetual nos permite explorar mais a fundo essas ideias e desenvolvê-las em conceitos a serem trabalhados.
- A tecnologia de diagramação digital aceita e processa informações de modo preciso. Contudo, devemos evitar que essa acuidade limite nossas explorações nos estágios preliminares do projeto. À medida que forem desenvolvidos sistemas de projeto assistido por computador (CAD) mais intuitivos, nossa habilidade de visualizá-los com liberdade deverá continuar melhorando.
- Esboçar à mão livre lugares e objetos nos permite olhar com mais atenção, pensar em termos visuais e investigar o que funciona e o que pode ser melhorado.
- Temos a liberdade de modificar detalhes, cores e volumes à medida que desenhamos e de retomar várias vezes esboços anteriores.

Na edição de julho/agosto de 2016 da revista *Metropolis*, Geere Kavanaugh, uma artista, desenhista de produtos e arquiteta de interiores de Los Angeles, dá um conselho aos jovens profissionais: "Olhar e ler abre as portas da imaginação. Você nunca sabe de onde virá sua próxima ideia... Além disso — por favor — use um lápis de madeira de verdade sobre uma grande folha de papel. É mágico".

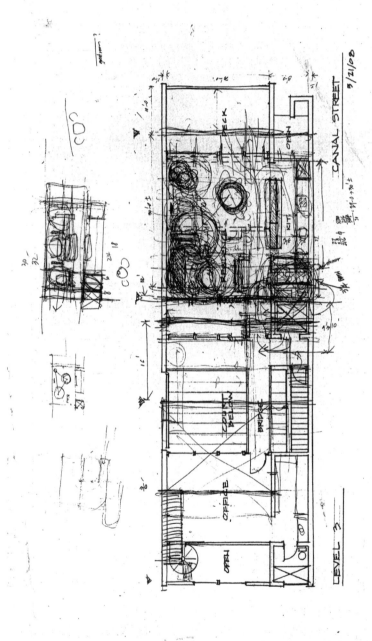

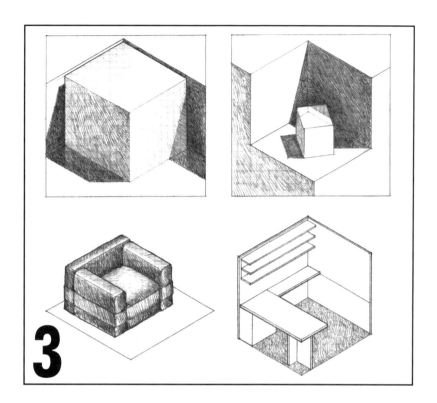

Um Vocabulário de Projeto

UM VOCABULÁRIO DE PROJETO

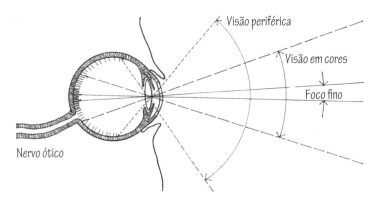

Visão periférica
Visão em cores
Foco fino
Nervo ótico

Um vocabulário de projeto

- Forma
- Formato
- Cor
- Textura
- Luz
- Proporção
- Escala
- Equilíbrio
- Harmonia
- Unidade e variedade
- Ritmo
- Ênfase

Nossa habilidade em focalizar e perceber detalhes se restringe a um cone de visão bastante limitado. Ao analisar nosso campo visual, nossos olhos se movem continuamente, varrem, focam e refocam para encontrar informações visuais. Para dar sentido ao que vemos, o cérebro interpreta os dados visuais coletados pelos nossos olhos e reúne as informações em padrões visuais que podemos reconhecer e entender.

O processo normal de percepção é utilitário e voltado para o reconhecimento. Quando vemos uma cadeira, a reconhecemos como cadeira se sua forma e configuração estiverem de acordo com um padrão estabelecido por cadeiras que vimos e usamos anteriormente. Se olhássemos cuidadosamente, no entanto, também teríamos a capacidade de perceber a forma, o tamanho, a proporção, a cor, a textura e o material específicos da cadeira. Essa habilidade de ver além do reconhecimento e da utilidade é muito importante aos projetistas. Devemos continuamente nos esforçar para ver e estar conscientes das características das coisas e como elas se relacionam e interagem para formar as características estéticas de nossos ambientes visuais.

Tradicionalmente, os cientistas classificavam os fotorreceptores da retina dos mamíferos em dois tipos: os bastonetes (que veem em preto e branco) e os cones (que identificam as cores). Em 2002, o cientista David Berson, da Brown University, identificou uma classe de fotorreceptor totalmente nova, o ipRGC, que é sensível à luz com comprimento de onda curto (azul). O ipRGC é o principal condutor de sinais luminosos da retina ao cérebro e recebe informações processadas dos bastonetes e cones do globo ocular. Essa descoberta mudou radicalmente o modo como a iluminação é medida, produzida, especificada e aplicada. Ela levou à proposta de um modelo de fototransdução — o meio pelo qual a retina converte sinais luminosos em sinais neurais para o sistema circadiano — para a quantificação da luz circadiana efetiva. Uma nova maneira de quantificar o impacto da luz no sistema circadiano, chamada de estímulo circadiano, permite que se façam predições de como as distribuições do poder espectral e os níveis de luminosidade suprimem o hormônio melatonina durante a noite. O estímulo circadiano impacta a qualidade e quantidade do sono, o desempenho, a fadiga, o humor e o comportamento das pessoas, inclusive de idosos com o mal de Alzheimer, de indivíduos que trabalham em escritórios e de pacientes com câncer. E isso, evidentemente, afeta o projeto de interiores. (*Architectural Lighting*, novembro/dezembro de 2016).

A PERCEPÇÃO VISUAL   93

Nossa percepção da figura, do tamanho, da cor e da textura visual das coisas é afetada pelo ambiente ótico no qual as vemos e pelos relacionamentos que podemos discernir entre elas e seus campos visuais. Se nosso campo visual fosse homogêneo, não poderíamos diferenciar as coisas. À medida que surgissem mudanças perceptíveis de *valor tonal*, cor e textura, no entanto, começaríamos a discernir um objeto ou uma figura contra seu fundo. Para ler as linhas, os formatos e as formas dos objetos que estão em nosso campo de visão, portanto, devemos primeiramente perceber o contraste entre eles e seus fundos.

Relações entre figura e fundo

Contraste visual

A FIGURA E O FUNDO

Os elementos que parecem se destacar em relação ao fundo ou estar na frente do fundo são chamados de figuras. Além do contraste do valor tonal, o que distingue uma figura de seu fundo é sua forma e seu tamanho em relação ao campo. Embora uma figura compartilhe uma borda com seu fundo, ela tem uma forma mais distinta e reconhecível que faz com que ela apareça como um objeto. As figuras às vezes são chamadas de elementos positivos — que têm uma figura positiva — enquanto seus fundos são descritos como elementos negativos ou neutros — que não têm uma figura clara ou discernível.

As figuras são mais discerníveis quando circundadas por uma quantidade generosa de espaço ou fundo. Quando o tamanho de uma figura cobrir muito o fundo, este pode desenvolver sua própria figura distinta e interagir com a forma da figura. Às vezes pode ocorrer um relacionamento ambíguo entre *figura e fundo* no qual os elementos de uma composição podem ser vistos de forma alternada, mas não simultaneamente, como figura e fundo.

Nosso mundo visual é, na realidade, uma imagem composta construída a partir de um arranjo contínuo de relações entre figura e fundo. Na arquitetura de interiores, essas relações podem ser observadas em diferentes escalas, dependendo do ponto de vista de cada um.

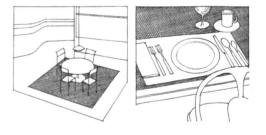

A FORMA 95

Forma se refere ao formato e à estrutura de algo, diferente de sua substância ou material. O *ponto* é o gerador de todas as formas. À medida que um ponto se move, ele deixa um traço de uma *linha* — a primeira dimensão. À medida que a linha muda de direção, ela define um *plano* — um elemento com duas dimensões. O plano, ampliado em uma direção oblíqua ou perpendicular à sua superfície, forma um *volume* tridimensional.

Ponto, linha, plano e volume: esses são os elementos primários da forma. Todas as formas visíveis são, na realidade, tridimensionais. Ao descrever as formas, esses elementos primários diferem de acordo com suas dimensões relativas de comprimento, largura e profundidade — uma questão de *proporção e escala*.

Muitas edificações têm formas que foram planejadas para usos específicos, pés-direitos baixos, muitas paredes internas e janelas que correspondem exatamente aos arranjos internos, o que torna difícil a adaptação e a reciclagem dessas construções. Outros prédios são construídos como cascas sustentáveis, com pés-direitos generosos, plantas livres, grandes vãos estruturais e enormes capacidades de carregamento, além de terem áreas de circulação e instalações generosas. Eles combinam uma tipologia duradoura e flexível com um modelo de desenvolvimento que funcionará tanto no curto como no longo prazo.

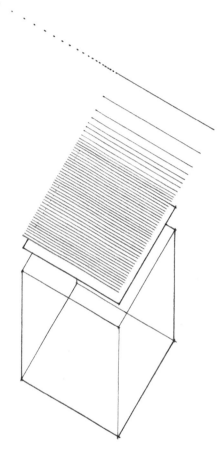

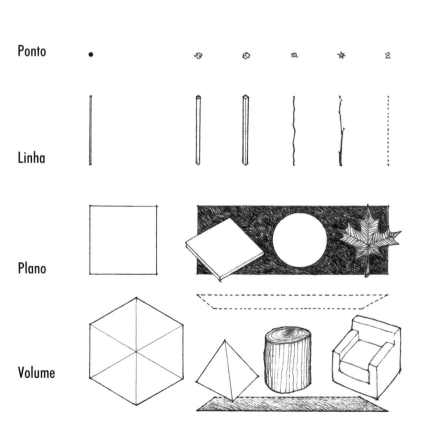

Ponto

Linha

Plano

Volume

96   O PONTO

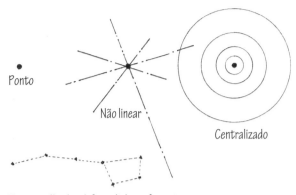

Pontos múltiplos definem linhas e formatos.

Figuras relativamente pequenas podem ser lidas como pontos.

Um ponto marca um lugar no espaço. Conceitualmente, ele não tem comprimento, largura ou profundidade; é, portanto, estático e sem direção. Como o principal gerador da forma, o ponto pode definir as extremidades de uma linha, a interseção de duas linhas ou o canto onde as linhas de um plano ou volume se encontram.

Como uma forma visível, um ponto geralmente é manifestado como um pingo, uma figura circular que é pequena em relação a seu campo. Outros formatos também podem ser vistos como formas pontuais se forem suficientemente pequenos, compactos e não direcionais.

Quando estiver no centro de um campo ou espaço, um ponto será estável e tranquilo, capaz de organizar outros elementos ao seu redor. Quando descentralizado, ele manterá sua qualidade centralizadora, mas se tornará mais dinâmico. Uma tensão visual será criada entre o ponto e seu campo. Formas geradas por pontos, como o círculo e a esfera, compartilham essa característica estacionária com o ponto.

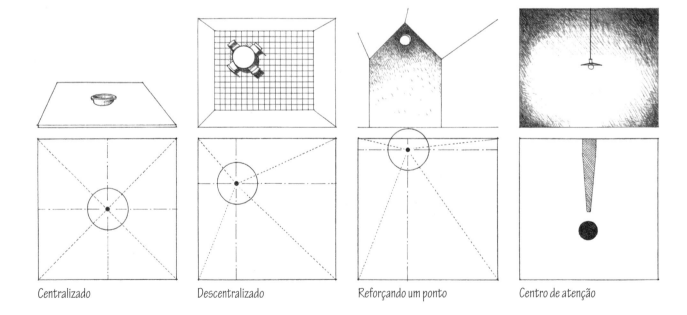

Formas geradas por pontos, como círculos e esferas, criam focos.

A LINHA 97

Um ponto ampliado se torna uma linha. Conceitualmente, uma linha tem apenas uma dimensão, o comprimento. Na realidade, o comprimento de uma linha domina visualmente qualquer espessura que ela precise ter para ser visível. Diferente de um ponto, que é estático e não tem direção, uma linha é capaz de expressar movimento, direção e crescimento.

Como formas visíveis, as linhas podem variar em peso e caráter. Seja uma linha grossa ou delicada, forte ou fraca, ondulada ou em zigue-zague, seu caráter visual se deve à nossa percepção de sua relação entre comprimento e espessura, seu contorno e seu grau de continuidade.

Uma linha também pode ser sugerida por dois pontos. Levada mais além, a simples repetição de elementos semelhantes, se houver uma continuidade suficiente, pode definir uma linha com textura significativa.

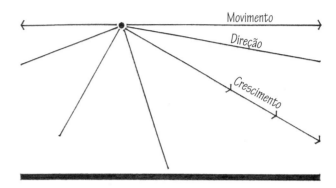

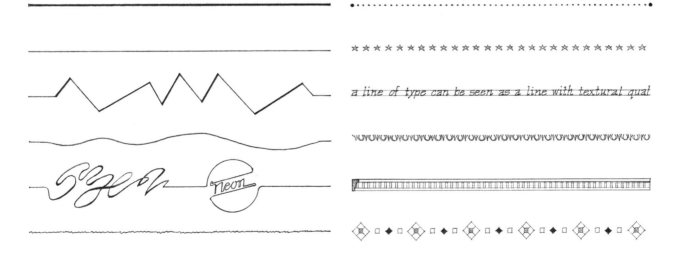

As linhas podem variar em peso, contorno e textura

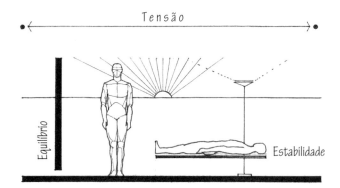

Uma linha reta representa a tensão existente entre dois pontos. Uma característica importante de uma linha reta é sua direção. Uma linha horizontal pode representar estabilidade, repouso, ou o plano no qual ficamos de pé ou nos movemos. Já uma linha vertical pode expressar um estado de equilíbrio com a força da gravidade.

Linhas diagonais, desvios da horizontal e da vertical, podem ser vistas como subindo ou descendo. Em ambos os casos, denotam movimento e são visualmente ativas e dinâmicas.

Uma linha curva representa movimento defletido por forças laterais. As linhas curvas tendem a expressar movimentos suaves. Dependendo da orientação, podem ser ascendentes ou representar solidez e apego à terra. Curvas pequenas podem expressar jovialidade, energia ou padrões de crescimento biológico.

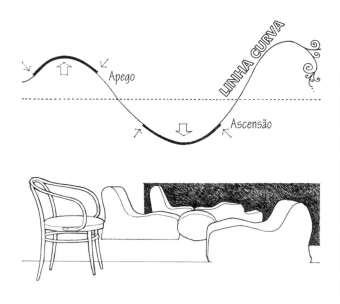

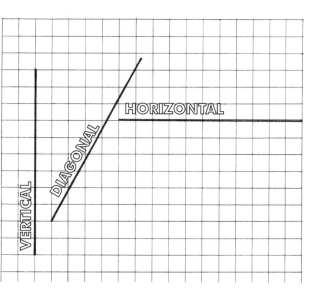

ELEMENTOS LINEARES 99

A linha é um elemento essencial na formação de qualquer construção visual. Sem as linhas, não conseguiríamos definir o *formato* – aquela característica com a qual reconhecemos as coisas. As linhas definem as arestas de uma figura e separam esta do espaço ao seu redor. Além disso, os contornos dessas linhas imprimem na figura suas características expressivas.

Além de descrever formatos, as linhas podem trabalhar as arestas dos planos e as quinas dos volumes. Essas linhas podem ser expressas tanto pela ausência de material – chanfros e juntas recuadas – quanto pela aplicação de uma borda.

As linhas também podem ser empregadas para criar texturas e *padrões* nas superfícies das formas.

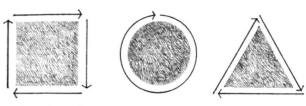

Linhas definindo formatos

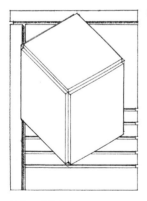

Linhas definindo arestas

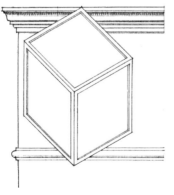

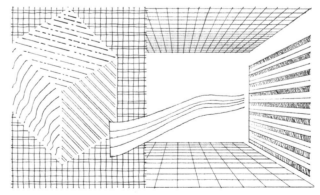

Linhas criando texturas e padrões

100 FORMAS LINEARES

As formas lineares têm sido tradicionalmente utilizadas para dar apoio vertical, vencer vãos e expressar movimento através do espaço e definir as arestas dos volumes tridimensionais. Esse papel estrutural dos elementos lineares pode ser visto tanto na escala da arquitetura quanto do espaço interior e dos móveis.

Dentro do processo de projeto propriamente dito, as linhas são utilizadas simplesmente como instrumentos reguladores para expressar relacionamentos e estabelecer padrões entre elementos de projeto.

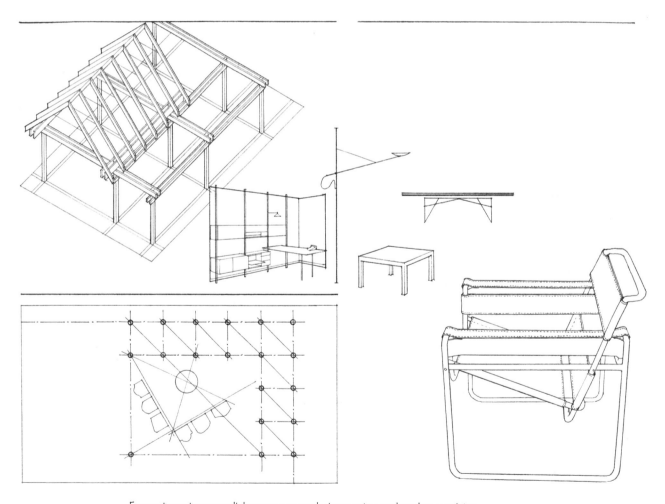

Frequentemente usamos linhas para regrar relacionamentos em desenhos e projetos.

PLANO 101

Uma linha que muda para uma direção que não é sua direção intrínseca define um plano. Conceitualmente, um plano tem duas direções — largura e comprimento — mas não profundidade. Na verdade, a largura e o comprimento de um plano dominam em relação a qualquer espessura que ele deva ter para ser visível.

O formato é a característica primária de um plano. É descrito como o contorno das linhas que definem as arestas de um plano. Como nossas percepções do formato de um plano podem ser distorcidas pela perspectiva, vemos o verdadeiro formato de um plano apenas quando o observamos de modo frontal.

Além do formato, as formas planas têm importantes características superficiais de materiais, cores, texturas e padrões. Essas características visuais afetam um plano em:
- Peso visual e estabilidade
- Tamanho percebido, proporção e posição no espaço
- Refletividade da luz
- Características táteis
- Propriedades acústicas

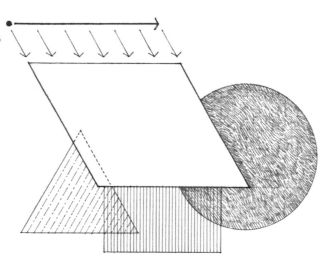

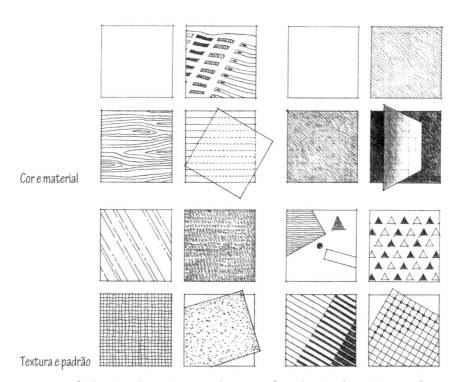

Cor e material

Textura e padrão

Os elementos planos têm características superficiais de material, cor, textura e padrão.

102 FORMAS PLANAS

As formas planas são elementos fundamentais de arquitetura e do projeto de interiores. Planos de piso, parede, teto e cobertura servem para fechar e definir volumes tridimensionais do espaço. Suas características visuais específicas e seus relacionamentos no espaço determinam a forma e a característica do espaço que eles definem. Dentro desses espaços, móveis e outros elementos de arquitetura de interiores também podem ser percebidos como formas planas.

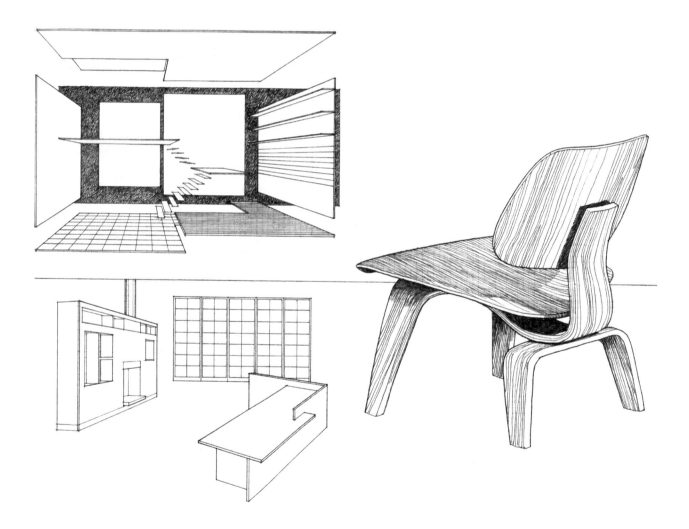

O FORMATO

O formato é o principal modo pelo qual distinguimos uma forma de outra. Ele pode se referir ao contorno de uma linha, ao perfil de um plano ou ao limite de uma massa tridimensional. Em cada caso, o formato é definido como a configuração das linhas ou dos planos que separa uma forma de seu fundo ou seu entorno.

Há diversas grandes categorias de formato. Os formatos naturais representam as imagens e formas de nosso mundo natural. Esses formatos podem ser abstraídos, geralmente por meio de um processo de simplificação, e ainda assim manter as características essenciais de suas origens naturais.

Os formatos abstratos ou não figurativos não fazem referências óbvias a um objeto específico ou a uma matéria particular. Alguns formatos abstratos podem resultar de um processo, como a caligrafia, e ter significados como símbolos. Outros podem ser geométricos e sugerir respostas a partir de suas características puramente visuais.

Os formatos geométricos dominam o ambiente construído tanto da arquitetura quanto da arquitetura de interiores. Há dois tipos separados e distintos de formatos geométricos – retilíneos e curvilíneos. Em sua forma mais regular, os formatos curvilíneos são circulares, enquanto os retilíneos incluem a série de polígonos que podem ser inscritos em um círculo. Destes, os formatos mais significativos são o círculo, o triângulo e o quadrado. Ampliados à terceira dimensão, esses formatos primários geram a esfera, o cilindro, o cone, a pirâmide e o cubo.

Formatos naturais

Formatos não figurativos

Formatos geométricos

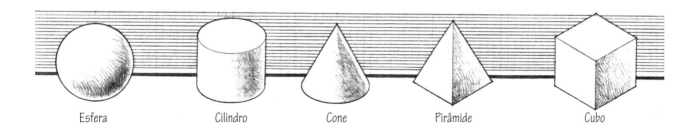

Esfera   Cilindro   Cone   Pirâmide   Cubo

104 O CÍRCULO

O círculo é uma figura compacta, introvertida, que tem seu ponto central como foco natural. Ele representa unidade, continuidade e economia de forma.

Um formato circular é normalmente estável e estacionário em seu ambiente. Quando associado a outras linhas e figuras, no entanto, um círculo pode parecer estar em movimento.

Outras linhas e formatos curvilíneos podem ser vistos como fragmentos ou combinações de figuras circulares. Sejam regulares ou irregulares, os formatos curvilíneos são capazes de expressar suavidade de forma, fluidez de movimento ou a natureza do crescimento biológico.

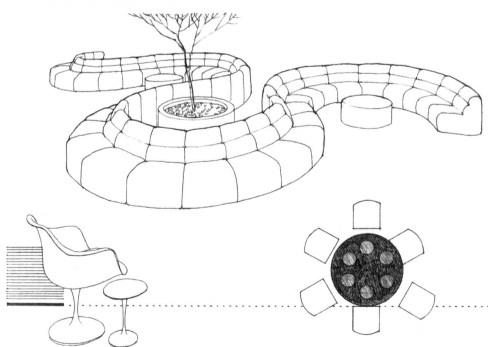

O TRIÂNGULO   105

O triângulo representa estabilidade. Formatos e padrões triangulares são frequentemente utilizados em sistemas estruturais, uma vez que sua configuração não pode ser alterada sem que se dobre ou quebre um de seus lados.

De um ponto de vista puramente visual, um formato triangular também é estável quando estiver apoiado em um de seus lados. Quando virado para se apoiar em uma de suas pontas, no entanto, o formato triangular se torna dinâmico. Ele pode existir em um estado precário de equilíbrio ou denotar movimento, uma vez que tende a cair para um de seus lados.

A dinâmica de um formato triangular também se deve às relações triangulares entre seus três lados. Como esses ângulos podem variar, triângulos são mais flexíveis do que quadrados ou retângulos. Além disso, triângulos podem ser convenientemente combinados para compor qualquer tipo de formato quadrado, retangular ou de outros polígonos.

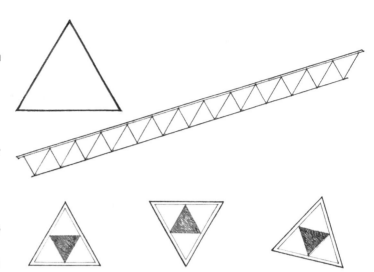

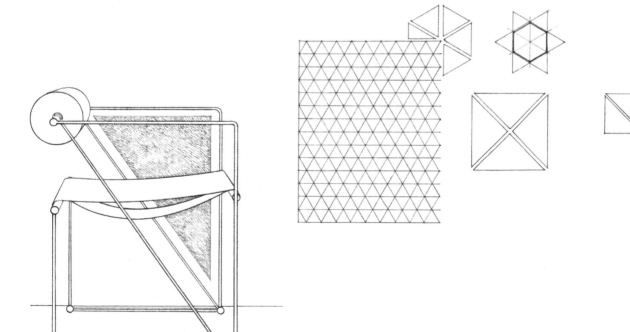

Cadeira *Seconda*, 1982: Mario Botta

O QUADRADO

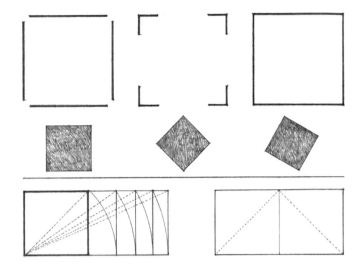

O quadrado representa o puro e o racional. A igualdade de seus quatro lados e de seus quatro ângulos retos contribui para sua regularidade e clareza visual.

Um formato quadrado não tem direção preferida ou dominante. Como o triângulo, o quadrado é uma figura estável, tranquila, ao repousar em um de seus lados, mas se torna dinâmica quando apoiada em uma de suas arestas.

Todos os outros retângulos podem ser considerados variações do quadrado, com o aumento de sua largura ou de seu comprimento. Enquanto a clareza e a estabilidade das figuras retangulares podem levar ao tédio visual, pode-se conseguir variedade com a variação de seu tamanho, sua proporção, cor, textura, localização e orientação.

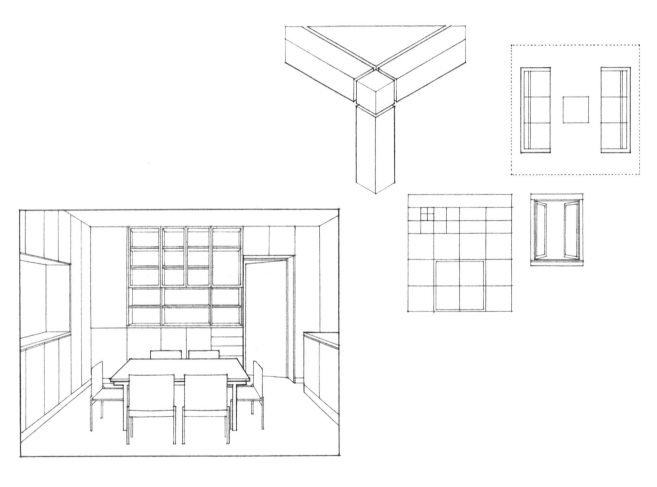

A TEXTURA 107

Textura é a característica específica de uma superfície que resulta de sua estrutura tridimensional. A textura é, na maior parte das vezes, empregada para descrever a suavidade ou rugosidade relativa de uma superfície. Ela também pode ser utilizada para descrever as características superficiais típicas de materiais familiares, como a aspereza de uma pedra, a grã de uma madeira e o trançado de um tecido.

Há dois tipos básicos de textura. A textura tátil é real e pode ser sentida por meio do tato; a textura visual é percebida pelos olhos. Todas as texturas táteis também conferem textura visual. A textura visual, por outro lado, pode ser ilusória ou real.

Nossos sentidos da visão e do tato estão intimamente relacionados entre si. Como nossos olhos leem a textura visual de uma superfície, frequentemente respondemos à sua tatilidade aparente sem de fato usarmos o tato. Essas reações físicas às características têxteis das superfícies se baseiam em associações prévias com materiais similares.

As pessoas de nossa época, atordoadas com as imagens digitais, estão buscando texturas reais, nas quais possam tocar. Os consumidores têm impressões mais fortes dos produtos com os quais podem interagir fisicamente. O tato está intimamente relacionado a nossas emoções.

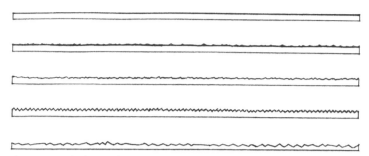

A textura está relacionada com nossos sentidos da visão e do tato.

Textura física

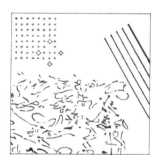

Textura visual

A textura se relaciona com os nossos sentidos da visão e do toque.

Textura de um material

108 A TEXTURA E A ESCALA

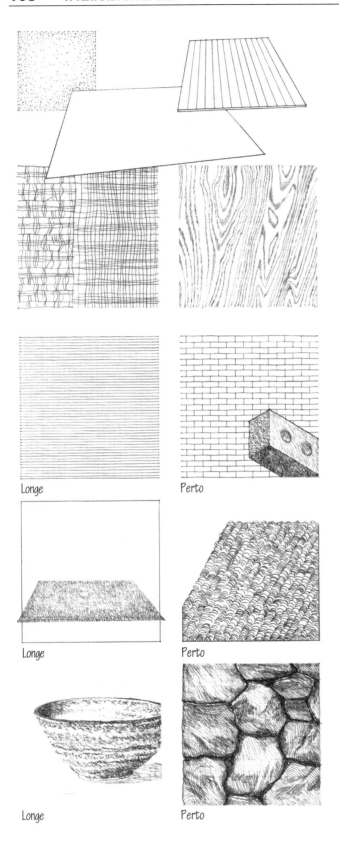

Longe · Perto
Longe · Perto
Longe · Perto

Escala, distância de observação e luz são fatores importantes que modificam nossa percepção da textura e das superfícies que elas definem.

Todos os materiais têm algum grau de textura, mas quanto menor for a escala de um padrão têxtil, mais suave ele parecerá. Até mesmo texturas ásperas, quando observadas a distância, podem parecer relativamente suaves. Apenas com uma observação mais próxima a aspereza da textura se tornaria evidente.

A escala relativa de uma textura pode afetar o formato e a posição aparentes de um plano no espaço. As texturas com uma fibra direcionada podem acentuar a profundidade ou a largura de um plano. Texturas ásperas podem fazer um plano parecer mais próximo, reduzir sua escala e aumentar seu peso visual. Em geral, as texturas tendem a preencher visualmente o espaço no qual elas existem.

A TEXTURA E A LUZ

A luz influencia nossa percepção de textura e, por sua vez, é afetada pela textura que ela ilumina. A luz direta incidente sobre uma superfície com textura física irá evidenciar sua textura visual. A luz difusa tira a ênfase de sua textura física e poderá até mesmo obscurecer sua estrutura tridimensional.

Superfícies lisas e polidas refletem muita luz, ficam bem visíveis quando focadas e atraem nossa atenção. Superfícies com uma textura fosca ou de rugosidade média absorvem e difundem a luz de forma desigual e, portanto, parecem menos brilhantes do que superfícies com cores semelhantes, mas menos rugosas. Superfícies muito ásperas, quando iluminadas com luz direta, formam padrões distintos de luz e sombra.

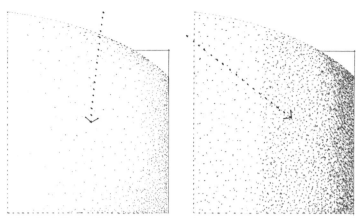

A direção da iluminação afeta nossa leitura de uma textura.

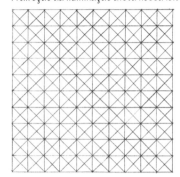

Superfícies brilhantes refletem a luz. Superfícies foscas difundem a luz.

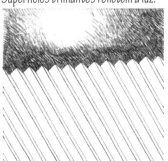

110　A TEXTURA E O CONTRASTE

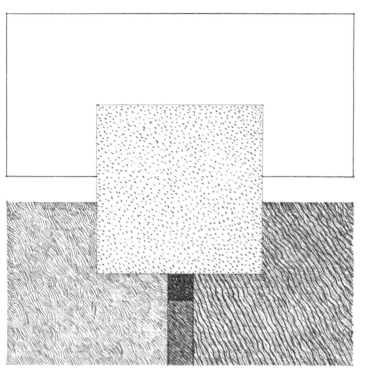

O contraste afeta a força ou a sutileza de texturas adjacentes.

O contraste influencia a força ou a sutileza aparente de uma textura. Uma textura observada contra um fundo liso uniforme parecerá mais óbvia do que quando justaposta a uma textura similar. Quando vista contra um fundo mais áspero, a textura parecerá mais fina e de escala menor.

Por fim, a textura é um fator na manutenção dos materiais e das superfícies de um espaço. Superfícies lisas mostram a sujeira e o desgaste, mas são relativamente fáceis de limpar, ao passo que superfícies rugosas podem esconder a sujeira, mas são difíceis de manter.

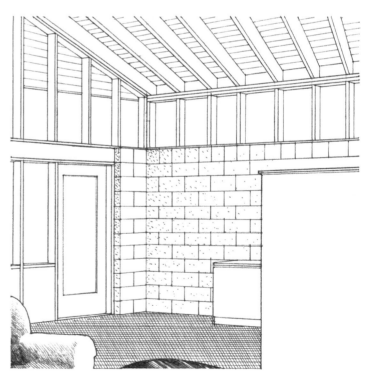

A textura também pode resultar da maneira como os materiais são reunidos em uma construção.

A TEXTURA E O PADRÃO

Textura e padrão são elementos de projeto intimamente relacionados. Padrão é o desenho decorativo ou a ornamentação de uma superfície que é quase sempre baseado na repetição de um *motivo* – um formato, uma forma ou uma cor recorrente em um desenho. A natureza repetitiva de um padrão com frequência também confere textura à superfície ornamentada. Quando os elementos que criam um padrão se tornam tão pequenos que perdem sua identidade individual e se misturam, eles se tornam mais uma textura do que um padrão.

Um padrão pode ser integral ou aplicado. Um padrão integral resulta da natureza intrínseca de um material e da forma como ele é processado, fabricado ou montado. Um padrão aplicado é acrescentado a uma superfície após ela estar estruturalmente completa.

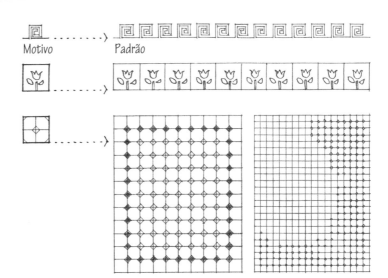

Um padrão em escala reduzida se torna uma textura.

Padrões integrais

Padrões aplicados

112 A TEXTURA E O ESPAÇO

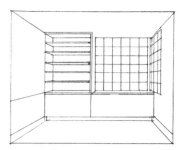

Textura mínima

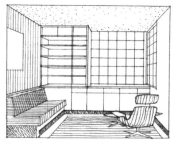

Recinto bem texturizado

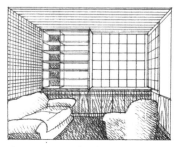

A textura preenchendo o espaço

Texturas concorrentes

A textura é uma característica intrínseca dos materiais que usamos para definir, equipar, mobiliar e embelezar os espaços internos. A forma como combinamos e compomos diferentes texturas é tão importante quanto a composição de cor e luz, e deve combinar com o caráter e o uso desejado para um espaço.

A escala de um padrão de textura deve estar relacionada com a escala do espaço e de suas principais superfícies, assim como com o tamanho dos elementos secundários dentro do espaço. Como a textura tende a preencher o espaço visualmente, qualquer textura utilizada em um ambiente pequeno deve ser sutil ou empregada com parcimônia. Em um recinto maior, a textura pode ser um recurso para reduzir a escala do espaço ou para definir uma área mais íntima dentro dela.

Um recinto com pouca variação de texturas pode ser sem graça. Combinações de texturas duras e macias, regulares e irregulares, brilhantes e foscas podem ser utilizadas para criar variedade e interesse. Na seleção e distribuição de texturas, deve-se agir com moderação e prestar atenção à sequência e à ordem. A harmonia entre texturas contrastantes pode ser mantida se elas tiverem uma característica comum, como o grau de refletância da luz ou o peso visual.

O aumento de texturas em um recinto (da esquerda para a direita)

O VOLUME

Um plano ampliado em uma direção que não seja sua própria superfície forma um volume. Conceitualmente e na realidade, um volume existe em três dimensões.

Forma é o termo que usamos para descrever os contornos e a estrutura geral de um volume. A forma específica de um volume é determinada pelas figuras e pelas inter-relações das linhas e dos planos que descrevem os limites do volume.

Como o elemento tridimensional da arquitetura e da arquitetura de interiores, um volume pode ser tanto um sólido (um espaço deslocado pela massa de uma edificação ou um elemento de uma edificação) quanto um vazio (um espaço contido e definido por planos de parede, piso, teto ou cobertura). É importante perceber essa dualidade de conteúdo *versus* vazio, especialmente na leitura de plantas ortográficas, elevações e cortes.

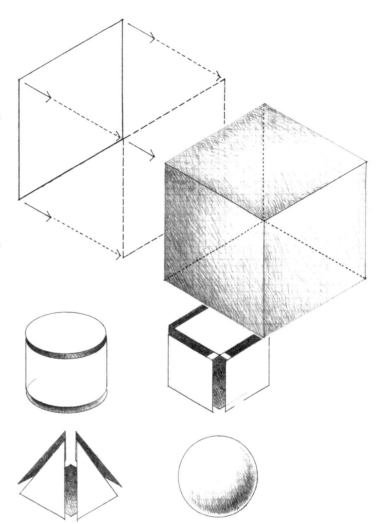

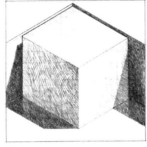
Cheio

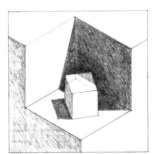
Vazio

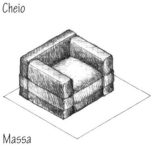
Massa

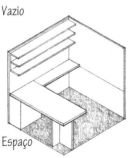
Espaço

114 CHEIOS E VAZIOS

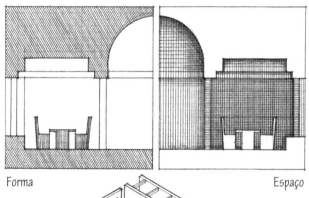

Forma — Espaço

A dualidade entre formas sólidas e vazios espaciais representa a unidade essencial de opostos que dão forma à realidade da arquitetura e da arquitetura de interiores. As formas visíveis dão dimensão de espaço, escala, cor e textura, ao passo que o espaço revela as formas. Esse relacionamento simbiótico entre a forma e o espaço pode ser visto nas diversas escalas da arquitetura de interiores.

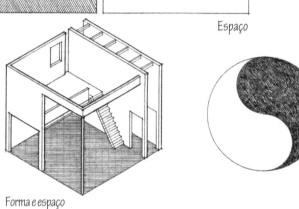

Forma e espaço

Formas no espaço

Assim como o formato e a textura, a cor é uma propriedade visual inerente a todas as formas. Estamos rodeados pelas cores em nossos entornos. As cores que atribuímos a objetos, contudo, são originadas da luz que ilumina e revela a forma e o espaço. Sem a luz, a cor não existe.

A ciência da física lida com a cor como sendo uma propriedade da luz. Dentro do espectro da luz visível, a cor é determinada pelo comprimento de onda; começando com o maior comprimento de onda, o da cor vermelha, passamos pelo espectro do laranja, amarelo, verde, azul e violeta, até chegar aos comprimentos de onda visíveis mais curtos. Quando essas luzes coloridas são apresentadas em uma fonte de luz em quantidades aproximadamente iguais, elas se combinam formando a luz branca — uma luz que aparentemente não tem cor.

As pesquisas sugerem que os seres humanos expostos a uma cor qualquer tendem a vê-la de maneira similar. Se, por um lado, isso pode fazer com que pessoas com olhos muito distintos entre si vejam as cores de modo parecido, por outro, também significa que os indivíduos que estão em ambientes muito diferentes perceberão as cores diversamente.

À medida que as pessoas envelhecem, o cristalino do olho torna-se mais amarelado. Aos 70 anos de idade, a maioria das pessoas vê o mundo por meio de um cristalino que tem cor similar a um refrigerante de guaraná, e torna-se especialmente difícil distinguir os matizes azuis e roxos. Para esses indivíduos, o uso de cores ricas e saturadas e de luz abundante ajuda na visão. O envelhecimento também aumenta a incidência de catarata, que torna o cristalino embaçado, com um tom amarelado ou levemente marrom; o risco de degeneração macular, que embaça a visão central e torna menos brilhantes os objetos; e os efeitos do glaucoma e da demência.

Evitar o contraste em superfícies como paredes e pisos ajuda aos clientes percebê-los com nitidez, evitando que errem o passo ou caiam. Os esquemas com cores amareladas devem ser evitados em função dos efeitos da catarata. Em vez de evitar cores específicas, pode ser uma opção melhor projetar usando todo o espectro de matizes que temos nos exteriores.

A sensibilidade ao ofuscamento parece aumentar à medida que envelhecemos, assim uma cor fosca ou semibrilho pode ser melhor do que uma muito brilhante. Em geral, também é uma boa ideia testar uma cor sendo analisada sob uma variedade de fontes de luz natural e artificial.

Nos climas nórdicos, as extremidades vermelha e laranja do espectro da luz visível são particularmente bloqueadas, mas seus opostos (azuis e violetas) são mais visíveis, fazendo com que certas cores de tinta pareçam esverdeadas.

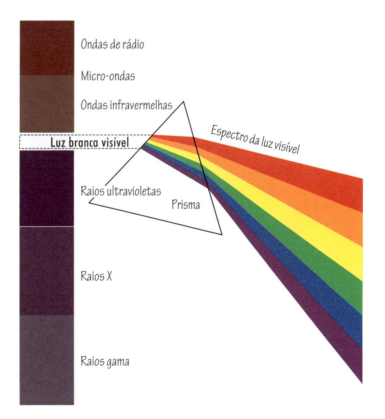

Espectro eletromagnético

116 A COR

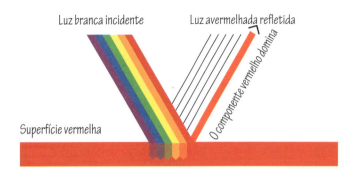

As luzes coloridas se combinam por meio de misturas aditivas.

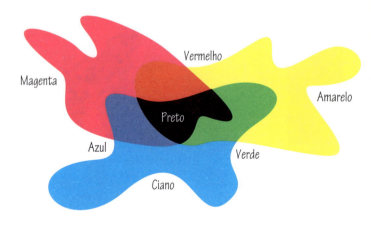

As cores de pigmentos se combinam por meio de misturas subtrativas.

Quando a luz branca incide sobre um objeto opaco, ocorre a absorção seletiva. A superfície do objeto absorve certos comprimentos de luz e reflete outros. Nossos olhos captam a cor da luz refletida como a cor do objeto.

A luz branca é composta de todo o espectro de luzes coloridas. Algumas fontes de luz — como as lâmpadas fluorescentes ou a luz refletida por uma parede colorida — talvez não sejam bem equilibradas e podem omitir parte do espectro. Essa falta de certas cores fará com que uma superfície iluminada por tal luz pareça não ter tais cores.

Cada fonte de iluminação artificial causa sua própria distorção de cores. A luz de uma lâmpada de LEDs tende a ser mais branca e neutra do que a de outras fontes, mas pode ser programada para diferentes comprimentos de onda e níveis de intensidade luminosa. Já as lâmpadas fluorescentes produzem uma luz fria e azulada, enquanto as lâmpadas incandescentes brancas distorcem a luz para um alaranjado quente.

A definição de quais comprimentos de onda ou bandas de luz são absorvidos ou refletidos como a cor do objeto é uma função da pigmentação de uma superfície. Uma superfície vermelha tem a aparência vermelha por absorver a maior parte da luz azul e verde incidente sobre ela e refletir a parte vermelha do espectro; uma superfície azul absorve os vermelhos. De modo similar, uma superfície preta absorve a totalidade do espectro; uma superfície branca reflete todo ele.

Uma superfície tem a pigmentação natural de seu material. Essa coloração pode ser alterada com a aplicação de tintas, stains ou tinturas que contenham *pigmentos* coloridos. Enquanto a luz colorida é aditiva por natureza, os pigmentos coloridos são subtrativos. Cada pigmento absorve certas proporções de luz branca. Quando os pigmentos são misturados, suas absorções combinam para subtrair várias cores do espectro. As cores que permanecem determinam o *matiz*, o valor tonal e a intensidade do pigmento misturado.

É importante que os arquitetos de interior lembrem que as cores que veem na tela de seus computadores são luzes coloridas, ao passo que as cores dos materiais impressos e das amostras são pigmentos. Por uma questão de precisão, os profissionais devem se basear em amostras de cor físicas vistas na luz do ambiente em que serão utilizadas.

DIMENSÕES DAS CORES

A cor tem três dimensões:

Matiz
O atributo pelo qual reconhecemos e descrevemos uma cor, como o vermelho ou amarelo.

Valor tonal
O grau de luminosidade ou escurecimento de uma cor em relação ao preto e ao branco.

Saturação
O brilho ou a opacidade de uma cor; depende da quantidade de matiz em uma cor.

Todos esses atributos da cor estão necessariamente relacionados entre si. Cada matiz principal tem um valor normal. O amarelo puro, por exemplo, tem menor valor do que o azul puro. Se um matiz branco, preto ou complementar é acrescentado a uma cor para clareá-la ou escurecê-la, sua *saturação* também será diminuída. É difícil ajustar um atributo de uma cor sem simultaneamente alterar os outros dois.

Vários sistemas de cores tentam organizar as cores e seus atributos em uma ordem visível. O tipo mais simples, como a roda de cores de Brewster/Prang, organiza os pigmentos de cores em matizes primários, secundários ou terciários.

Os matizes primários são o vermelho, o amarelo e o azul. Os matizes secundários são o laranja, o verde e o violeta. Os terciários são o laranja avermelhado, o laranja amarelado, o verde amarelado, o verde azulado, o violeta azulado e o violeta avermelhado.

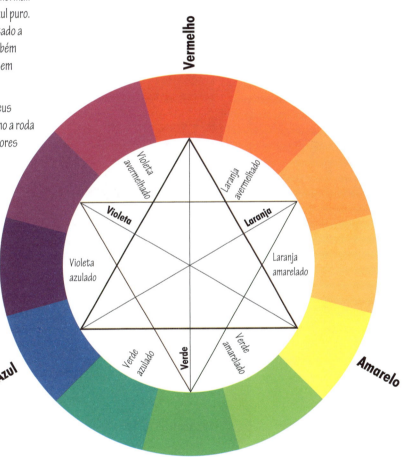

118 SISTEMAS DE CORES

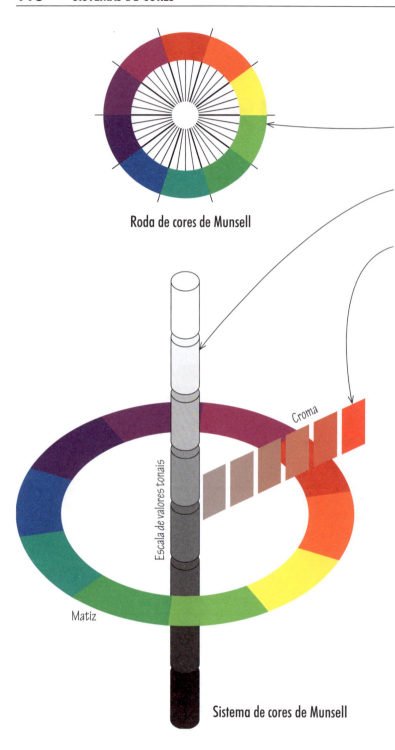

Roda de cores de Munsell

Sistema de cores de Munsell

Um sistema mais completo para a especificação precisa e a descrição de cores é o Sistema de Munsell, desenvolvido por Albert H. Munsell. O sistema distribui as cores em três escalas ordenadas de graus visuais uniformes conforme seus atributos de matiz, valor tonal e *croma* (intensidade).

O sistema de Munsell é baseado em cinco matizes principais e cinco matizes intermediários. Esses 10 grandes matizes são dispostos horizontalmente em um círculo.

Desenvolvendo-se verticalmente através do centro do círculo de matizes está uma escala de cinzas neutros, classificada em 10 valores visuais, do preto ao branco.

Formando raios a partir da escala vertical de valores estão graus iguais de croma ou intensidade. O número de graus irá variar conforme a saturação obtida de matiz e valor tonal de cada cor.

Com esse sistema, uma cor específica pode ser identificada com a seguinte notação: Matiz Valor Tonal/Croma, ou M V/C. Por exemplo, 5R 5/14 indicaria um vermelho puro de valor tonal intermediário e croma máximo.

Outro sistema de cores, desenvolvido pela desenhista de produtos holandesa Hella Jongerius, usa uma série de palhetas de cores baseada no legado dos desenhos e artistas da companhia moveleira suíça Vitra. Esses esquemas de cores tiveram um efeito idiossincrático e rejuvenescedor na marca (*Metropolis*, abril de 2016).

Embora a capacidade de comunicar precisamente o matiz, o valor tonal e a intensidade de uma cor específica sem uma amostra real seja importante para a ciência, o comércio e a indústria, os nomes e as notações de cores não conseguem descrever adequadamente a sensação visual da cor. As amostras de cores reais, vistas sob a cor da luz na qual elas serão utilizadas, são essenciais no projeto de um esquema de cores.

Com o advento de impressoras e monitores de computadores coloridos, a necessidade de uma linguagem universal para a comunicação de cores tem se tornado ainda mais urgente. Os arquitetos de interior frequentemente precisam indicar uma cor a ser empregada de maneira uniforme em tintas, têxteis, materiais de projeto gráfico e outros meios.

As normas da Commission Internationale l'Eclairage (CIE) são baseadas nas medições precisas das ondas de luz refletidas por uma superfície, fatoradas por curvas de sensibilidade que foram medidas para o olho humano. Embora sejam difíceis de usar, as normas CIE são empregadas nas especificações da maioria dos fabricantes de móveis norte-americanos.

Os mapas de cores, como o espaço de cores desenvolvido por Munsell e descrito na página anterior, permitem a comunicação de cores entre duas pessoas quaisquer com o mesmo mapa.

Sistemas como Pantone® para arquitetura e arquitetura de interiores dão ao projetista de interiores um modo de especificar, comunicar e gerenciar escolhas de cores para uma maior gama de materiais, sejam de linha ou fora de linha.

Também estão disponíveis analisadores eletrônicos de cores para identificação de dados de cores a partir de amostras e luzes para a observação de cores que simulam condições de iluminação variadas. A análise eletrônica da cor é utilizada com frequência para a combinação de cores. As cores também podem ser misturadas nos pontos de venda, a fim de combinarem com praticamente qualquer amostra de cor.

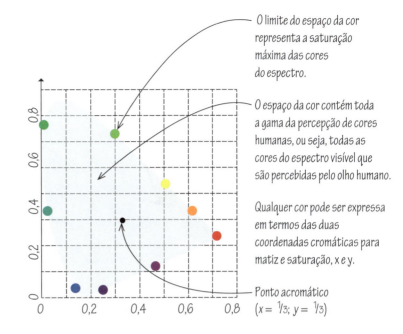

O limite do espaço da cor representa a saturação máxima das cores do espectro.

O espaço da cor contém toda a gama da percepção de cores humanas, ou seja, todas as cores do espectro visível que são percebidas pelo olho humano.

Qualquer cor pode ser expressa em termos das duas coordenadas cromáticas para matiz e saturação, x e y.

Ponto acromático ($x = 1/3; y = 1/3$)

Diagrama de cromaticidade CIE

Um exemplo das amostras de cores Pantone®

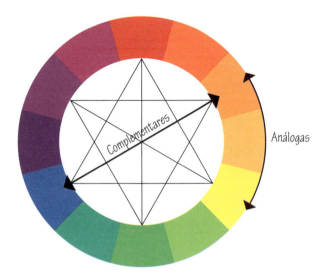

Corantes de objetos, como tintas e tinturas, são meios de modificar a cor da luz que ilumina, a qual interpretamos como a cor do objeto. Ao misturar os pigmentos das cores e das tinturas, cada um dos atributos da cor pode ser alterado.

O matiz de uma cor pode ser modificado com sua mistura com outros matizes. Quando matizes vizinhos ou análogos na roda de cores são misturados, matizes harmoniosos e intimamente relacionados são criados. Em contraste, a mistura de *matizes complementares*, matizes diretamente opostos entre si na roda de cores, produz matizes neutros.

O valor de uma cor pode ser aumentado com o acréscimo de branco, ou reduzido com o acréscimo de preto. Clarear o valor normal de um matiz com o acréscimo de branco cria um *tom claro* daquele matiz; escurecer o valor normal de um matiz com preto cria um *tom escuro* do matiz. Uma cor de valor normalmente alto, como o amarelo, é capaz de mais tons escuros do que tons claros, enquanto uma cor de baixo valor, como o vermelho, consegue ter mais tons claros do que tons escuros.

A intensidade de uma cor pode ser reforçada com o aumento do matiz dominante e pode ser diminuída com a mistura de cinza na cor ou acrescentando o matiz complementar a ela. Matizes que são acinzentados desse modo geralmente são chamados de *tons*.

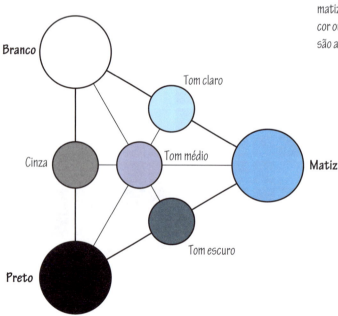

Mudanças aparentes na cor de um objeto também podem resultar dos efeitos da luz e da justaposição de cores do entorno ou do fundo. Esses fatores são especialmente importantes para arquitetos de interiores, que devem considerar cuidadosamente como as cores dos elementos em um espaço interno interagem e como elas são apresentadas pela luz que os ilumina.

Uma luz de matiz específico – ou seja, não branca – raramente é empregada na iluminação geral. Contudo, nem todas as fontes que consideramos de luz branca têm um espectro bem equilibrado. As lâmpadas incandescentes produzem um brilho quente, enquanto algumas lâmpadas fluorescentes são frias. Até mesmo a cor de uma grande superfície refletora pode alterar a cor da luz em um espaço interno. O uso cada vez mais generalizado de lâmpadas de LEDs é um bom motivo para tirarmos partido de lâmpadas coloridas nos interiores. Mas é importante lembrar que as luzes coloridas alteram a cor dos objetos que as refletem. Uma bela maçã vermelha, por exemplo, pode assumir um matiz cinza e muito feio conforme a luz que nela incidir. Assim, é preciso cautela e previsão quando se usam luzes coloridas. A maneira mais garantida de nos certificarmos como efetivamente será vista uma cor é observá-la no próprio local de uso, levando em conta o ângulo e a direção da luz solar junto com a intensidade e qualidade da luz artificial.

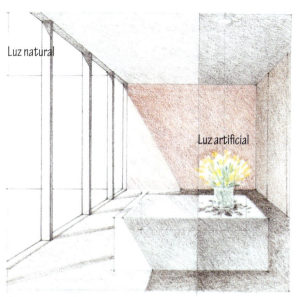

Condições que afetam a leitura das cores em um interior.

A luz natural (solar, diurna) também pode ser mais quente ou fria, a depender do horário do dia, da estação e da direção de sua origem. A cor da luz do sol varia ao longo do dia, afetando nossa percepção da cor de tudo o que ela ilumina. O olho humano evoluiu para que pudéssemos ver melhor de dia do que à noite, e nossos cérebros se adaptaram para que pudéssemos compreender o que realmente estávamos observando (nosso viés cromático). A luz matutina e a vespertina tendem para o laranja, e a do meio-dia, sob céu claro, é azulada. Nossos cérebros automaticamente se adaptam, subtraindo o viés prevalecente à medida que a qualidade e o ângulo de incidência da luz variam. As mudanças rápidas na luz durante os períodos de transição da aurora ao início da manhã e do crepúsculo ao anoitecer podem prejudicar esse ajuste. Esses horários do dia, portanto, são os piores para a tomada de decisão sobre as cores e devem ser evitados quando selecionamos matizes para interiores. No entanto, nossos cérebros também levam em consideração nossas experiências anteriores. Observar o que ocorre quando as cortinas estão abertas ou fechadas também ajuda. A luz quente tende a acentuar as cores quentes e a neutralizar os matizes frios, já a luz fria intensifica as cores frias e enfraquece os matizes quentes. Se modificarmos a luz de modo que ela tenda a determinado matiz, ela aumentará a intensidade das cores daquele matiz e neutralizará as cores do matiz complementar.

Iluminação forte   Iluminação média   Iluminação fraca

O valor aparente de uma cor também pode ser alterado com a quantidade de luz utilizada para iluminá-la. Diminuir o nível de iluminação escurecerá o valor de uma cor e neutralizará seu matiz. Aumentar o nível de iluminação irá enfraquecer o valor da cor e aumentar sua intensidade. Altos níveis de iluminação, contudo, também tendem a fazer as cores parecerem menos saturadas, ou seja, lavadas.

As flutuações naturais da luz em um interior alteram as cores de modos muitas vezes bastante sutis. Uma cor também pode mudar conforme o ângulo do qual é vista. Assim, é sempre melhor testar as cores no ambiente no qual elas serão vistas, tanto sob a incidência da luz do dia quanto à noite.

O CONTRASTE SIMULTÂNEO

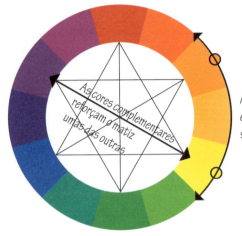

As cores complementares reforçam o matiz umas das outras.

As cores análogas se empurram em direção a seus complementos.

Enquanto misturar dois pigmentos de cores complementares resulta em um matiz acinzentado ou neutralizado, colocá-los lado a lado, pode resultar no efeito oposto. No fenômeno conhecido como contraste simultâneo, o olho tende a gerar um matiz complementar da cor e a projetá-lo como uma imagem persistente nas cores adjacentes. Assim, duas cores complementares colocadas lado a lado tendem a aumentar a saturação e o brilho uma da outra, sem uma mudança aparente de matiz.

Quando duas cores não são complementares, cada uma irá tingir a outra com seu próprio complemento e levá-la em direção àquele matiz. O resultado é que as duas cores ficarão ainda mais afastadas em matiz.

O contraste simultâneo de matizes é mais facilmente percebido quando duas cores têm valor mais ou menos uniforme. Se uma das cores é muito mais clara ou escura do que a outra, os efeitos dos valores contrastantes se tornam mais evidentes.

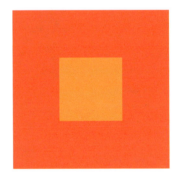

Contraste simultâneo

Cores complementares

Cores análogas; valores tonais contrastantes

Cores análogas; valores tonais similares

O CONTRASTE SIMULTÂNEO **123**

O contraste simultâneo também afeta o valor aparente de uma cor, que pode ficar com aparência mais clara ou mais escura, conforme o valor da cor de fundo. Uma cor clara tenderá a acentuar uma cor escura, enquanto uma cor escura tenderá a iluminar uma cor clara.

Tanto o preto quanto o branco têm um efeito visível nas cores quando postos em contato com elas. As cores circundadas com preto tendem a ficar mais ricas e vibrantes, ao passo que contorná-las com branco geralmente tem o efeito oposto. Uma grande área de branco irá refletir a luz nas cores adjacentes, enquanto linhas brancas finas tenderão a espalhar e a tingir os matizes que elas separam.

Os efeitos de matizes e valores contrastantes dependem de áreas suficientemente grandes para que sejam percebidos como cores diferentes. Se as áreas forem pequenas e muito próximas, o olho não terá tempo suficiente para se ajustar às suas diferenças e misturará oticamente as cores. Os efeitos das misturas óticas são empregados com frequência para criar uma impressão de muitos matizes e valores tonais com um número limitado de linhas ou fios coloridos.

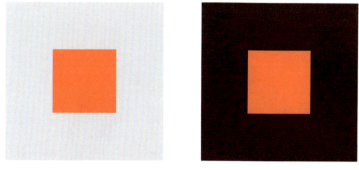

Valores contrastantes alteram os valores percebidos.

O efeito de contornar cores com branco ou preto.

A mistura ótica ocorre quando pontos ou linhas de cores diferentes se mesclam, formando novos matizes.

124 A COR E O ESPAÇO

Além do modo como as cores interagem e alteram os atributos umas das outras, o arquiteto de interiores deve observar como as cores podem afetar nossa percepção de formas e dimensões e características de um espaço interno.

As cores muitas vezes são divididas em categorias de cores quentes e frias. Vermelhos, laranjas e amarelos são considerados cores quentes e que avançam. Azuis, verdes e violetas são mais frias e tendem a recuar. Neutras, como o cinza e o branco gelo, podem ser tanto quentes (tendendo para o marrom) quanto frias (tendendo para o azul).

O calor ou a frieza de um matiz de uma cor, em conjunto com seu valor tonal relativo e seu grau de saturação, determina a força visual com a qual ela atrai nossa atenção, traz o foco para um objeto e cria o espaço. As generalizações a seguir resumem alguns desses efeitos das cores.

Matizes quentes e altas intensidades são considerados visualmente ativos e estimulantes, enquanto matizes frios e baixas intensidades são considerados mais moderados e relaxantes. Valores tonais claros tendem a ser mais joviais, valores tonais médios, brandos e valores tonais escuros, sombrios.

Cores brilhantes e saturadas e qualquer contraste forte atraem nossa atenção. Matizes acinzentados e valores tonais médios são menos vigorosos. Valores tonais contrastantes em particular nos deixam cientes de formatos e formas. Matizes contrastantes e saturações também podem definir formatos, mas se tiverem valores muito similares, a definição que eles propiciam não será tão evidente.

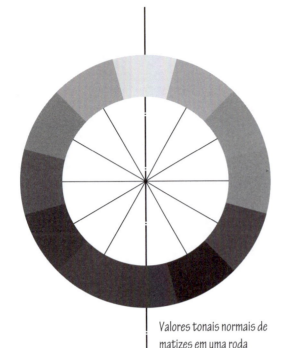

Valores tonais normais de matizes em uma roda de cores padrão

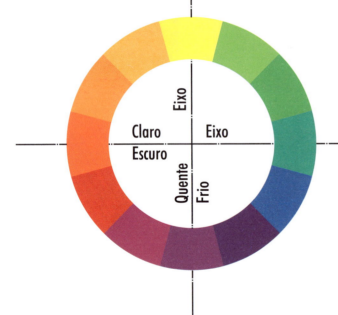

O contraste de valor ajuda na nossa percepção dos formatos.

A COR E O ESPAÇO 125

Cores frias e profundas parecem contrair. Cores quentes e claras tendem a se expandir e aumentar o tamanho aparente de um objeto, especialmente quando vistas contra um fundo escuro.

Quando empregados em um plano espacial fechado, valores tonais claros, matizes frios e cores acinzentadas parecem recuar e aumentar a distância aparente. Eles podem, portanto, ser utilizados para acentuar as dimensões de um recinto e aparentemente aumentar sua largura, profundidade ou pé-direito.

Matizes quentes parecem avançar. Valores escuros e cores saturadas tendem a sugerir proximidade. Essas peculiaridades podem ser empregadas para diminuir a escala de um espaço ou, de modo ilusório, diminuir as dimensões de um ambiente. Essas generalizações sobre as cores têm relações complexas entre si. Por exemplo, embora azul seja considerado frio e vermelho, quente, um azul elétrico vibrante pode nos parecer menos frio que um rosa claro. Nossas reações emocionais às cores variam com nossas experiências pessoais e associações culturais. Além disso, combinações preferidas de cores estão sujeitas a modismos, com certas paletas intimamente vinculadas a épocas ou locais específicos.

Pesquisas realizadas sobre os efeitos da cor nos espaços de trabalho têm demonstrado que o branco, ainda que seja marcante e neutro, não contribui para a produtividade das pessoas. Os matizes vermelhos ajudam os trabalhadores que lidam com detalhes e podem aumentar a pressão sanguínea, acelerar a respiração e os batimentos cardíacos e aumentar o nível de alerta. O azul contribui para a criatividade, e o verde inspira a inovação. As mulheres têm um gene extra que lhes permite detectar mais variações no espectro vermelho-laranja do que os homens. Os especialistas recomendam evitar o amarelo em auditórios, bem como o cinza, que tem o poder de amortecer as outras cores.

Embora cores e padrões vibrantes possam ser empregados para criar um ambiente animado, seu excesso pode resultar no caos visual. Em vez disso, podem ser utilizadas cores naturais menos obstrutivas em padrões não intrusivos para criar um piso, por exemplo, que lembre a pedra portuguesa ou os veios da madeira.

O efeito dos valores tonais nos limites espaciais

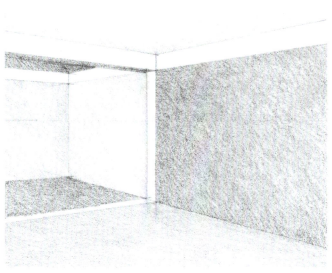

ESQUEMAS DE CORES

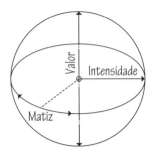

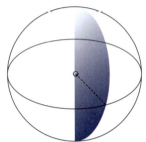

Esquemas de cores monocromáticas variam o valor tonal de um único matiz.

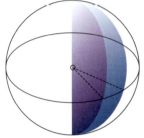

Esquemas de cores análogas usam dois ou mais matizes do mesmo quarto da roda de cores.

Esquemas de cores complementares usam dois ou mais matizes de lados opostos da roda de cores.

Esquemas de cores complementares divididos combinam um matiz com os dois matizes adjacentes ao seu complemento.

Esquemas de cores tríplices usam cores localizadas em três pontos equidistantes da roda de cores.

Esquemas de matizes contrastantes são baseados em combinações de cores complementares ou tríplices.

Embora cada um de nós tenha cores favoritas e uma antipatia clara por outras, não se pode falar em cores boas ou ruins. Algumas cores simplesmente estão na moda ou não em determinadas épocas; outras podem ser apropriadas ou não para determinado esquema de cores. A adequação de uma cor depende, em última análise, de como e quando ela é utilizada e de como ela se insere na paleta de um esquema de cores.

Hoje há equipamentos portáteis de digitalização de cores que podem ajudar na gestão, organização e compartilhamento da especificação de um esquema cromático. Além disso, os sistemas de videoconferência que usam projeção sem fio permitem a comunicação ininterrupta entre qualquer aparelho dotado de monitor conectado a um serviço de armazenamento na nuvem, economizando dinheiro e equipamentos. Estando conectado à internet, qualquer um pode contribuir na conversa, seja lá onde estiver.

Para as tintas, os fabricantes criam séries de cores que sugerem seleções de cores compatíveis. Essas séries podem ser criadas com base científica em gradações de pigmentos; baseadas em referências à natureza, a tecidos ou a outros materiais; ou desenvolvidas para refletir associações emocionais, históricas ou de semelhança.

Se as cores fossem consideradas notas de uma escala musical, então os esquemas de cores seriam as cordas musicais, estruturando grupos de cor de acordo com seus atributos de matiz, valor e intensidade. Os seguintes esquemas de cores se baseiam nos relacionamentos de matiz dentro de determinado grupo de cores.

Há duas grandes categorias de esquemas de matizes, os relacionados e os contrastantes. Esquemas de matizes relacionados, baseados em um único matiz ou em uma série de matizes análogos, promovem harmonia e unidade. A variedade pode ser introduzida com a alteração do valor e da intensidade, incluindo pequenas quantidades de outros matizes como realces ou jogando com formatos, formas ou texturas.

Os esquemas de matizes contrastantes, baseados em combinações de cores complementares ou tríplices, são por natureza mais ricos e variados, pois sempre incluem os matizes quentes e os frios.

ESQUEMAS DE CORES **127**

Esquemas de matizes são apenas um exemplo das diferentes abordagens que se pode ter na organização de uma combinação de matizes. Na elaboração de um esquema de cores, outras relações de cores também devem ser consideradas.

O triângulo de cores desenvolvido por Faber Birren ilustra como as cores modificadas – tons claros, tons médios e tons escuros – podem estar relacionadas em uma sequência harmônica. O triângulo é baseado em três elementos básicos: cor pura, branco e preto. Eles são combinados para criar formas secundárias de tons claros, tons escuros, cinzas e tons médios. Qualquer um dos caminhos marcados com as linhas em negrito ilustradas à direita define uma sequência harmônica, já que cada um envolve uma série de elementos visualmente relacionados.

Enfim, se um esquema de cores será alegre e exuberante ou repousante e discreto dependerá dos valores cromáticos e tonais dos matizes escolhidos. Intervalos grandes entre as cores e os valores irão criar contrastes alegres e efeitos dramáticos. Pequenos intervalos resultarão em contrastes e padrões mais sutis.

Pequenos intervalos

Grandes intervalos

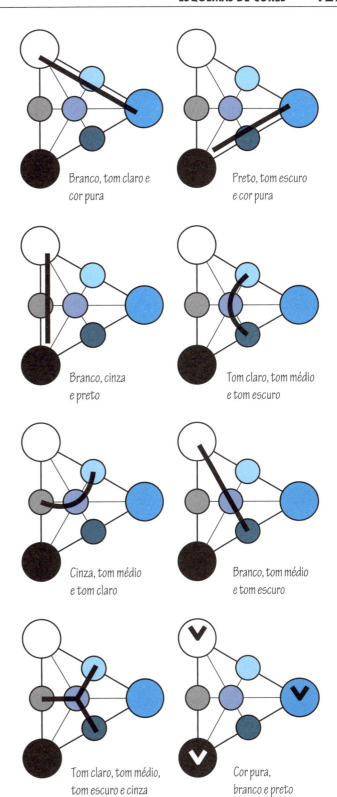

128 A DISTRIBUIÇÃO CROMÁTICA

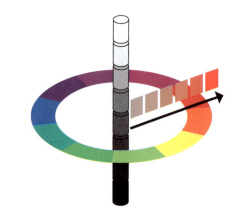

Ao desenvolver um esquema de cores para um interior, devemos considerar cuidadosamente as chaves tonal e cromática a serem estabelecidas e a distribuição das cores. O esquema não deve somente satisfazer o propósito e o uso do espaço, mas também levar em consideração seu caráter de arquitetura.

Devem ser tomadas decisões quanto aos principais planos de um interior e como a cor poderia ser utilizada para modificar seu tamanho, formato, escala e distância aparentes. Que elementos formarão o fundo, o segundo plano e o primeiro plano? Há características na arquitetura ou estrutura que deveriam ser acentuadas ou elementos indesejáveis a serem minimizados?

Em geral, as maiores superfícies de um recinto — seu piso, suas paredes e seu teto — têm os valores tonais mais neutros. Contra esse fundo, elementos secundários, como grandes móveis ou grandes tapetes podem ter maior intensidade cromática. Enfim, objetos de destaque, acessórios e outros elementos de pequena escala podem ter o croma mais forte, para que haja equilíbrio e se crie interesse.

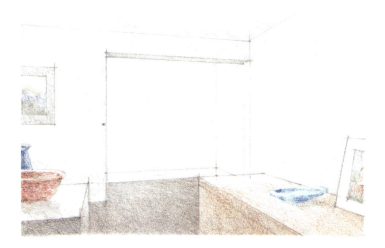

Os esquemas de cores neutros são os mais flexíveis. Para um efeito mais dramático, as principais áreas de um ambiente podem receber os valores tonais mais intensos, enquanto os elementos secundários têm menor intensidade. Grandes áreas com cores intensas devem ser utilizadas com parcimônia, especialmente em recintos pequenos. Elas reduzem as distâncias aparentes e podem ser visualmente cansativas.

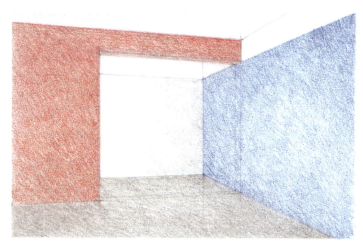

Grandes áreas com cores intensas podem ser tanto deslumbrantes quanto visualmente cansativas.

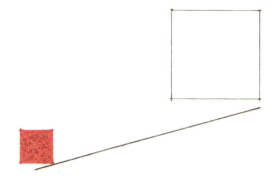

Equilibre grandes áreas neutras com áreas menores de maior intensidade.

A DISTRIBUIÇÃO TONAL   129

Tão importante quanto a distribuição cromática é a distribuição tonal, o padrão de claros e escuros em um espaço. Em geral, é melhor usar quantidades variáveis de valores claros e escuros com uma gama de valores médios, para servir como tons intermediários. Evite usar quantidades iguais de claros e escuros, a menos que deseje um efeito fragmentado.

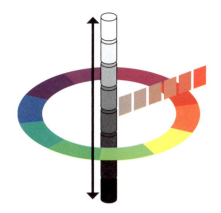

Em geral, grandes áreas de valores tonais claros são compensadas por pequenas áreas de valores tonais médios e escuros. Esse uso de valores claros é particularmente apropriado quando o uso eficiente da luz disponível é importante. Esquemas de cores escuros podem absorver uma grande parte da luz de um espaço, resultando em uma perda significativa de iluminação.

Outro modo de distribuir valores tonais é seguir o padrão da natureza. Nessa sequência tonal, o plano do piso tem o valor mais escuro, as paredes que definem o recinto estão na faixa dos tons médios a claros e o teto é bastante claro.

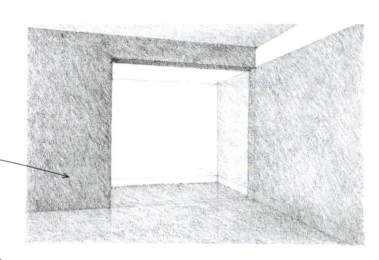

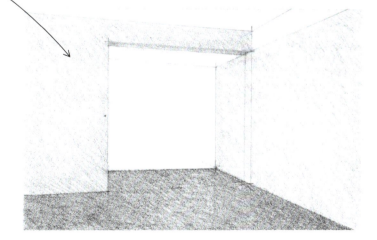

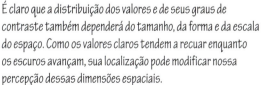

É claro que a distribuição dos valores e de seus graus de contraste também dependerá do tamanho, da forma e da escala do espaço. Como os valores claros tendem a recuar enquanto os escuros avançam, sua localização pode modificar nossa percepção dessas dimensões espaciais.

130 PRINCÍPIOS DE PROJETO

Proporção

Escala

Equilíbrio

Harmonia

Unidade e variedade

Ritmo

Ênfase

A arquitetura de interiores envolve a seleção de elementos de projeto de interiores e seu arranjo dentro de um fechamento espacial de modo a satisfazer certas necessidades e desejos funcionais e estéticos. Essa distribuição de elementos em um espaço inclui o ato de estabelecer padrões. Nenhuma parte ou elemento único em um espaço está sozinho. Em um padrão de projeto, todas as partes, elementos ou peças dependem uns dos outros para impacto visual, função e significado.

As relações visuais estabelecidas entre os elementos do projeto de interiores em um espaço são ordenadas por proporção, escala, equilíbrio, harmonia, unidade e variedade, ritmo e ênfase. Esses princípios de projeto não devem ser considerados regras rígidas e rápidas, mas apenas diretrizes dos possíveis modos que os elementos de projeto podem ser dispostos em padrões reconhecíveis. Enfim, devemos aprender a julgar se um padrão é adequado, qual é sua função visual no espaço e qual é seu significado aos usuários do espaço. Esses princípios, contudo, podem ajudar a desenvolver e a manter uma sensação de ordem visual entre os elementos de projeto de um espaço e, ao mesmo tempo, estar adequados à sua função e ao seu uso final.

▶ **Distribuindo padrões de projeto**

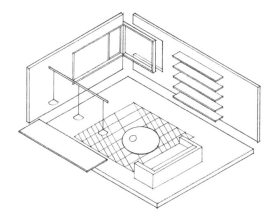

A PROPORÇÃO

Proporção se refere ao relacionamento de uma parte com outra ou com o todo ou entre um objeto e outro. Esse relacionamento pode ser de magnitude, quantidade ou grau.

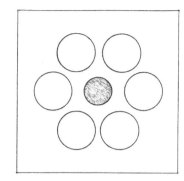
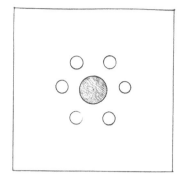

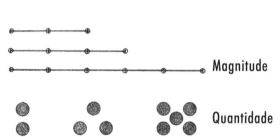
Magnitude

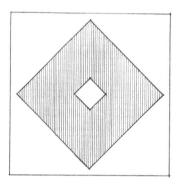

Quantidade

O tamanho aparente de um objeto é influenciado pelos tamanhos relativos dos demais objetos em seu ambiente.

Grau

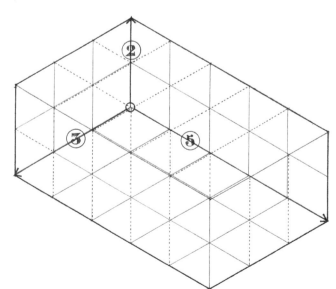

Ao lidarmos com formas no espaço, devemos considerar as proporções em três dimensões.

SISTEMAS DE PROPORÇÕES

Razão   A:B   A/B

Proporção   A:B:C   A/B = B/C

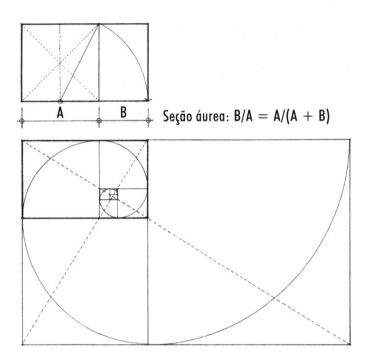

Seção áurea: B/A = A/(A + B)

Ao longo da história, diversos métodos matemáticos ou geométricos foram desenvolvidos para determinar a proporção ideal das coisas. Esses sistemas de proporções vão além de determinantes técnicos e funcionais, em uma tentativa de estabelecer uma medida de beleza – uma lógica estética para as relações dimensionais entre as partes de um elemento de uma construção visual.

De acordo com o matemático da Grécia antiga Euclides, uma razão se refere à comparação quantitativa entre duas coisas similares, enquanto uma proporção se refere à igualdade de razões. Dando base a qualquer sistema de proporções, portanto, há uma razão característica, um aspecto permanente que é transmitido de uma proporção à outra.

Talvez o sistema de proporções mais familiar seja a *seção áurea* estabelecida pelos gregos antigos. Ela define o relacionamento único entre as duas partes desiguais de um todo no qual a razão entre as partes menores e as maiores é igual à razão entre a parte maior e o todo.

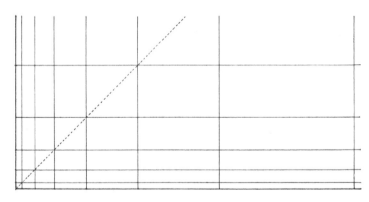

1, 1, 2, 3, 5, 8, 13, 21, 34, 55…

A série de Fibonacci é uma progressão de números inteiros na qual cada termo é a soma dos dois números que o antecedem. A razão entre dois termos consecutivos se aproxima à seção áurea.

SISTEMAS DE PROPORÇÕES   133

Embora seja frequentemente definido em termos matemáticos, um sistema de proporções estabelece um conjunto consistente de relações visuais entre as partes de uma composição. Ele pode ser uma ferramenta de projeto útil na promoção da unidade e da harmonia. Porém, nossa percepção das dimensões físicas das coisas muitas vezes é imprecisa. O escorço da perspectiva, a distância do observador e até mesmo preconceitos visuais podem distorcer nossa percepção.

A questão da proporção ainda é essencialmente um julgamento visual crítico. Nesse sentido, diferenças significativas nas relações relativas das coisas são importantes. Por fim, uma proporção parecerá estar correta para determinada situação quando percebermos que nem pouco nem muito de um elemento ou característica estiver presente.

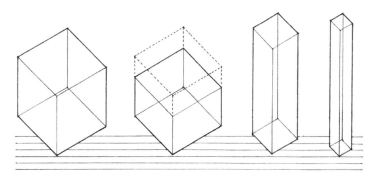

Essas formas variam significativamente em suas proporções

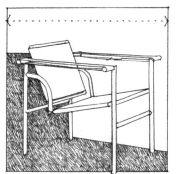
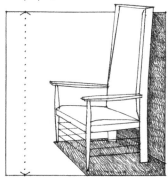

Móveis que diferem significativamente em suas proporções

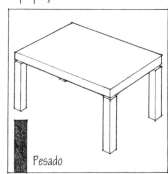

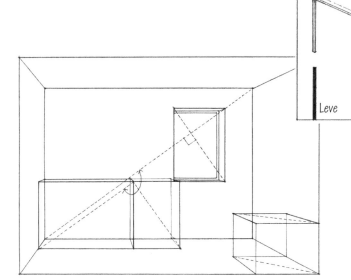

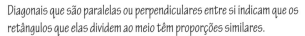

Diagonais que são paralelas ou perpendiculares entre si indicam que os retângulos que elas dividem ao meio têm proporções similares.

134 RELAÇÕES ENTRE PROPORÇÕES

No projeto de interiores, estamos preocupados com as relações entre proporções estabelecidas pelas partes de um elemento de projeto, entre vários elementos de projeto e entre tais elementos e a forma espacial e as vedações.

Diferenças entre proporções

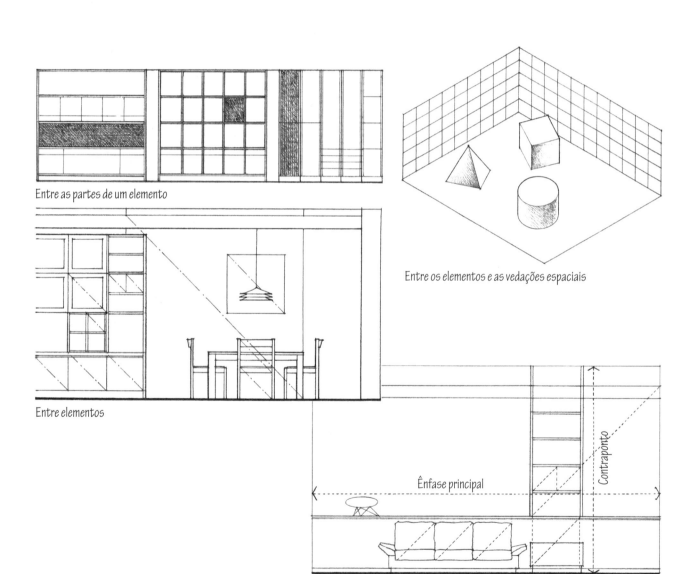

Entre as partes de um elemento

Entre os elementos e as vedações espaciais

Entre elementos

Ênfase principal

Contraponto

A ESCALA 135

O princípio de projeto chamado escala se relaciona com a proporção. Tanto a escala quanto a proporção tratam do tamanho relativo das coisas. Se há uma diferença, é que a proporção diz respeito às relações entre as partes de uma composição, enquanto a escala se refere especificamente ao tamanho de alguma coisa relacionada a algum padrão conhecido ou a uma constante reconhecida.

A escala mecânica é o cálculo do tamanho físico de algo, de acordo com um sistema padronizado de medidas. Por exemplo, podemos dizer que uma mesa tem, de acordo com o Sistema Norte-Americano de Unidades, 3 pés de largura, 6 pés de comprimento e 29 polegadas de altura. Se estivermos familiarizados com esse sistema e com objetos de tamanhos semelhantes, poderemos visualizar o tamanho da mesa. Usando o Sistema Internacional de Unidades, a mesma mesa teria 914 mm de largura, 1.829 mm de comprimento e 737 mm de altura.

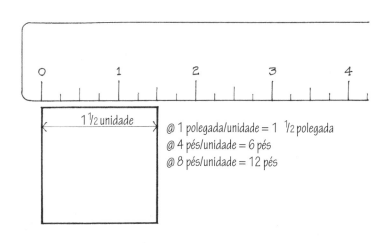

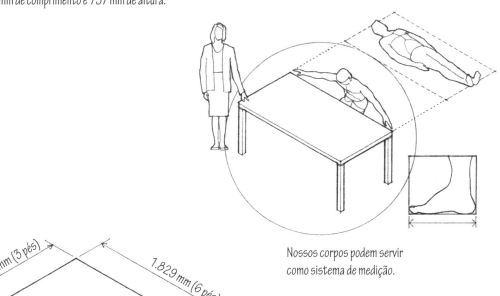

Nossos corpos podem servir como sistema de medição.

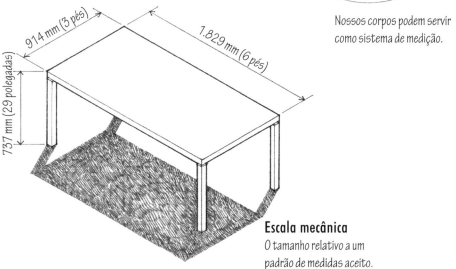

Escala mecânica
O tamanho relativo a um padrão de medidas aceito.

136 A ESCALA VISUAL

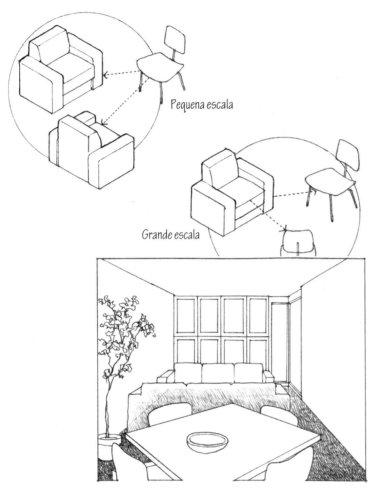

Pequena escala

Grande escala

A escala visual se refere ao tamanho que algo parece ter quando comparado em tamanho com outros objetos que estão por perto. Assim, a escala de um objeto é com frequência um julgamento que fazemos a partir dos tamanhos relativos ou conhecidos de outros elementos próximos ou do entorno. Por exemplo, a mesa mencionada anteriormente pode parecer estar em escala ou fora de escala em uma sala, dependendo do tamanho relativo e das proporções do espaço.

Podemos nos referir a algo como sendo de pequena escala se estivermos mensurando-o em relação a outros objetos que geralmente são de uma escala muito maior. Do mesmo modo, um objeto pode ser considerado de grande escala se estiver agrupado com itens relativamente pequenos ou se parecer maior do que aquilo que é considerado de tamanho normal ou médio.

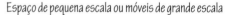

Espaço de pequena escala ou móveis de grande escala

Escala visual
O tamanho em relação aos outros objetos no ambiente ou ao espaço que o circunda.

A ESCALA HUMANA

A escala humana se refere à sensação de grandeza que algo nos dá. Se as dimensões de um espaço interno ou o tamanho dos elementos dentro dele nos faz sentir pequenos, podemos dizer que eles não estão na escala humana. Se, por outro lado, o espaço não nos diminui ou se os elementos oferecem um ajuste confortável às nossas exigências dimensionais de alcance, espaço livre ou movimento, podemos dizer que eles estão na escala humana.

A maioria dos elementos que usamos para nos certificar da escala humana são aqueles com cujas dimensões nos acostumamos por meio do contato e do uso. Estes incluem portas, escadas, mesas, balcões e vários tipos de assentos. Esses elementos podem ser utilizados para humanizar um espaço que, de outra forma, poderia não ter escala humana.

Detalhes próximos do nível do observador podem ser utilizados para "reduzir" a escala de um espaço de arquitetura ao tamanho humano. Por exemplo, um trilho de cadeira ao longo de uma parede cria uma linha visual quase na altura das mãos. De maneira semelhante, obras de arte e acessórios de escala moderada podem ajudar a criar um ambiente mais confortável dentro de um espaço imponente.

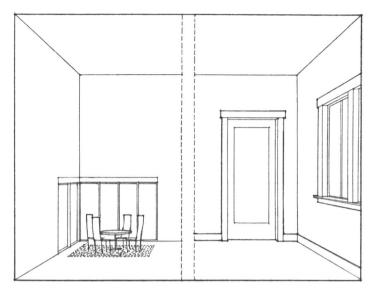

Podemos julgar a escala de um espaço por meio do espaço relativo dos elementos de interior que nele se encontram.

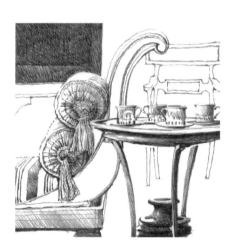

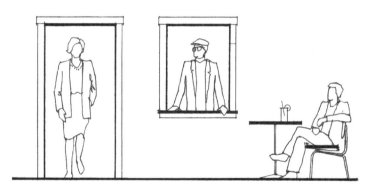

Frequentemente usamos portas, peitoris de janelas, mesas e cadeiras para discernir a escala humana, pois nos acostumamos às suas dimensões.

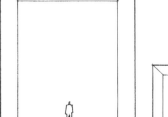

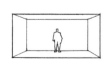

Escala humana
A sensação de pequenez ou grandiosidade que um espaço ou um elemento de interior nos dá.

138 RELAÇÕES DE ESCALA

A questão da escala em um espaço interno não se limita a um conjunto de relações. Elementos de interior podem se relacionar simultaneamente com o conjunto do espaço, entre si e com aquelas pessoas que usam o espaço. Não é incomum que alguns elementos tenham uma relação de escala normal, adequada, mas cuja escala é excepcional quando comparados a outros elementos. Elementos em escalas incomuns podem ser empregados para chamar a atenção ou para criar e enfatizar um ponto focal.

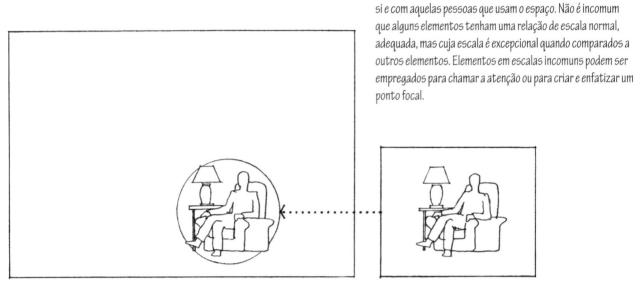

Um conjunto de relações de escala pode existir dentro de um contexto maior.

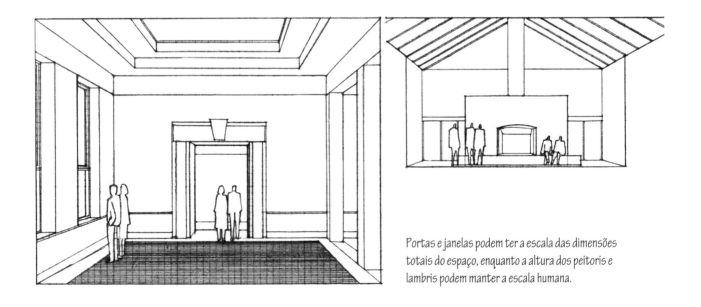

Portas e janelas podem ter a escala das dimensões totais do espaço, enquanto a altura dos peitoris e lambris podem manter a escala humana.

O EQUILÍBRIO 139

Os espaços internos — e seus elementos de vedação, móveis, luminárias e acessórios — muitas vezes incluem uma combinação de formas, tamanhos, cores e texturas. A maneira como esses elementos são organizados é uma resposta a necessidades funcionais e desejos estéticos. Ao mesmo tempo, esses elementos devem estar dispostos de modo a alcançar equilíbrio visual — um estado de equilíbrio entre as forças visuais projetadas pelos elementos.

Cada elemento no conjunto do espaço interno tem características específicas de formato, forma, tamanho, cor e textura. Essas características, em conjunto com os fatores de localização e orientação, determinam o peso visual de cada elemento e qual o nível de atenção que cada um atrairá no padrão geral do espaço.

As características que irão acentuar ou aumentar o peso visual de um elemento — e atrair nossa atenção — incluem:

- Formatos irregulares ou contrastantes
- Cores brilhantes e texturas contrastantes
- Grandes dimensões e proporções incomuns
- Detalhes elaborados

Interiores: uma combinação de formatos, cores e texturas

Atraindo a atenção com...

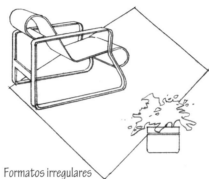

Formatos irregulares

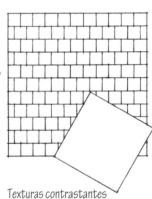

Texturas contrastantes

Proporções incomuns

Detalhes elaborados

140   O EQUILÍBRIO VISUAL

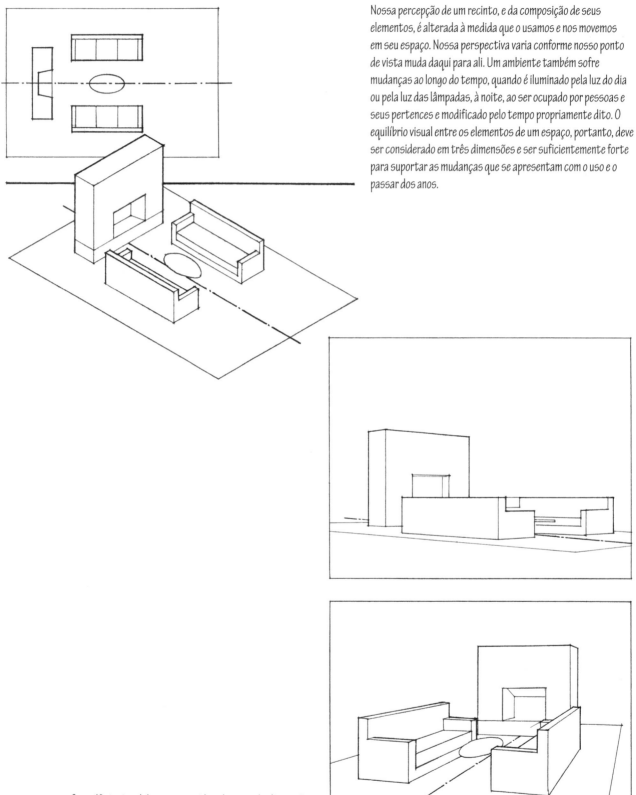

Nossa percepção de um recinto, e da composição de seus elementos, é alterada à medida que o usamos e nos movemos em seu espaço. Nossa perspectiva varia conforme nosso ponto de vista muda daqui para ali. Um ambiente também sofre mudanças ao longo do tempo, quando é iluminado pela luz do dia ou pela luz das lâmpadas, à noite, ao ser ocupado por pessoas e seus pertences e modificado pelo tempo propriamente dito. O equilíbrio visual entre os elementos de um espaço, portanto, deve ser considerado em três dimensões e ser suficientemente forte para suportar as mudanças que se apresentam com o uso e o passar dos anos.

O equilíbrio visual deve ser considerado nas três dimensões.

O EQUILÍBRIO SIMÉTRICO

Há três tipos de equilíbrios visuais: simétrico, radial e assimétrico. O equilíbrio simétrico resulta da distribuição de elementos idênticos, correspondentes em formato, tamanho e posição relativa em relação a uma linha ou eixo comum. Ele também é conhecido como simetria bilateral.

Na maior parte das vezes, o equilíbrio simétrico resulta em um equilíbrio tranquilo, relaxante e estável que é imediatamente aparente, em especial quando orientado em um plano vertical. Dependendo das relações espaciais, um arranjo simétrico pode tanto enfatizar sua área central como focar as terminações de seu eixo.

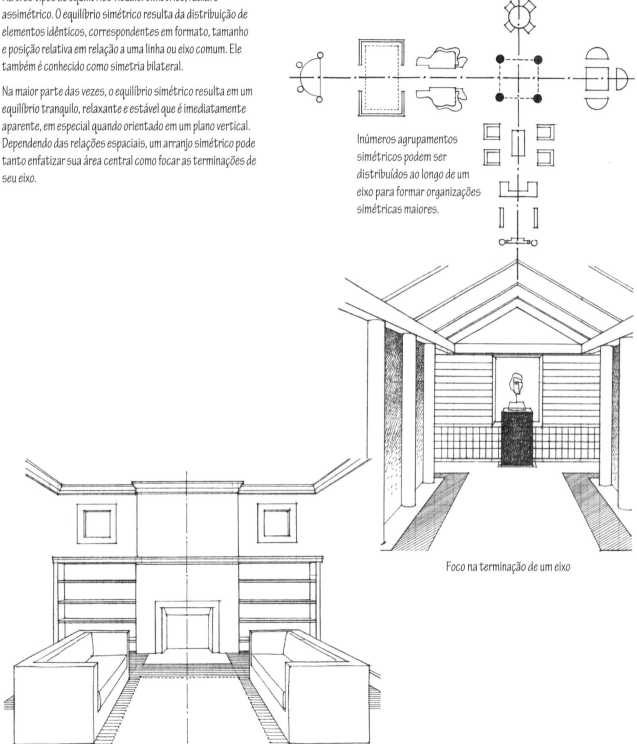

Inúmeros agrupamentos simétricos podem ser distribuídos ao longo de um eixo para formar organizações simétricas maiores.

Foco na terminação de um eixo

Foco no segundo plano

142 O EQUILÍBRIO RADIAL

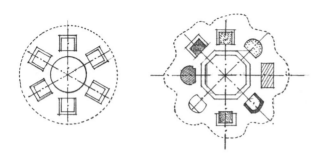

A simetria é um instrumento simples e ainda assim poderoso para o estabelecimento de uma ordem visual. Se for suficientemente desenvolvida, ela pode impor uma rígida formalidade em um espaço interior. A simetria total, contudo, muitas vezes é indesejável ou difícil de atingir devido à função ou às circunstâncias.

Às vezes é possível ou desejável dispor uma ou mais partes de um espaço de forma simétrica e obter uma simetria local. Agrupamentos simétricos dentro de um espaço são facilmente reconhecidos e têm certa integridade que pode servir tanto para simplificar quanto para organizar a composição de um recinto.

O segundo tipo de equilíbrio, o equilíbrio radial, resulta do arranjo de elementos em torno de um ponto central. Ele produz uma composição centralizada que enfatiza o segundo plano como ponto de vista. Os elementos podem estar voltados para dentro, em direção ao centro, estar voltados para fora, a partir do centro, ou simplesmente estar distribuídos em torno de um elemento central.

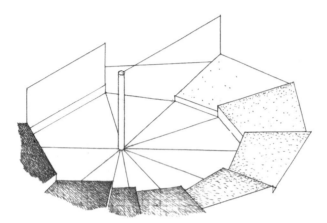

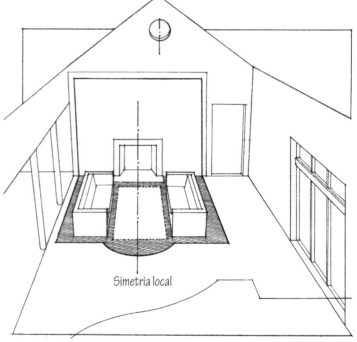

Simetria local

O EQUILÍBRIO ASSIMÉTRICO

A assimetria é reconhecida como a falta de correspondência em tamanho, formato, cor ou posição relativa entre os elementos de uma composição. Enquanto uma composição simétrica requer o uso de pares de elementos idênticos, uma composição assimétrica incorpora elementos distintos.

Para alcançar um equilíbrio oculto ou ótico, uma composição assimétrica deve levar em consideração o peso visual ou a força de cada um de seus elementos e empregar o princípio da alavanca em seu arranjo. Elementos que são visualmente fortes e atraem nossa atenção – formatos incomuns, cores brilhantes, valores fortes, texturas variadas – devem ser contrabalançados por elementos de menor força, mas que são maiores ou estão mais afastados do centro da composição.

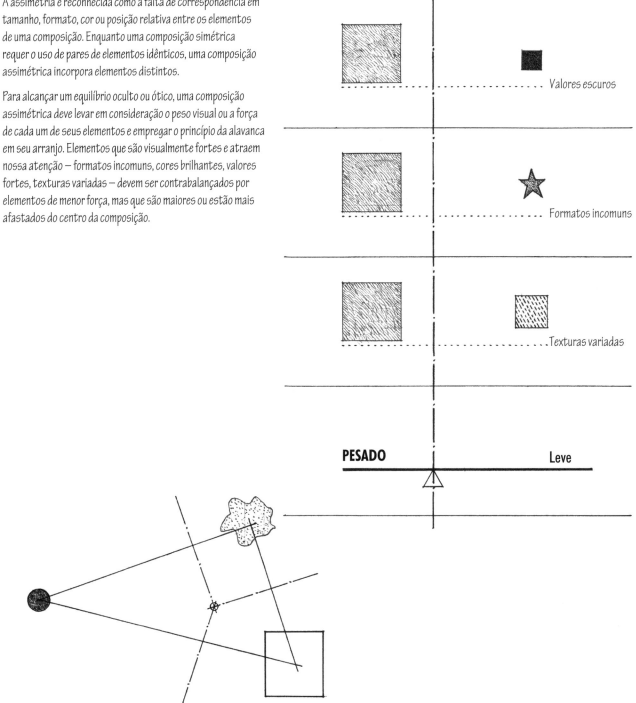

144   O EQUILÍBRIO ASSIMÉTRICO

O equilíbrio assimétrico não é tão óbvio quanto a simetria e muitas vezes é mais ativo e dinâmico visualmente. Ele é capaz de expressar movimento, mudança, até mesmo exuberância. Ele também é mais flexível do que a simetria e pode se adaptar com mais rapidez a condições variáveis de função, espaço e circunstâncias.

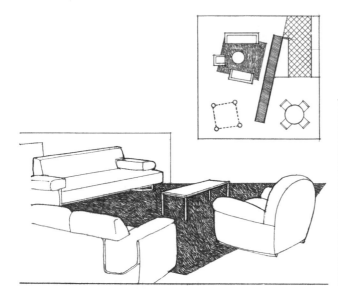

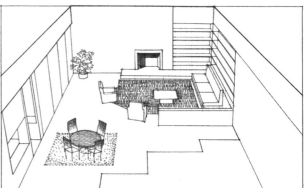

A HARMONIA   145

A *harmonia* pode ser definida como a consonância ou o arranjo agradável das partes ou da combinação das partes em uma composição. Enquanto o equilíbrio alcança a unidade mediante a disposição cuidadosa de elementos similares ou não, o princípio da harmonia envolve a cuidadosa seleção dos elementos que dividem uma peculiaridade ou característica comum, como formato, cor, textura ou material. É a repetição de uma peculiaridade comum que gera unidade e harmonia visual entre os elementos de um ambiente interno.

Compartilhando uma característica

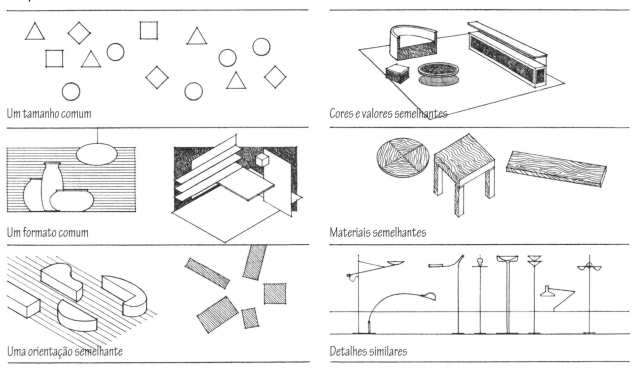

Um tamanho comum

Um formato comum

Uma orientação semelhante

Cores e valores semelhantes

Materiais semelhantes

Detalhes similares

146 CRIANDO HARMONIA

A harmonia, quando levada a um extremo por meio do uso de elementos com características semelhantes, pode resultar em uma composição unificada, mas não interessante. A variedade, por outro lado, quando levada a um extremo em nome do interesse, pode resultar em caos visual. É a tensão cuidadosa e artística entre a ordem e a desordem – entre unidade e variedade – que dá vida à harmonia e cria interesse em um interior.

Introduzindo a variedade

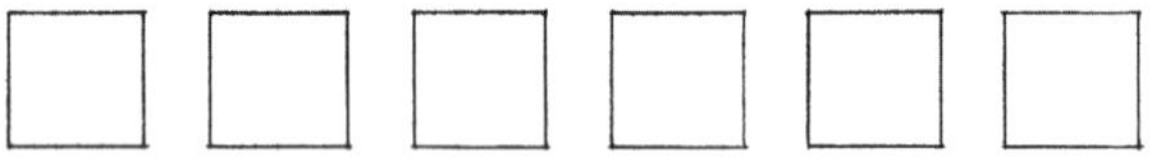

Dado um conjunto de formatos idênticos, a variedade pode ser introduzida de várias maneiras:

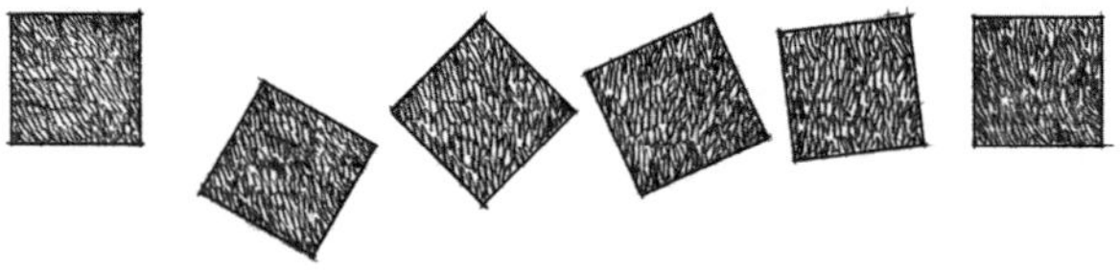

Variando a orientação

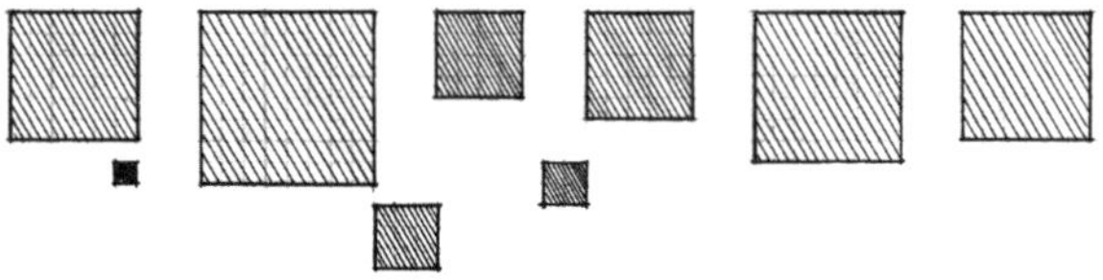

Variando o tamanho

Variando detalhes característicos

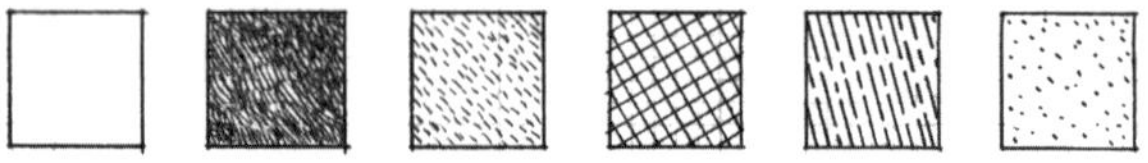

Variando a textura

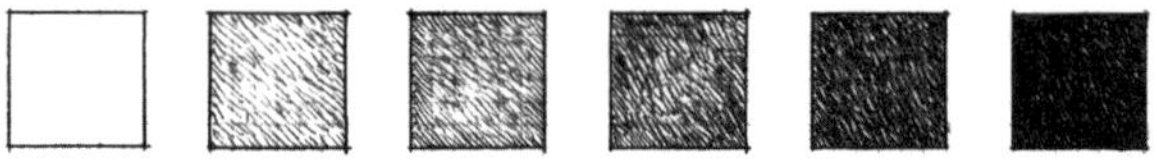

Variando a cor

A UNIDADE E A VARIEDADE   147

É importante observar que os princípios do equilíbrio e da harmonia, ao promover a unidade, não excluem a busca da variedade e do interesse. Pelo contrário: os meios de se alcançar equilíbrio e harmonia devem incluir em seus padrões a presença de características e elementos distintos.

Por exemplo, o equilíbrio assimétrico produz equilíbrio entre elementos que diferem de tamanho, forma, cor ou textura. A harmonia produzida por elementos que dividem uma característica comum permite que os mesmos elementos também tenham uma variedade de peculiaridades únicas e individuais.

Outro método para organizar vários elementos distintos é simplesmente dispô-los bem próximos uns dos outros. Tendemos a ler tais agrupamentos como uma entidade que exclui os outros elementos mais afastados. Para reforçar ainda mais a unidade visual da composição, pode-se estabelecer a continuidade de uma linha ou contorno a partir das formas dos elementos.

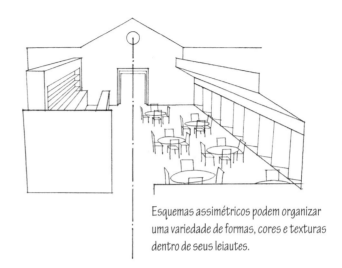

Esquemas assimétricos podem organizar uma variedade de formas, cores e texturas dentro de seus leiautes.

Agrupamento relacionado com um plano suspenso.

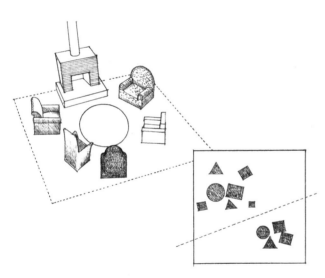

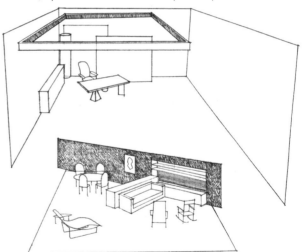

Elementos no primeiro plano organizados por um pano de fundo comum.

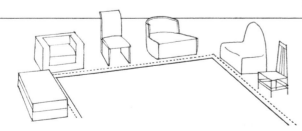

Elementos distintos podem ser organizados pelo seu agrupamento próximo ou pela relação estabelecida entre eles por uma linha ou um plano comum.

148 O RITMO

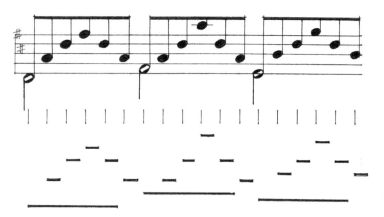

O princípio de projeto conhecido como *ritmo* se baseia na repetição de elementos no espaço e no tempo. Essa repetição não somente gera unidade visual como também induz a uma continuidade recorrente do movimento que os olhos e a mente de um observador podem seguir ao longo de um percurso, dentro de uma composição ou em torno de um espaço.

A forma mais simples de repetição consiste no espaçamento regular de elementos idênticos ao longo de uma trajetória linear. Embora esse padrão possa ser bastante monótono, ele também pode ser útil para estabelecer um ritmo de fundo para os elementos no primeiro plano ou para definir uma linha, borda ou um arremate texturizado.

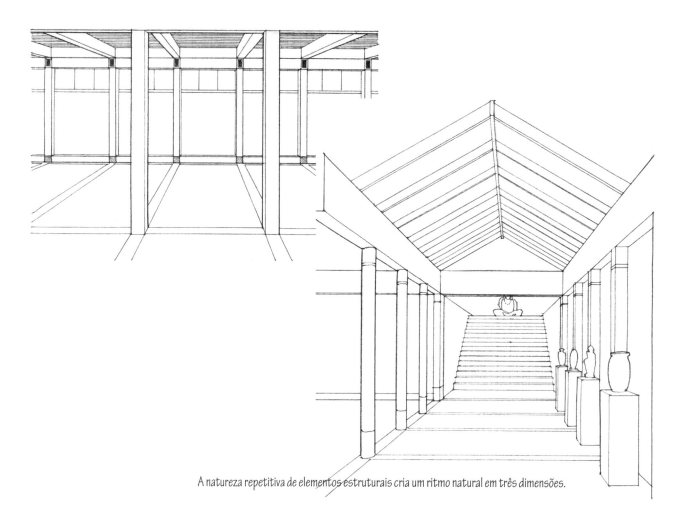

A natureza repetitiva de elementos estruturais cria um ritmo natural em três dimensões.

O RITMO

Padrões mais intrincados de ritmo podem ser conseguidos quando levamos em conta a tendência dos elementos a se relacionarem visualmente, devido à sua proximidade entre si ou ao fato de dividirem uma característica comum.

O espaçamento dos elementos recorrentes e, portanto, a velocidade do ritmo visual, podem ser variados para criar conjuntos e subconjuntos e para enfatizar certos pontos no padrão. O ritmo resultante pode ser gracioso e fluído ou forte e rápido. O contorno do ritmo resultante e a forma dos elementos individuais podem reforçar ainda mais a natureza da sequência.

Embora para ter continuidade os elementos recorrentes devam compartilhar uma característica, eles também podem variar em formato, detalhe, cor ou textura. Essas diferenças, sejam sutis ou evidentes, criam interesse visual e podem introduzir outros níveis de complexidade. Um ritmo alternante pode ser sobreposto a um ritmo mais regular ou as variações podem estar progressivamente divididas em tamanho ou valor de cor, para conferir direção à sequência.

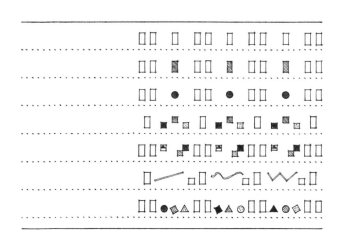

Variações de detalhes no ritmo

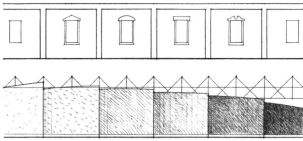

Graduação de valor tonal ou cor

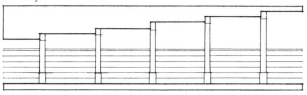

Graduação de tamanho

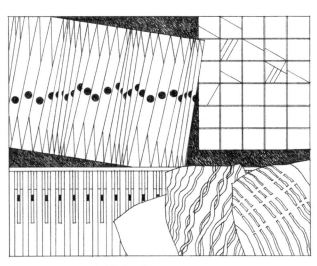

Ritmo existente no nível do detalhe

150　O RITMO VISUAL

O ritmo visual é mais facilmente reconhecido quando a repetição forma um padrão linear. Em um interior, contudo, sequências não lineares de formato, cor e textura podem criar ritmos mais sutis, que talvez não sejam imediatamente óbvios aos olhos.

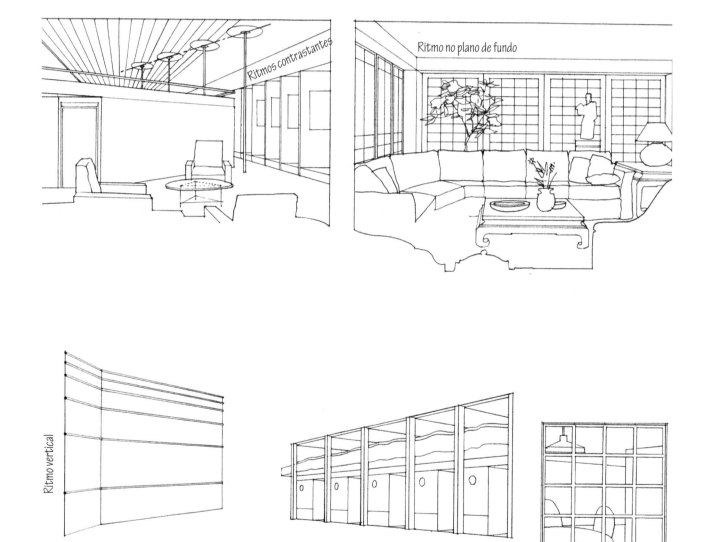

O RITMO ESPACIAL 151

O ritmo visual pode se referir ao movimento de nossos corpos à medida que avançamos em uma sequência de espaços. O ritmo incorpora a noção fundamental de repetição como um recurso para organizar formas e espaços na arquitetura. Vigas e colunas se repetem para compor vãos estruturais e módulos espaciais. Os espaços frequentemente buscam acomodar exigências funcionais similares ou repetitivas do programa de necessidades da edificação.

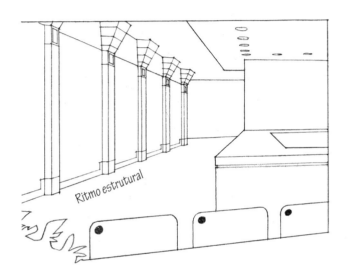

Ritmo estrutural

Ritmo conectando pontos no espaço

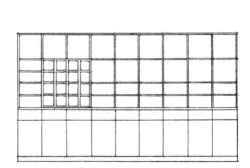

Ritmos verticais e horizontais

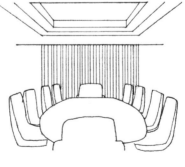

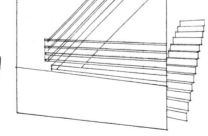

O modo como uma escada e seu corrimão expressam movimento resulta naturalmente em padrões rítmicos.

152 A ÊNFASE

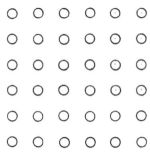

Sem elementos dominantes...
sem ênfase

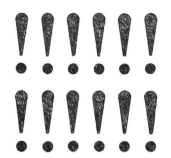

Elementos dominantes demais...
sem ênfase

O princípio da *ênfase* pressupõe a coexistência de elementos dominantes e subordinados na composição de um interior. Um projeto sem elementos dominantes seria sem graça e monótono. Se houver muitos elementos assertivos, o projeto ficará apertado e caótico, afastando-se do que talvez fosse importante. A cada parte de um projeto devemos dar a importância adequada, de acordo com sua hierarquia no esquema geral.

Um elemento ou uma característica importante pode receber ênfase visual se tiver tamanho significativo, formato único ou cor, valor tonal ou textura contrastante. Em cada caso, um contraste distinto deve ser estabelecido entre o elemento ou a característica dominante e os aspectos subordinados do espaço. Tal contraste atrairia nossa atenção ao interromper o padrão normal da composição.

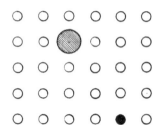

Pontos de ênfase podem ser criados com um contraste perceptível de tamanho, forma, cor ou valor tonal.

Tamanho excepcional

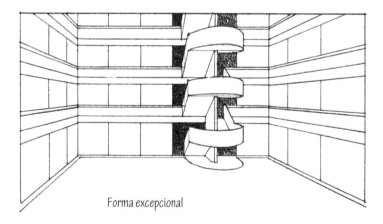

Forma excepcional

A ÊNFASE   153

Um elemento ou uma característica também pode ser enfatizado visualmente por meio de sua posição estratégica e orientação espacial. Ele pode estar centralizado no espaço ou servir como o elemento central de uma organização simétrica. Em uma composição assimétrica, ele pode estar deslocado ou isolado do resto dos elementos. Ele pode ser a terminação de uma sequência linear ou de um percurso.

Para acentuar ainda mais sua importância visual, um elemento pode ser orientado para contrastar com a geometria normal do espaço e com os demais elementos dentro dele. Ele pode estar iluminado de maneira especial. As linhas dos elementos secundários e subordinados podem estar dispostas de modo a chamar nossa atenção para a característica ou o elemento significativo.

Podemos citar algumas estratégias de ênfase com o uso conjunto da iluminação e das cores:

- Fitas de iluminação ao redor do teto ou do forro (em uma sanca), para destacar os volumes e amenizar os matizes mais escuros
- Elementos suspensos chamativos em um saguão colorido e com grande pé-direito, para enfatizar sua altura
- Luminárias pequenas e separadas entre si, para criar espaços individuais

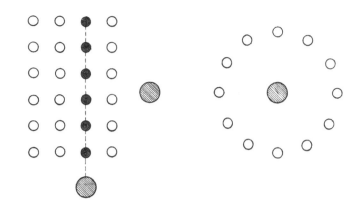

Pontos de ênfase também podem ser criados pelo posicionamento estratégico de elementos importantes.

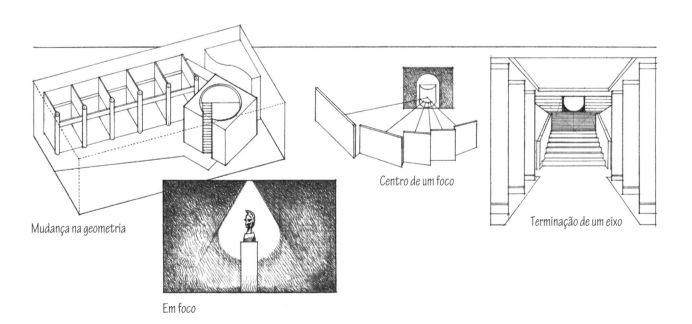

Mudança na geometria

Em foco

Centro de um foco

Terminação de um eixo

154 GRAUS DE ÊNFASE

Assim como pode haver graus variados de importância entre os elementos de um interior, também pode haver graus variados de ênfase dada a eles. Uma vez estabelecidas as características ou os elementos significativos, deve-se planejar uma estratégia para orquestrar os elementos subordinados, de modo que estes realcem os dominantes.

Os pontos focais de um recinto devem ser criados com certa sutileza e controle. Eles não devem estar tão dominantes visualmente de modo a deixar de ser partes integrais do projeto como um todo. Os pontos secundários de ênfase — os destaques visuais — podem ajudar a amarrar os elementos dominantes aos elementos subordinados. Seguir o princípio da harmonia, formatos relacionados, cores e valores tonais também pode ajudar a manter a unidade do projeto.

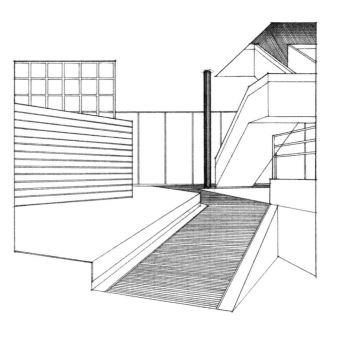

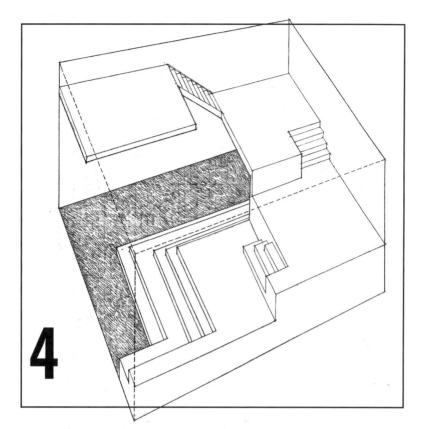

4
Componentes Construtivos de Interiores

156 COMPONENTES CONSTRUTIVOS DE INTERIORES

Os espaços internos das edificações são definidos pelos componentes de arquitetura da estrutura e das vedações, como pilares, paredes, pisos e coberturas. Esses elementos dão forma a uma edificação, demarcam uma porção do espaço infinito e estabelecem um padrão para os espaços internos. Este capítulo apresenta em linhas gerais os principais elementos do projeto de interiores com os quais desenvolvemos, modificamos e ressaltamos esses espaços internos e os tornamos habitáveis — ou seja, funcionalmente adequados, esteticamente agradáveis e psicologicamente satisfatórios às nossas atividades.

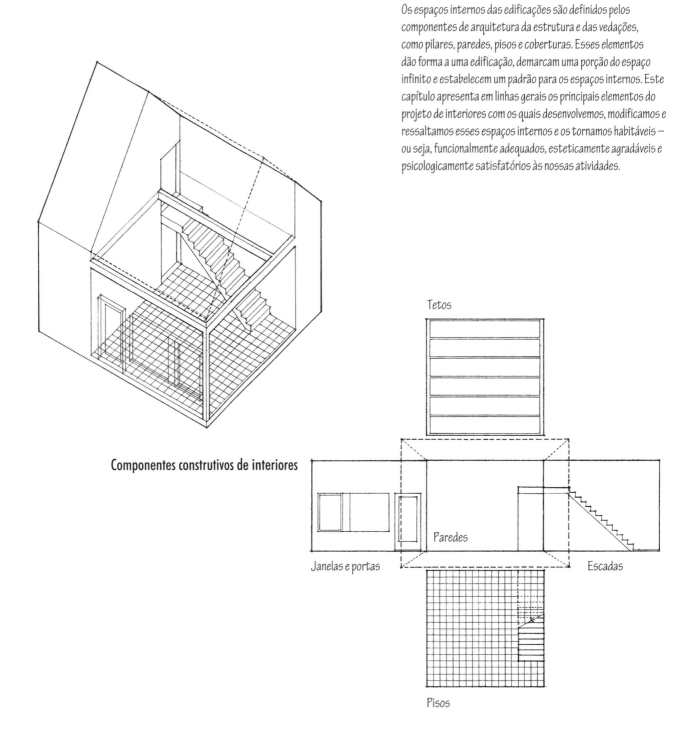

Componentes construtivos de interiores

COMPONENTES CONSTRUTIVOS DE INTERIORES   157

Esses elementos de projeto e as escolhas que eles representam são a palheta do arquiteto de interiores. O modo como selecionamos e manipulamos esses elementos em um padrão espacial, visual e sensorial afetará não somente a função e o uso do espaço, mas também a expressividade de sua forma e estilo.

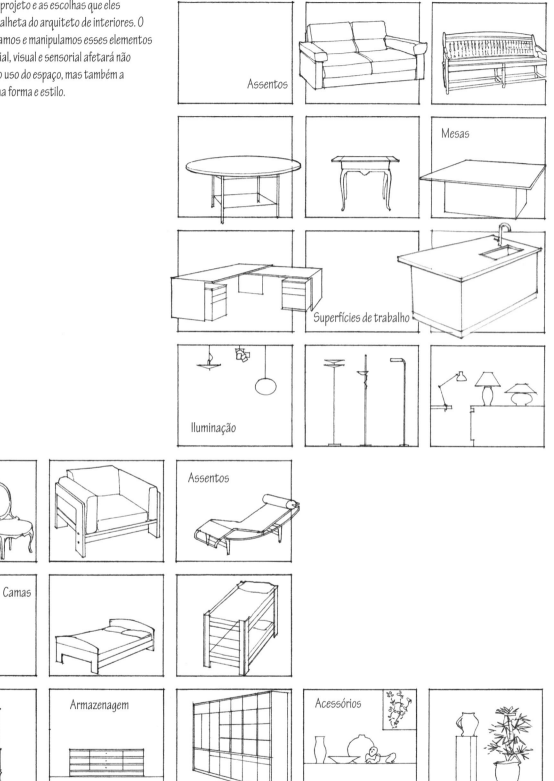

158 PISOS

Pisos são os planos de base nivelados dos interiores. Como plataformas que sustentam nossas atividades internas e móveis, eles devem estar estruturados para suportar com segurança as cargas resultantes. Suas superfícies devem ter durabilidade suficiente para resistir ao uso contínuo e ao desgaste.

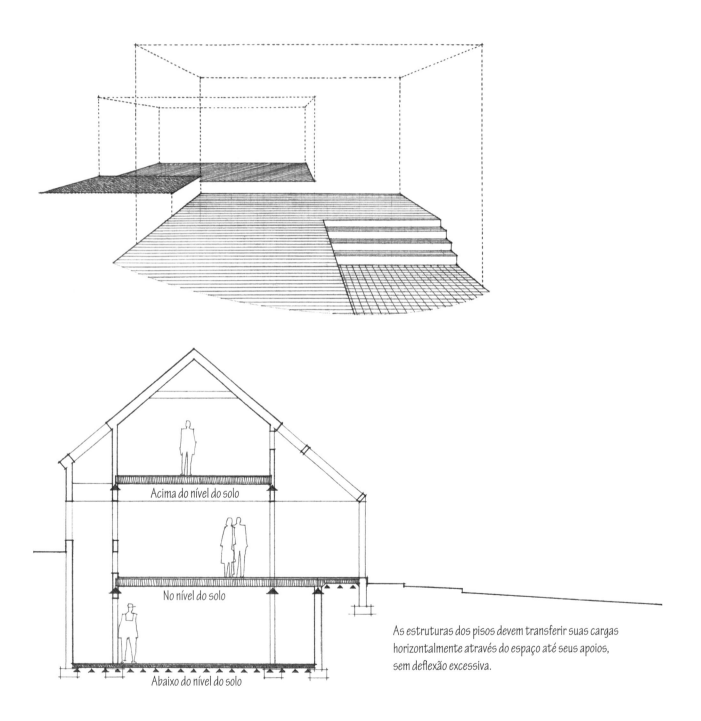

As estruturas dos pisos devem transferir suas cargas horizontalmente através do espaço até seus apoios, sem deflexão excessiva.

A CONSTRUÇÃO DE PISOS   159

Um piso pode ser construído com uma série de vigas ou barrotes paralelos lançados sob um contrapiso — materiais estruturais como chapas de compensado, lajes de concreto ou chapas corrugadas de aço capazes de vencer os vãos entre as vigas ou barrotes. O contrapiso e as vigas ou barrotes são afixados de modo a agir juntos como uma unidade estrutural que resiste aos esforços e transfere as cargas a seus apoios.

Um piso também pode consistir em uma laje monolítica de concreto com fôrma de aço incorporada capaz de se desenvolver em uma ou duas direções. A forma da face inferior da laje muitas vezes reflete o modo como ela vence o vão e transfere as cargas. A laje pode ser moldada de forma monolítica *in loco* ou pré-moldada em placas.

Seja como uma laje monolítica moldada *in loco* ou um conjunto de placas encaixadas, a superfície do contrapiso deve ser suficientemente plana, nivelada e densa para receber o material de acabamento (o piso). Para compensar asperezas ou irregularidades, pode ser necessária uma camada de regularização ou uma capa de cimento para a instalação de alguns pisos.

Acabamento do piso assentado sobre camadas de regularização e contrapiso

Contrapiso de chapas apoiadas em barrotes com pequeno espaçamento ou uma laje mais espessa, sobre vigas mais afastadas.

Barrotes de madeira ou aço apoiados em vigas mestras ou treliças de madeira ou aço.

Soalho de madeira

Acabamento do piso assentado sobre uma camada de regularização ou uma capa de nivelamento de concreto.

Placas de concreto pré-moldadas.

Laje de concreto armado moldada *in loco* no nível do solo ou acima dele.

160 PAREDES

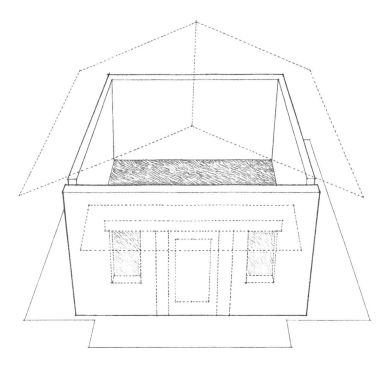

Paredes são elementos de arquitetura essenciais em qualquer edificação. Elas servem como apoios estruturais para pisos acima do nível do solo, tetos e coberturas. Além disso, formam as fachadas das edificações. Elas fecham, separam e protegem os espaços internos que configuram.

As paredes externas de uma edificação devem controlar a passagem de ar, calor, umidade, vapor de água e som. A pele externa, seja um revestimento ou uma parte integral da estrutura da parede, também deve ter a capacidade de resistir aos efeitos do sol, do vento, da neve e da chuva.

As paredes internas subdividem os espaços internos de uma edificação, dão privacidade a tais espaços e controlam a passagem do som, do calor e da luz de um espaço a outro.

Tanto as paredes externas quanto as internas podem ser estruturais e executadas de forma monolítica ou composta, de modo a sustentar as cargas impostas pelos pisos e coberturas. Elas também podem consistir em uma armação de pilares e vigas unida ou preenchida por vedações não portantes.

Os elementos da arquitetura e das instalações prediais devem atender às exigências regulamentares de projeto *sísmico*, que tem como foco proteger as pessoas de objetos que caírem e preservar as rotas de fuga. O projeto sísmico afeta as alturas, o reforço estrutural e as conexões das paredes internas e externas.

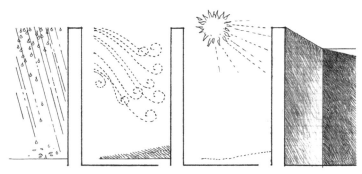

As paredes externas controlam a passagem de ar, calor, luz, umidade, vapor de água e som.

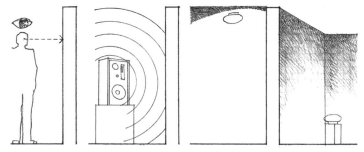

As paredes internas controlam a passagem de som, calor e luz.

PAREDES 161

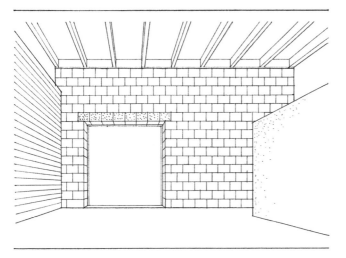
Paredes portantes definem os limites físicos de um espaço.

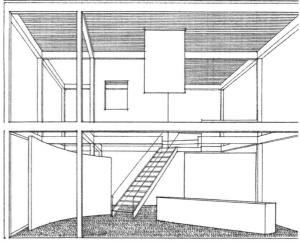
Pilares e vigas sugerem as divisões do espaço interno.

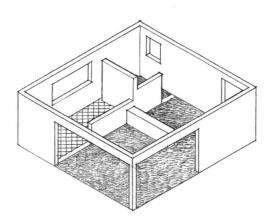
Paredes não portantes e divisórias servem para subdividir espaços internos maiores.

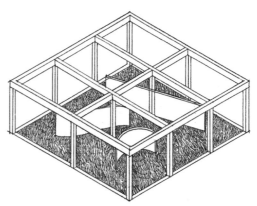
Uma malha estrutural de pilares e vigas estabelece uma grelha de espaços interconectados. A partir dessa grelha, as paredes internas ou divisórias podem definir os espaços conforme as necessidades.

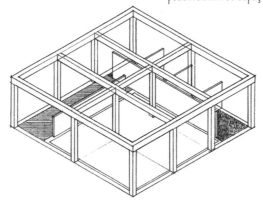

162 A CONSTRUÇÃO DE PAREDES

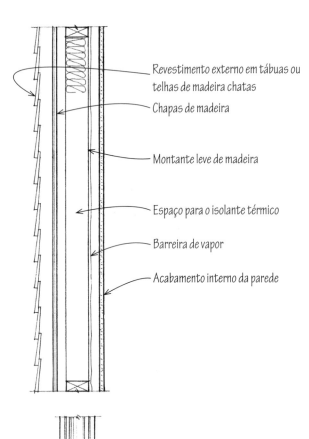

- Revestimento externo em tábuas ou telhas de madeira chatas
- Chapas de madeira
- Montante leve de madeira
- Espaço para o isolante térmico
- Barreira de vapor
- Acabamento interno da parede

Paredes de montantes leves e painéis de vedação podem ser construídas com montantes de madeira ou metal amarrados por uma placa de base e uma placa superior. A essa estrutura são fixadas uma ou mais camadas de um material em chapas, como painéis de madeira aglomerada ou gesso cartonado, que dão rigidez ao plano da parede.

O material em chapas pode servir como acabamento a paredes internas, mas é mais comum que sirva como apoio para uma camada extra de acabamento. Revestimentos externos de tábuas, telhas de madeira chatas ou estuque devem ser à prova de intempéries. Os acabamentos de paredes internas não precisam resistir ao clima e, portanto, podem ser selecionados de uma gama maior de materiais.

Paredes montantes leves e painéis de vedação têm forma flexível, devido à facilidade de se trabalhar as partes relativamente pequenas e aos vários meios de fixação disponíveis.

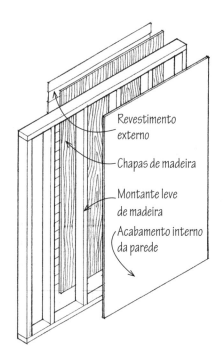

- Revestimento externo
- Chapas de madeira
- Montante leve de madeira
- Acabamento interno da parede

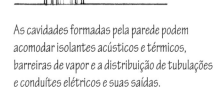

As cavidades formadas pela parede podem acomodar isolantes acústicos e térmicos, barreiras de vapor e a distribuição de tubulações e conduítes elétricos e suas saídas.

A CONSTRUÇÃO DE PAREDES   163

Paredes de alvenaria de concreto ou tijolo geralmente são estruturais e classificadas como construções não combustíveis. Elas definem de forma clara os limites físicos do espaço e são mais difíceis de alterar do que as paredes de montantes leves de madeira ou metal.

Paredes de alvenaria de concreto ou tijolo em geral são mais grossas do que paredes de montantes leves, pois dependem de sua massa para resistência e estabilidade. As cavidades deixadas entre os paramentos (os panos verticais com um bloco ou tijolo de espessura) da alvenaria costumam ser aproveitadas para acomodar o isolante térmico e impedir a passagem de umidade e de vapor de água.

As paredes de alvenaria de concreto ou tijolo podem ser deixadas sem revestimento. Devido à cor e à textura atraentes, a pedra e o tijolo quase sempre ficam à vista, como superfície de acabamento. Caso se deseje um acabamento extra, pode ser necessária uma camada de apoio com tela de arame ou calços.

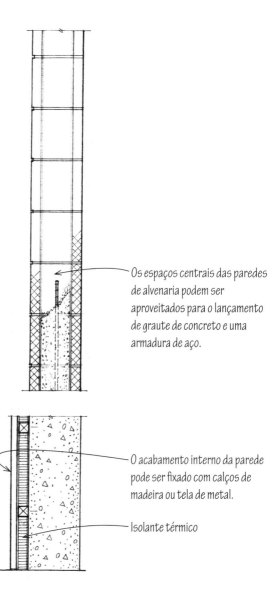

Os espaços centrais das paredes de alvenaria podem ser aproveitados para o lançamento de graute de concreto e uma armadura de aço.

O acabamento interno da parede pode ser fixado com calços de madeira ou tela de metal.

Isolante térmico

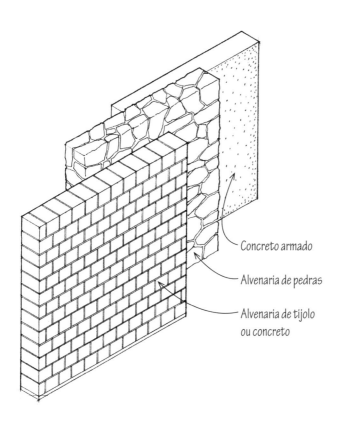

Concreto armado

Alvenaria de pedras

Alvenaria de tijolo ou concreto

164　PAREDES ESTRUTURAIS

O padrão das paredes estruturais – ou portantes – deve estar coordenado com os vãos das estruturas de pisos e coberturas que eles sustentam. Ao mesmo tempo, esse padrão estrutural começará a ditar possíveis tamanhos, formas e leiautes dos espaços internos.

Quando as exigências de tamanho e forma dos espaços internos e das atividades que eles abrigam não correspondem adequadamente a um padrão rígido de paredes estruturais, uma trama estrutural de pilares e vigas pode ser utilizada. Paredes internas e divisórias não estruturais podem então definir e fechar livremente os espaços internos da forma necessária. Isso é muito comum em edificações comerciais, de múltiplos pavimentos e em outros prédios em que a flexibilidade no leiaute de espaços é desejável.

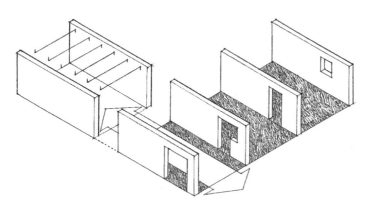

É uma boa estratégia lançar paredes estruturais em uma série paralela para sustentar estruturas de cobertura e de piso armadas em uma só direção.

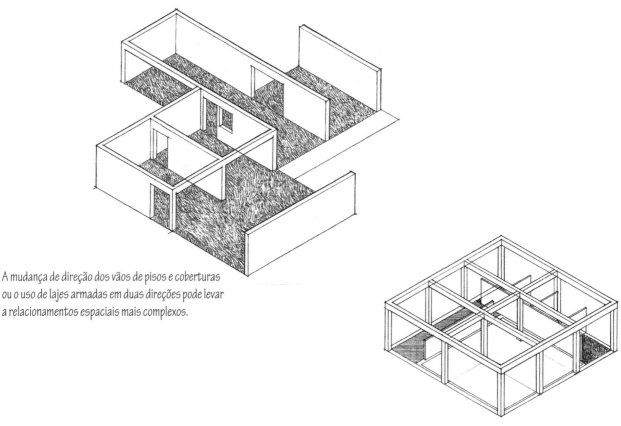

A mudança de direção dos vãos de pisos e coberturas ou o uso de lajes armadas em duas direções pode levar a relacionamentos espaciais mais complexos.

Embora um sistema de pilares e vigas sugira uma sucessão de volumes interconectados, os espaços por si só podem ser organizados de forma harmônica como um contraponto à grelha estrutural.

PAREDES NÃO ESTRUTURAIS   165

Paredes não estruturais precisam sustentar apenas a si próprias e a seus acessórios. Assim, elas oferecem mais possibilidades do que as paredes estruturais na configuração e no fechamento dos espaços.

Uma parede não estrutural pode ser um pouco mais baixa do que o teto ou do que as paredes adjacentes e permitir a passagem do ar e da luz de um espaço a outro. A continuidade espacial entre duas áreas pode ser reforçada e, ao mesmo tempo, pode-se preservar certo nível de privacidade visual — mas não necessariamente acústica. Hoje existem sistemas de paredes de vidro com classificação acústica, bem como de painéis de plástico esponjoso revestidos de tecido.

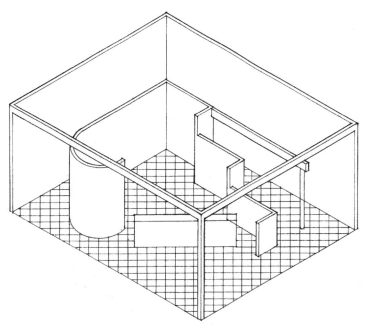

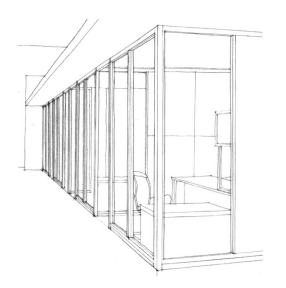

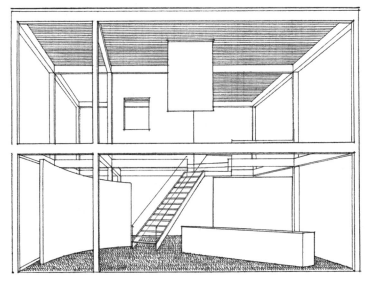

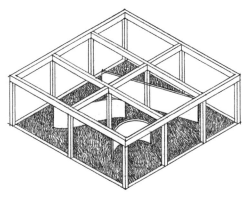

Paredes e divisórias não estruturais na maior parte das vezes são sustentadas por um sistema de pisos. Elas também podem estar presas a pilares ou estruturas de paredes portantes ou estar suspensas no teto ou na estrutura de cobertura. Sejam soltas no piso ou suspensas, as paredes não estruturais devem ter estabilidade contra forças laterais.

Paredes não estruturais podem ser montadas sobre uma trama estrutural ou estar preenchendo os espaços entre os elementos desta. Um exemplo de paredes externas não estruturais são os sistemas de parede-cortina de vidro ou metal frequentemente empregados em edificações comerciais e institucionais.

166 PAREDES INTERNAS E DIVISÓRIAS SOLTAS

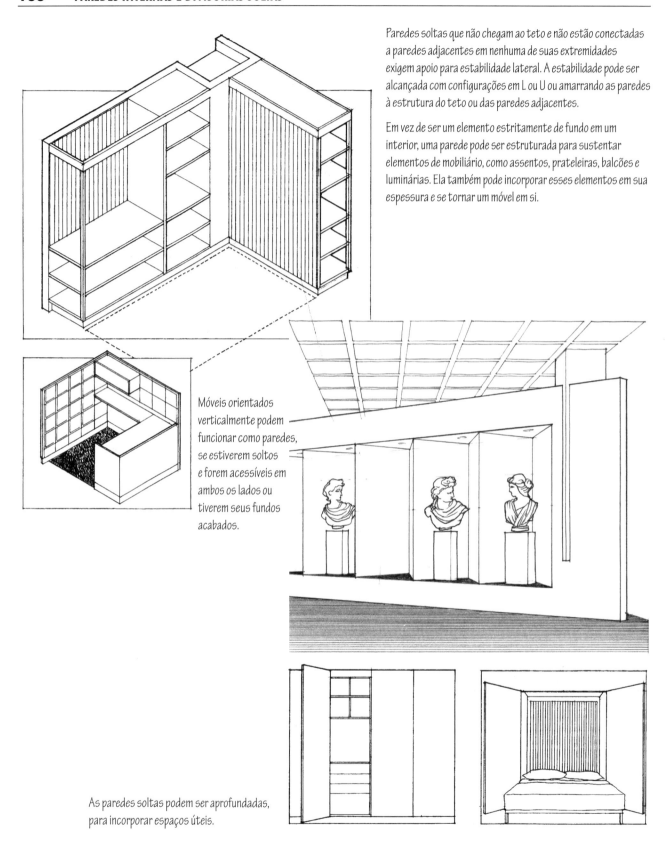

Paredes soltas que não chegam ao teto e não estão conectadas a paredes adjacentes em nenhuma de suas extremidades exigem apoio para estabilidade lateral. A estabilidade pode ser alcançada com configurações em L ou U ou amarrando as paredes à estrutura do teto ou das paredes adjacentes.

Em vez de ser um elemento estritamente de fundo em um interior, uma parede pode ser estruturada para sustentar elementos de mobiliário, como assentos, prateleiras, balcões e luminárias. Ela também pode incorporar esses elementos em sua espessura e se tornar um móvel em si.

Móveis orientados verticalmente podem funcionar como paredes, se estiverem soltos e forem acessíveis em ambos os lados ou tiverem seus fundos acabados.

As paredes soltas podem ser aprofundadas, para incorporar espaços úteis.

FORMAS DE PAREDES

As paredes são os elementos primários com os quais definimos os espaços internos. Juntamente com os planos de piso e teto que completam o fechamento do espaço, as paredes determinam o tamanho e o formato de um ambiente. Elas também podem ser vistas como barreiras que limitam nossos movimentos. Elas separam um espaço do outro e dão privacidade visual e acústica aos usuários de um ambiente.

Espaços ortogonais definidos por paredes retangulares e planas sem dúvida são a norma. Mas os panos de parede também podem ser curvos, com o nível de curvatura determinado em parte pelos materiais e métodos de construção. O lado côncavo de uma parede curva tende a restringir visualmente o espaço, enquanto seu lado convexo tende a expandi-lo.

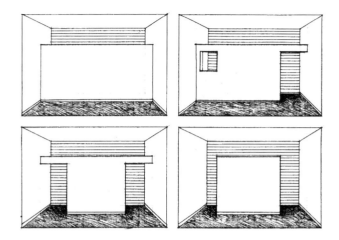

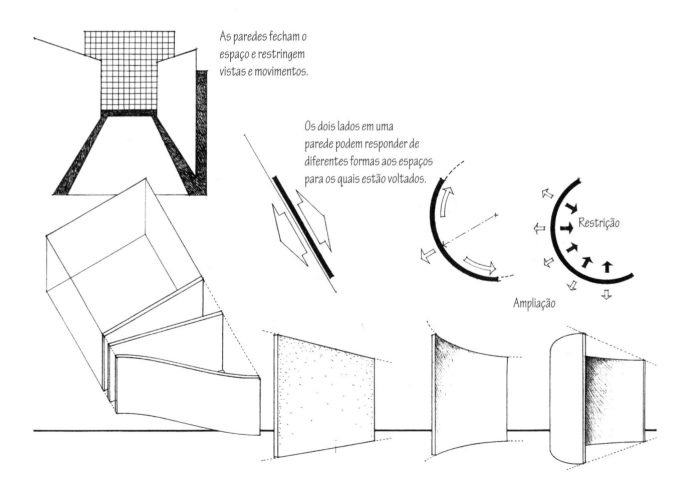

As paredes fecham o espaço e restringem vistas e movimentos.

Os dois lados em uma parede podem responder de diferentes formas aos espaços para os quais estão voltados.

Restrição

Ampliação

168 ABERTURAS NAS PAREDES

Aberturas nos planos de paredes ou entre eles permitem a continuidade e o movimento físico entre os espaços, bem como a passagem de luz, calor e som. À medida que aumentam de tamanho, as aberturas também começam a reduzir a sensação de fechamento que as paredes dão e a expandir visualmente o espaço para incluir os ambientes contíguos. As vistas através das aberturas se tornam parte do espaço fechado. O aumento ainda maior das aberturas pode, em uma situação extrema, resultar em uma separação de espaços apenas sugerida e definida por uma estrutura de pilares e vigas.

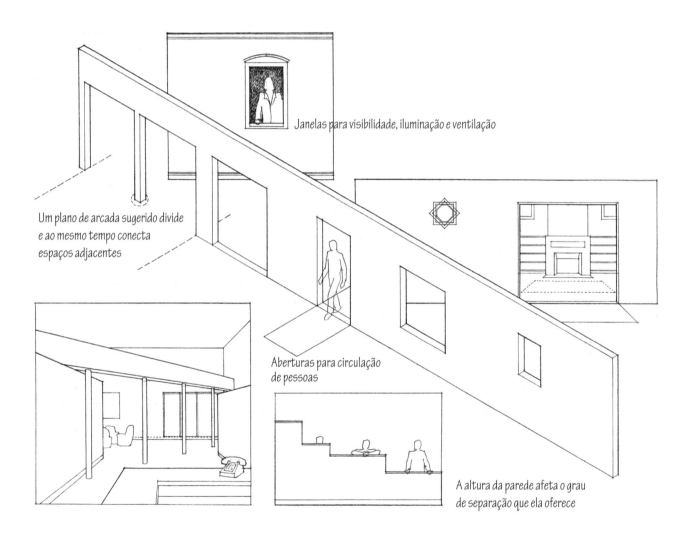

Janelas para visibilidade, iluminação e ventilação

Um plano de arcada sugerido divide e ao mesmo tempo conecta espaços adjacentes

Aberturas para circulação de pessoas

A altura da parede afeta o grau de separação que ela oferece

A ÊNFASE DE PAREDES 169

Uma parede pode ser diferenciada visualmente tanto de uma parede adjacente quanto de um plano de teto por meio de uma mudança de cor, textura ou material. A distinção pode ficar mais evidente com o uso de remates ou recortes.

Os remates, como rodapés e rodatetos, servem para esconder as juntas de construção sem acabamento e os vãos entre materiais e para ornamentar as superfícies de arquitetura. Os remates das paredes podem ser simples ou complexos, dependendo de seu perfil e acabamento. Grande parte do impacto dependerá de sua escala, cor e das linhas de sombra lançadas por seu perfil.

Um recorte é um recuo contínuo que separa visualmente o encontro de dois planos e que ressalta seus cantos com as linhas de sombras que ele cria. Quando dois planos se encontram dessa maneira, suas superfícies devem ter cantos acabados ou arrematados, se ficarem à vista.

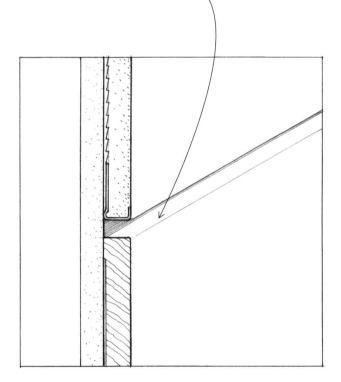

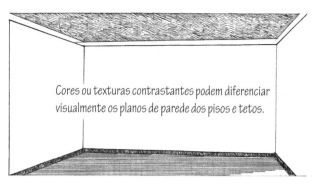

Cores ou texturas contrastantes podem diferenciar visualmente os planos de parede dos pisos e tetos.

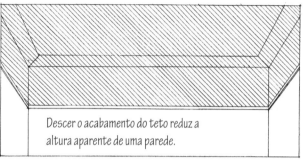

Descer o acabamento do teto reduz a altura aparente de uma parede.

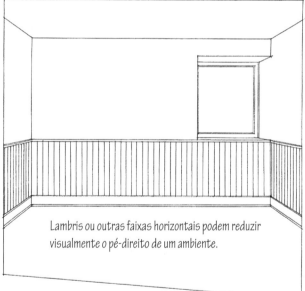

Lambris ou outras faixas horizontais podem reduzir visualmente o pé-direito de um ambiente.

170 A TEXTURA DAS PAREDES

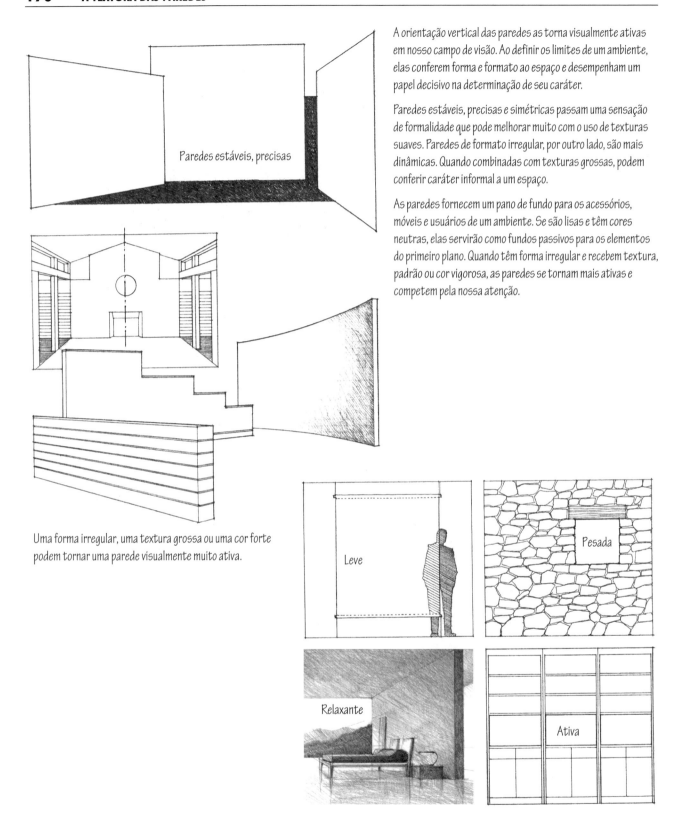

Paredes estáveis, precisas

Uma forma irregular, uma textura grossa ou uma cor forte podem tornar uma parede visualmente muito ativa.

Leve · Pesada · Relaxante · Ativa

A orientação vertical das paredes as torna visualmente ativas em nosso campo de visão. Ao definir os limites de um ambiente, elas conferem forma e formato ao espaço e desempenham um papel decisivo na determinação de seu caráter.

Paredes estáveis, precisas e simétricas passam uma sensação de formalidade que pode melhorar muito com o uso de texturas suaves. Paredes de formato irregular, por outro lado, são mais dinâmicas. Quando combinadas com texturas grossas, podem conferir caráter informal a um espaço.

As paredes fornecem um pano de fundo para os acessórios, móveis e usuários de um ambiente. Se são lisas e têm cores neutras, elas servirão como fundos passivos para os elementos do primeiro plano. Quando têm forma irregular e recebem textura, padrão ou cor vigorosa, as paredes se tornam mais ativas e competem pela nossa atenção.

A COR DAS PAREDES   171

Paredes de cores claras refletem a luz de forma eficaz e servem como panos de fundo eficientes para os elementos que são colocados na frente delas. Cores leves e quentes em uma parede transmitem aconchego, enquanto cores claras e frias ampliam visualmente um recinto.

Paredes de cores escuras absorvem a luz, tornam um recinto mais difícil de iluminar e transmitem uma sensação de intimidade e proteção.

A textura de uma parede também afeta a quantidade de luz que ela refletirá ou absorverá. Paredes lisas refletem mais luz do que as texturizadas, que tendem a difundir a luz que atinge suas superfícies. De modo similar, paredes duras e lisas irão refletir melhor o som em um espaço do que paredes porosas ou com textura macia.

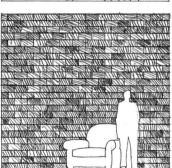

Assim como acontece com a cor, a justaposição de texturas acentua tanto as superfícies ásperas quanto as lisas.

Cor, textura e padrão podem ser empregados para diferenciar um plano de parede do outro e ressaltar a forma do espaço.

172 TETOS E FORROS

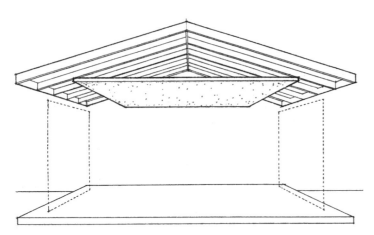

O terceiro elemento principal de arquitetura dos espaços internos é o teto. Embora fique longe do nosso alcance e não seja utilizado da mesma forma que os pisos e as paredes, o teto desempenha papel visual importante na configuração do espaço interno e na limitação de suas dimensões verticais. Ele é o elemento da arquitetura de interiores que confere proteção tanto física quanto psicológica àqueles sob seu abrigo.

Os tetos são formados pelas faces inferiores de estruturas de piso e cobertura. O material do teto pode ser diretamente fixo à trama estrutural ou estar suspenso nela. Em alguns casos, a estrutura suspensa pode ser deixada à vista, dispensando o uso de um forro.

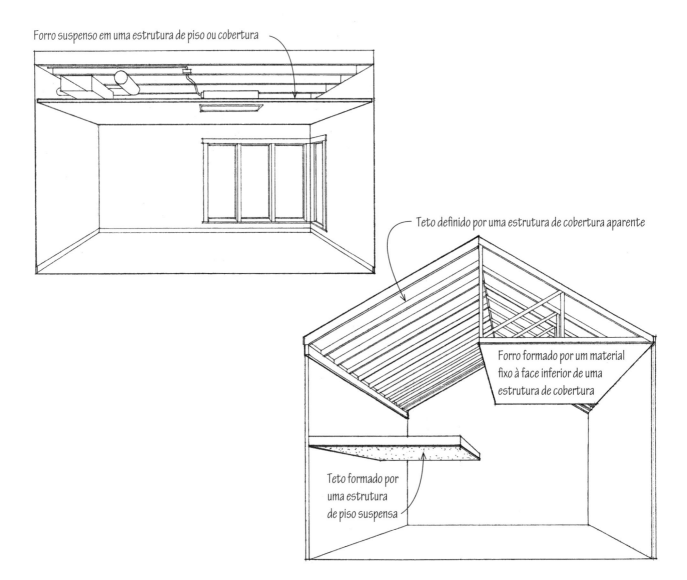

Forro suspenso em uma estrutura de piso ou cobertura

Teto definido por uma estrutura de cobertura aparente

Forro formado por um material fixo à face inferior de uma estrutura de cobertura

Teto formado por uma estrutura de piso suspensa

TETOS E FORROS 173

Em vez de ser uma superfície definida por um material liso e plano, um teto pode ser ou expressar o padrão estrutural do piso ou cobertura acima. Elementos ou materiais estruturais lineares podem criar padrões paralelos, radiais ou grelhas. Qualquer teto ou forro trabalhado tenderá a atrair nossa atenção e dará a impressão de que o pé-direito é menor, devido ao peso visual do teto ou forro. Como eles direcionam a visão, também podem enfatizar aquela dimensão do espaço à qual eles são paralelos.

Estruturas de piso ou cobertura deixadas à vista conferem textura, padrão, profundidade e direção a um teto. Essas características atraem nossa atenção e são mais interessantes quando contrastam com planos de paredes mais lisas.

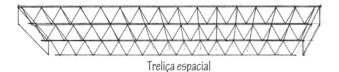
Treliça espacial

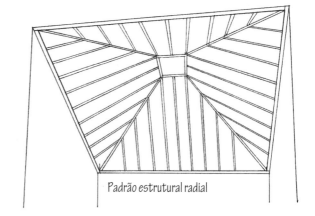
Padrão estrutural radial

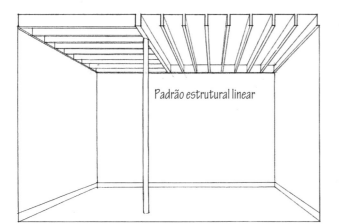
Padrão estrutural linear

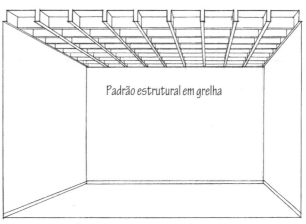
Padrão estrutural em grelha

174 TETOS REBAIXADOS

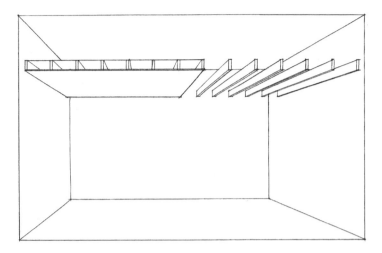

Em um ambiente com pé-direito alto, a totalidade ou uma parte do teto pode ser rebaixada para diminuir a escala do espaço ou para diferenciar uma área do espaço em torno dela. Como um teto rebaixado geralmente é sustentado pela estrutura do piso ou cobertura acima, sua forma pode tanto refletir quanto contrastar com a forma e a geometria do espaço.

O efeito de um teto rebaixado pode ser criado com uma estrutura aberta ou com elementos não estruturais, como tecidos ou uma série de elementos de iluminação suspensos.

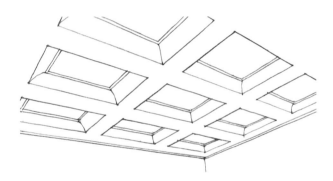

Um teto artesoado confere textura visual a um espaço.

Um espaço contrastante pode ser criado dentro de um espaço maior.

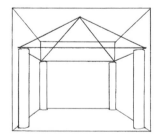

Treliça aberta

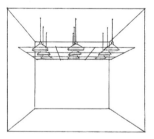

Luminárias suspensas

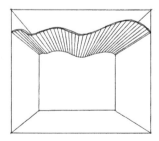

Ripas de madeira ou metal

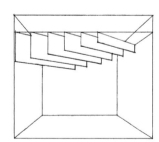

Bandeiras ou outros elementos suspensos

TETOS REBAIXADOS 175

Em espaços comerciais, um sistema de teto rebaixado muitas vezes é utilizado para criar um pleno para dutos mecânicos, elétricos ou hidrossanitários. Luminárias, saídas de ar--condicionado, *sprinklers*, alarmes de incêndio e sistemas de som podem estar integrados à grelha de placas ou painéis modulados. A membrana do teto pode ter classificação de resistência ao fogo e oferecer proteção contra incêndio para a estrutura de apoio que está sobre ela.

O sistema típico de tetos rebaixados consiste em placas moduladas com tratamento acústico sustentadas por uma grelha metálica suspensa na estrutura de piso ou cobertura acima. A grelha pode ser deixada aparente com o uso de placas que encaixam ou ficar oculta, com o uso de encaixes macho e fêmea ou entalhados.

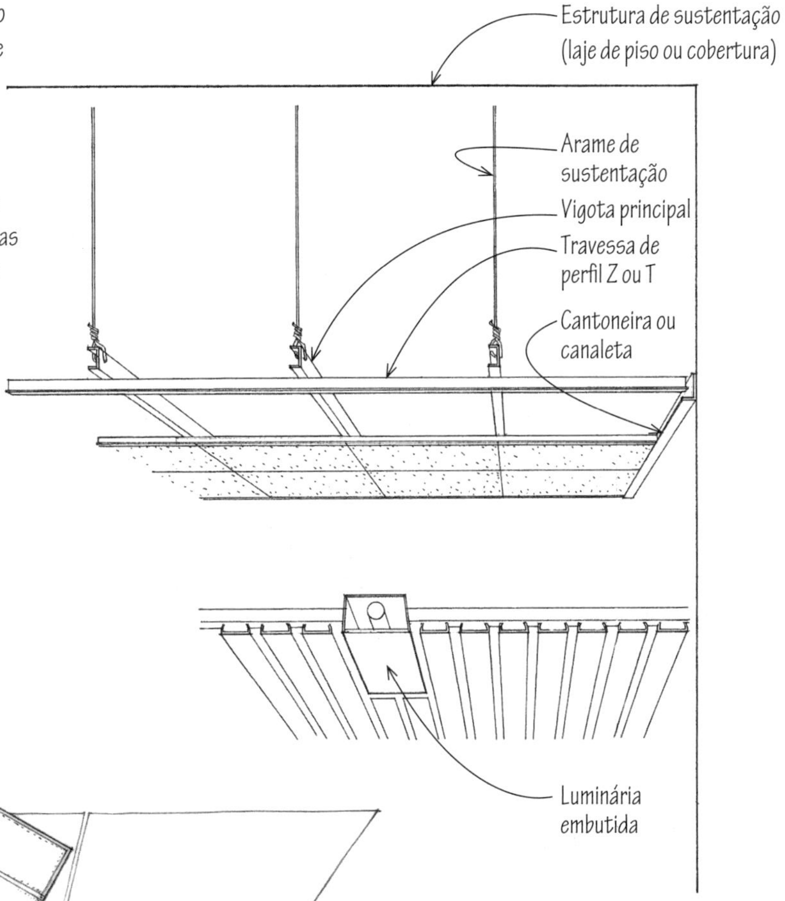

Estrutura de sustentação (laje de piso ou cobertura)

Arame de sustentação

Vigota principal

Travessa de perfil Z ou T

Cantoneira ou canaleta

Luminária embutida

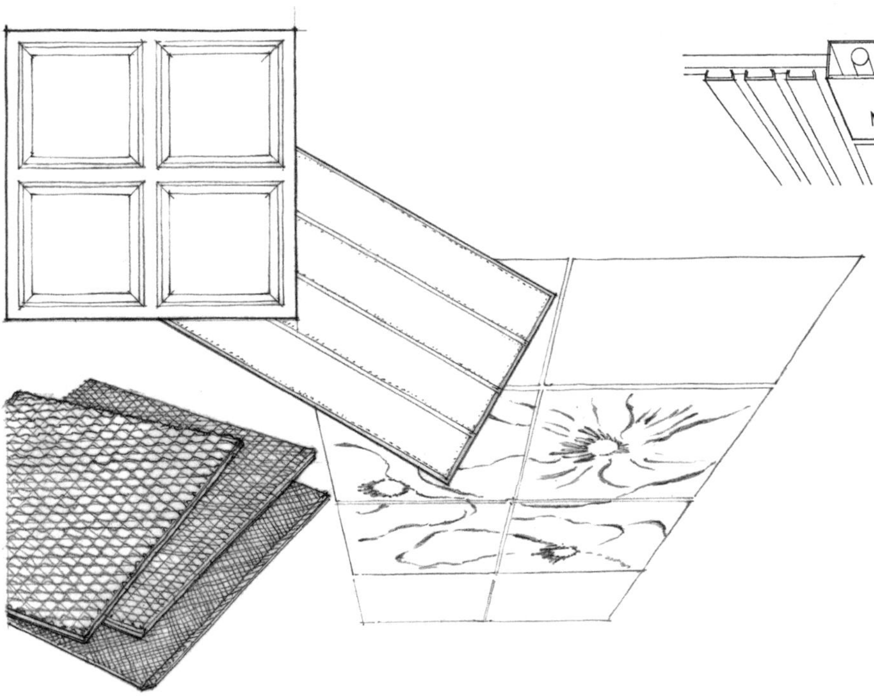

As placas acústicas são unidades moduladas de fibra mineral ou fibra de vidro. Algumas podem ter revestimento de cerâmica ou alumínio. As placas geralmente são removíveis, para acesso ao pleno.

176 TETOS REBAIXADOS

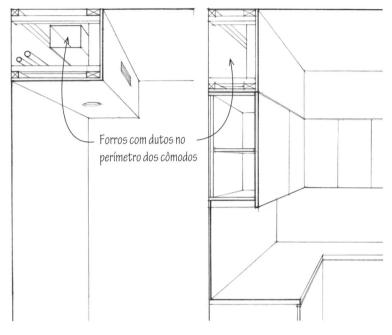

Forros com dutos no perímetro dos cômodos

O rebaixamento de parte do teto agrega variedade a um cômodo e configura espaços mais íntimos. Isso pode ser feito com acabamentos acústicos, de modo a absorver o som em locais ruidosos. O forro pode ocultar dutos e outros equipamentos mecânicos de um cômodo ou cobrir espaços sobre armários aéreos ou prateleiras.

Os forros do tipo nuvem ou marquise podem ser de tecido, placas acústicas, metal, plástico translúcido ou outros materiais. Eles permitem que o teto seja rebaixado em pequenas áreas, podendo inclusive ficar abaixo de outros materiais de acabamento para tetos. As marquises ou nuvens são suspensas por pendentes ou fios de arame, e geralmente permitem o aceso a equipamentos instalados no teto acima. As nuvens costumam ter sistemas mais estruturados e em geral são feitas com materiais acústicos, sendo às vezes revestidas por chapas de metal perfurado.

Os sistemas de forro com tecido esticado consistem em um trilho leve com vinil ou outro tecido leve esticado e fixado. Esses forros podem assumir praticamente qualquer formato.

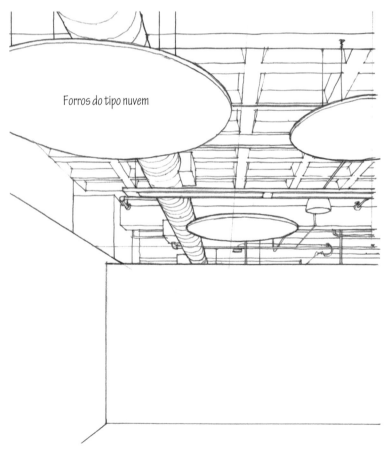

Forros do tipo nuvem

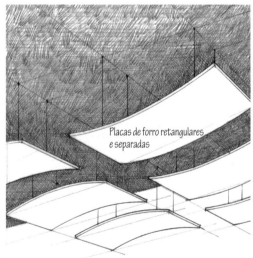

Placas de forro retangulares e separadas

O PÉ-DIREITO E A ESCALA

O pé-direito – a altura de um teto – tem grande impacto na escala do espaço. Ainda que o pé-direito deva ser considerado com relação a outras dimensões do recinto, seus usuários e usos, podem ser feitas algumas generalizações quanto às dimensões verticais do espaço.

Pés-direitos altos tendem a dar ao espaço uma sensação de amplidão ou arejamento. Eles também podem dar um ar de dignidade ou formalidade, especialmente quando tiverem desenho e formato regular. Em vez de apenas "flutuar" sobre um espaço, eles "voam".

Pés-direitos baixos, por outro lado, enfatizam a ideia de proteção e tendem a criar espaços íntimos e aconchegantes. Porém, em grandes áreas, podem parecer opressivos.

A mudança da altura do pé-direito em um espaço ou de um espaço a outro ajuda a definir limites espaciais e a diferenciar áreas adjacentes. Cada altura de teto enfatiza, por contraste, o quanto a outra área é baixa ou alta.

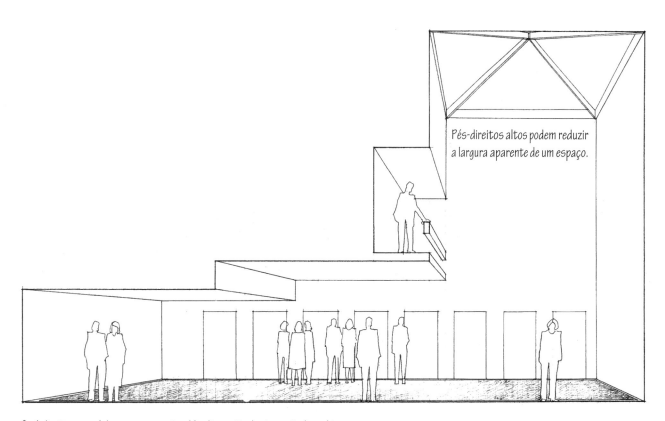

Pés-direitos altos podem reduzir a largura aparente de um espaço.

O pé-direito normal deve ser proporcional às dimensões horizontais do ambiente e a seu uso.

178 O PÉ-DIREITO E A ESCALA

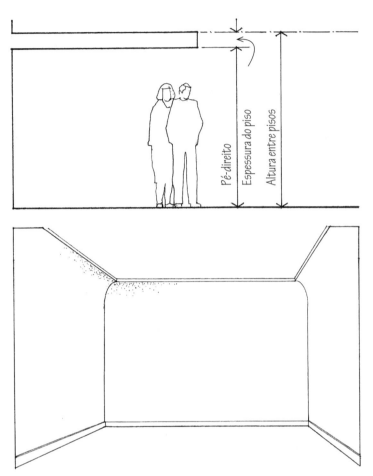

Quando um teto plano é formado por uma laje de piso acima, sua altura é definida pela distância entre dois pisos e a espessura do piso superior. Dada essa dimensão, a altura aparente do piso pode ser alterada de diversos modos.

Como os níveis de iluminação tendem a diminuir com o afastamento das aberturas, tetos lisos e de cores claras que refletem a luz transmitem uma sensação de amplidão. Levar o material ou acabamento das paredes ao plano do teto também pode dar a um teto a aparência de que ele é mais alto, especialmente quando é empregado um canto arredondado para fazer a transição entre parede e teto.

O pé-direito aparente pode ser diminuído pelo uso de uma cor escura e/ou brilhante no teto que contraste com a cor das paredes ou descendo o material ou acabamento do teto até as paredes.

O ar quente sobe, enquanto o ar frio desce. Assim, pés-direitos altos permitem que o ar aquecido suba e o ar esfriado desça ao nível do piso. Esse padrão de movimento do ar torna um espaço com pé-direito alto mais confortável em dias quentes, porém mais difícil de aquecer em dias frios. Já um espaço com pé-direito baixo retém o ar quente e é mais facilmente aquecido em dias frios, mas seu calor pode ser desconfortável em dias quentes.

Os cantos arredondados suavizam a transição entre a parede e o teto.

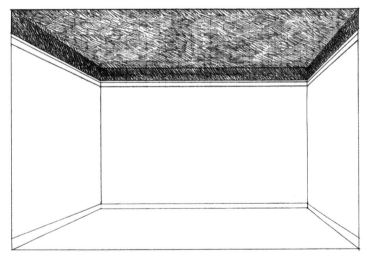

Um teto de cor escura cujo acabamento desce até as paredes diminui o pé-direito aparente.

FORMAS DE TETO 179

Tetos sustentados por uma estrutura de piso acima geralmente são planos. Quando definido por uma estrutura de cobertura, no entanto, um teto pode assumir outras formas que refletem a forma da cobertura, acrescentam interesse visual e dão direção ao espaço.

A forma de uma cobertura de uma água ou em *shed* direciona os olhos em direção à cumeeira ou para a linha do beiral, dependendo da localização das fontes de luz dentro do ambiente.

Coberturas com duas águas expandem o espaço para cima, em direção à cumeeira. Conforme a direção de quaisquer elementos estruturais expostos, a forma em duas águas pode direcionar nossa atenção para a altura da cumeeira ou para o seu comprimento.

Um teto piramidal direciona a visão para seu cume, um foco que pode ser ainda mais acentuado com uma claraboia de iluminação.

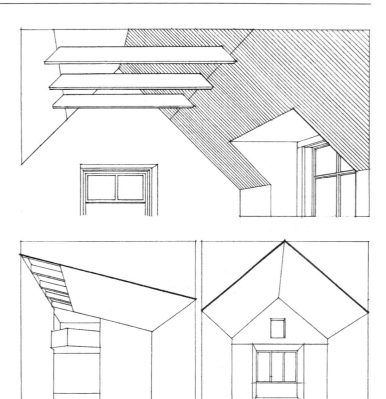

Teto de cobertura com uma água   Teto de cobertura com duas águas

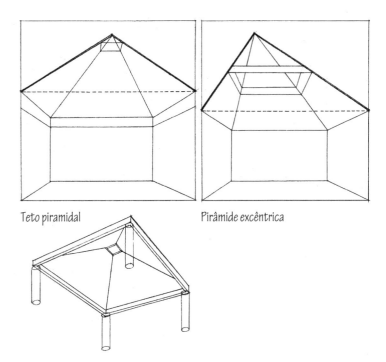

Teto piramidal   Pirâmide excêntrica

FORMAS DE TETO

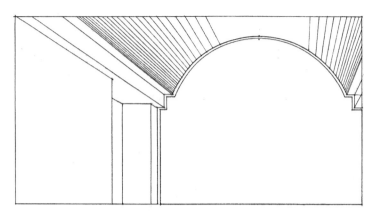

Um teto com canto arredondado usa uma superfície curva para suavizar seu encontro com os planos de parede que ele toca. A fusão resultante de superfícies verticais e horizontais dá ao espaço coberto uma plasticidade e uma moldabilidade.

Aumentar um pouco a altura do canto arredondado leva a formas de teto em abóbada e domo. Uma abóbada direciona nossos olhos para cima e ao longo de seu comprimento. Um domo é uma forma centralizada que expande o espaço para cima e leva nossa atenção ao espaço sob seu centro.

Tetos com formas orgânicas contrastam com o aspecto plano de paredes e pisos e, portanto, atraem nossa atenção. Quando são de natureza curvilínea ou angular, eles são decorativos e muitas vezes dominam os outros elementos do espaço interno.

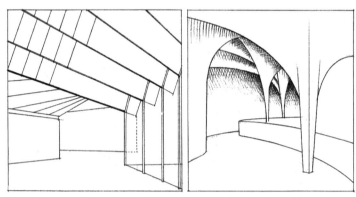

Teto com formas angulares   Teto com formas orgânicas

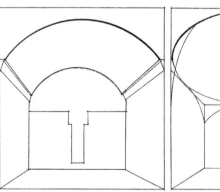
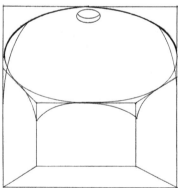

Teto em abóbada   Teto em domo

TETOS E ILUMINAÇÃO 181

Como elemento funcional, um teto afeta a iluminação do espaço, seu desempenho acústico e a quantidade de energia necessária para aquecer ou resfriar um espaço.

A altura e as características superficiais de um teto afetam o nível de iluminação de um espaço. Luminárias instaladas em um teto alto precisam lançar a luz a uma distância maior para alcançar o mesmo nível de iluminação obtido por um número menor de luminárias suspensas.

Como ele geralmente não apresenta elementos que possam bloquear a iluminação que vem das fontes de luz, o teto plano pode ser um eficiente refletor de luz quando liso e de cor clara. Quando diretamente iluminada por baixo ou pelos lados, a própria superfície do teto pode se tornar uma grande superfície de iluminação suave.

A intensidade da luz diminui conforme o quadrado da distância de sua fonte.

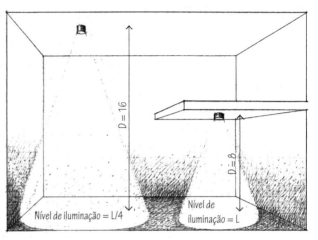

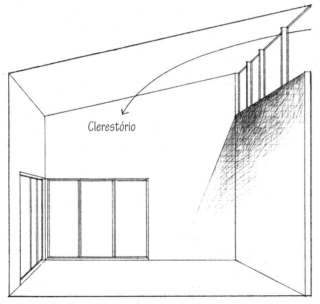

Tetos de cores claras podem se tornar fontes de iluminação quando iluminados por grandes fontes de luz.

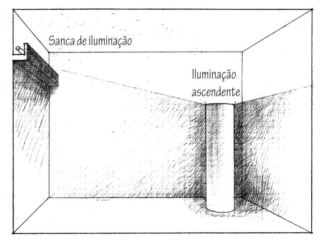

182   TETOS E ACÚSTICA

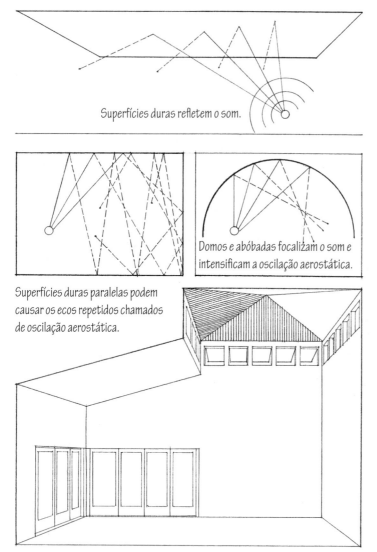

Superfícies duras refletem o som.

Superfícies duras paralelas podem causar os ecos repetidos chamados de oscilação aerostática.

Domos e abóbadas focalizam o som e intensificam a oscilação aerostática.

Como o teto representa a maior superfície não ocupada em um recinto, sua forma e textura podem ter um impacto significativo na acústica do ambiente. As superfícies lisas e duras da maioria dos materiais utilizados em tetos refletem sons aerotransportados dentro de um espaço. Na maioria das situações, isso é aceitável, já que os outros elementos e superfícies do espaço podem usar materiais que absorverão os sons. Em escritórios, lojas e restaurantes, onde superfícies absorventes de som podem ser necessárias para reduzir a reflexão de ruídos de várias fontes, podem ser utilizados tetos acústicos.

A *oscilação aerostática* indesejável dentro de um espaço ocorre quando ecos repetidos cruzam para frente e para trás entre dois planos paralelos não absorventes de som, como um teto duro e plano e um piso de superfície dura. Uma solução para a oscilação aerostática é aumentar as superfícies absorventes. Outra é inclinar o plano do teto ou usar um teto com superfícies multifacetadas.

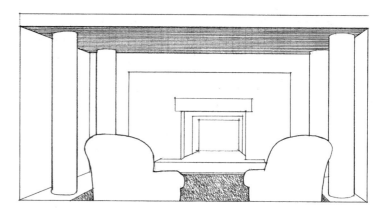

JANELAS 183

Aberturas de janela e porta interrompem os planos de parede que conferem a uma edificação sua forma e aos espaços internos suas definições. Elas são os elementos de transição no projeto de arquitetura e de arquitetura de interiores que vinculam, tanto visual quanto fisicamente, um espaço a outro e o interior ao exterior.

O tamanho, o formato e a localização das janelas afetam a integridade visual de uma superfície de parede e a sensação de fechamento que ela proporciona. Uma janela pode ser vista, de dia, como uma área brilhante em uma parede ou, à noite, um plano escuro, uma abertura enquadrada por uma parede ou um vazio separando dois planos de parede. Ela também pode ser ampliada até o ponto onde se torna o plano físico da parede — uma parede de vidro que visualmente une um espaço interno ao exterior ou a um espaço interno adjacente.

Estudos têm demonstrado que as pessoas que veem fotografias de paisagens naturais mostram desempenhos cognitivos mais altos do que aqueles que veem as fotos de ambientes urbanos. As pessoas também reagem positivamente aos formatos e arranjos que ocorrem na natureza. Contudo, os especialistas advertem que os produtos que imitam a natureza, mas, ao mesmo tempo, a destroem quando são produzidos, podem ir contra as vistas holísticas da saúde humana.

Fenestração é um termo que descreve o projeto e a localização das janelas em uma edificação. *Vidraça* se refere às chapas de vidro ou outros materiais transparentes feitos para serem emoldurados, como janelas, portas ou espelhos.

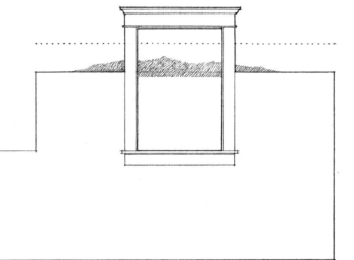

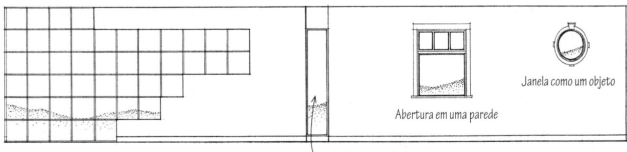

Janela enquadrando uma vista à distância

Janela separando dois planos de paredes

Abertura em uma parede

Janela como um objeto

184 JANELAS

A escala de uma janela está relacionada não somente com o plano de parede no qual ela se insere, mas também com as nossas próprias dimensões. Estamos acostumados com vergas de janelas levemente mais altas do que nós próprios e com alturas de peitoril que correspondem à altura de nossas cinturas. Quando se usa uma grande janela para expandir visualmente um espaço, aumentar a vista ou complementar sua escala, a janela pode ser subdividida em unidades menores, para manter a escala humana.

Cortinas e persianas motorizadas estão se tornando mais baratas e acessíveis. É muito importante que se atente às diretrizes de segurança para crianças a fim de evitar o risco de estrangulamento com cordas, especialmente quando se substituem os produtos mais antigos utilizados em escolas, creches e alojamentos militares.

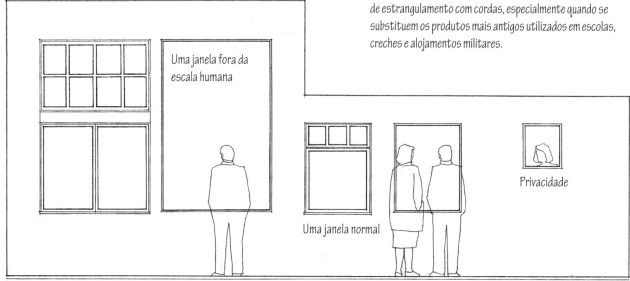

Variando a escala das aberturas de janela

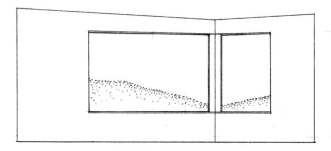

O desenho e a localização das janelas em uma edificação é chamado de fenestração.

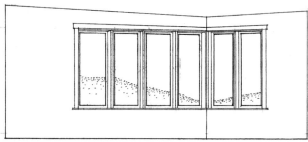

O padrão de fenestração e os detalhes das esquadrias das janelas afetam a sensação de fechamento proporcionada pelas paredes de um recinto.

VISTAS ENQUADRADAS / **185**

As vistas das janelas se tornam uma parte integral do tecido do espaço interno. Elas não somente fornecem um foco externo a partir de um ambiente interno, mas também nos transmitem informações visuais sobre onde estamos. Elas formam uma conexão entre o interior e o exterior.

Ao determinar o tamanho, o formato e a localização das janelas de um recinto, devemos considerar o que pode ser visualizado através das aberturas de janela (tanto do exterior quanto do interior), como tais vistas são enquadradas e como as cenas mudam à medida que nos movimentamos no recinto.

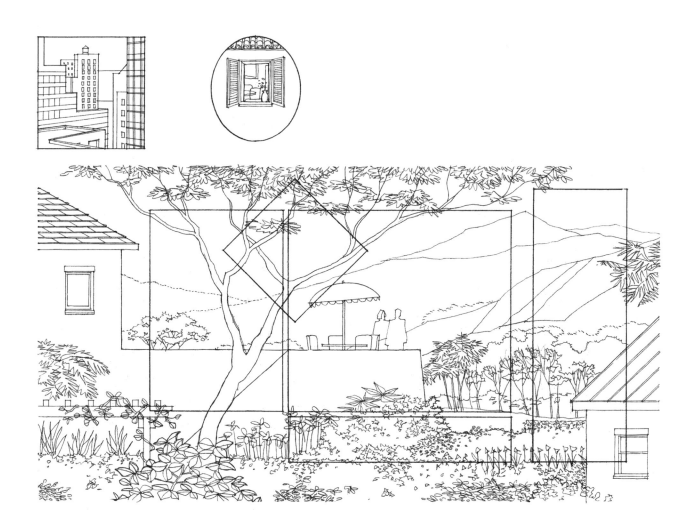

186 FILTRANDO VISTAS

As janelas fazem mais do que simplesmente enquadrar vistas — elas também ajudam na iluminação natural e na ventilação. A iluminação natural e o acesso às vistas externas são considerados importantes componentes do projeto de sustentabilidade.

No entanto, uma janela também pode expor uma vista indesejável. Nesse caso, o tratamento dado à janela pode fragmentar, filtrar ou afastar nossa vista. O projeto de paisagismo dos exteriores também pode ajudar a proteger um espaço interno de uma vista indesejável ou mesmo criar uma vista agradável que antes não existia. Vidraças e cortinas de tecido translúcidas podem obscurecer uma vista indesejável e ainda assim permitir alguma incidência de luz solar.

Fragmente a vista com um conjunto de pequenas janelas.

Filtre a vista ao colocar uma coleção de objetos dentro da abertura de uma janela.

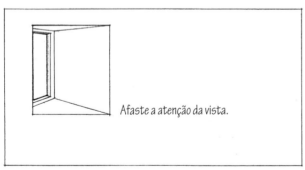

Afaste a atenção da vista.

Onde não há uma vista, crie uma paisagem com um jardim ou pátio.

Formas de lidar com vistas desagradáveis

VIDRAÇAS INTERNAS

As vidraças internas permitem que a luz vinda do exterior entre na edificação e também que a luz natural ou artificial passe de um espaço ao outro. As paredes e divisórias de vidro possibilitam que vejamos se um espaço adjacente está ocupado ou não; as vidraças translúcidas também podem ser empregadas para que se perceba o movimento e ao mesmo tempo se preserve certa privacidade.

Vidros de segurança são obrigatórios em locais que podem estar sujeitos a impactos humanos, como em instalações em portas, boxes de duchas e banheiras e luzes laterais em divisórias e paredes internas. Em geral, são considerados vidros de segurança o *vidro temperado* e o *vidro laminado*. Os códigos de edificações estabelecem as exigências quanto ao uso do vidro em sistemas com classificação de resistência ao fogo, inclusive alguns corredores.

O *vidro aramado* possui uma tela de arame ou fios paralelos instalados no centro da chapa. Caso ele quebre, o arame ajuda a manter os fragmentos de vidro na abertura, reduzindo os ferimentos pessoais. O seu uso tem sido limitado em certos locais devido à preocupação com os ferimentos que podem ocorrer quando são quebrados pelo golpe de uma mão.

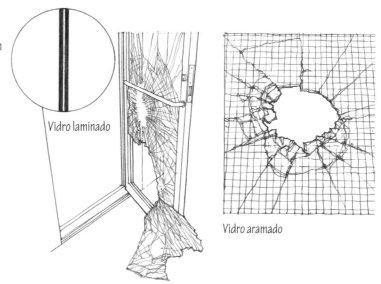

Vidro laminado

Vidro aramado

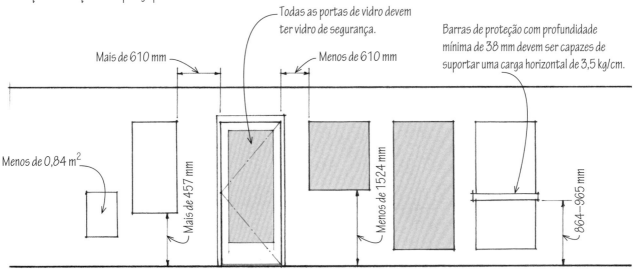

Vidraças internas

Vidro de segurança obrigatório

A OPERAÇÃO DE JANELAS

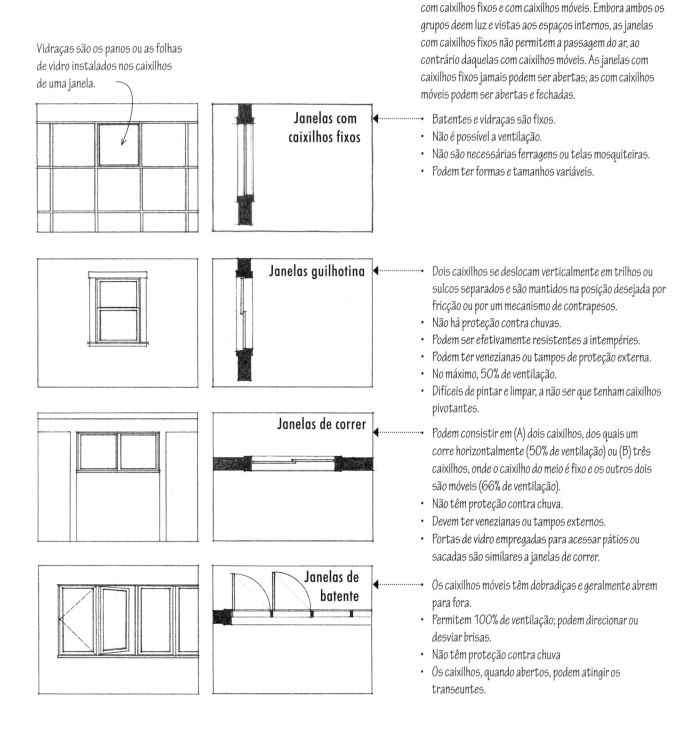

As janelas podem ser classificadas em dois grandes grupos: com caixilhos fixos e com caixilhos móveis. Embora ambos os grupos deem luz e vistas aos espaços internos, as janelas com caixilhos fixos não permitem a passagem do ar, ao contrário daquelas com caixilhos móveis. As janelas com caixilhos fixos jamais podem ser abertas; as com caixilhos móveis podem ser abertas e fechadas.

Vidraças são os panos ou as folhas de vidro instalados nos caixilhos de uma janela.

Janelas com caixilhos fixos
- Batentes e vidraças são fixos.
- Não é possível a ventilação.
- Não são necessárias ferragens ou telas mosquiteiras.
- Podem ter formas e tamanhos variáveis.

Janelas guilhotina
- Dois caixilhos se deslocam verticalmente em trilhos ou sulcos separados e são mantidos na posição desejada por fricção ou por um mecanismo de contrapesos.
- Não há proteção contra chuvas.
- Podem ser efetivamente resistentes a intempéries.
- Podem ter venezianas ou tampos de proteção externa.
- No máximo, 50% de ventilação.
- Difíceis de pintar e limpar, a não ser que tenham caixilhos pivotantes.

Janelas de correr
- Podem consistir em (A) dois caixilhos, dos quais um corre horizontalmente (50% de ventilação) ou (B) três caixilhos, onde o caixilho do meio é fixo e os outros dois são móveis (66% de ventilação).
- Não têm proteção contra chuva.
- Devem ter venezianas ou tampos externos.
- Portas de vidro empregadas para acessar pátios ou sacadas são similares a janelas de correr.

Janelas de batente
- Os caixilhos móveis têm dobradiças e geralmente abrem para fora.
- Permitem 100% de ventilação; podem direcionar ou desviar brisas.
- Não têm proteção contra chuva
- Os caixilhos, quando abertos, podem atingir os transeuntes.

A OPERAÇÃO DE JANELAS

Os códigos de edificações regulamentam os tamanhos mínimos das aberturas de janela que fornecem iluminação natural e ventilação para os espaços habitáveis, bem como o tamanho de janelas móveis que servem como saídas de emergência em espaços residenciais de dormir.

- Semelhantes às janelas de batente, mas as dobradiças são no topo (janela de toldo) ou na base (janela de hospital).
- A ventilação jamais forma correntes.
- Janelas de toldo dão proteção contra chuva.
- Podem ser difíceis de proteger contra intempéries.
- Requerem espaço para a abertura dos caixilhos.

Janelas de toldo ou janelas de hospital

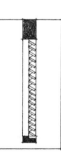
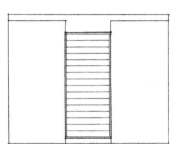

- Semelhante às janelas de toldo, mas contém uma série de palhetas estreitas opacas ou translúcidas.
- Podem direcionar o fluxo de entrada de ar.
- Difíceis de limpar e proteger contra intempéries.
- Permitem ventilação e privacidade.

Janela com veneziana portuguesa

- Usam uma combinação de janelas com caixilhos fixos ou móveis e claraboias
- Projetam uma parte do espaço interno para fora da edificação.

Janelas de sacada

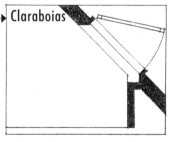
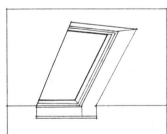

- Podem consistir em unidades fixas ou móveis.
- É necessário o uso de vidro de segurança.
- Fornecem luz natural.
- Claraboias com aberturas para ventilação permitem que o ar quente escape em dias quentes.

Claraboias

190 A CONSTRUÇÃO DE JANELAS

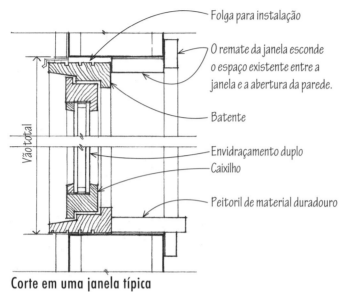

Folga para instalação

O remate da janela esconde o espaço existente entre a janela e a abertura da parede.

Batente

Envidraçamento duplo

Caixilho

Peitoril de material duradouro

Vão total

Corte em uma janela típica

Janelas industrializadas têm tamanhos padronizados, mas estes variam conforme cada fabricante. Tamanhos sob encomenda geralmente estão disponíveis, mas com custos adicionais.

Os vãos na construção de paredes em geral deixam cerca de 1,5 cm ou 2,0 cm de cada lado, na verga e no peitoril para o nivelamento e a fixação das janelas. O uso de chapas protetoras e calafetagem no lado externo dos batentes ajuda a manter as juntas estanques e a minimizar a infiltração de ar.

Guarnições e remates são empregados para esconder e acabar os vãos entre uma janela e a abertura existente na parede. O tipo de remate utilizado no interior afeta significativamente a arquitetura de um espaço.

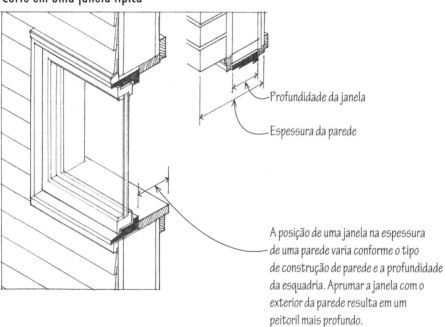

Profundidade da janela

Espessura da parede

A posição de uma janela na espessura de uma parede varia conforme o tipo de construção de parede e a profundidade da esquadria. Aprumar a janela com o exterior da parede resulta em um peitoril mais profundo.

A CONSTRUÇÃO DE JANELAS

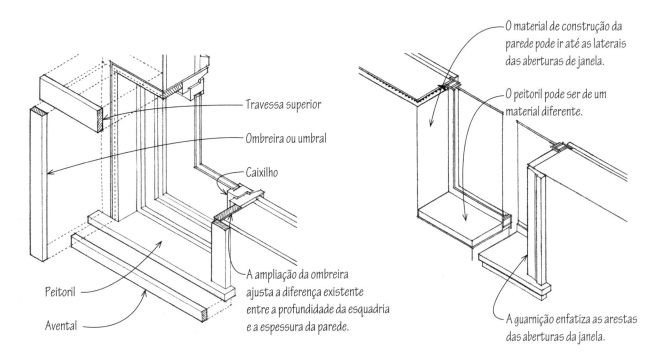

- Travessa superior
- Ombreira ou umbral
- Caixilho
- Peitoril
- Avental
- A ampliação da ombreira ajusta a diferença existente entre a profundidade da esquadria e a espessura da parede.
- O material de construção da parede pode ir até as laterais das aberturas de janela.
- O peitoril pode ser de um material diferente.
- A guarnição enfatiza as arestas das aberturas da janela.

Remates internos de janelas

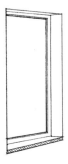

Remate mínimo:
O material da janela vai até as laterais da abertura da janela.

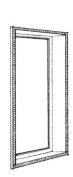

Remate pequeno:
Somente a espessura da borda do remate fica exposta.

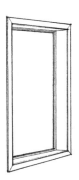

Remate médio:
Uma faixa fina de remate passa por toda a abertura da janela.

Remate pesado:
Verga, ombreiras e parapeito são diferenciados.

ESQUADRIAS DE JANELA

A maioria das janelas empregadas atualmente são unidades pré-fabricadas com esquadrias de madeira ou metal. Esquadrias de madeira em geral são feitas em madeira de cor clara, de grã reta e seca em estufa. Geralmente são tratadas na fábrica, com conservantes impermeabilizantes. O exterior das esquadrias pode ser fabricado sem acabamento, apenas pintado com *stain* ou base ou revestido com vinil ou alumínio coberto por vinil, para menor manutenção. O interior das esquadrias em geral não recebe acabamento de fábrica.

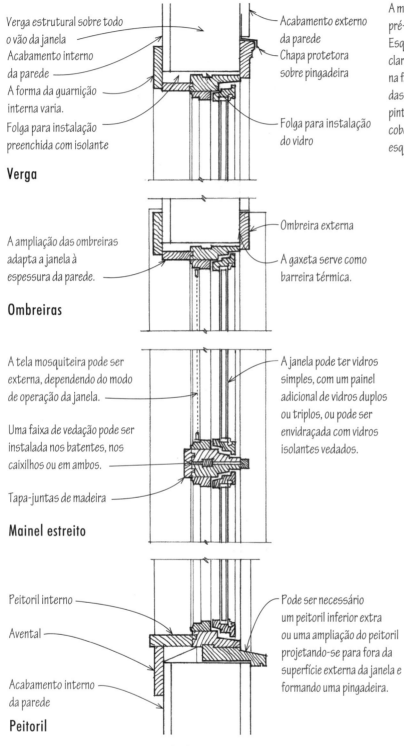

Verga estrutural sobre todo o vão da janela
Acabamento interno da parede
A forma da guarnição interna varia.
Folga para instalação preenchida com isolante

Acabamento externo da parede
Chapa protetora sobre pingadeira
Folga para instalação do vidro

Verga

A ampliação das ombreiras adapta a janela à espessura da parede.

Ombreira externa
A gaxeta serve como barreira térmica.

Ombreiras

A tela mosquiteira pode ser externa, dependendo do modo de operação da janela.

Uma faixa de vedação pode ser instalada nos batentes, nos caixilhos ou em ambos.

Tapa-juntas de madeira

A janela pode ter vidros simples, com um painel adicional de vidros duplos ou triplos, ou pode ser envidraçada com vidros isolantes vedados.

Mainel estreito

Peitoril interno
Avental
Acabamento interno da parede

Pode ser necessário um peitoril inferior extra ou uma ampliação do peitoril projetando-se para fora da superfície externa da janela e formando uma pingadeira.

Peitoril

Janela de madeira típica

ESQUADRIAS DE JANELA

Esquadrias de metal são mais resistentes e, portanto, geralmente têm menor perfil do que esquadrias de madeira. Os tipos mais comuns são de alumínio e aço, embora também existam janelas de aço inoxidável e bronze. As de alumínio têm um acabamento de fresagem natural ou são anodizadas, para proteção adicional e cor. Como o alumínio não é um condutor eficiente de calor, a umidade pode se condensar na face interna das esquadrias em dias frios, a menos que se inclua uma barreira térmica. As janelas de aço devem ser galvanizadas ou receber fundo fosfatizante ou tinta, para ter resistência contra corrosão.

Como o alumínio é suscetível à *corrosão galvânica*, os materiais de ancoragem e de proteção devem ser de alumínio ou de material compatível com alumínio, como aço inoxidável ou aço galvanizado. Materiais diferentes, como cobre, devem ser isolados do contato direto com o alumínio por meio de um material impermeável e não condutor, como neoprene ou feltro revestido.

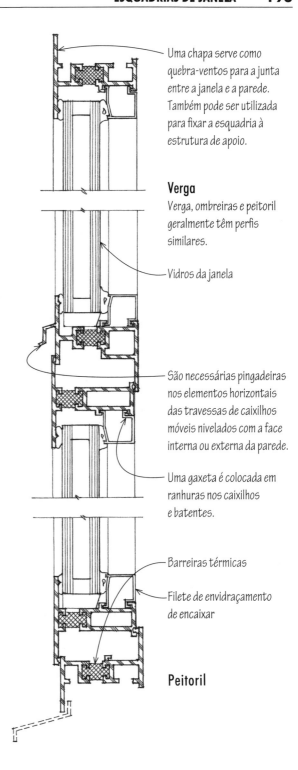

Uma chapa serve como quebra-ventos para a junta entre a janela e a parede. Também pode ser utilizada para fixar a esquadria à estrutura de apoio.

Verga

Verga, ombreiras e peitoril geralmente têm perfis similares.

Vidros da janela

São necessárias pingadeiras nos elementos horizontais das travessas de caixilhos móveis nivelados com a face interna ou externa da parede.

Uma gaxeta é colocada em ranhuras nos caixilhos e batentes.

Barreiras térmicas

Filete de envidraçamento de encaixar

Peitoril

Janela de metal típica

194 ILUMINAÇÃO NATURAL

O tamanho e a orientação das janelas e claraboias determinam a quantidade e as características da luz natural que ingressa em um espaço interno e o ilumina. O tamanho da janela obviamente está relacionado com a quantidade de luz. A quantidade de luz – sua intensidade e cor – é determinada pela orientação e localização em um recinto.

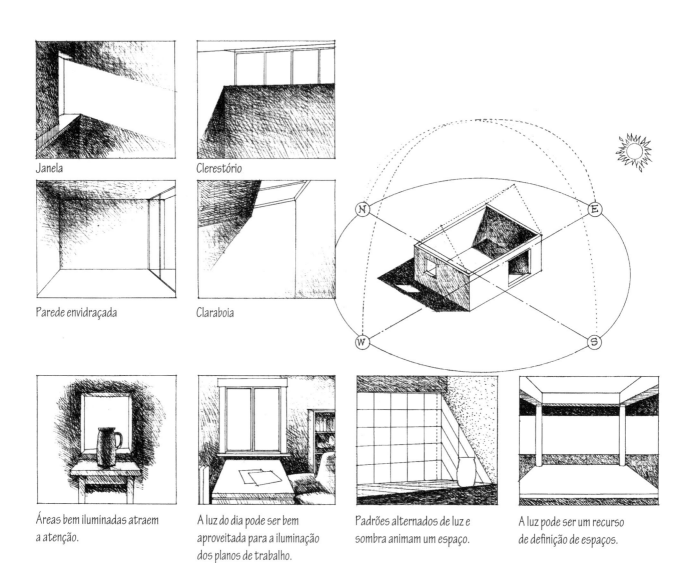

Janela

Clerestório

Parede envidraçada

Claraboia

Áreas bem iluminadas atraem a atenção.

A luz do dia pode ser bem aproveitada para a iluminação dos planos de trabalho.

Padrões alternados de luz e sombra animam um espaço.

A luz pode ser um recurso de definição de espaços.

VENTILAÇÃO NATURAL   195

A ventilação natural depende do movimento natural do ar, não de meios mecânicos, e é um componente importante do projeto de arquitetura sustentável. A velocidade, a temperatura e a direção do vento são considerações importantes no terreno para a localização das janelas em todas as regiões climáticas. Durante os períodos quentes, a ventilação induzida pelos ventos é desejável para o resfriamento por evaporação ou condução. Em dias frios, o vento deve ser barrado ou controlado nas janelas mediante o uso de telas, para minimizar a infiltração de ar frio em uma edificação. Em todos os momentos, certo grau de ventilação é desejável para uma boa saúde e para a remoção de ar viciado e de odores dos espaços internos (ventilação higiênica).

A ventilação natural nos espaços internos é gerada pelas diferenças de pressão do ar, assim como pela temperatura. Os padrões de fluxo de ar induzidos por essas forças são mais afetados pela geometria da edificação do que pela velocidade do vento.

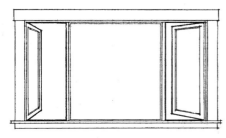

A ventilação natural exige o uso de janelas com caixilhos móveis.

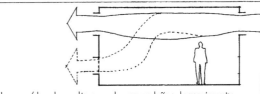

Entradas e saídas de ar altas produzem padrões de movimento do ar acima do nosso corpo. A redução da altura das saídas de ar não melhora essa condição.

O ar flui das zonas de alta pressão para as zonas de baixa pressão. O fluxo de ar é acelerado quando as entradas de ar são menores do que as saídas.

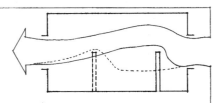

Divisórias internas e móveis altos podem afetar negativamente o padrão do fluxo de ar.

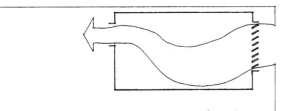

Brises ou venezianas podem ajudar a direcionar fluxos de ar.

196　O GANHO TÉRMICO SOLAR

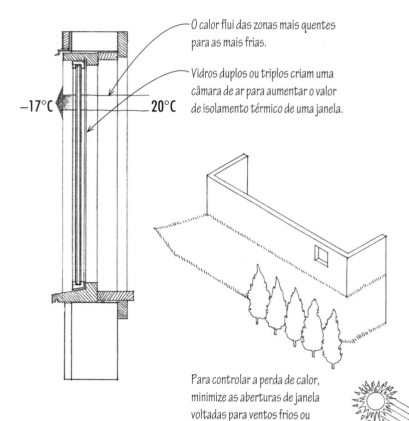

- O calor flui das zonas mais quentes para as mais frias.
- Vidros duplos ou triplos criam uma câmara de ar para aumentar o valor de isolamento térmico de uma janela.

−17°C　20°C

Para controlar a perda de calor, minimize as aberturas de janela voltadas para ventos frios ou proteja-as com elementos de paisagismo.

Mesmo fechadas, as janelas são fontes de ganhos e perdas térmicas. O ganho de calor auxilia a economizar energia de aquecimento em climas frios, mas aumenta o gasto de energia de resfriamento em climas quentes. O ganho de calor se deve à radiação solar que ingressa através das vidraças de uma janela. A perda térmica através da janela causa o gasto de energia em climas frios pelo diferencial de temperatura entre um espaço interno aquecido e o ar externo, mais frio.

O vidro é um mau isolante térmico. Para aumentar sua resistência ao fluxo de calor, uma janela pode ter vidros duplos ou triplos, de modo que a câmara de ar formada entre os panos de vidro possa ser utilizada como isolante. A câmara de ar pode ser preenchida com um gás isolante, geralmente argônio ou criptônio, para reduzir a transmissão do calor. Para melhor eficiência térmica, também podem ser empregados vidros corados, reflexivos ou de baixa emissividade (baixo valor-e).

A orientação de uma janela é uma estratégia com melhor relação custo/benefício no controle da radiação solar do que a própria constituição da janela.

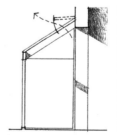
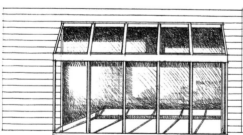

Um jardim de inverno é uma área envidraçada e orientada de modo a admitir grandes quantidades de luz solar. Os elementos com grande massa armazenam a energia térmica, para liberação posterior. Algumas janelas com caixilhos móveis são necessárias para que o espaço possa ser ventilado nos dias de calor excessivo.

JANELAS E PLANEJAMENTO DE ESPAÇOS

Além de seu impacto estético no ambiente interno, as janelas também influenciam a disposição física dos móveis dentro de um recinto. Seu brilho durante os horários com luz do dia e as vistas que elas proporcionam atraem nossa atenção e frequentemente nos seduzem de modo a orientar o mobiliário em direção a elas.

Ao localizar as janelas, o projetista deve considerar se o tamanho e a proporção dos segmentos de parede podem acomodar os móveis desejados. Se o espaço de paredes for insuficiente, incluir clerestórios e claraboias pode ser uma alternativa.

A altura do peitoril de uma janela também afeta o que pode ser colocado sob ela. Um peitoril baixo pode obrigar a área de piso em frente à janela a ficar desocupada, reduzindo assim a quantidade de área de piso útil em um recinto. Isso é especialmente pertinente quando as paredes das janelas chegam até o piso, para promover a continuidade visual entre o espaço interno e o externo.

Outras considerações na localização dos acessórios próximos às janelas envolvem o efeito adverso que a luz do sol direta pode ter nos usuários de um ambiente (calor e ofuscamento) e nos acabamentos de carpetes e móveis (desbotamento e deterioração).

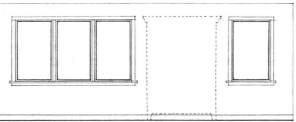

Posicione as janelas de modo a preservar áreas de parede úteis.

Clerestórios e claraboias fornecem luz do sol e ao mesmo tempo mantêm as paredes desobstruídas.

As janelas expõem a parte posterior dos móveis que são colocados contra elas.

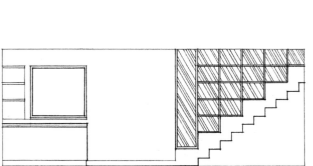

As janelas devem ser coordenadas com os elementos fixos, como balcões e escadas.

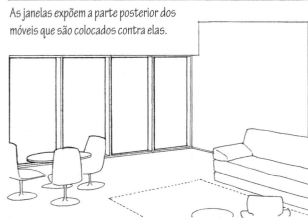

Paredes envidraçadas até o chão impedem a colocação de móveis junto a elas.

PORTAS

As portas e suas aberturas permitem o nosso acesso físico, de nossos móveis e bens para dentro e para fora de uma edificação e de um recinto a outro. Por meio de seu desenho, construção e localização, as portas, assim como as janelas, podem controlar o uso de um recinto, as vistas de um espaço ao outro e a passagem de luz, som, calor e ar.

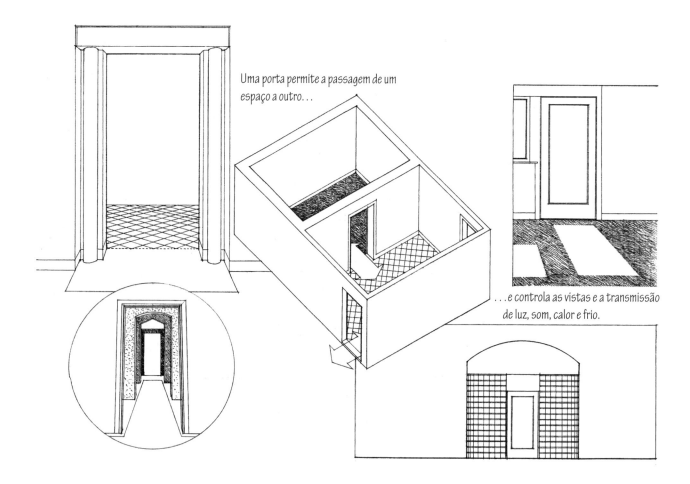

Uma porta permite a passagem de um espaço a outro...

...e controla as vistas e a transmissão de luz, som, calor e frio.

PORTAS 199

As portas podem ser de madeira ou metal. Suas esquadrias podem ser pré-pintadas, receber um fundo para pintura de fábrica ou ser revestidas com diversos materiais. Elas podem ser envidraçadas, para transparência, ou ter venezianas, para ventilação. É possível construir portas maciças com classificação de resistência ao fogo de uma hora.

As portas de vidro geralmente são fabricadas com vidro temperado de ½ polegada ou ¾ polegada (13 ou 19 mm), com acessórios para sustentar suas articulações e outras ferragens. Ombreiras não são necessárias, e a porta pode ser instalada diretamente na parede ou divisória.

Portas especiais incluem aquelas fabricadas com classificação de resistência ao fogo, classificação acústica ou valor de isolamento térmico, entre outros.

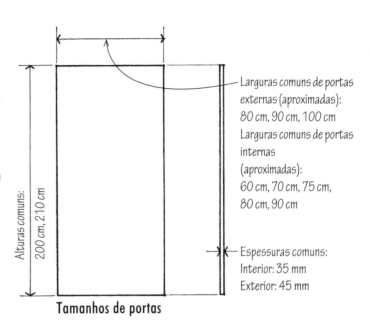

Larguras comuns de portas externas (aproximadas): 80 cm, 90 cm, 100 cm
Larguras comuns de portas internas (aproximadas): 60 cm, 70 cm, 75 cm, 80 cm, 90 cm

Espessuras comuns:
Interior: 35 mm
Exterior: 45 mm

Alturas comuns: 200 cm, 210 cm

Tamanhos de portas

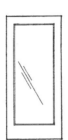

Lisas | Com almofadas | Parcialmente de vidro | Totalmente de vidro | Com venezianas | Com visores e venezianas

Desenhos de portas

200　A OPERAÇÃO DE PORTAS

Além do modo como são desenhadas e fabricadas, as portas podem ser classificadas de acordo com seu funcionamento.

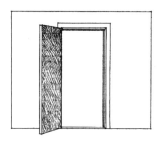

Portas de abrir

- Articuladas em ombreiras.
- Portas pesadas ou largas podem ser fixas na verga e no chão. Já existem no mercado sistemas pivotantes patenteados que são embutidos na própria porta.
- Mais convenientes para entradas e passagens
- É o tipo mais adequado para o isolamento acústico e para a proteção contra intempéries.
- Para uso externo ou interno.
- Exigem espaço para abertura.

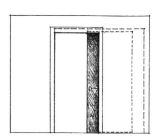

Portas corrediças embutidas

- A porta é fixa em trilhos e corre para dentro de uma cavidade da parede.
- Empregadas onde a abertura normal de uma porta interferiria com o uso do espaço.
- Têm boa aparência, quando abertas.
- Somente para uso interno.

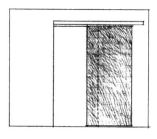

Portas corrediças

- Semelhantes às portas corrediças embutidas, exceto pelo fato de que a porta é suspensa por trilhos externos à verga da porta.
- Também chamadas de "portas de correr".
- Principalmente para uso interno.
- Difíceis de proteger contra intempéries.

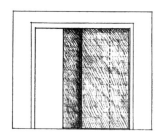

Portas corrediças sobrepostas

- As folhas deslizam ao longo de trilhos suspensos e ao longo de guias ou trilhos no piso.
- Permitem no máximo 50% de abertura.
- Utilizadas principalmente como proteção visual.
- Utilizadas no exterior com portas corrediças de vidro.

A OPERAÇÃO DE PORTAS

- Consistem em folhas articuladas que correm ao longo de trilhos suspensos.
- Somente para interiores.
- Comumente empregadas como barreiras visuais para fechar espaços de armazenamento e closets.

Portas articuladas

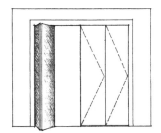

- Semelhantes às portas articuladas, exceto pelo fato de que as folhas articuladas são menores.
- Somente para uso interno.
- Utilizadas para subdividir grandes espaços em salas menores.

Portas sanfonadas

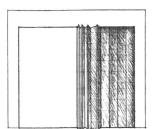

- As folhas deslizam em trilhos suspensos.
- Os trilhos podem ser configurados de modo a seguir uma trajetória curvilínea.
- As folhas podem correr para dentro de uma abertura na parede ou um vão.
- Somente para uso interno.
- Há portas embutidas de vidro disponíveis para o uso em exteriores.

Portas embutidas especiais

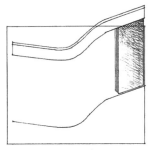

- Consistem em folhas seccionadas e articuladas que giram em trilhos suspensos até uma posição horizontal acima do vão.
- Podem fechar aberturas extremamente altas ou largas, em interiores ou exteriores.
- Não são de uso frequente, exceto em garagens, oficinas e pequenos depósitos.

Portas basculantes

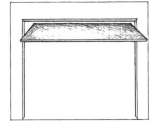

202   A CONSTRUÇÃO DE PORTAS

Portas metálicas ocas têm folhas revestidas de metal fixas a uma estrutura reforçada de perfis de aço. Também podem ter uma estrutura de papelão ou alveolar ou um núcleo de espuma de plástico rígida. Estão disponíveis em padrões lisos ou completamente envidraçadas, com pequenos visores, aberturas ou venezianas. As portas metálicas podem ter um acabamento esmaltado, ser revestidas de vinil ou chapa de aço inoxidável ou de alumínio, com acabamento polido ou texturizado.

As folhas de aço são fixas a uma estrutura reforçada de perfis de aço.

A face da folha pode ser lisa ou composta por várias almofadas.

Portas metálicas ocas

A CONSTRUÇÃO DE PORTAS

Portas de madeira lisas podem ter aberturas com vidros ou venezianas. As portas ocas têm uma estrutura que fecha um núcleo de fibra de vidro corrugado ou uma trama de tiras de madeira. Elas são leves, mas têm pouca resistência térmica e acústica. São feitas principalmente para uso interno.

Já as portas maciças têm um núcleo rígido de blocos de madeira, madeira aglomerada ou composto mineral. São empregadas principalmente como portas externas, mas também podem ser utilizadas sempre que se desejar maior resistência contra o fogo, isolamento acústico ou estabilidade.

Portas de madeira com estrutura de travessas e montantes consistem em uma trama que sustenta almofadas de madeira maciça ou compensado, visores de vidro ou venezianas. Vários desenhos de almofadas estão disponíveis, além de portas totalmente compostas de venezianas ou portas envidraçadas.

- Estrutura de travessas e montantes
- Núcleo maciço, para maior estabilidade, resistência contra o fogo e controle acústico.
- As portas ocas são apenas para uso interno.
- Revestimento para reforçar as folhas de acabamento
- Folhas de acabamento

Portas de madeira lisas

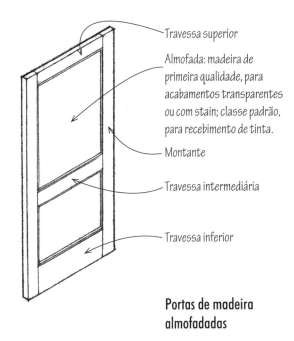

- Travessa superior
- Almofada: madeira de primeira qualidade, para acabamentos transparentes ou com stain; classe padrão, para recebimento de tinta.
- Montante
- Travessa intermediária
- Travessa inferior

Portas de madeira almofadadas

ESQUADRIAS DE PORTAS

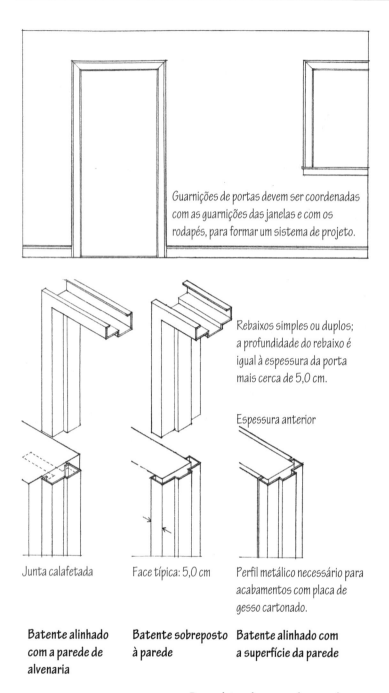

Guarnições de portas devem ser coordenadas com as guarnições das janelas e com os rodapés, para formar um sistema de projeto.

Rebaixos simples ou duplos; a profundidade do rebaixo é igual à espessura da porta mais cerca de 5,0 cm.

Espessura anterior

Junta calafetada

Face típica: 5,0 cm

Perfil metálico necessário para acabamentos com placa de gesso cartonado.

Batente alinhado com a parede de alvenaria

Batente sobreposto à parede

Batente alinhado com a superfície da parede

Esquadrias de porta de metal ocas

A maior parte das folhas de porta é fabricada em vários tamanhos e tipos padronizados. O tratamento dado à abertura e ao desenho da guarnição são as áreas onde o arquiteto pode mais prontamente manipular a escala e o caráter de uma porta.

Assim como as folhas, as esquadrias de porta são itens padronizados. Folhas metálicas ocas são instaladas em esquadrias metálicas ocas. As esquadrias podem ter *rebaixos* simples ou duplos e podem estar alinhadas com a espessura da parede ou sobrepostas. Além das guarnições lisas padronizadas, há vários outros tipos de guarnições disponíveis.

As folhas de porta de madeira usam estruturas ocas de metal ou madeira. Os batentes de portas externas geralmente têm rebaixos de moldura, enquanto os batentes de portas internas podem apresentar rebaixos samblados. Guarnições são empregadas para tapar o vão entre o batente e a parede. Elas podem ser desnecessárias se o material da parede tiver bom acabamento e estiver alinhado com o batente.

As guarnições de portas, por meio de suas formas e cores, podem enfatizar uma porta e ressaltá-la como um elemento visual distinto no espaço. A abertura da porta pode ser ampliada fisicamente com luzes laterais e bandeiras no alto ou simplesmente parecer ampliada com o uso de cor e de guarnições.

Por outro lado, batentes e guarnições podem, se desejável, ser minimizados visualmente para reduzir a escala de uma porta ou para que ela pareça ser um vazio em uma parede.

Se estiver alinhada com a parede na qual se insere, uma porta poderá ter acabamento de modo a ficar oculta, tornando-se parte da superfície da parede.

ESQUADRIAS DE PORTAS 205

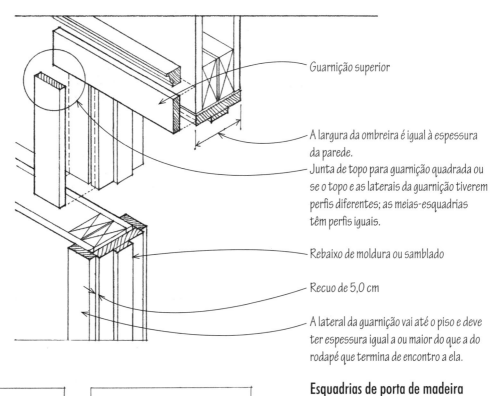

Guarnição superior

A largura da ombreira é igual à espessura da parede.

Junta de topo para guarnição quadrada ou se o topo e as laterais da guarnição tiverem perfis diferentes; as meias-esquadrias têm perfis iguais.

Rebaixo de moldura ou samblado

Recuo de 5,0 cm

A lateral da guarnição vai até o piso e deve ter espessura igual a ou maior do que a do rodapé que termina de encontro a ela.

Esquadrias de porta de madeira

Luzes laterais e uma bandeira ampliam a escala de uma abertura de porta.

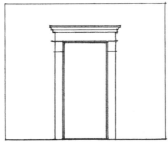

As guarnições tornam um vão de porta mais elaborado e podem sugerir o que está por trás.

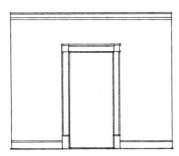

Até mesmo guarnições simples podem enfatizar uma porta.

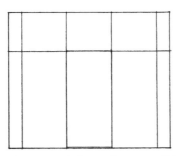

Uma porta pode ficar oculta na superfície da parede na qual ela se insere.

PORTAS E O PLANEJAMENTO DO ESPAÇO

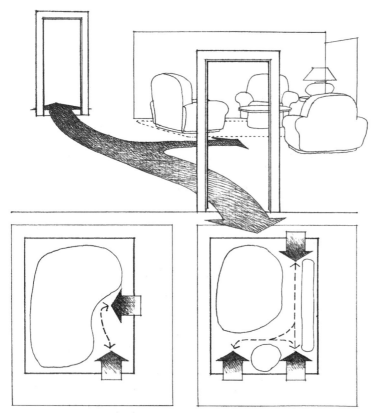

Ao unir os espaços internos de uma edificação, as portas conectam percursos. Suas localizações podem influenciar os padrões de circulação de um espaço a outro, assim como dentro de um espaço. A natureza desses padrões deve ser apropriada aos usos e às atividades acomodadas dentro dos espaços internos.

Espaços adequados devem ser previstos para movimentos confortáveis e para a abertura das portas. Ao mesmo tempo, também deve sobrar espaço suficiente e de proporções adequadas para a distribuição de móveis e atividades.

Duas portas próximas entre si definem um percurso curto, deixando uma quantidade máxima de espaço de piso útil.

Portas localizadas nos cantos ou perto dos cantos de um recinto definem percursos que se desenvolvem ao longo das paredes de um ambiente. Afastar as portas dos cantos permite que alguns móveis, como aqueles empregados para guardar objetos, possam ser colocados ao longo das paredes.

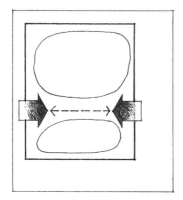

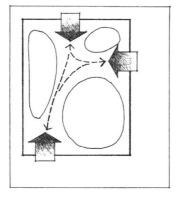

Portas opostas definem um percurso reto que subdivide um recinto em duas zonas.

Três portas em três paredes podem representar um problema se os percursos possíveis ocuparem muita área de piso e resultarem em séries fragmentadas de espaços úteis.

PORTAS E O PLANEJAMENTO DO ESPAÇO

Outra consideração na localização de uma porta é a vista que temos através de sua abertura, tanto do espaço adjacente quanto ao entrar. Quando desejamos privacidade visual, uma porta, mesmo aberta, não deve permitir a visualização direta para dentro da zona privativa do espaço.

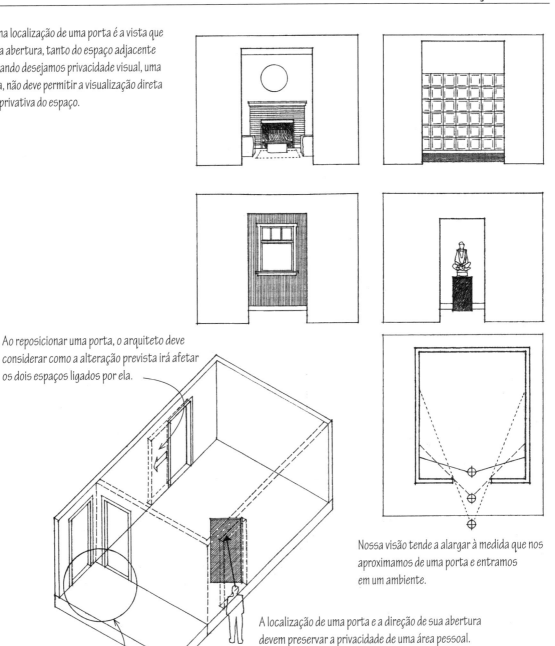

Ao reposicionar uma porta, o arquiteto deve considerar como a alteração prevista irá afetar os dois espaços ligados por ela.

Nossa visão tende a alargar à medida que nos aproximamos de uma porta e entramos em um ambiente.

A localização de uma porta e a direção de sua abertura devem preservar a privacidade de uma área pessoal.

Quando os espaços forem exíguos, mas nenhuma porta pode ser eliminada, considere as seguintes opções:
- Mude o lado de abertura de uma ou das duas portas.
- Troque a porta por uma porta biarticulada ou corrediça.
- Se uma das portas não for necessária, remova sua folha e mantenha o vão aberto.

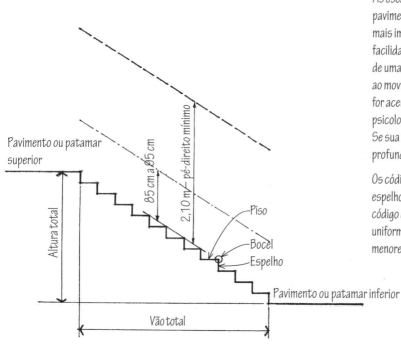

As escadas nos permitem mover verticalmente entre os vários pavimentos de uma edificação. Os dois critérios funcionais mais importantes no projeto de escadas são a segurança e a facilidade de subida e descida. As dimensões dos *espelhos e pisos* de uma escada devem ser proporcionadas de modo a se adequar ao movimento do nosso corpo. Já a inclinação da escada, se for acentuada, pode tornar a subida fisicamente cansativa e psicologicamente proibitiva, além de tornar a descida perigosa. Se sua inclinação for pequena, a escada deverá ter pisos de profundidade suficiente para acomodar nossas passadas.

Os códigos de obra regulam as dimensões máximas e mínimas dos espelhos e pisos. Verifique sempre as dimensões exigidas pelo código de edificações. Os espelhos e pisos devem ter dimensões uniformes, com uma tolerância de 1,0 cm entre os maiores e os menores espelhos e pisos de um lanço.

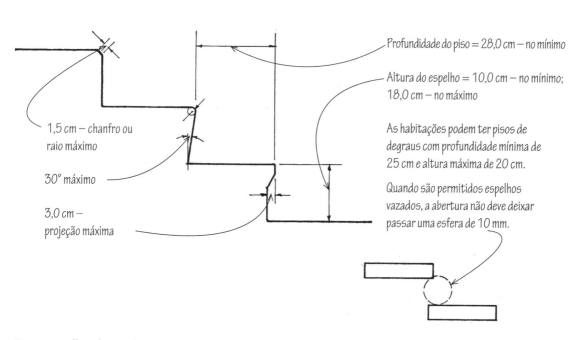

Pisos e espelhos de escadas

DIMENSÕES DE ESCADA

Uma escada deve ter largura suficiente para acomodar de maneira confortável a passagem de pessoas, bem como de móveis e equipamentos que precisam subir ou descer. Os códigos de edificações especificam larguras mínimas baseadas no uso e nas cargas de ocupação. Verifique sempre as dimensões exigidas pelo código de edificações. Porém, além desses mínimos, a largura de uma escada também fornece informações visuais sobre seu caráter público ou privado.

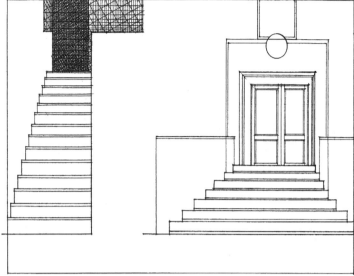

A largura e o ângulo de inclinação são variáveis que determinam a acessibilidade de uma escada.

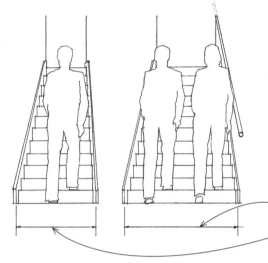

Largura livre mínima: 120 cm

90 cm, para uma carga de ocupação de 49 ou menos

Geralmente, corrimãos podem se projetar, no máximo, 10 cm para dentro da largura livre necessária.

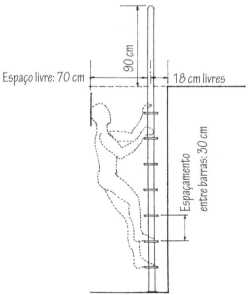

Escadas

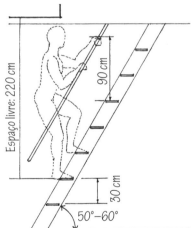

Escadas de navio

TIPOS DE ESCADA EM PLANTA

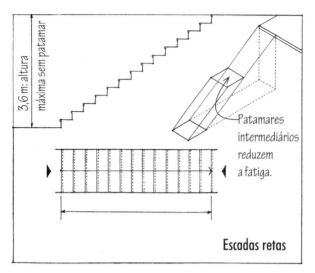

Escadas retas

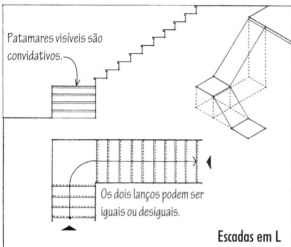

Escadas em L

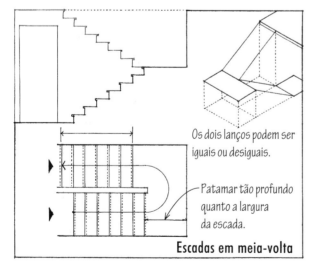

Escadas em meia-volta

A configuração de uma escada determina a direção de nosso percurso de subida ou descida por seus degraus. Há vários tipos básicos de configuração para os degraus de uma escada. Essas variações resultam do uso de patamares, que terminam um lanço de escada e possibilitam a mudança de direção. Os patamares também dão oportunidades de descanso e possibilitam acessos e vistas. Juntamente com a inclinação de uma escada, a localização dos patamares determina o ritmo de nosso movimento à medida que subimos ou descemos por ela.

Uma consideração importante no planejamento de qualquer escada é como ela relaciona os percursos de movimento em cada nível de pavimento. Outra é o espaço que ela exige. Cada tipo básico de escada tem proporções básicas que afetarão sua localização possível em relação aos outros espaços em torno dela. Essas proporções podem ser alternadas até certo ponto com o ajuste da localização dos patamares dentro daquele padrão. Em cada caso, devem ser previstos espaços no topo e na base de uma escada para que a entrada e a saída sejam seguras e confortáveis.

Os patamares devem ter, no mínimo, a largura da escada e profundidade mínima de 120 cm na direção de percurso. Os patamares em unidades residenciais podem ter profundidade de 90 cm.

TIPOS DE ESCADAS EM PLANTA   211

Degraus ingrauxidos são os pisos de degraus cujas extremidades têm tamanhos diferentes em planta e que são utilizados em escadas circulares e espirais. Escadas em L e em meia-volta também podem ter degraus ingrauxidos em vez de um patamar, para economizar espaço na mudança de direção.

Degraus ingrauxidos podem ser perigosos, pois oferecem pouco apoio para os pés em suas extremidades internas. Os códigos de edificações geralmente restringem seu uso a escadas privativas dentro de unidades habitacionais unifamiliares.

Degraus ingrauxidos

- 28 cm de largura mínima em um ponto 30,5 cm distante da extremidade menor do piso do degrau.
- 25 cm de largura mínima em um ponto 15 cm distante da extremidade menor do piso do degrau; em habitações.

Escadas circulares podem ser empregadas em saídas de emergência se o raio interno tiver, no mínimo, o dobro da largura da escada; consulte o código de edificações, para exigências específicas.

- 25 cm de largura mínima em um ponto 15 cm distante da extremidade menor do piso do degrau; em habitações.
- Raios menores de, no mínimo, duas vezes a largura da escada.

Escadas circulares

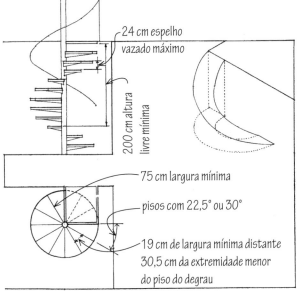

Os códigos de edificações geralmente restringem o uso de escadas em caracol a usos privativos em unidades habitacionais unifamiliares.

- 24 cm espelho vazado máximo
- 200 cm altura livre mínima
- 75 cm largura mínima
- pisos com 22,5° ou 30°
- 19 cm de largura mínima distante 30,5 cm da extremidade menor do piso do degrau

Escadas em caracol

212 A CONSTRUÇÃO DE ESCADAS

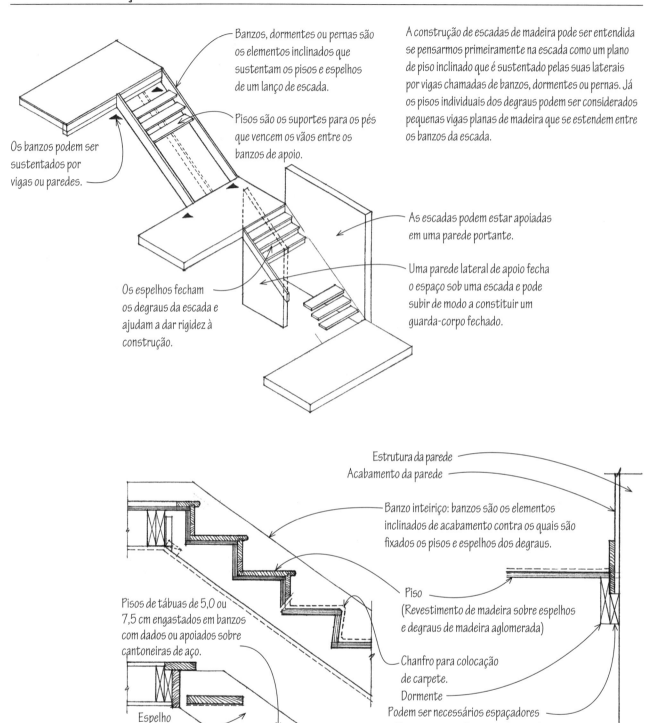

A construção de escadas de madeira pode ser entendida se pensarmos primeiramente na escada como um plano de piso inclinado que é sustentado pelas suas laterais por vigas chamadas de banzos, dormentes ou pernas. Já os pisos individuais dos degraus podem ser considerados pequenas vigas planas de madeira que se estendem entre os banzos da escada.

Banzos, dormentes ou pernas são os elementos inclinados que sustentam os pisos e espelhos de um lanço de escada.

Pisos são os suportes para os pés que vencem os vãos entre os banzos de apoio.

Os banzos podem ser sustentados por vigas ou paredes.

Os espelhos fecham os degraus da escada e ajudam a dar rigidez à construção.

As escadas podem estar apoiadas em uma parede portante.

Uma parede lateral de apoio fecha o espaço sob uma escada e pode subir de modo a constituir um guarda-corpo fechado.

Pisos de tábuas de 5,0 ou 7,5 cm engastados em banzos com dados ou apoiados sobre cantoneiras de aço.

Espelho vazado

Estrutura da parede
Acabamento da parede

Banzo inteiriço: banzos são os elementos inclinados de acabamento contra os quais são fixados os pisos e espelhos dos degraus.

Piso
(Revestimento de madeira sobre espelhos e degraus de madeira aglomerada)

Chanfro para colocação de carpete.
Dormente
Podem ser necessários espaçadores e blocos para o acabamento da parede.

Escadas de madeira

Escadas de aço são análogas em sua forma às escadas de madeira. Perfis metálicos de aço servem como banzos e dormentes. Os pisos das escadas vencem os vãos entre os banzos. Os pisos podem consistir em bandejas de aço preenchidas com concreto, grelhas de aço ou chapas de aço lisas com a superfície superior texturizada. As escadas de aço em geral são projetadas e fabricadas sob encomenda.

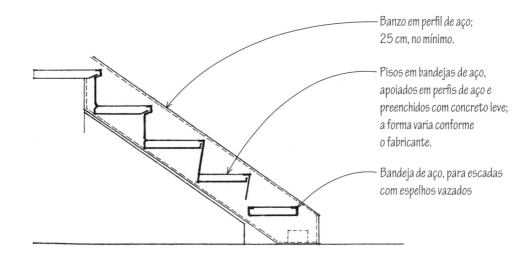

- Banzo em perfil de aço; 25 cm, no mínimo.
- Pisos em bandejas de aço, apoiados em perfis de aço e preenchidos com concreto leve; a forma varia conforme o fabricante.
- Bandeja de aço, para escadas com espelhos vazados

Escadas de aço

Uma escada de concreto é projetada como uma laje de concreto armado em uma só direção e inclinada, com degraus formados ao longo da sua superfície superior. As escadas de concreto exigem análise cuidadosa da carga, do vão e dos apoios.

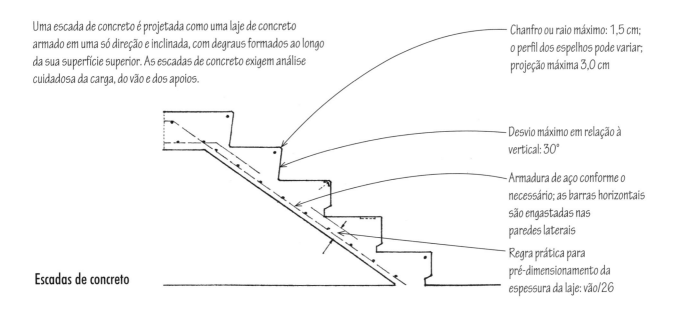

- Chanfro ou raio máximo: 1,5 cm; o perfil dos espelhos pode variar; projeção máxima 3,0 cm
- Desvio máximo em relação à vertical: 30°
- Armadura de aço conforme o necessário; as barras horizontais são engastadas nas paredes laterais
- Regra prática para pré-dimensionamento da espessura da laje: vão/26

Escadas de concreto

214 CORRIMÃOS

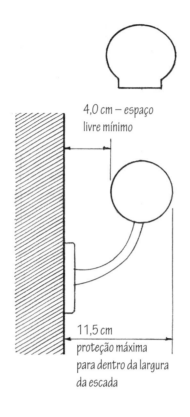

Nos Estados Unidos, a ADA (Lei para os Norte-Americanos com Deficiências) regula as dimensões mínimas e máximas e os perfis dos corrimãos, de modo a garantir sua firmeza de apoio.

Corrimãos não devem ter elementos pontiagudos ou abrasivos; devem ter seção transversal circular e diâmetro de 3,0 cm a 5,0 cm; são aceitas outras formas se elas proporcionarem firmeza de apoio correspondentes e tiverem um perímetro de 10 cm a 16 cm e seção transversal máxima de 5,5 cm.

Os códigos de edificações e a ADA regulamentam a altura mínima dos corrimãos e o tamanho máximo das aberturas das balaustradas que protegem as laterais abertas de escadas, balcões e terraços.

Os corrimãos devem se projetar, pelo menos, 30,5 cm horizontalmente, na parte superior e inferior de cada lanço de escada.

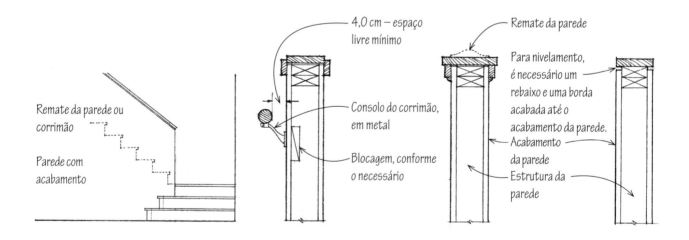

Guarda-corpos fechados

CORRIMÃOS

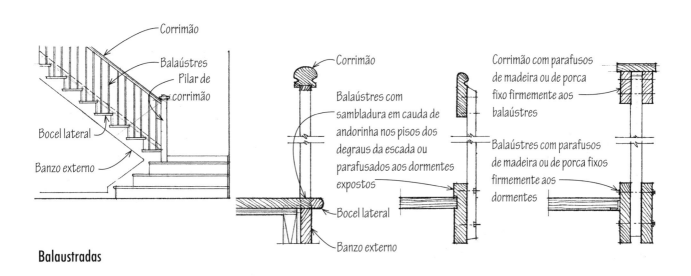

Balaustradas

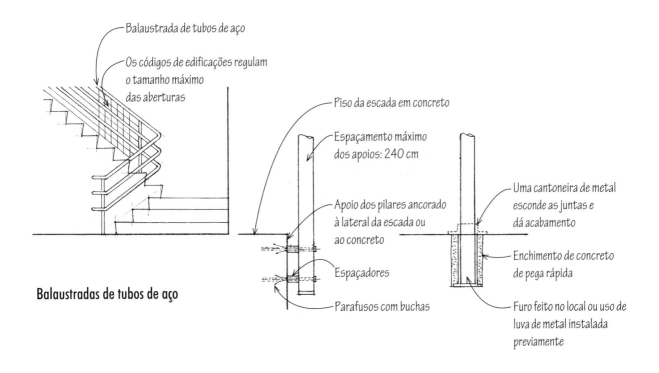

Balaustradas de tubos de aço

216   **ESCADAS E O PLANEJAMENTO DE ESPAÇOS**

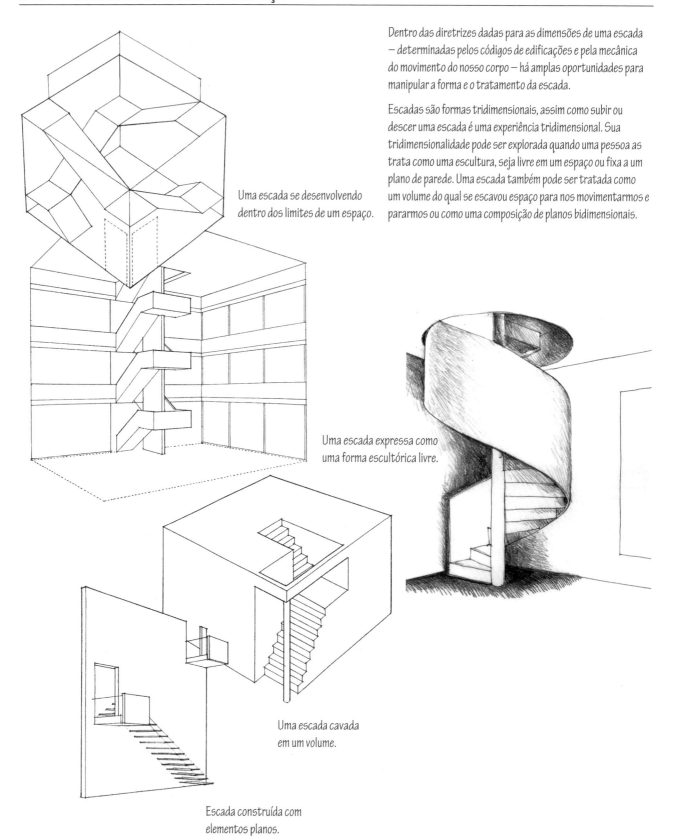

Dentro das diretrizes dadas para as dimensões de uma escada – determinadas pelos códigos de edificações e pela mecânica do movimento do nosso corpo – há amplas oportunidades para manipular a forma e o tratamento da escada.

Escadas são formas tridimensionais, assim como subir ou descer uma escada é uma experiência tridimensional. Sua tridimensionalidade pode ser explorada quando uma pessoa as trata como uma escultura, seja livre em um espaço ou fixa a um plano de parede. Uma escada também pode ser tratada como um volume do qual se escavou espaço para nos movimentarmos e pararmos ou como uma composição de planos bidimensionais.

Uma escada se desenvolvendo dentro dos limites de um espaço.

Uma escada expressa como uma forma escultórica livre.

Uma escada cavada em um volume.

Escada construída com elementos planos.

ESCADAS E O PLANEJAMENTO DE ESPAÇOS   217

Uma escada pode interromper um percurso ou encontrá-lo em ângulo. De modo semelhante, o vão da escada pode ser paralelo, perpendicular ou oblíquo à direção do percurso.

Uma escada pode ser um elemento organizador e relacionar uma série de espaços que se encontram em diferentes níveis de uma edificação.

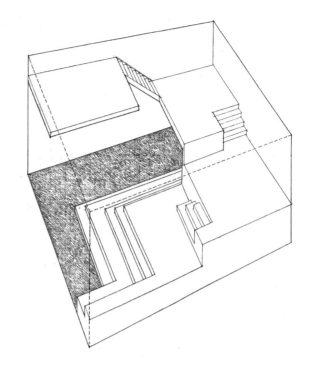

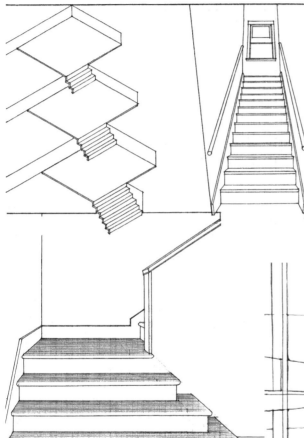

Uma escada pode subir entre duas paredes que configuram um poço ou atravessar e unir uma série de espaços.

Um espaço inteiro também pode se transformar em uma escadaria gigante e complexa.

Os pisos dos degraus de uma escada podem avançar na base de uma escadaria, servindo como um convite, ou ser ainda maiores, formando plataformas para nos sentarmos ou terraços para atividades diversas.

RAMPAS

Rampas possibilitam transições suaves entre os diferentes níveis de pavimento de uma edificação. Para que se tenham inclinações baixas confortáveis, elas precisam ser relativamente longas. Em geral, são empregadas para resolver uma mudança de nível ao longo de uma rota acessível ou para dar acesso a equipamentos com rodízios. Lembre-se de sempre conferir as exigências dos códigos de edificações e de acessibilidade aplicáveis.

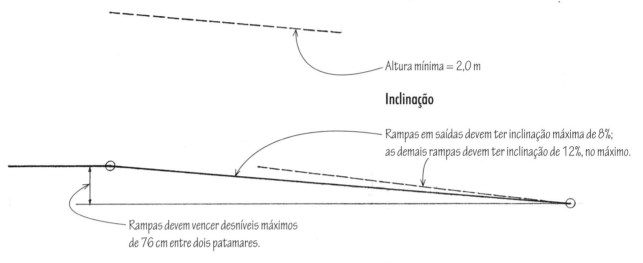

Altura mínima = 2,0 m

Inclinação

Rampas em saídas devem ter inclinação máxima de 8%; as demais rampas devem ter inclinação de 12%, no máximo.

Rampas devem vencer desníveis máximos de 76 cm entre dois patamares.

Rampas curtas e retas funcionam como vigas e podem ser feitas com sistemas construtivos utilizados para pisos de madeira, aço ou concreto. Rampas longas ou curvilíneas geralmente são de aço ou concreto armado.

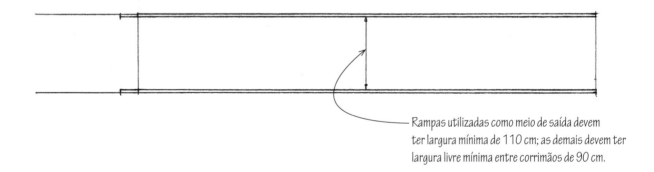

Rampas utilizadas como meio de saída devem ter largura mínima de 110 cm; as demais devem ter largura livre mínima entre corrimãos de 90 cm.

RAMPAS **219**

Parapeitos e corrimãos

Rampas que sobem mais do que 15 cm ou que têm um vão de mais de 180 cm devem ter parapeitos em ambos os lados.

Os corrimãos devem estar instalados a uma altura entre 85 e 95 cm em relação à superfície da rampa.

Os corrimãos também devem avançar pelo menos 30 cm no alto e na base dos vãos das rampas.

Os patamares situados nos locais onde uma rampa muda de direção devem ter, no mínimo, 150 cm x 150 cm.

Patamares

Os patamares devem ter largura no mínimo equivalente à rampa mais larga que leva até eles.

As rampas devem ter patamares em nível em cada uma de suas extremidades, com comprimento mínimo de 150 cm.

ELEVADORES

Elevadores se deslocam verticalmente para transportar passageiros, equipamentos e cargas de um pavimento da edificação a outro. Os dois tipos mais comuns são os elevadores elétricos e os elevadores hidráulicos.

Elevadores elétricos consistem em uma cabina que é instalada em trilhos de guia, sustentada por cabos de tração e movimentada por maquinaria elevadora localizada em um pavimento de cobertura. Eles operam em médias a altas velocidades e são utilizados em edificações de todas as alturas.

Elevadores hidráulicos consistem em uma cabina sustentada por um pistão ou cilindro que se desloca ou é deslocado em função de um fluido sob pressão. Não é necessário o uso do pavimento de cobertura, mas a velocidade menor do elevador e o comprimento do pistão limitam seu uso para a altura de até seis pavimentos.

Os elevadores sem casa de máquinas usam uma nova tecnologia. Eles têm um motor elétrico menor que se encaixa dentro da própria caixa de elevador e, portanto, não precisa estar em uma casa de máquinas. Esse tipo de motor é mais eficiente e tem o menor consumo entre todos os motores para elevadores.

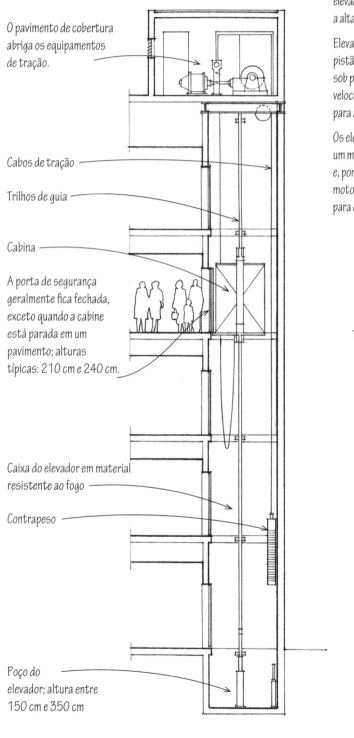

O pavimento de cobertura abriga os equipamentos de tração.

Cabos de tração

Trilhos de guia

Cabina

A porta de segurança geralmente fica fechada, exceto quando a cabine está parada em um pavimento; alturas típicas: 210 cm e 240 cm.

Caixa do elevador em material resistente ao fogo

Contrapeso

Poço do elevador; altura entre 150 cm e 350 cm

Elevador elétrico

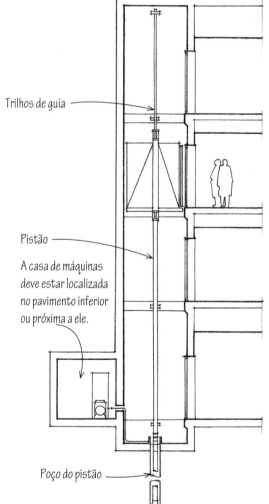

Trilhos de guia

Pistão

A casa de máquinas deve estar localizada no pavimento inferior ou próxima a ele.

Poço do pistão

Elevador hidráulico

ELEVADORES E PLATAFORMAS ELEVATÓRIAS

Elevadores residenciais de uso privativo podem ser instalados apenas em moradias unifamiliares ou em unidades de habitação de edifícios multifamiliares.

Elevadores de aceso para corpos de bombeiros, dimensionados para acomodar uma maca de ambulância, são obrigatórios para alguns prédios altos.

Elevadores de carga com sistemas de propulsão mecânica ou hidráulica geralmente têm portas bipartidas e um sistema estrutural especial para sustentar grandes cargas.

Elevadores panorâmicos ou com fundo de vidro se deslocam projetados em relação à caixa de elevador ou em uma caixa de elevador que é aberta em um de seus lados, com maquinaria oculta e paredes decoradas.

As plataformas elevatórias inclinadas para cadeira de rodas geralmente são utilizadas em reformas ou adaptações de edificações, mas em alguns casos não são permitidas em rotas com acessibilidade universal em novas construções. Esses sistemas instalados nas escadas incluem tanto as plataformas comerciais como as cadeiras elevatórias, para uso residencial. Os elevadores de uso e aplicação limitada (LU/LA) são projetados como uma opção intermediária entre os elevadores comerciais e as plataformas elevatórias inclinadas.

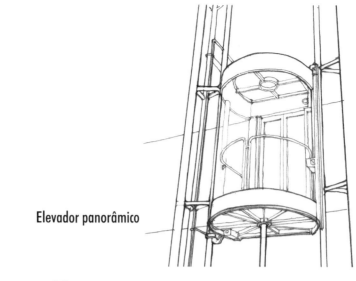

Elevador panorâmico

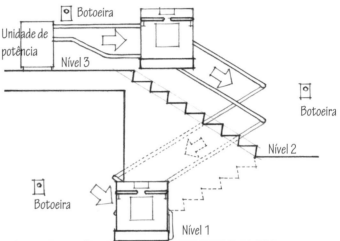

Plataforma elevatória inclinada para cadeira de rodas

Elevador de uso e aplicação limitada (LU/LA)

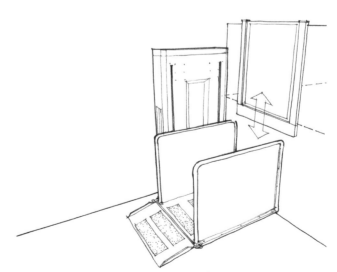

Plataforma elevatória para cadeira de rodas

222 ELEVADORES E ESCADAS ROLANTES

As diretrizes para acessibilidade da ADA para elevadores de passageiros cobrem o tipo e a localização de botões de chamada, lanternas, indicadores de posição e controles de cabine. As portas dos elevadores devem ter mecanismos de reabertura automática que são ativados se a porta for obstruída por um objeto ou por uma pessoa. As cabinas devem ser dimensionadas de modo a permitir que cadeirantes possam entrar, manobrar, alcançar os controles e sair da cabina.

Os acabamentos do interior da cabina devem considerar as dimensões permitidas por sua construção, durabilidade, resistência a impactos e facilidade de manutenção. Os interiores dos elevadores devem ser fabricados por técnicos experientes.

Escadas rolantes

Escadas rolantes são escadas movidas a energia elétrica que consistem em degraus fixos a uma cinta de circulação contínua. Elas podem deslocar um grande número de pessoas de modo eficiente e confortável entre um número limitado de pavimentos, sendo seis um limite prático. Como as escadas rolantes se movem em velocidade constante, praticamente não há período de espera, mas é preciso prever um espaço adequado para a formação de filas em cada ponto de carga e descarga de passageiros.

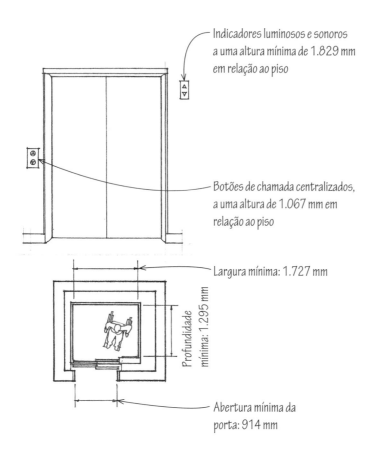

Indicadores luminosos e sonoros a uma altura mínima de 1.829 mm em relação ao piso

Botões de chamada centralizados, a uma altura de 1.067 mm em relação ao piso

Largura mínima: 1.727 mm

Profundidade mínima: 1.295 mm

Abertura mínima da porta: 914 mm

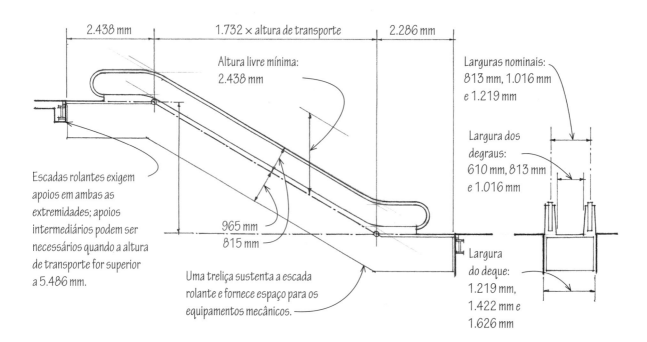

2.438 mm

1.732 × altura de transporte

2.286 mm

Altura livre mínima: 2.438 mm

Larguras nominais: 813 mm, 1.016 mm e 1.219 mm

Largura dos degraus: 610 mm, 813 mm e 1.016 mm

Escadas rolantes exigem apoios em ambas as extremidades; apoios intermediários podem ser necessários quando a altura de transporte for superior a 5.486 mm.

965 mm
815 mm

Uma treliça sustenta a escada rolante e fornece espaço para os equipamentos mecânicos.

Largura do deque: 1.219 mm, 1.422 mm e 1.626 mm

LAREIRAS 223

Embora as lareiras tradicionais não sejam tão eficientes para o aquecimento de um espaço interno quanto um fogão a lenha, poucas pessoas questionariam a atração especial que elas exercem. O calor e as chamas de uma fogueira são como ímãs, convidando as pessoas a se acomodarem em torno dela. Mesmo sem fogo, uma lareira pode ser um foco de interesse ímpar e servir como ponto focal a partir do qual podemos organizar um ambiente.

Ao considerar a localização de uma lareira, avalie seus efeitos sobre as proporções do ambiente e os espaços necessários, caso precise dispor móveis em torno dela. Lembre-se de também analisar se o calor será distribuído no padrão desejado.

É importante que o arquiteto de interiores observe a quantidade de espaço que uma lareira exige e como sua face — a abertura, a soleira e suas molduras — pode ser tratada. O tratamento das extremidades de uma lareira a enfatiza como ponto focal e a integra com o restante das molduras de um ambiente, como rodapés e guarnições de porta.

Eficiência de alguns tipos de lareira, salamandra e outros aquecedores

Salamandra ou aquecedor a pélete de acionamento elétrico (queima de péletes de serragem comprimida)	Calor controlado pela taxa de alimentação do combustível
Lareira tradicional, a lenha	15% de eficiência energética
Lareira elétrica embutida	Emite calor convertido da eletricidade apenas quando desejável
Lareira com toras de cerâmica e queimador a gás por baixo	Ineficiente
Aquecedor a gás embutido hermético, com vidro cerâmico	70 a 82% de eficiência
Aquecedor a gás móvel e hermético	70 a 80% de eficiência

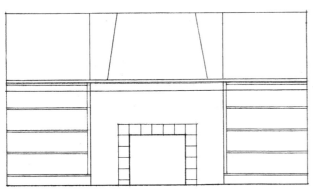

Muitas vezes é utilizado um consolo para dar acabamento à parte superior da abertura de uma lareira.

Não se pode usar qualquer elemento em madeira a menos de 15 cm da abertura da lareira.

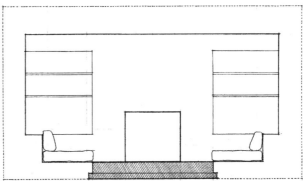

A soleira elevada de uma lareira pode ser ampliada para criar uma plataforma de assento. Essa plataforma, juntamente com a lareira, pode sugerir um nicho.

Na parede de um recinto, a caldeira da chaminé muitas vezes se projeta vários centímetros. Com essa projeção também se formam recuos em ambos os lados que podem ser utilizados como prateleiras.

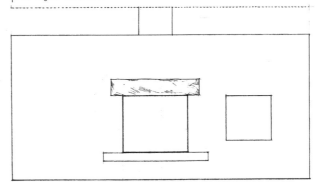

Um lintel ou uma viga que vence o vão da abertura de uma lareira de alvenaria pode ser deixado à vista e ornamentá-la, como elemento visual de projeto.

224 LAREIRAS

O tubo de fumaça cria uma pressão negativa que exaure para fora da edificação a fumaça e os gases produzidos pelo fogo.

Câmara de fumaça

A plataforma de fumaça é inclinada para trás em relação à frente da chaminé.

Uma lareira deve ser projetada de modo que a entrada de ar seja adequada, a combustão se mantenha de forma segura e a retirada de fumaça seja eficiente. Assim, as proporções de uma lareira e a disposição de seus componentes estão sujeitas tanto às leis da natureza quanto ao código de edificações local.

A garganta passa a fumaça para a câmara de fumaça; ela possui um registro que regula a tiragem de fumaça da lareira.

A caixa de fogo é a câmara onde se dá a combustão.

A soleira amplia o piso da caixa de fogo com um material não combustível, como tijolo, azulejo ou pedra com espessura mínima de 5 cm.

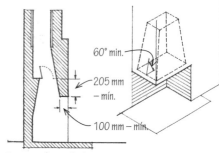

Frente aberta

Frente e lateral abertas

Frente e fundo abertos   Tipos de lareiras

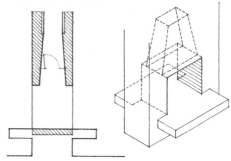

Dimensões típicas para lareiras, em milímetros

Largura (A)	Altura (B)	Profundidade (C)	(D)	(E)	(F)	(G)
Frente aberta						
914	737	508	584	356	584	1118
1067	813	508	737	406	610	1270
1219	813	508	838	406	610	1422
1372	940	508	940	406	737	1727
1524	1016	559	1067	457	762	1829
1829	1016	559	1372	457	762	2134

Frente e lateral abertas
711	610	406	Lareiras com aberturas em vários lados
813	711	457	são especialmente sensíveis a correntes
914	762	508	de ar em um recinto; evite deixar suas
1219	813	559	aberturas de frente para uma porta exterior.

Frente e fundo abertos
711	610	406
813	711	406
914	762	432
1219	813	483

Veja na página seguinte os desenhos de planta baixa, corte e elevação de uma lareira, mostrando a localização das dimensões desta tabela.

LAREIRAS

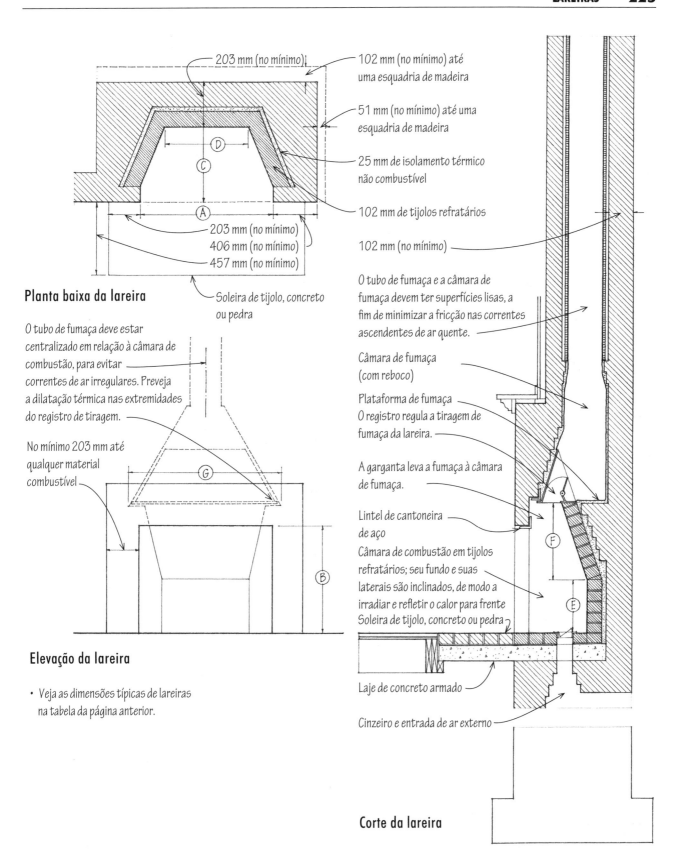

Planta baixa da lareira

- 203 mm (no mínimo)
- 102 mm (no mínimo) até uma esquadria de madeira
- 51 mm (no mínimo) até uma esquadria de madeira
- 25 mm de isolamento térmico não combustível
- 102 mm de tijolos refratários
- 102 mm (no mínimo)
- 203 mm (no mínimo)
- 406 mm (no mínimo)
- 457 mm (no mínimo)
- Soleira de tijolo, concreto ou pedra

O tubo de fumaça e a câmara de fumaça devem ter superfícies lisas, a fim de minimizar a fricção nas correntes ascendentes de ar quente.

Câmara de fumaça (com reboco)

Plataforma de fumaça
O registro regula a tiragem de fumaça da lareira.

A garganta leva a fumaça à câmara de fumaça.

Lintel de cantoneira de aço

Câmara de combustão em tijolos refratários; seu fundo e suas laterais são inclinados, de modo a irradiar e refletir o calor para frente

Soleira de tijolo, concreto ou pedra

Laje de concreto armado

Cinzeiro e entrada de ar externo

O tubo de fumaça deve estar centralizado em relação à câmara de combustão, para evitar correntes de ar irregulares. Preveja a dilatação térmica nas extremidades do registro de tiragem.

No mínimo 203 mm até qualquer material combustível

Elevação da lareira

- Veja as dimensões típicas de lareiras na tabela da página anterior.

Corte da lareira

226 FOGÕES A LENHA

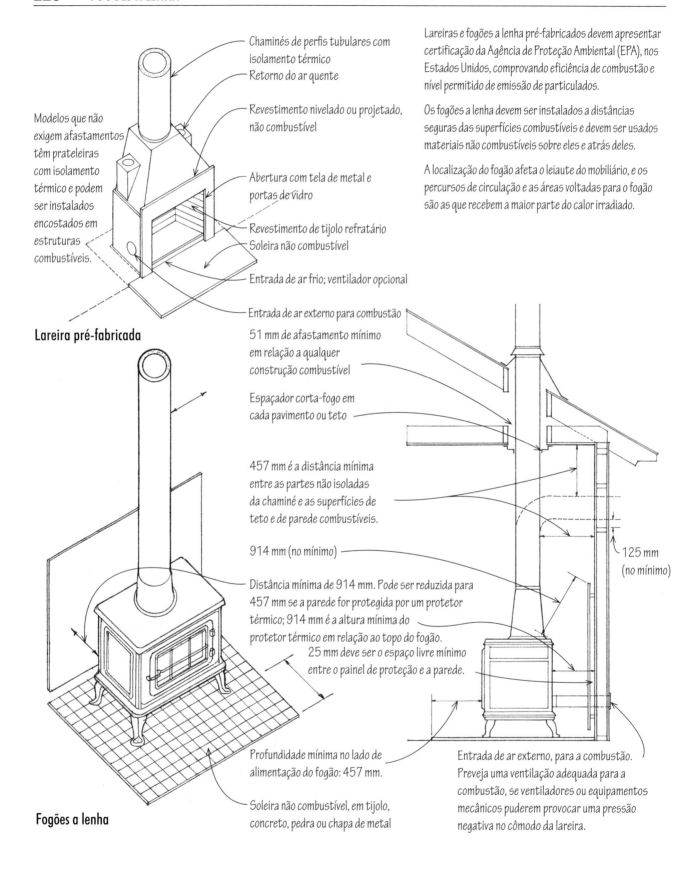

Chaminés de perfis tubulares com isolamento térmico
Retorno do ar quente
Revestimento nivelado ou projetado, não combustível
Abertura com tela de metal e portas de vidro
Revestimento de tijolo refratário
Soleira não combustível
Entrada de ar frio; ventilador opcional
Entrada de ar externo para combustão

Modelos que não exigem afastamentos têm prateleiras com isolamento térmico e podem ser instalados encostados em estruturas combustíveis.

Lareira pré-fabricada

Lareiras e fogões a lenha pré-fabricados devem apresentar certificação da Agência de Proteção Ambiental (EPA), nos Estados Unidos, comprovando eficiência de combustão e nível permitido de emissão de particulados.

Os fogões a lenha devem ser instalados a distâncias seguras das superfícies combustíveis e devem ser usados materiais não combustíveis sobre eles e atrás deles.

A localização do fogão afeta o leiaute do mobiliário, e os percursos de circulação e as áreas voltadas para o fogão são as que recebem a maior parte do calor irradiado.

51 mm de afastamento mínimo em relação a qualquer construção combustível
Espaçador corta-fogo em cada pavimento ou teto
457 mm é a distância mínima entre as partes não isoladas da chaminé e as superfícies de teto e de parede combustíveis.
914 mm (no mínimo)
Distância mínima de 914 mm. Pode ser reduzida para 457 mm se a parede for protegida por um protetor térmico; 914 mm é a altura mínima do protetor térmico em relação ao topo do fogão.
25 mm deve ser o espaço livre mínimo entre o painel de proteção e a parede.
125 mm (no mínimo)
Profundidade mínima no lado de alimentação do fogão: 457 mm.
Soleira não combustível, em tijolo, concreto, pedra ou chapa de metal
Entrada de ar externo, para a combustão. Preveja uma ventilação adequada para a combustão, se ventiladores ou equipamentos mecânicos puderem provocar uma pressão negativa no cômodo da lareira.

Fogões a lenha

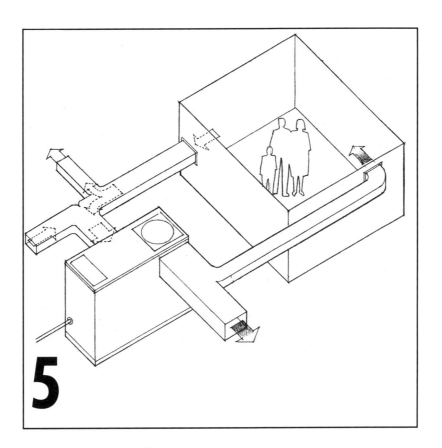

5
Instalações Prediais

228 INSTALAÇÕES PREDIAIS

Aquecimento, ventilação e condicionamento de ar

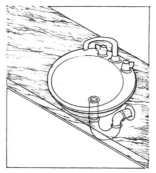

Fornecimento de água e sistema de esgoto

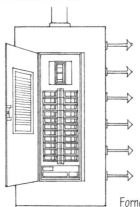

Fornecimento e distribuição de energia

As instalações são componentes essenciais de qualquer edificação. Elas fornecem as condições visuais, auditivas e sanitárias necessárias ao conforto e à conveniência dos usuários da edificação. Esses sistemas devem ser projetados e lançados de modo a funcionar adequadamente. Também devem estar coordenados com o sistema estrutural da edificação. Isso exige conhecimento e domínio por parte dos engenheiros e arquitetos. O arquiteto de interiores, no entanto, deve estar ciente de que tais instalações existem e de como elas afetam a qualidade do ambiente interno. Cada rede de instalações prediais tem sua própria durabilidade assim como se relaciona intimamente com outras redes dentro dos recintos da edificação, de modo que a modernização de um sistema frequentemente envolve gastos com mão de obra e materiais para a instalação e integração com as demais instalações. Assim, com o passar do tempo, essas redes se tornam cada vez mais interdependentes e complexas.

As instalações prediais consomem quantidades consideráveis de energia. Nos Estados Unidos, a maior parte dessa energia (inclusive a eletricidade) é gerada com petróleo e gás, embora também exista a geração com carvão mineral, a energia nuclear e de fontes sustentáveis, como energia hidrelétrica, de madeira, de biocombustíveis, eólica, geotérmica e solar. Os equipamentos de climatização consomem energia para manter o conforto térmico; os projetos ineficientes permitem que o ar aquecido ou refrigerado seja perdido. O calor da água utilizada para as pessoas se lavarem ou lavarem a louça geralmente acaba no esgoto. Muitas vezes nos esquecemos de desligar equipamentos elétricos que não estão sendo utilizados, aumentando ainda mais o consumo de energia de uma edificação. A redução desse desperdício é um fator fundamental no projeto de edificações sustentáveis.

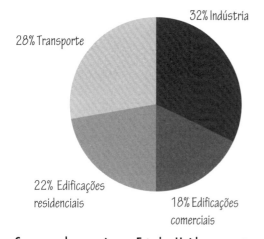

Consumo de energia nos Estados Unidos, por setor

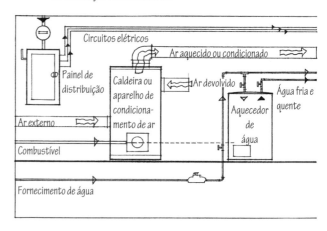

Fontes

INSTALAÇÕES PREDIAIS 229

Enquanto a natureza do sistema estrutural de uma edificação pode se manifestar em seus espaços internos, as redes muitas vezes complexas de suas instalações mecânicas e elétricas costumam ficar escondidas da vista. Todavia, os arquitetos de interiores devem estar cientes dos itens aparentes que afetam diretamente o ambiente interno, como luminárias, tomadas elétricas, louças e metais sanitários, registros de fornecimento de ar e grades de retorno de ar. Também são de interesse as exigências espaciais para dutos e tubos horizontais e verticais de ar, água, esgoto e eletricidade.

Embora uma edificação possa durar 40 anos ou mais, algumas tecnologias prediais às vezes precisam ser atualizadas em períodos tão curtos como dois anos. Essas modificações tecnológicas implicam custos financeiros e estéticos. Como cada rede de instalações tem sua própria vida útil e é instalada muito perto das outras, suas relações complexas aumentam os gastos com mão de obra, pois, com o passar dos anos, os vários sistemas se tornam cada vez mais interdependentes.

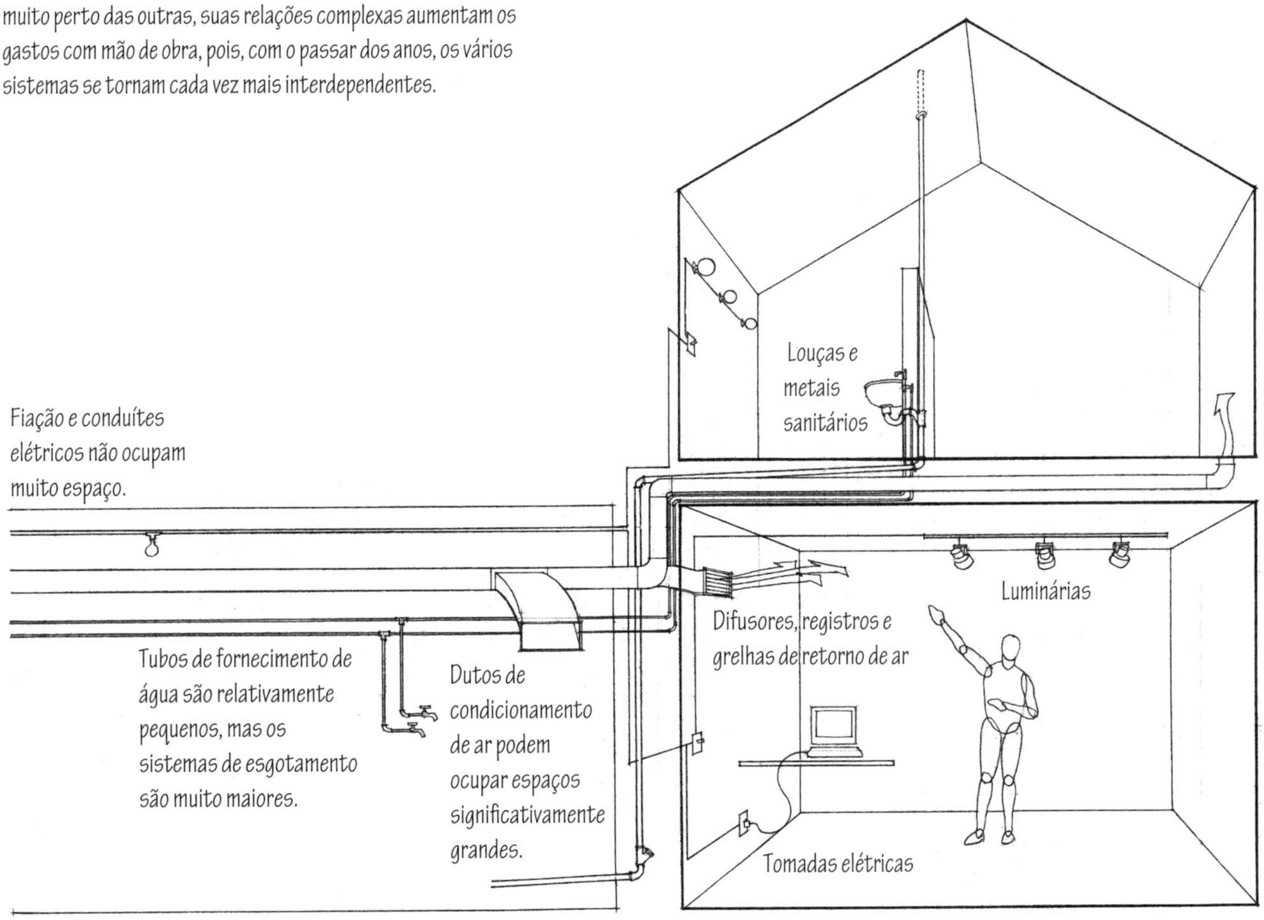

Fiação e conduítes elétricos não ocupam muito espaço.

Louças e metais sanitários

Tubos de fornecimento de água são relativamente pequenos, mas os sistemas de esgotamento são muito maiores.

Dutos de condicionamento de ar podem ocupar espaços significativamente grandes.

Difusores, registros e grelhas de retorno de ar

Luminárias

Tomadas elétricas

Transmissão

Mecanismos de controle e saída das instalações

230 O CONFORTO TÉRMICO

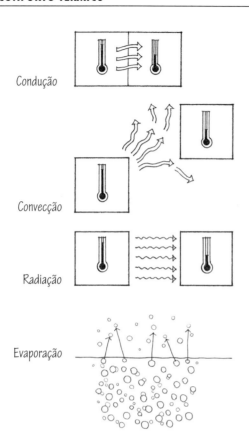

O conforto térmico é alcançado quando o corpo humano é capaz de dissipar o calor e a umidade que produz pela ação metabólica para manter uma temperatura normal e estável.

Modos de transferência térmica

Radiação: A energia em forma de calor é emitida por um corpo quente e transmitida por um espaço intermediário e é absorvida por um corpo mais frio; o calor radiante não é afetado pelo movimento ou pela temperatura do ar.

Convecção: A transferência ocorre devido ao movimento circulatório das partes aquecidas de um líquido ou gás.

Condução: Ocorre a transferência direta das partículas mais quentes para as mais frias de um meio ou de dois corpos em contato direto.

Evaporação: A perda de calor se deve ao processo de conversão de umidade em vapor.

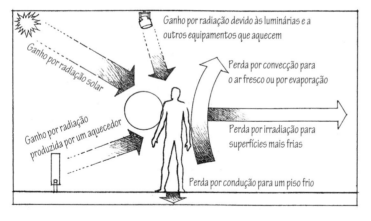

O conforto térmico depende não somente da temperatura do ar, mas também da umidade relativa do ar, da temperatura radiante das superfícies do entorno, do movimento do ar e da sua pureza. Para alcançar e manter o conforto térmico, é preciso alcançar um equilíbrio razoável entre esses fatores.

- Quanto maior a temperatura radiante média das superfícies de um recinto, mais baixa deve ser a temperatura do ar.
- Quanto maior a umidade relativa do ar de um ambiente, mais baixa deve ser a temperatura do ar.
- Quanto menor a temperatura de uma corrente de ar, menor deve ser sua velocidade.

A QUALIDADE DO AR INTERNO   231

A qualidade do ar no interior é afetada pelo tipo de equipamento de climatização escolhido para o controle da pressão do ar e fornecimento de ar fresco e condicionado insuflado nos recintos de uma edificação. As janelas de abrir e a ventilação natural podem manter os níveis de dióxido de carbono exalado pelos usuários em níveis que não causem sonolência. Por meio da redação de manuais de uso para as construções, os arquitetos e outros projetistas podem ajudar a informar seus clientes sobre os atributos dos sistemas prediais e sobre como utilizar os espaços.

A manutenção dos equipamentos também afeta a qualidade do ar fornecido, pois o mofo e os vírus se desenvolvem especialmente em equipamentos quentes e úmidos. Os filtros devem ser trocados com frequência para a remoção efetiva dos particulados. Os sistemas de filtro de ar HEPA (*high efficiency particulate air*) removem praticamente todos os alérgenos e poluentes do ar, inclusive as partículas muito pequenas. Alguns são projetados para o uso ininterrupto em uma casa e oferecem ar fresco no verão e calor no inverno.

Alguns materiais utilizados na arquitetura de interiores podem liberar compostos orgânicos voláteis (COVs) que podem irritar os olhos, a pele e o sistema respiratório. Alguns exemplos:

- Produtos de madeira prensada com formaldeído, como painéis de madeira aglomerada; há produtos sem COVs disponíveis. Se utilizados, vede todas as superfícies e bordas.

- Alguns carpetes e acolchoados de tapete e adesivos contêm COVs; selecione produtos que não os contenham ou não os utilize imediatamente após a instalação.

- Pisos e revestimentos de parede vinílicos, cuja flexibilidade se deve a plastificantes à base de petróleo; busque produtos alternativos.

- Tintas, stains e outros produtos de acabamento às vezes têm os níveis de COV impressos nos rótulos; selecione aqueles com os menores níveis e ventile os espaços ao utilizá-los.

- Alguns tecidos tratados e divisórias modulares para escritórios contêm produtos químicos que emitem COVs; se for utilizá-los, aguarde um período após a instalação.

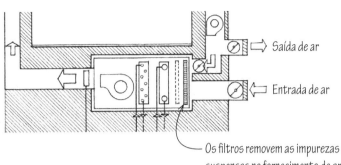

⇨ Saída de ar

⇦ Entrada de ar

Os filtros removem as impurezas suspensas no fornecimento de ar. Mais da metade dos problemas com a qualidade do ar de ambientes internos vem da ventilação e filtragem inadequada. Os códigos de construção especificam a quantidade de ventilação exigida para certos usos e ocupações em mudanças de ar por hora ou em metros cúbicos por hora por pessoa.

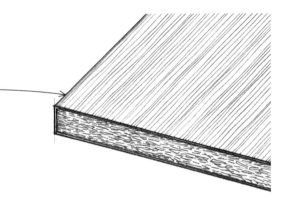

232 VENTILAÇÃO

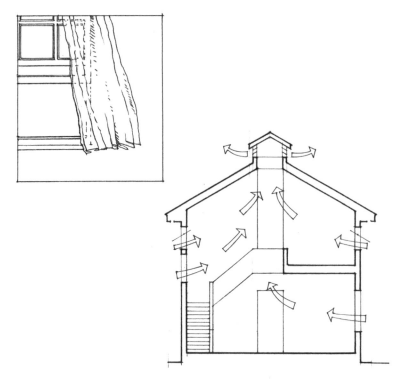

As edificações precisam de uma fonte de ar fresco para substituir o oxigênio utilizado pelas pessoas e por equipamentos nos interiores e remover o dióxido de carbono e outros poluentes do ar. Edificações projetadas sem janelas com caixilhos móveis limitam o ingresso de ar fresco. O aumento da ventilação e da distribuição do ar é o melhor modo para a renovação do ar na maior parte das edificações e aquele que apresenta melhor relação custo/benefício.

O ar flui através de uma edificação devido ao fato de se deslocar de zonas de alta pressão para zonas de baixa pressão. A ventilação natural exige:
- Uma fonte de ar que tenha temperatura, nível de umidade e limpeza adequados.
- Uma força propulsora — geralmente do vento ou da convecção térmica — para deslocar o ar através dos espaços habitáveis da edificação.

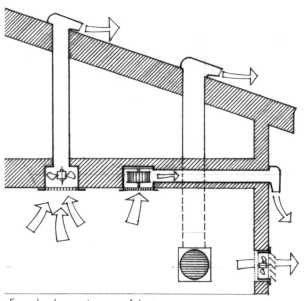

Exemplos de exaustores mecânicos

Os sistemas mecânicos utilizam ventiladores (exaustores) para movimentar o ar para dentro e para fora das edificações e incluem controles para regulagem de volume, velocidade e direção do fluxo de ar.

Os sopradores e ventiladores deslocam o ar por meio de dutos que o descarregam nos recintos de uma edificação. Os registros controlam o fluxo de ar que ingressa nos espaços internos. As grades de retorno de ar removem o ar viciado para ser limpo e reutilizado ou exaurido para fora da edificação.

A *infiltração* se refere ao fluxo do ar externo para dentro de um recinto através de fendas em janelas e portas ou outras aberturas nas vedações externas de uma edificação. Embora a infiltração possa trazer ar fresco para o interior, essas aberturas também podem provocar gastos de energia ao permitirem que o ar aquecido ou resfriado escape.

O objetivo principal de um sistema de calefação – ou aquecimento – é substituir o calor perdido dentro de um espaço interno. O sistema de aquecimento mais básico consiste em um meio de produção de calor, um equipamento para converter o meio a aquecer, um meio para levar o calor ao espaço e, por fim, um método para distribuir o calor no espaço.

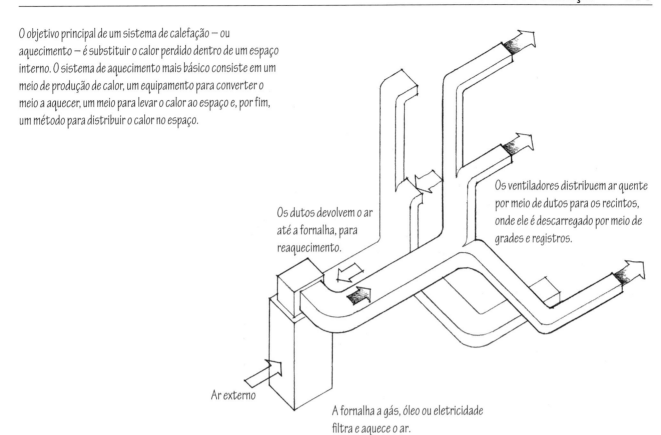

Os ventiladores distribuem ar quente por meio de dutos para os recintos, onde ele é descarregado por meio de grades e registros.

Os dutos devolvem o ar até a fornalha, para reaquecimento.

Ar externo

A fornalha a gás, óleo ou eletricidade filtra e aquece o ar.

Calefação por ar quente insuflado

A calefação por ar quente insuflado é um sistema de aquecimento do ar por meio do uso de uma fornalha a gás, óleo ou eletricidade, o qual é distribuído por dutos a registros ou difusores em áreas habitadas. Esse é o sistema de calefação mais versátil e difundido em residências e pequenas edificações.

Os dutos empregados para a calefação por ar quente insuflado geralmente são ocultos por um forro, mas também podem ser deixados aparentes ou estar atrás de outro elemento construtivo interno. A localização dos dutos e de seus registros de saída de ar e retornos pode afetar a aparência do forro, e deve estar coordenada com a localização de luminárias, *sprinklers*, alto-falantes e outros acessórios instalados no forro. Os arquitetos encarregados da arquitetura de interiores devem colaborar com os demais projetistas a fim de garantir um projeto de forro coordenado e visualmente interessante.

234 SISTEMAS DE CALEFAÇÃO

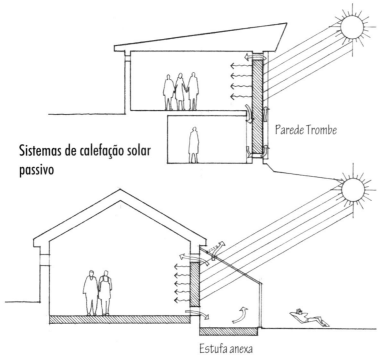

Sistemas de calefação solar passivo

Parede Trombe

Estufa anexa

A calefação solar

A quantidade de luz solar que incide sobre uma edificação geralmente tem energia suficiente para garantir seu conforto durante o ano inteiro. A maioria dos sistemas de calefação solar pode atender de 40 a 70% da carga de calefação de uma edificação.

Um *sistema de calefação solar passivo* incorpora a coleta da energia solar, seu armazenamento e distribuição ao projeto de arquitetura de uma edificação, com o uso mínimo de bombas ou ventiladores. Isso é obtido por meio do cuidado com a implantação do prédio e com o dimensionamento e projeto das janelas, além do uso de materiais com grande massa, que possam armazenar a energia térmica. Os beirais e elementos de proteção solar são utilizados para evitar o ofuscamento e o superaquecimento.

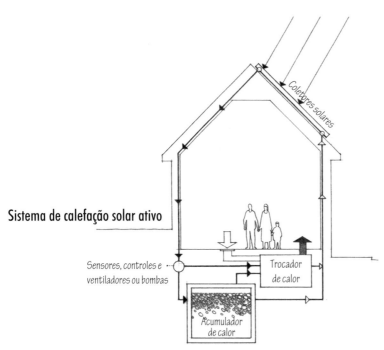

Sistema de calefação solar ativo

Sensores, controles e ventiladores ou bombas
Coletores solares
Trocador de calor
Acumulador de calor

Os *sistemas de calefação solar ativo* utilizam bombas, ventiladores, bombas de calor e outros equipamentos mecânicos para transferir e distribuir a energia térmica por meio do ar ou de um líquido. Eles proporcionam um controle do ambiente interno melhor do que os sistemas passivos e podem ser agregados à maioria das edificações existentes. A maior parte dos sistemas ativos é alimentada por energia elétrica.

Muitas edificações empregam sistemas híbridos, com elementos de projeto solar passivo complementados por ventiladores ou bombas elétricos.

Até mesmo um interior que não foi projetado especificamente para a calefação solar pode tirar partido dessa fonte de calor gratuita em dias frios, ao absorver o calor do sol que incide através das janelas ao longo do dia e bloquear sua perda, durante a noite, por meio de sistemas de tratamento térmico nas janelas.

Calefação por água quente

A calefação por água quente é um sistema de aquecimento em que a água aquecida em uma caldeira é bombeada para radiadores e convectores por meio do uso de tubulações. A calefação a vapor tem princípio semelhante, usando vapor gerado em uma caldeira e o circulando em tubos até os radiadores.

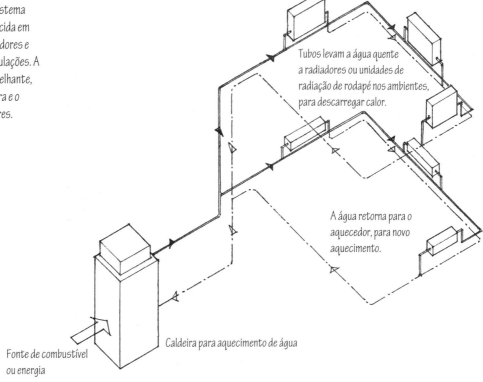

Tubos levam a água quente a radiadores ou unidades de radiação de rodapé nos ambientes, para descarregar calor.

A água retorna para o aquecedor, para novo aquecimento.

Caldeira para aquecimento de água

Fonte de combustível ou energia

Calefação por radiação

Os sistemas de aquecimento por radiação usam tetos, pisos e, às vezes, paredes como superfícies radiantes. A fonte de calor pode ser os dutos ou canos que transportam água quente ou cabos de aquecimento com resistências elétricas embutidos nos tetos, pisos ou paredes.

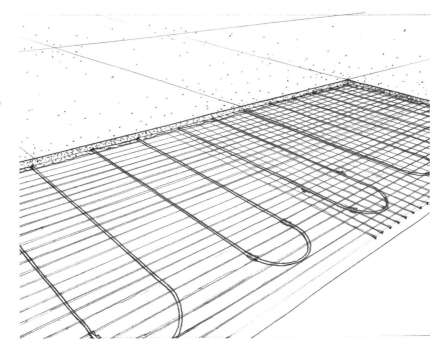

236 CONDICIONAMENTO DE AR

Em locais com clima frio, um condicionador de ar geralmente é considerado apenas um meio de fornecimento de ar frio. Um verdadeiro sistema de condicionamento de ar, no entanto, fornece controle climático ao longo de todo o ano, ao tratar o ar de vários modos, de forma a garantir o conforto térmico dos habitantes de uma edificação. Um sistema de ar condicionado é capaz de regular não somente a temperatura do ar, mas também sua umidade relativa, seu movimento e pureza.

Ao passo que os arquitetos e engenheiros projetam um sistema de condicionamento de ar durante o projeto de uma edificação, o arquiteto de interiores pode influenciar no resultado final com a escolha de revestimentos de parede, janela e piso e o ajuste dos padrões de fluxo de ar. O condicionamento de ar consome muita energia; para auxiliar na sua conservação, há estratégias que evitam o calor indesejado, como o sombreamento, e que ajudam o ar a se mover dentro do espaço, como a organização cuidadosa dos acessórios e a instalação de ventiladores de teto.

Sistemas de condicionamento de ar
- Trazem o ar da rua e o misturam com certa quantidade do ar do retorno
- Acrescentam ou removem calor ou vapor d'água, para controlar sua temperatura e umidade
- Descarregam o ar condicionado nos espaços internos de uma edificação

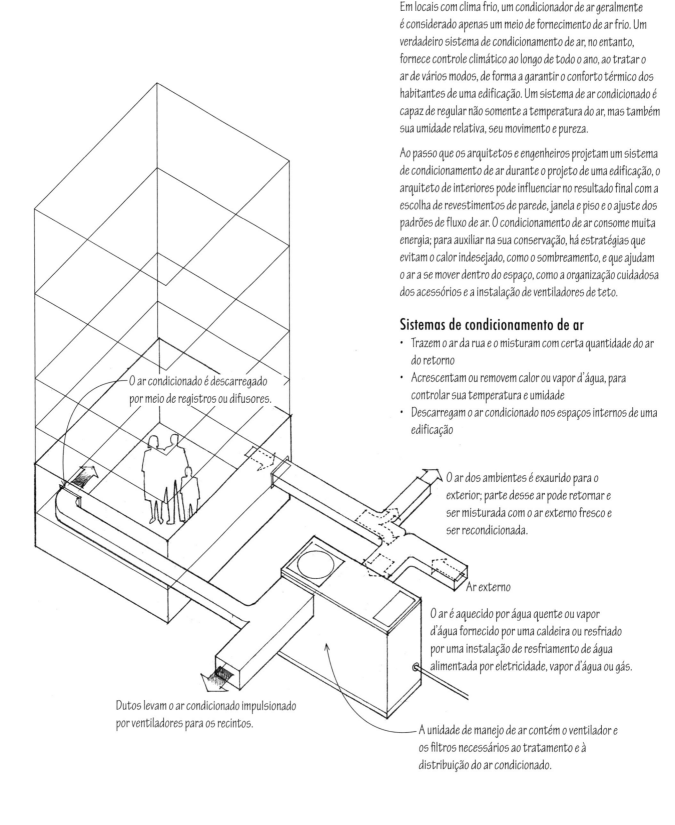

O ar condicionado é descarregado por meio de registros ou difusores.

O ar dos ambientes é exaurido para o exterior; parte desse ar pode retornar e ser misturada com o ar externo fresco e ser recondicionada.

Ar externo

O ar é aquecido por água quente ou vapor d'água fornecido por uma caldeira ou resfriado por uma instalação de resfriamento de água alimentada por eletricidade, vapor d'água ou gás.

Dutos levam o ar condicionado impulsionado por ventiladores para os recintos.

A unidade de manejo de ar contém o ventilador e os filtros necessários ao tratamento e à distribuição do ar condicionado.

CALEFAÇÃO E CONDICIONAMENTO DO AR 237

Sistemas totalmente hidráulicos
Tubos, que exigem menos espaço para instalação do que os dutos de ar, fornecem água quente ou refrigerada para *fan coils* (unidades de radiação) distribuídas nos espaços atendidos.

Os sistemas de tubulação dupla usam um tubo para fornecer água quente ou fria para cada *fan coil* e outro para devolvê-la para a caldeira ou central de água fria. Os *fan coils* têm um filtro de ar e um ventilador de centrifugação que trazem uma mistura de ar do cômodo com ar externo para cima das bobinas dos *fan coils*, que têm água quente ou fria, e então insuflam o ar de volta para o cômodo.

Os sistemas com quatro tubos utilizam dois circuitos de tubulação distintos – um para água quente e um para água fria – a fim de fornecer calefação e refrigeração ao mesmo tempo, conforme for necessário nas várias zonas da edificação.

Sistemas totalmente à base de ar
Nos sistemas de duto único com volume de ar constante (CAV), o ar condicionado é liberado para os cômodos a uma temperatura constante, por meio de um sistema de dutos de baixa velocidade.

Os sistemas de duto único com volume de ar variável (VAV) usam registros nas saídas, para controlar o fluxo de ar condicionado de acordo com as exigências de temperatura de cada zona ou espaço.

Nos sistemas de dutos duplos, duplos separados insuflam ar quente e ar frio em recipientes misturadores, os quais contêm registros com termostatos de controle. Recipientes misturadores quantificam e misturam o ar quente com o ar frio, para obter a temperatura desejada antes de distribuir o ar misturado para cada zona ou espaço. Os sistemas de dutos duplos ocupam mais espaço e tendem a ser mais caros do que os demais.

Os sistemas de reaquecimento terminal oferecem mais flexibilidade na hora de atender às exigências variáveis dos cômodos. Eles fornecem ar a aproximadamente 12°C a terminais equipados com bobinas elétricas ou de reaquecimento de água quente, que regulam a temperatura do ar insuflado em cada zona ou espaço com controle de temperatura individual.

Sistemas híbridos
Os sistemas híbridos funcionam à base de ar e água e empregam dutos com alta velocidade para fornecer ar pré-condicionado em um equipamento central a cada uma das zonas ou cômodos, onde o ar é misturado com o ar do ambiente e novamente aquecido ou refrigerado em unidades de indução.

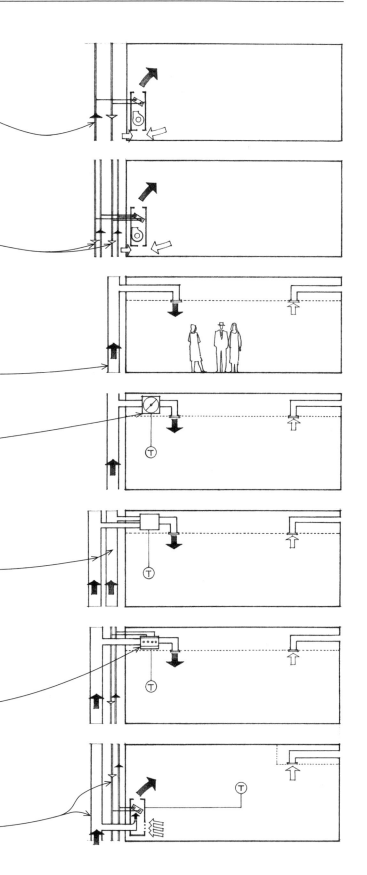

238 SISTEMAS DE DISTRIBUIÇÃO DE AR SOB O PISO

Os sistemas de distribuição de ar sob o piso são utilizados juntamente com pisos elevados, para a distribuição de ar condicionado em prédios comerciais. Eles melhoram o conforto térmico e ventilação dos recintos, além de contribuir para a qualidade do ar do interior.

Os pisos elevados consistem em painéis sustentados por pedestais. O pleno – espaço entre os painéis do piso elevado e o contrapiso – pode acomodar fios e cabos de comunicação, além de fazer a distribuição e circulação do ar.

Nesses sistemas, o ar condicionado em geral é transportado por dutos para dentro do pleno, onde flui livremente em direção às saídas de insuflamento de ar. As saídas costumam ficar no próprio piso, mas também podem estar em divisórias ou paredes internas ou em bancadas. O ar retorna pelo forro, onde também há um pleno.

O acabamento de piso mais comum é o carpete, que permite fácil acesso aos equipamentos abaixo dos painéis do piso elevado.

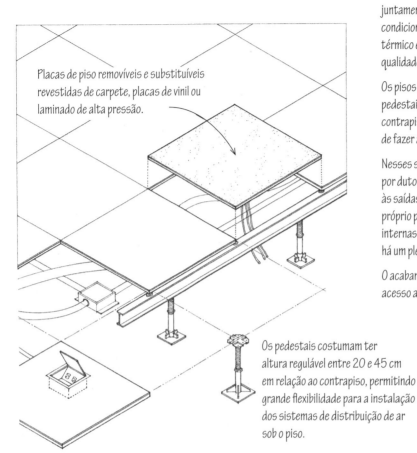

Placas de piso removíveis e substituíveis revestidas de carpete, placas de vinil ou laminado de alta pressão.

Os pedestais costumam ter altura regulável entre 20 e 45 cm em relação ao contrapiso, permitindo grande flexibilidade para a instalação dos sistemas de distribuição de ar sob o piso.

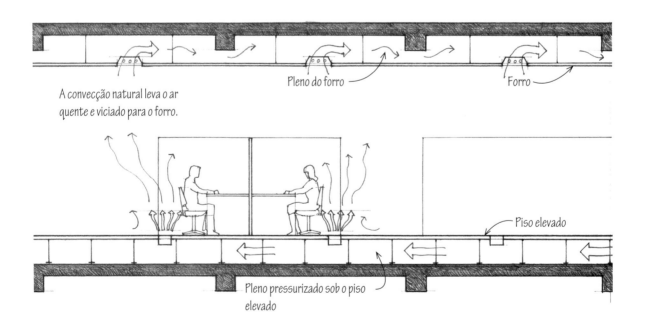

A convecção natural leva o ar quente e viciado para o forro.

Pleno do forro

Forro

Piso elevado

Pleno pressurizado sob o piso elevado

SISTEMAS DE FORNECIMENTO DE ÁGUA

Há duas redes separadas, mas paralelas, em um sistema hidráulico. O sistema de abastecimento da água fornece água potável para uso e consumo humano, bem como para uso nas instalações prediais e de combate a incêndio. A rede de esgoto despeja os dejetos produzidos após o uso da água.

Em geral, a água é fornecida a uma edificação por um distribuidor público sob pressão. O sistema de fornecimento de água deve superar as forças da gravidade e do atrito e levar a água até os vários pontos de consumo. A pressão necessária para a alimentação ascendente da água pode vir do tubo mestre ou de bombas dentro da edificação. Quando essa pressão for insuficiente, a água poderá ser bombeada até um reservatório elevado, para alimentação descendente por gravidade.

Um sistema separado de fornecimento de água quente inicia no aquecedor ou na caldeira e a leva a cada aparelho sanitário necessário. Tubulações com isolamento conservam o calor à medida que a água passa pelo seu ponto de consumo. Um aquecedor solar de água pode fornecer energia renovável para a rede de água quente.

Uma série de válvulas é necessária para controlar o fluxo de água em cada aparelho sanitário, assim como isolar um ou mais aparelhos sanitários do sistema de fornecimento de água, para reparos e manutenção.

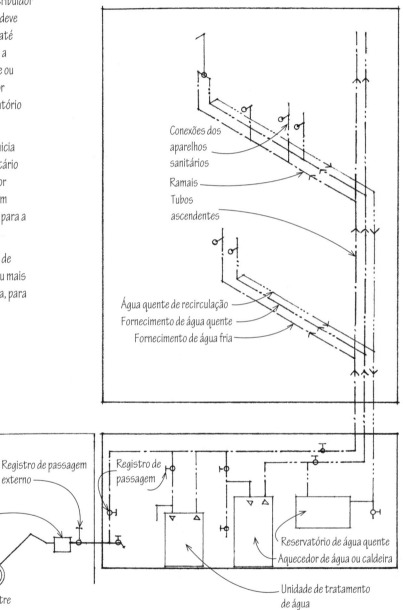

Em muitos lugares não há fornecimento adequado de água fresca, e a conservação dessa fonte finita é um componente importante da arquitetura sustentável. Alguns códigos de edificações exigem o uso de válvulas e aparelhos sanitários de baixo consumo de água para que se conservem os recursos hídricos.

Os aparelhos sanitários recebem água de um sistema de fornecimento e descarregam a escória líquida em um sistema de esgotamento sanitário. Os dois sistemas ficam separados para evitar a contaminação. Os aparelhos sanitários têm uma altura de desconexão entre o bico da torneira ou outro ponto de saída de água de um tubo de fornecimento e o nível de transbordamento de um receptáculo, para evitar que águas usadas ou contaminadas sejam sifonadas para dentro de um cano de alimentação.

Os registros de passagem do aparelho sanitário permitem que o fornecimento de água seja suspenso para consertos ou em emergências.

Deve-se ter acesso a registros de passagem em todos os interiores.

Um sifão é uma seção de um tubo de drenagem sanitária com a forma de um U ou S na qual permanecem águas residuais, formando um fecho hídrico que evita a passagem de gases de esgoto sem afetar o fluxo da água ou do esgoto pela tubulação. Em alguns países, sifões em S já não são permitidos, pois eles aumentam o risco de que a água servida retorne acidentalmente para o sistema de abastecimento.

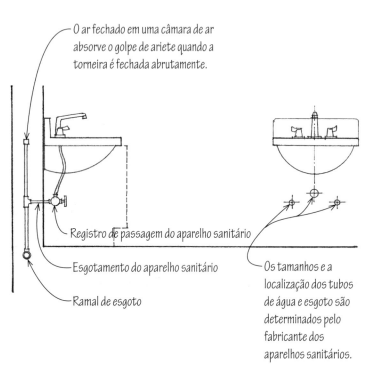

- O ar fechado em uma câmara de ar absorve o golpe de ariete quando a torneira é fechada abrutamente.
- Registro de passagem do aparelho sanitário
- Esgotamento do aparelho sanitário
- Ramal de esgoto
- Os tamanhos e a localização dos tubos de água e esgoto são determinados pelo fabricante dos aparelhos sanitários.

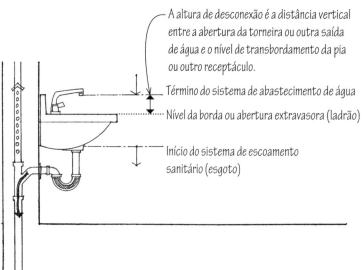

- A altura de desconexão é a distância vertical entre a abertura da torneira ou outra saída de água e o nível de transbordamento da pia ou outro receptáculo.
- Término do sistema de abastecimento de água
- Nível da borda ou abertura extravasora (ladrão)
- Início do sistema de escoamento sanitário (esgoto)

APARELHOS SANITÁRIOS

Geralmente chamada de privada ou patente, a *bacia sanitária* ou *vaso sanitário* consiste em um recipiente de cerâmica com assento removível com dobradiça e tampa, além de um sistema para a descarga com água. As instalações comerciais empregam tubos de água com válvulas de descarga que, uma vez acionadas por pressão direta da água, fornecem uma quantidade constante de água para a limpeza das bacias sanitárias. As bacias sanitárias têm sifões grandes que são forçados a evacuar com rapidez durante o processo de descarga, mas são novamente preenchidos com água fresca, mantendo a vedação. Uma bacia sanitária deve ter um sistema de ventilação próximo, para prevenir a sifonagem acidental entre as descargas.

Nos Estados Unidos, os códigos de edificações limitam a seis litros (1,6 galão) a quantidade de água consumida por descarga. Bacias sanitárias de alta eficiência e bacias pressurizadas são projetadas para funcionar bem até mesmo com quantidades de água inferiores a essa. As bacias sanitárias com descarga dupla permitem que o usuário selecione entre uma descarga pequena ou grande, dentro desses limites.

Uma bacia sanitária pode ter formato arredondado ou alongado; o segundo tipo é necessário em banheiros com acessibilidade universal. As bacias podem ser instaladas no piso ou na parede. A altura do assento de uma bacia sanitária de uso público é determinada pelas normas.

Os mictórios podem ser de uso coletivo ou individual; o segundo tipo é mais conveniente para crianças pequenas e cadeirantes. Os mictórios sem água economizam água nos banheiros, usando uma pequena lâmina de líquido higienizador, que permite a passagem da urina e ao mesmo tempo forma uma barreira contra os gases do esgoto.

Os bidês são aparelhos sanitários com forma similar à das bacias e que são projetados para a higiene pessoal. Uma alternativa mais comum ao uso do bidê é a ducha higiênica, instalada junto à bacia sanitária e com a mesma função do bidê.

As normas de acessibilidade detalham o projeto dos cubículos ou compartimentos de bacias sanitárias e estabelecem exigências para a instalação de barras de apoio e para as dimensões mínimas para o acesso e circulação de cadeirantes, raios de giro e áreas de piso que devem ficar desobstruídas junto aos equipamentos sanitários.

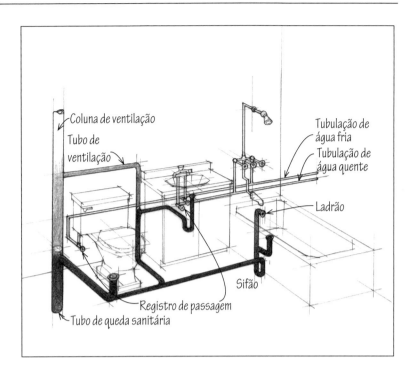

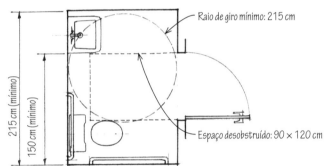

Lavabo com acessibilidade universal e acesso frontal

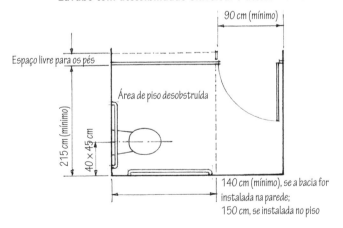

Compartimento de bacia sanitária com acessibilidade universal e acesso lateral

242 APARELHOS SANITÁRIOS

Os aparelhos sanitários podem ser fabricados nos seguintes materiais:

- **Bacias sanitárias, mictórios e bidês:** porcelana vítrea.

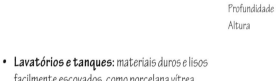

	Bacia sanitária	Mictório	Bidê
Largura	508–610 mm	457 mm	356 mm
Profundidade	559–737 mm	305–610 mm	762 mm
Altura	508–711 mm	610 mm	356 mm

- **Lavatórios e tanques:** materiais duros e lisos facilmente escovados, como porcelana vítrea, materiais com revestimentos sólidos à base de resinas, ferro fundido, aço esmaltado.

	Lavatório	Lavatório	Lavatório
Largura	762–914 mm	457–610 mm	457–610 mm
Profundidade	533 mm	406–533 mm	406–533 mm
Altura	787 mm altura da borda	787 mm altura da borda	787 mm altura da borda

- **Bases de boxes de chuveiros:** granitina, aço esmaltado, fibra de vidro, acrílico.
- **Boxes de chuveiros:** aço esmaltado, aço inoxidável, azulejos cerâmicos, fibra de vidro, acrílico, vidro.

	Chuveiro
Largura	762–1067 mm
Profundidade	762–1067 mm
Altura	1880–2032 mm

- **Banheiras:** acrílico, fibra de vidro, ferro fundido esmaltado, pedra artificial.

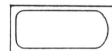

	Banheira	Banheira quadrada
Largura	1067–1829 mm	1118–1270 mm
Profundidade	762–813 mm	1118–1270 mm
Altura	305–508 mm	305–406 mm

- **Pias de cozinha:** ferro fundido esmaltado, aço esmaltado, aço inoxidável.

 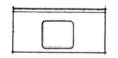

	Pia com balcão	Pia com cuba dupla	Tanque
Largura	1372–2134 mm	711–1168 mm	559–1219 mm
Profundidade	533–635 mm	406–533 mm	457–559 mm
Altura	203 mm	203–254 mm	686–737 mm altura da borda

APARELHOS SANITÁRIOS

Os *lavatórios* são bacias com água corrente para a lavagem do rosto e das mãos. O termo "pia" é empregado para os aparelhos sanitários similares empregados em áreas de serviço, cozinhas e lavanderias.

Os lavatórios de parede exigem suportes e conexões sanitárias internas à parede. Os lavatórios de bancada e as cubas têm tubulação na parte de baixo. Os modelos com pedestal são soltos, ou seja, não são instalados na bancada de um armário. Existem lavatórios com chafariz especialmente projetados para lavagem profunda das mãos e que são ideais para banheiros comerciais acessíveis e permitem diferentes alturas de instalação.

As duchas podem ser pré-fabricadas como uma peça completa ou totalmente construída *in loco*. Em edificações de uso público, a norma norte-americana exige que haja ao menos uma ducha com acessibilidade universal. Há dois tipos de duchas acessíveis: aquelas nas quais os cadeirantes podem permanecer em suas cadeiras de rodas durante o banho e as que exigem que eles saiam dela.

As banheiras podem ser instaladas de várias maneiras: em uma alcova delimitada por três paredes, em um canto do banheiro, montadas sobre uma plataforma, rebaixadas em relação ao nível do piso ou mesmo ficarem soltas (apoiadas em pernas ou instaladas diretamente sobre o piso). As banheiras de hidromassagem têm jatos de circulação da água acionados por um motor elétrico e geralmente são instaladas sobre uma plataforma.

Podem ser encontradas no mercado cachoeiras projetadas sob encomenda, nas quais o fluxo de água cai de um anteparo de vidro ao outro, evitando que a água espirre para as áreas adjacentes.

Hoje existem torneiras de acionamento automático (com sensores eletrônicos) para uso em cozinhas residenciais e com vários desenhos modernos. A operação sem o uso das mãos é fácil de ser transformada em manual. As torneiras de cozinha residenciais também estão disponíveis com acionamento com os pés.

Hoje tanto a lavagem como a secagem das mãos pode ser feita em apenas 14 segundos, evitando a necessidade de passagem a outra área para se ter acesso a toalhas de papel e prevenindo que a água pingue no piso.

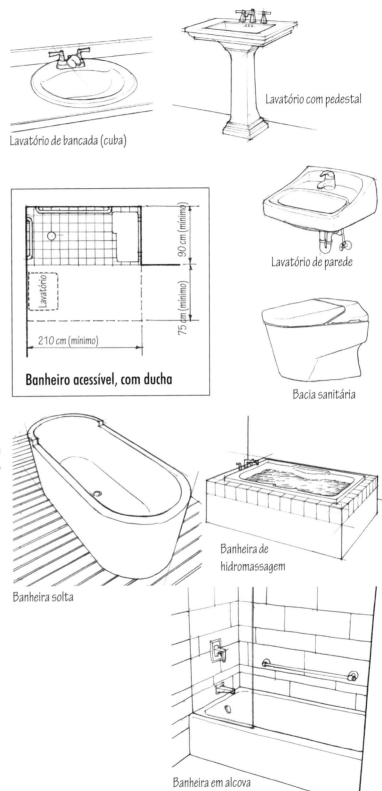

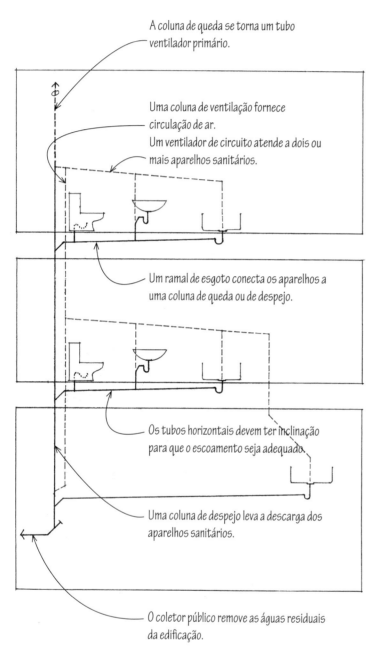

O sistema de fornecimento de água termina em cada aparelho sanitário. Depois do fornecimento e uso da água, ela entra no sistema de drenagem sanitária. O principal objetivo desse sistema é despejar a escória líquida e a matéria orgânica da forma mais rápida e eficiente possível.

Como um sistema de esgoto depende da gravidade para sua descarga, seus tubos são muito maiores do que nas linhas de abastecimento de água, que estão sob pressão. Além disso, há restrições quanto ao comprimento e à inclinação dos tubos horizontais e os tipos e a quantidade de curvas dos tubos de esgoto.

Gases são formados nos tubos de drenagem pela decomposição da matéria orgânica. Para evitar que esses gases entrem nos espaços internos de uma edificação, é necessário um sifão de ar ou de água em cada aparelho sanitário.

Além disso, todo o sistema de drenagem sanitária deve ter tubos de ventilação para o exterior da edificação. A ventilação dos tubos evita que os sifões fiquem sem água e permite que o ar circule no interior do sistema.

Hoje estão sendo fabricados ralos dotados de magnetos de níquel resistentes à corrosão, substituindo parafusos de fixação e mantendo o ralo bem fixo no piso.

INSTALAÇÕES ELÉTRICAS

Em 2016, cerca de 67% da energia elétrica nos Estados Unidos eram gerados com combustíveis fósseis, dos quais praticamente a metade era do carvão mineral, uma fonte de combustível fóssil finita e associada a graves problemas ambientais. A geração de energia com carvão mineral prejudica a paisagem natural e produz poluentes, além de converter apenas um terço de sua energia potencial em eletricidade. Outras fontes existentes e que estão sendo desenvolvidas incluem as fontes de energia hidrelétrica, nuclear, eólica e solar (fotovoltaica), a incineração de dejetos sólidos, a biomassa e as células de combustível a gás natural.

A transmissão da eletricidade em longas distâncias acarreta perdas de energia, e a armazenagem da energia elétrica para uso posterior pode ser problemática. A economia de energia por parte do usuário reduz a quantidade de energia que precisa ser gerada e é uma parte importante do projeto de arquitetura sustentável.

A energia elétrica flui por meio de um condutor devido à diferença de carga elétrica entre dois pontos de um circuito. Essa energia potencial é medida em *volts*. A quantidade real do fluxo de energia ou corrente é medida em *ampères*. A potência necessária para manter uma corrente elétrica funcionando é medida em *watts*.

Potência em watts = Corrente em ampères × Pressão em volts

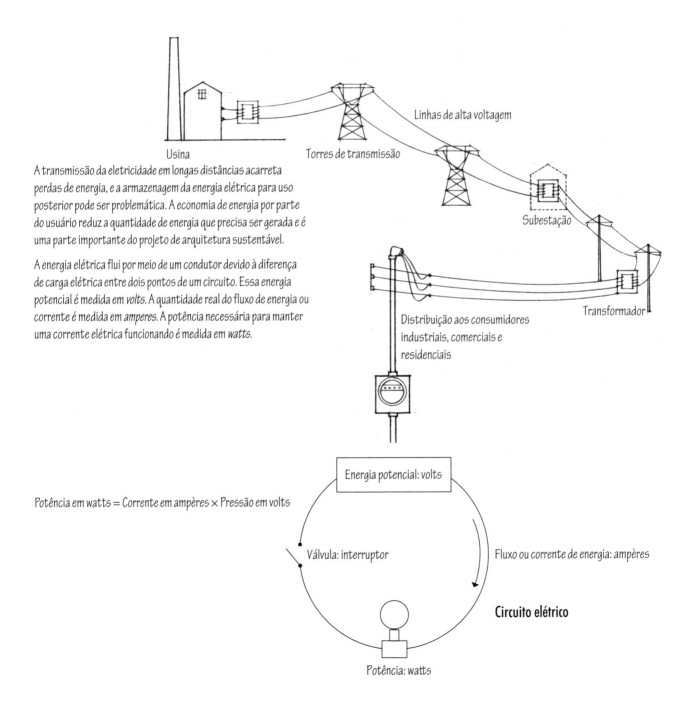

246 SISTEMAS DE ENERGIA ELÉTRICA

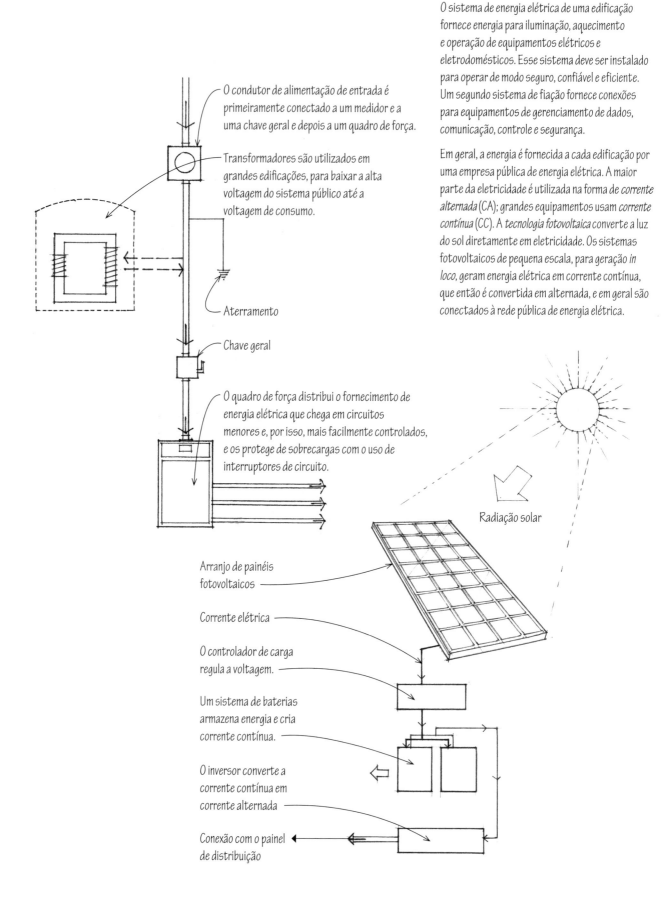

O condutor de alimentação de entrada é primeiramente conectado a um medidor e a uma chave geral e depois a um quadro de força.

Transformadores são utilizados em grandes edificações, para baixar a alta voltagem do sistema público até a voltagem de consumo.

Aterramento

Chave geral

O quadro de força distribui o fornecimento de energia elétrica que chega em circuitos menores e, por isso, mais facilmente controlados, e os protege de sobrecargas com o uso de interruptores de circuito.

Arranjo de painéis fotovoltaicos

Corrente elétrica

O controlador de carga regula a voltagem.

Um sistema de baterias armazena energia e cria corrente contínua.

O inversor converte a corrente contínua em corrente alternada

Conexão com o painel de distribuição

Radiação solar

O sistema de energia elétrica de uma edificação fornece energia para iluminação, aquecimento e operação de equipamentos elétricos e eletrodomésticos. Esse sistema deve ser instalado para operar de modo seguro, confiável e eficiente. Um segundo sistema de fiação fornece conexões para equipamentos de gerenciamento de dados, comunicação, controle e segurança.

Em geral, a energia é fornecida a cada edificação por uma empresa pública de energia elétrica. A maior parte da eletricidade é utilizada na forma de *corrente alternada* (CA); grandes equipamentos usam *corrente contínua* (CC). A *tecnologia fotovoltaica* converte a luz do sol diretamente em eletricidade. Os sistemas fotovoltaicos de pequena escala, para geração *in loco*, geram energia elétrica em corrente contínua, que então é convertida em alternada, e em geral são conectados à rede pública de energia elétrica.

CIRCUITOS DE ENERGIA ELÉTRICA

Para que exista corrente elétrica, um circuito deve ser completo. Disjuntores controlam a corrente ao introduzir interruptores em um circuito até que seja necessário o restabelecimento da energia elétrica.

Circuitos derivados distribuem energia elétrica nos espaços internos de uma edificação. A fiação de um circuito é dimensionada de acordo com a quantidade de corrente que ele deve transportar. Um fusível ou disjuntor no painel de distribuição desconecta um circuito quando excesso de corrente é levado a sua fiação.

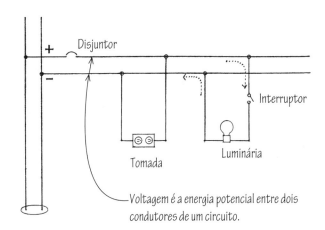

Voltagem é a energia potencial entre dois condutores de um circuito.

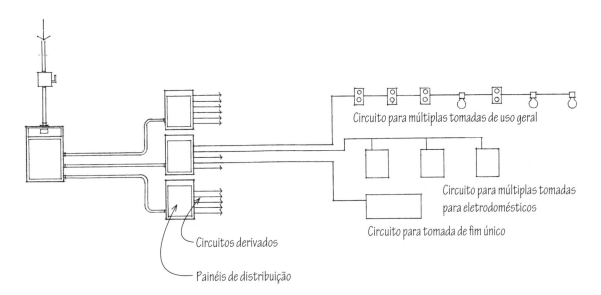

Circuito para múltiplas tomadas de uso geral

Circuito para múltiplas tomadas para eletrodomésticos

Circuito para tomada de fim único

Circuitos derivados

Painéis de distribuição

Circuitos de baixa voltagem levam energia alternada abaixo de 50V fornecida por um transformador abaixador de tensão que recebe voltagem normal. Esses circuitos são empregados em sistemas residenciais para operar campainhas, interfones, sistemas de aquecimento e resfriamento e equipamentos de iluminação controlados à distância. A fiação para circuitos de baixa voltagem não requer uma canaleta de proteção, chamada de conduíte.

Hoje, a distribuição da energia elétrica sem fio é amplamente utilizada em uma variedade cada vez maior de aparelhos digitais. A comunicação sem fio transfere informações entre dois ou mais pontos usando a energia eletromagnética, geralmente em ondas de rádio. Cada interruptor e sensor tem um pequeno transmissor que envia um sinal na frequência do rádio ao aparelho controlado e a um controlador de área, todos com receptores (detectores) de ondas de rádio. Os sensores podem ser alimentados por pilhas, fotocélulas ou energia térmica. Os interruptores sem fio também podem ser controlados apertando-se uma tecla ou virando-se uma chave.

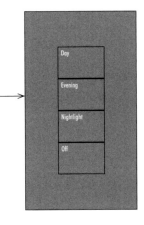

CIRCUITOS DE ENERGIA ELÉTRICA

Os sistemas de energia elétrica são projetados por engenheiros elétricos. O arquiteto de interiores muitas vezes dá informações quanto à localização das tomadas, das luminárias e dos interruptores para controlar sua operação. O projetista também deve estar ciente da potência necessária de uma instalação elétrica, de modo que ela possa ser coordenada com os circuitos existentes ou projetados.

As necessidades de carga das luminárias e dos equipamentos elétricos são especificadas por seus fabricantes. A carga de projeto de um circuito de uso geral, no entanto, depende do número de receptáculos servidos por ele e de que modo são empregados. Os códigos de energia elétrica devem ser consultados quanto a tais necessidades.

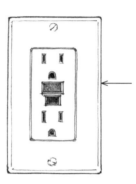

Interruptores com aterramento geralmente são exigidos em conjunto com disjuntores em circuitos que têm maior risco de choque elétrico, como perto da pia de um banheiro. Se o interruptor com aterramentos detecta qualquer vazamento de corrente do circuito, ele o desconecta imediatamente e por completo.

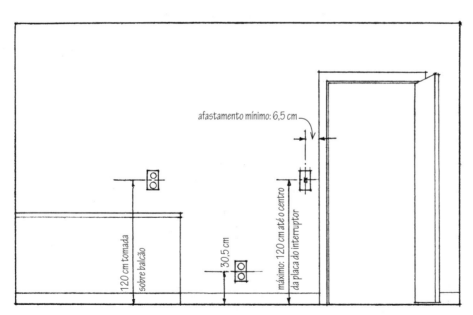

Alturas de interruptores e tomadas

TOMADAS DE ENERGIA ELÉTRICA 249

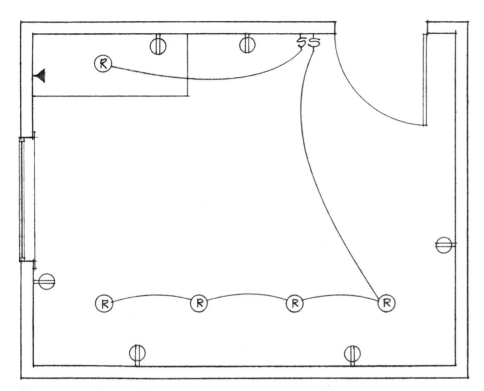

Planta de eletricidade e iluminação típica

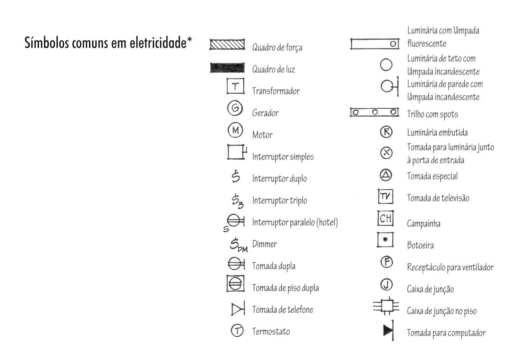

Símbolos comuns em eletricidade*

* N. de T.: Os símbolos apresentados são utilizados no Brasil. Não representam a totalidade nem são unânimes, podendo, portanto, apresentar pequenas variações.

SISTEMAS DE COMBATE A INCÊNDIO

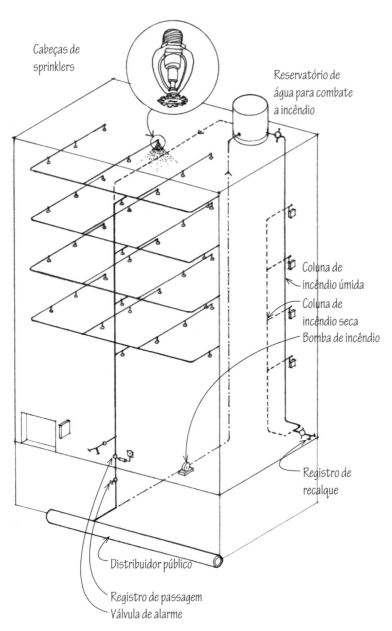

Sistemas de alarme e combate a incêndio conectam sensores e alarmes elétricos a um sistema que leva água à localização de um incêndio. Muitas partes desses sistemas são altamente visíveis em um espaço interno e devem, portanto, estar integradas ao projeto de interiores e, ao mesmo tempo, desobstruídas.

Sistemas automáticos de *sprinklers* (chuveiros automáticos) são alimentados por tubos muito grossos que derivam de modo a fornecer água às grades de cabeças de *sprinklers*. Quando o sistema detecta um incêndio, água é borrifada das cabeças de *sprinkler* mais próximas, para encharcar a área em chamas. As cabeças de *sprinklers* estão disponíveis nos tipos vertical, pendente e de parede e podem estar embutidas ou escondidas em tetos acabados. Sua localização é ditada por códigos de edificações e elas não devem ser pintadas após a instalação. O arquiteto de interiores deve coordenar os elementos de projeto do teto, inclusive as luminárias, com as cabeças de *sprinklers*.

Muitas edificações têm sistemas de mangueiras e coluna de incêndio que correm verticalmente pela edificação, para alimentar as mangueiras de combate a incêndio de cada pavimento. Uma bomba de combate a incêndio mantém a pressão de água necessária no sistema coluna de incêndio. O registro de recalque disponibiliza duas ou mais conexões por meio das quais o corpo de bombeiros pode bombear água a uma coluna de incêndio ou a um sistema de *sprinklers*.

SISTEMAS DE COMBATE A INCÊNDIO   251

Detectores de fogo e fumaça são categorizados por sua capacidade de detectar fogos incipientes, latentes ou fortes ou aumentos abruptos de temperatura. Em certos países, nas habitações, são exigidos detectores de fumaça externos e adjacentes a cada dormitório, dentro de cada um e no patamar superior de cada escada, com pelo menos um detector por pavimento, incluindo o porão.

Os alarmes de incêndio geralmente incluem uma luz que pisca e um alarme sonoro. Costumam ser na cor vermelha brilhante e instalados com muita visibilidade em paredes ou tetos. Eles devem ter alta visibilidade por parte dos usuários da edificação e não devem ser escondidos ou camuflados.

Painéis indicadores estão localizados junto a entradas das edificações e em outros locais estratégicos para ajudar os bombeiros a identificar a localização do incêndio. Às vezes são bastante grandes, na cor vermelha e têm grande visibilidade.

Muitas edificações possuem sistemas de comunicações projetados para alertar os ocupantes quanto às condições durante uma emergência e para permitir que os bombeiros fiquem em contato durante o combate ao incêndio. Algumas edificações também têm um painel central de emergência, com controles.

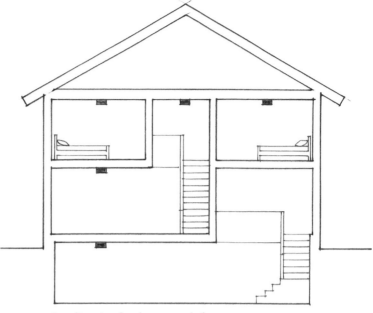

Localizações dos detectores de fumaça

Alarme de incêndio visual e sonoro

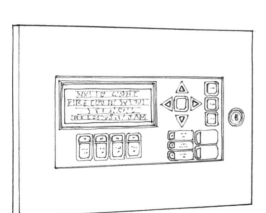

Painel indicador

252 CÓDIGOS E NORMAS

Esta seção apresenta algumas considerações sobre um sistema que, embora não seja imediatamente visível, afeta o projeto de uma edificação e de seus espaços interiores. Esse sistema consiste em uma variedade de leis e regulamentos elaborados por governos federais, estaduais e municipais em um esforço para proteger a segurança e a saúde pública, bem como o bem-estar comum.

Os regulamentos de zoneamento controlam o tamanho, a localização e o uso das edificações. Os códigos de edificações regulam como uma edificação é construída e ocupada. Muitos desses regulamentos incorporam normas estabelecidas por órgãos governamentais ou agências de testagem independentes.

Embora a principal responsabilidade no cumprimento dos requisitos de projeto seja dos arquitetos e engenheiros, o arquiteto de interiores deve estar ciente desses instrumentos regulatórios e estar sensível ao modo como eles afetam o projeto dos espaços internos. Também é preciso lembrar que os códigos frequentemente estabelecem padrões mínimos, e o mero cumprimento de seus requisitos não garantirá que uma edificação seja eficiente, confortável ou bem projetada.

O código de edificações aplicável a cada caso em geral especifica padrões mínimos para a estabilidade estrutural de uma edificação e a qualidade e o projeto de seus materiais e da construção. Ao planejar o interior de uma edificação ou a reforma de um prédio existente, um arquiteto ou engenheiro deve ser consultado, caso se preveja qualquer alteração dos elementos estruturais de uma edificação.

Códigos modelo e organizações de apoio nos Estados Unidos

International Code Council, Inc. (ICC)
    International Building Code
    International Residential Code
    International Energy Conservation Code
    International Plumbing Code
    International Mechanical Code
    International Existing Building Code

National Fire Protection Association (NFPA)
    NFPA 1 Fire Code
    NFPA 70 National Electrical Code
    NFPA 101 Life Safety Code

Organizações que estabelecem normas nos Estados Unidos

ANSI	American National Standards Institute
ASTM	American Society for Testing and Materials
FHA	Federal Housing Administration
GSA	General Services Administration
HUD	Department of Housing and Urban Development
NFPA	National Fire Protection Association
NIST	National Institute of Standards and Technology
UL	Underwriters' Laboratories Inc.

Códigos de prevenção contra incêndio

A prevenção contra incêndios é uma grande área de preocupação nos códigos de edificações. As exigências quanto à não combustibilidade ou resistência ao fogo dos elementos estruturais e paredes externas são especificadas de acordo com a ocupação de cada edificação, a área de piso, a altura e a localização. Além disso, paredes e portas resistentes ao fogo podem ser necessárias para subdividir uma edificação em áreas separadas e evitar que um incêndio em uma área se espalhe a outras.

Mesmo nos casos em que a estrutura de uma edificação não é combustível, um incêndio pode ocorrer devido a seus materiais de acabamento e conteúdo. Isso é de importância significativa para arquitetos de interiores ao especificar acabamentos e acessórios para paredes, como carpetes, cortinas e tecidos. Os regulamentos podem proibir o uso de materiais com baixo ponto de ignição ou determinar padrões para o grau permitido de dispersão de chamas e de emissão de fumaça.

Os *retardantes* ou *retardadores de chama* impedem ou dificultam a dispersão do fogo. Seu uso generalizado tem mostrado que eles são menos efetivos no combate ao incêndio e mais perigosos ao meio ambiente e à saúde humana do que se imaginava anteriormente. Os *PBDEs (éteres de difenilo polibromado)* têm sido utilizados como retardantes de chamas em materiais de construção, móveis, acessórios, espumas de poliuretano e tecidos. Assim como outros retardantes de chamas, os PBDEs são associados a problemas de fertilidade nos seres humanos e, portanto, estão proibidos nos Estados Unidos desde 2004.

Sistemas de *sprinklers* (chuveiros automáticos) são cada vez mais utilizados para controlar um incêndio que realmente começou. Além deles, geralmente são necessários detectores de fogo ou fumaça e sistemas de alarmes.

Saídas de emergência

As exigências para saídas de emergência existentes nos códigos de edificações e de prevenção de incêndio tratam da evacuação eficiente e segura de uma edificação em caso de incêndio ou de qualquer outra emergência. Essas exigências em geral se baseiam no tamanho, tipo de ocupação e forma de construção de um prédio. A princípio, deve haver, no mínimo, duas rotas alternativas de fuga de uma edificação a partir de qualquer espaço, para o caso de um trajeto estar interrompido pela fumaça ou pelo fogo. Saídas, escadas, rampas e portas devem se claramente sinalizadas, bem iluminadas e suficientemente largas para acomodar o número apropriado de ocupantes. As saídas de emergência devem abrir para fora e, em locais de grande acúmulo de pessoas, estar equipadas com sistemas de destravamento que irá abrir sob pressão.

Códigos de saúde e de segurança

Além da segurança estrutural e contra incêndios, assuntos gerais de saúde e segurança são tratados em códigos de edificações. Estes incluem o projeto de escadas em termos de proporções aceitáveis entre pisos e espelhos de degraus, larguras mínimas com base na ocupação, uso de patamares e exigências para corrimãos. Restaurantes, equipamentos de saúde e outros espaços internos podem ter exigências adicionais nos códigos de saúde. Para espaços habitacionais, é preciso fornecer luz natural com o uso de aberturas externas envidraçadas e ventilação natural, com janelas com caixilhos móveis. Tais exigências em geral se baseiam em um percentual da área de piso do recinto. Para determinados tipos de ocupação, a luz artificial e um sistema de ventilação mecânica podem ser aceitos como substitutos.

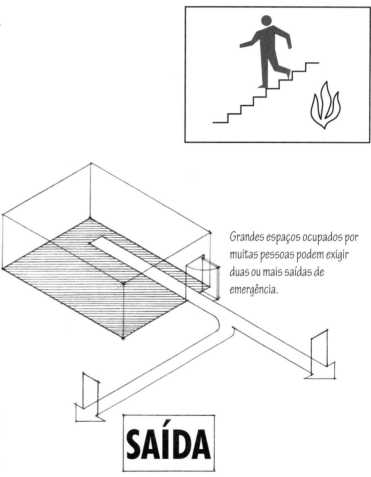

Grandes espaços ocupados por muitas pessoas podem exigir duas ou mais saídas de emergência.

Acessibilidade

Nos Estados Unidos, a Lei para os Norte-Americanos com Deficiências (ADA), de 1990, é a legislação federal que exige que as edificações sejam acessíveis, como direito civil, a pessoas com deficiências físicas e determinadas deficiências mentais. O acesso físico deve ser disponibilizado para indivíduos com todos os tipos de deficiência, não apenas para pessoas com dificuldades de locomoção. Isso inclui deficiências auditivas, visuais, fonológicas e cognitivas, bem como para pessoas de baixa estatura e com mobilidade física limitada, mas que não necessariamente precisam usar uma cadeira de rodas. A ADA também exige que sejam removidas barreiras ao acesso de tais pessoas nas edificações existentes em que isso é imediatamente factível.

Preocupações específicas que afetam os interiores incluem o uso de rotas acessíveis, meios de comunicação interna e elementos embutidos. Espaços para cadeiras de rodas, linhas de visão desobstruídas em locais de reunião e espaços livres em cozinhas, equipamentos de saúde e dormitórios para hóspedes estão entre as considerações incluídas na legislação.

Os projetistas devem se concentrar no cumprimento dos códigos e normas adotados em âmbito municipal e, além disso, ter em mente as exigências estatutárias federais, como as da ADA, no caso dos Estados Unidos. É prudente, no momento de revisar os projetos quanto ao código de edificações local, que também se tenha em mãos tal legislação específica.

Códigos de conservação de energia

O Código de Conservação de Energia dos Estados Unidos (IECC) apresenta exigências para que os projetos tenham eficiência energética. Muitos estados e jurisdições locais têm adotado seus próprios códigos de conservação de energia, que podem ter padrões muito distintos daqueles desse código modelo. Os códigos de conservação de energia limitam o uso total de energia de uma edificação, inclusive dos sistemas mecânicos e de energia elétrica e de iluminação, e exigem documentação quanto ao projeto e ao cálculo das cargas de energia, de modo a garantir seu cumprimento. Os limites ao uso de energia para iluminação são incluídos no cálculo do consumo energético total da edificação e podem afetar muito o trabalho do arquiteto de interiores.

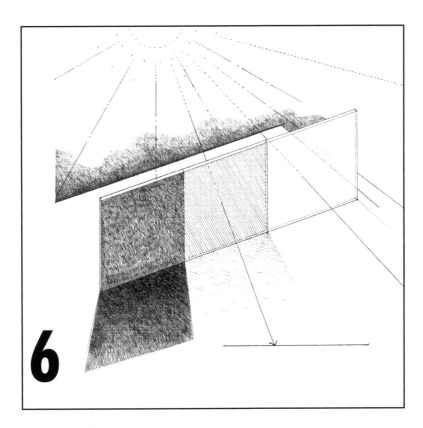

A Iluminação e a Acústica

A luz é energia irradiante. Ela irradia uniformemente em todas as direções e se espalha por uma área maior conforme emana de sua fonte. À medida que se dispersa, ela também diminui em intensidade, em proporção equivalente ao quadrado de sua distância até a fonte.

À medida que se move, a luz revela aos nossos olhos as superfícies e formas dos objetos no espaço. Um objeto em seu caminho irá refleti-la, absorvê-la ou permitir que uma luz incidente o atravesse.

Antigamente, o projeto de luminotécnica ou iluminação focava as questões técnicas, como o número de candelas por metro quadrado (a luminância), os quilowatts-hora (o consumo) ou os lumens (o fluxo luminoso). Contudo, o projeto sustentável colocou esse mundo em contato íntimo com outras preocupações de iluminação mais qualitativas, como a beleza e a aparência e a saúde e o bem-estar dos usuários. Mas a dicotomia entre essas duas abordagens está diminuindo, e o resultado são projetos sustentáveis que não se preocupam apenas com a economia de energia e também incluem os fatores humanos, o conforto e a produtividade.

Os LEDs (diodos emissores de luz) já se tornaram o tipo de fonte lumínica predominante em virtude de sua eficiência e vida útil. No princípio, as lâmpadas de LEDs tentavam imitar as outras fontes de iluminação, mas hoje elas estão evoluindo e adotando seus próprios estilos. Os sistemas de LEDs atuais incluem controles sem fio e previamente regulados e podem ser programados para atender individualmente aos usuários.

Uma questão que já foi levantada é a dos possíveis riscos à saúde gerados pela luz azul. Nos Estados Unidos, o Departamento de Energia concluiu que a luz azul dos LEDs ou de qualquer outra fonte utilizada nos usos de iluminação geral não representa qualquer ameaça. No entanto, o brilho e o componente azul da luz dos LEDs podem efetivamente prejudicar as crianças ou as pessoas com alguns problemas de visão, que às vezes não desviem seu olhar da fonte luminosa com a devida frequência.

Nos Estados Unidos, estão se tornando mais comuns as OLEDs, lâmpadas de LEDs orgânico, que possuem uma fina superfície que emite luz direta. As luminárias com OLEDs não exigem refletores, difusores ou dissipadores de calor. A luz dos OLEDs é suave, como se fosse velada por uma folha de papel; assim, esse tipo de lâmpada não pode ser utilizado em *spots*.

A sensação caseira transmitida por pendentes, candelabros e luminárias de mesa ajuda a conferir escala humana a um interior, embora a predominância dos contratos de aluguel de longo prazo muitas vezes torne difícil evitar sistemas de iluminação que podem se tornar obsoletos.

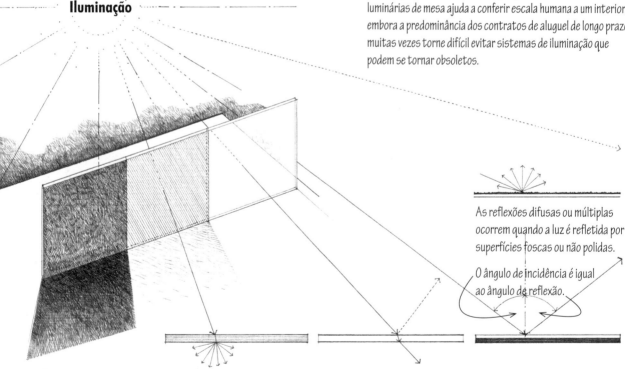

Iluminação

As reflexões difusas ou múltiplas ocorrem quando a luz é refletida por superfícies foscas ou não polidas.

O ângulo de incidência é igual ao ângulo de reflexão.

Os materiais opacos bloqueiam a transmissão da luz e projetam sombras.

A transmissão difusa ocorre através de materiais translúcidos, como o vidro jateado. A fonte de luz não é claramente visível.

A transmissão não difusa ocorre através de materiais claros e transparentes, como o vidro comum e alguns plásticos.

A reflexão especular ocorre quando a luz é refletida por uma superfície brilhante e opaca.

A ILUMINAÇÃO E A VISÃO   257

As fontes de luz, como o sol, as estrelas e as *lâmpadas* elétricas, são, visíveis devido à luz que geram. A maior parte do que vemos, contudo, é visível graças à luz que é refletida pelas superfícies dos objetos. Nossa capacidade de ver bem – ou seja, discernir formatos, cores e texturas e diferenciar um objeto de outro – é afetada não somente pela quantidade de luz disponível para iluminação, mas também pelos seguintes fatores:

- Brilho
- Contraste
- Ofuscamento
- Difusão
- Cor

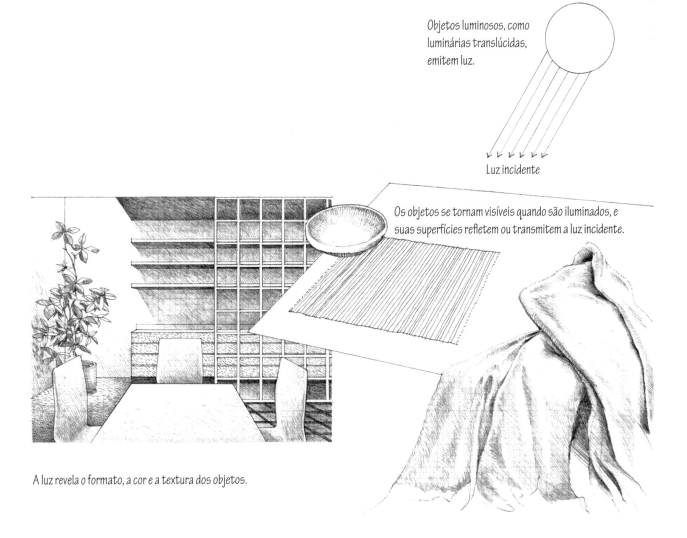

Objetos luminosos, como luminárias translúcidas, emitem luz.

Luz incidente

Os objetos se tornam visíveis quando são iluminados, e suas superfícies refletem ou transmitem a luz incidente.

A luz revela o formato, a cor e a textura dos objetos.

258   O BRILHO

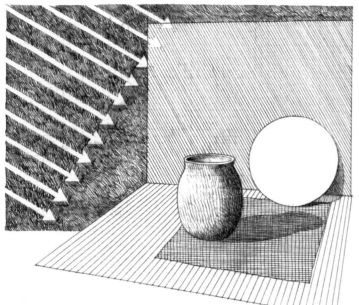

Brilho se refere a quanta energia luminosa é refletida por uma superfície. O grau de luminosidade de um objeto, por sua vez, depende do valor tonal da cor e da textura de sua superfície. Uma superfície brilhante e de cor clara refletirá mais luz do que uma superfície escura, fosca ou texturizada, ainda que ambas sejam iluminadas com a mesma quantidade de luz. De forma geral, a acuidade visual aumenta com o brilho do objeto. De mesma importância é o brilho relativo entre o objeto que está sendo observado e seu entorno. Para discernir seu formato, forma e textura, é necessário algum grau de contraste ou brilho. Por exemplo, um objeto branco sobre um fundo com o mesmo brilho seria difícil de ver, assim como um objeto escuro visto contra um fundo escuro.

Ainda que esses objetos estejam iluminados uniformemente, suas superfícies diferem em brilho conforme o valor tonal de suas cores e suas texturas e, consequentemente, suas habilidades de refletir a luz.

Brilho = Iluminação x Refletância

O contraste do brilho ajuda nossa percepção de formato e forma.

O contraste entre um objeto e seu fundo é especialmente importante em tarefas visuais que requerem a distinção de formatos e contornos. Um exemplo óbvio dessa necessidade de contraste é a página impressa, na qual as letras escuras podem ser lidas com mais facilidade sobre um papel de cor clara.

Para tarefas visuais que requerem distinção da textura da superfície e dos detalhes, menos contraste entre a superfície e seu fundo é desejável, porque nossos olhos se ajustam automaticamente ao brilho médio de uma cena. Alguém que é visto contra um fundo muito iluminado tem sua silhueta bem marcada, mas suas características faciais são de difícil discernimento.

O brilho superficial de uma área de trabalho deve ser o mesmo de seu fundo ou apenas levemente maior. Um grau de luminosidade máximo de 3:1 entre a superfície de trabalho e seu fundo geralmente é recomendada. Entre a superfície de trabalho e a parte mais escura do ambiente, o grau de luminosidade não deve exceder a 5:1. Graus de luminosidade maiores podem levar a ofuscamento e problemas de visão associados com a fadiga visual e com a perda de desempenho visual.

Um fundo muito brilhante ajuda a delinear figuras e a marcar silhuetas.

Para ajudar a identificar detalhes superficiais, o brilho de uma superfície deve ser aumentado.

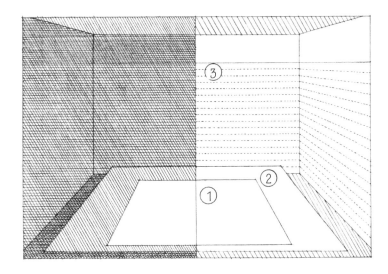

A área do entorno (3) deve ter brilho variando entre $1/5$ e 5 vezes aquele da área de trabalho (1).

3:1 é o grau de luminosidade máximo recomendado entre a área de tarefa visual (1) e seu entorno imediato (2).

260 O OFUSCAMENTO

Grandes contrastes podem ser desejáveis em certas situações.

O ofuscamento direto é causado pelo brilho das fontes de luz dentro do campo de visão normal de uma pessoa.

Ainda que nossos olhos prefiram uma iluminação uniforme, especialmente entre uma superfície de trabalho e seu fundo, eles conseguem se adaptar a uma ampla gama de níveis de brilho. Podemos responder a um grau de luminosidade mínimo de 2:1, bem como a um grau de luminosidade de 100:1 ou mais, mas não por muito tempo. Nossos olhos não podem responder imediatamente a mudanças extremas nos níveis de iluminação. Uma vez que nossos olhos se ajustaram a certo nível de iluminação, qualquer aumento significativo de brilho pode causar ofuscamento, fadiga visual e prejudicar o desempenho visual.

Há dois tipos de ofuscamento: direto e indireto. O ofuscamento direto é causado pelo brilho das fontes de luz dentro do nosso campo normal de visão. Quanto maior a fonte de luz, maior o potencial de ofuscamento. Possíveis soluções aos problemas de ofuscamento direto:

- Posicione as fontes de brilho fora da linha direta de visão.
- Se isso não for possível, use luminárias com ângulo de vedação ou com defletores adequados
- Além disso, eleve o brilho do fundo das fontes de luz e reduza o grau de luminosidade.

Talvez o maior problema potencial com os LEDs seja o ofuscamento. Os LEDs sem defletores podem extrapolar a luminância máxima aceitável para qualquer fonte luminosa. O ofuscamento gerado pelos LEDs pode ser resolvido com uma combinação entre deflexão, refração, difusão, iluminação indireta e iluminação de fontes adjacentes, para reduzir o contraste. Muitas das luminárias para LEDs que estão sendo desenhadas e comercializadas hoje resolvem o problema do ofuscamento, que deve ser uma consideração em todos esses tipos de equipamento.

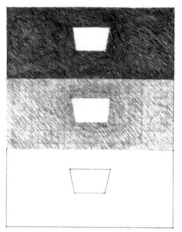

Reduza o grau de luminosidade entre a fonte de luz e seu fundo.

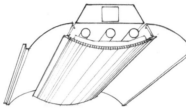

Use luminárias com ângulo de vedação ou com defletores adequados que minimizam a visão direta das lâmpadas.

Soluções possíveis ao ofuscamento

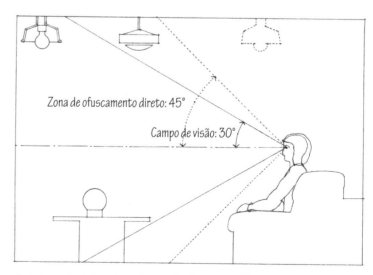

Posicione as luminárias longe da zona de ofuscamento direto.

O OFUSCAMENTO INDIRETO

O ofuscamento indireto ou refletido é causado por uma superfície de trabalho ou visão que reflete a luz de uma fonte de luz nos olhos do observador. O termo *refletância de encobrimento* às vezes é empregado para descrever esse tipo de ofuscamento, pois a reflexão da fonte de luz cria um encobrimento da imagem sobre a superfície de trabalho e uma perda resultante do contraste necessário para que a imagem seja vista.

O ofuscamento indireto é mais severo quando a superfície de trabalho ou observação é brilhante e tem um valor de refletância especular. O uso de uma superfície fosca e opaca pode ajudar a aliviar a imagem, mas não irá eliminar as refletâncias de encobrimento.

Soluções possíveis aos problemas do ofuscamento refletido:

- Localize a fonte de luz de modo que os raios de luz incidentes sejam refletidos para longe do observador.
- Use luminárias indiretas ou com difusores ou lentes que reduzam os níveis de brilho.
- Reduza o nível geral de iluminação no teto e o complemente com iluminação sobre os planos de trabalho mais próxima à superfície de trabalho.

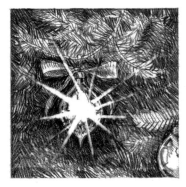

Brilho e lampejo são tipos desejáveis de ofuscamento.

O ofuscamento refletido afeta nossa habilidade de desempenhar tarefas visuais críticas, como leitura ou desenho.

Para minimizar as refletâncias de encobrimento quando não se sabe o posicionamento dos planos de trabalhos, use luminárias com baixo brilho ou conte com um nível de iluminação geral menor.

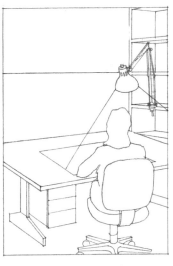

Uma boa solução de uso geral são baixos níveis de iluminação geral, complementados pela iluminação sobre os planos de trabalho, que é regulável pelo usuário.

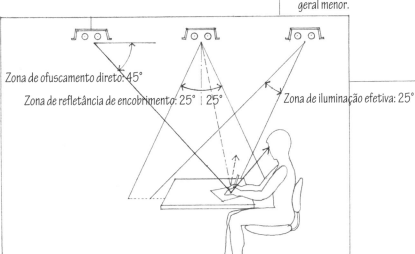

Zona de ofuscamento direto: 45°
Zona de refletância de encobrimento: 25° | 25°
Zona de iluminação efetiva: 25°

Fontes de luz brilhantes e concentradas sobre e à frente do plano de trabalho podem provocar o problema da refletância de encobrimento.

A LUZ DIFUSA

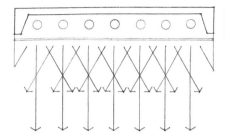

Grandes superfícies de luz produzem iluminação difusa.

Fontes de luz concentradas produzem iluminação direcional.

A difusão é uma medida da direção e dispersão de uma luz à medida que ela emana de sua fonte. Essa característica da luz afeta tanto a atmosfera visual de um recinto quanto a aparência dos objetos que estão nele. Uma fonte de luz ampla, como luminárias fluorescentes diretas ou indiretas suspensas no teto, produz uma iluminação difusa que é agradável, razoavelmente uniforme e em geral não provoca ofuscamento. A luz suave fornecida minimiza contrastes e sombras e pode dificultar a leitura das texturas superficiais.

Por outro lado, uma fonte de luz concentrada, como a gerada por um spot com lâmpada incandescente, produz uma luz direcional com pequena difusão. A iluminação direcional melhora nossa percepção de figuras, formas e texturas superficiais ao produzir sombras e variações de brilhos nos objetos que ela ilumina.

Embora a iluminação difusa seja útil para visão geral, ela pode ser monótona. Um pouco de iluminação direcional pode ajudar a aliviar essa uniformidade desinteressante, fornecendo destaques visuais, introduzindo variações de brilhos e dando brilho a superfícies de trabalho. Uma mistura de iluminação difusa e direcional é desejável e benéfica, especialmente quando várias tarefas devem ser desempenhadas em um mesmo ambiente.

A iluminação difusa minimiza contrastes e sombras.

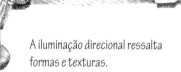

A iluminação direcional ressalta formas e texturas.

A COR DA LUZ

Outra característica importante da luz é sua cor e como ela afeta a coloração de objetos e superfícies em um recinto. Embora se pressuponha que a maioria das luzes seja branca, a distribuição espectral da luz varia conforme a natureza da sua fonte. A luz branca mais uniformemente distribuída é a luz do sol ao meio-dia; já nas primeiras horas da manhã, a luz natural pode variar de violeta a vermelha. À medida que o dia avança, a luz passa por um ciclo que vai de uma gama de laranjas e amarelos até um azul esbranquiçado ao meio-dia, retornando aos laranjas e vermelhos do pôr do sol.

A distribuição espectral das fontes de luz elétrica varia com o tipo de lâmpada. Por exemplo, uma lâmpada incandescente produz uma luz amarela esbranquiçada, ao passo que uma lâmpada fluorescente fria e branca produz luz azul esbranquiçada.

A cor aparente de uma superfície é o resultado da reflexão de seu matiz predominante e da absorção das outras cores da luz que a iluminam. A distribuição espectral de uma fonte de luz é importante porque se certos comprimentos de luz não estão presentes, então essas cores não podem ser refletidas e parecerão estar ausentes ou acinzentadas em qualquer superfície iluminada por aquela luz.

A aparência de uma fonte específica de luz ao ser acendida é chamada de temperatura da cor, a qual é medida em kelvin (K). Por exemplo, uma lâmpada incandescente produz luz com uma temperatura de cor entre 2.700 K e 3.000 K, enquanto a luz de uma lâmpada fluorescente branca e fria opera sobre uma temperatura de cor de cerca de 4.250 K. De forma geral, quanto mais baixa for a temperatura de uma fonte de luz, mais quente ela parecerá.

As lâmpadas de LEDs mais antigas não conseguiam emitir uma luz branca uniforme com índice de reprodução de cores consistente. Hoje, instituições como a Sociedade de Engenharia de Iluminação têm proposto novos sistemas de medição do índice de reprodução de cores mais adequados às características únicas dos LEDs.

Escala de temperatura das cores

Kelvin	Fonte de Luz
10000	Céu limpo (até 25.000 K)
9000	
8000	Luz do sul
7000	Lâmpada fluorescente do tipo "luz do dia"
	LED de luz branca fria
6000	Céu encoberto
	Matiz azul
5000	Luz natural ao meio-dia
	LED de luz branca do tipo "luz do dia"
4000	Lâmpada incandescente do tipo "luz do dia"
	LED de luz branca natural
3000	Lâmpada fluorescente branca quente
	LED de luz branca quente
2000	Lâmpada incandescente
	Nascer do sol

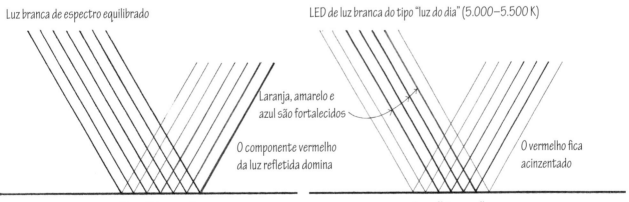

Luz branca de espectro equilibrado

LED de luz branca do tipo "luz do dia" (5.000–5.500 K)

Laranja, amarelo e azul são fortalecidos

O componente vermelho da luz refletida domina

O vermelho fica acinzentado

Superfície vermelha

Superfície vermelha

A ILUMINAÇÃO NATURAL

A fonte de toda luz natural é o sol. Sua luz é intensa, mas varia conforme o horário do dia, de estação para estação e de local para local. Ela também pode ser difundida pela nebulosidade, pela neblina, por precipitações ou por qualquer poluição presente no ar.

Além da luz solar direta, duas outras condições devem ser consideradas ao se projetar o uso de luz natural em um espaço — a luz refletida por um céu limpo e a luz de um céu encoberto. Enquanto a luz do sol direta enfatiza cores quentes e brilhantes, a luz celeste é mais difusa e enfatiza as cores frias.

Até 2013, quando a Sociedade de Engenharia de Iluminação adotou e publicou o guia para teste e cálculos *Lighting Measurement 83 (LM–83), Approved Method: IES Spatial Daylight Autonomy (sDA) and Annual Sunlight Exposure (ASE)*, não era possível se fazer comparações corretas do desempenho da luz solar. O LM–83 foi o primeiro sistema de medição do desempenho da luz diurna anual baseada em evidências a ser utilizado no setor da iluminação. Hoje incorporados à análise da luz de iluminação e aos pacotes de software de projeto, a sDA e a ASE (também conhecidas como sistema de medição da luz solar com base no clima ou sistema de medição da luz solar dinâmica) aumentam o rigor e a complexidade das consultorias de projeto iluminação natural e de avaliação do desempenho das edificações.

Os ritmos circadianos são um sistema biológico que envolve a melatonina (o hormônio que aciona os ciclos do sono). O principal regulador para o ritmo circadiano é a luz, embora a atividade noturna também possa afetá-lo. À medida que o sol se põe e a escuridão aumenta, a melatonina aumenta e começa a acalmar nosso corpo, preparando-o para dormir, como parte de um ritmo natural.

Hoje as pessoas podem passar tanto o dia como a noite em ambientes fechados, e, às vezes, permanecem um dia inteiro sem qualquer contato direto com a luz do sol. Assim, nem sempre utilizamos nossos ritmos circadianos para saber quando é hora de dormir ou de estar acordado.

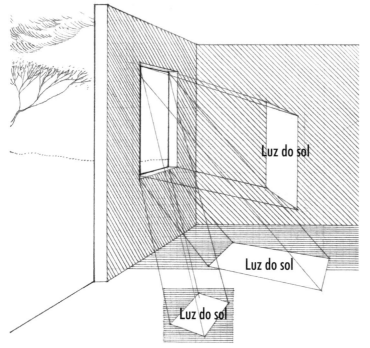

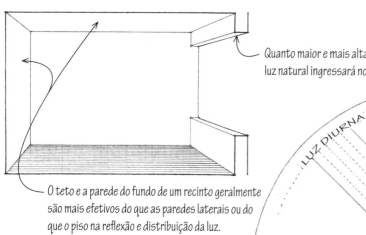

Quanto maior e mais alta a janela, mais luz natural ingressará no recinto.

O teto e a parede do fundo de um recinto geralmente são mais efetivos do que as paredes laterais ou do que o piso na reflexão e distribuição da luz.

PRINCÍPIOS DE ILUMINAÇÃO NATURAL   265

Os LEDs de luz azulada são mais efetivos na supressão da melatonina. Com o uso de LEDs com regulagem de cor, a luz solar brilhante pode se tornar mais amarelada e mais quente no final do dia, ajudando as pessoas a se prepararem para dormir quando chegarem em casa. A iluminação com LEDs concentrada, se empregada de modo inadequado, pode ser prejudicial a certos grupos de usuários. As pesquisas feitas sobre o nível e tipo de iluminação que seria desejável ainda continuam sendo feitas. A introdução da luz solar em um prédio pode diminuir a dependência da iluminação artificial, o que, por sua vez, reduz o consumo energético. A luz solar (ou diurna) também pode resultar em ganhos térmicos nos interiores, algo que pode trazer economia energética no clima frio, mas aumentar os gastos com condicionamento de ar nos meses mais quentes.

Nas muitas regiões do mundo que não contam com uma rede pública de distribuição de energia elétrica (ou em que ela é precária), um sistema de conversão de energia solar pode oferecer mais de 150 horas de funcionamento de iluminação com lâmpadas de LEDs com apenas cerca de 7,5 horas de luz solar forte.

O ofuscamento

Um problema associado à iluminação natural é o ofuscamento, que é causado por um contraste excessivo entre o brilho de uma abertura de janela e as superfícies de paredes mais escuras ou as sombras projetadas adjacentes a ela. Ao se lidar com o ofuscamento, a localização das janelas é tão importante quanto seu tamanho. A condição ideal é a iluminação equilibrada oriunda de, no mínimo, duas direções – de duas paredes ou de uma parede e do teto. Claraboias, em especial, podem ajudar a amenizar a dureza da iluminação natural direta.

Em recintos com janelas próximas ao chão, o ofuscamento pode ser causado pela luz refletida das superfícies externas de piso. Esse ofuscamento causado pelo piso pode ser reduzido com o uso de árvores para sombreamento ou por uma barreira de venezianas. O tratamento dado às janelas no lado de dentro também pode ser utilizado para difundir a luz ou evitar o ofuscamento.

A iluminação bidirecional – iluminação oriunda de duas direções – aumenta o nível de luz difundida em um espaço e reduz os riscos de ofuscamento.

O ofuscamento ocorre quando nossos olhos não podem se ajustar simultaneamente a áreas de brilho com contraste excessivo. Nossos olhos se adaptam à luz mais forte em nosso campo de visão, reduzindo nossa habilidade de discernir as áreas menos iluminadas.

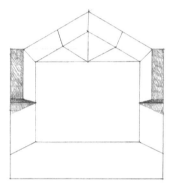 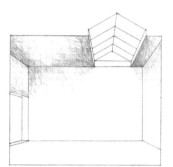

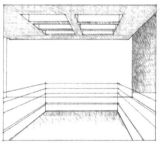 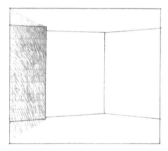

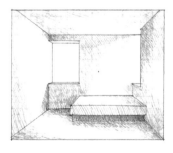 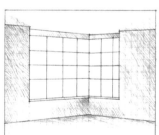

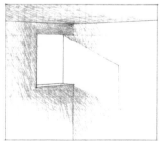 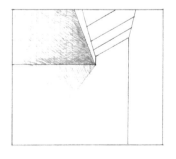

266   EXEMPLOS DE ILUMINAÇÃO NATURAL

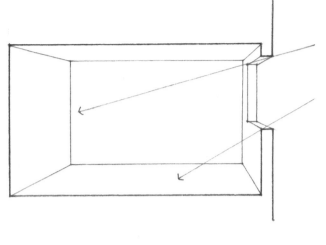

As aberturas de janelas altas permitem que a luz do dia penetre mais profundamente em um espaço interno e ajudam a reduzir o ofuscamento.

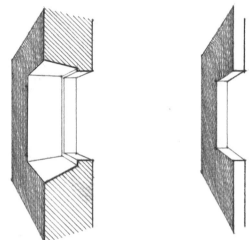

Janelas niveladas com uma parede acentuam os contrastes entre o exterior brilhante e as superfícies internas mais escuras. Janelas em paredes mais espessas, ombreiras chanfradas ou arredondadas podem diminuir esse contraste.

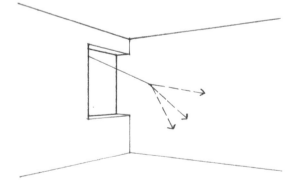

Localizar uma janela adjacente a uma parede perpendicular ou a uma superfície de teto maximiza a luz que entra pela janela. A superfície perpendicular é iluminada pela luz que entra e se torna ela própria uma grande fonte de luz refletida. O uso de acabamentos com altos níveis de refletância nas paredes e no teto, como tinta branca, ajuda a direcionar a luz refletida de modo mais profundo dentro do espaço, reduzindo a quantidade de luz elétrica necessária e economizando energia.

Uma prateleira de luz é um elemento horizontal externo localizado abaixo da verga de uma abertura de janela e em geral logo abaixo do nível dos olhos das pessoas. Uma prateleira de luz protege a porção inferior de uma janela da luz solar direta e reflete a luz natural em direção ao teto do recinto, que se torna uma superfície refletora e difunde a luz de modo mais profundo no espaço.

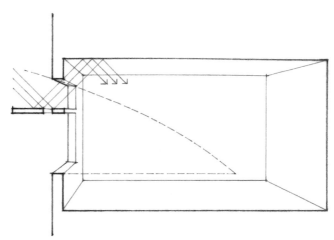

Claraboias são fechadas com vidros transparentes, translúcidos ou canelados ou com acrílicos transparentes, acinzentados ou esbranquiçados. Elas podem ter brises acionados por controle remoto, os quais difundem a luz e reduzem a transmissão de calor do sol.

Claraboias planas tendem a apresentar problemas de infiltrações e acúmulo de sujeira.

Claraboias inclinadas ou cupulares permanecem mais limpas e têm menos infiltrações.

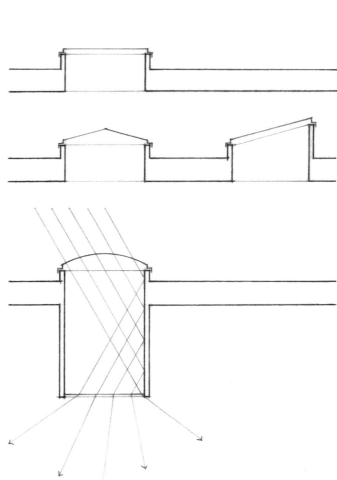

Claraboias tubulares, formando poços de luz, coletam a luz do sol por meio de um pequeno domo acrílico na cobertura, transmitem-na através de um *shaft* cilíndrico e a dispersam para dentro dos espaços internos por meio de lentes difusoras.

268 PRINCÍPIOS DE ILUMINAÇÃO

A luz é o principal recurso de animação de um espaço interno. Sem a luz, não haveria formas, cores ou texturas visíveis ou mesmo qualquer percepção visível de um espaço interno. A primeira função do projeto de luminotécnica, portanto, é iluminar as formas e o espaço de um ambiente interno, permitindo aos usuários a realização de atividades e a execução de tarefas com velocidade, acuidade e conforto adequados. A iluminação interna pode orientar o observador de maneira eficaz através de um espaço ou uma série de espaços, direcionando seu olhar para os pontos de interesse. A iluminação também confere segurança dentro dos espaços e proteção contra riscos potenciais.

Hoje, o projeto luminotécnico encontra-se em uma nova era, com a iluminação de estado sólido inserida em um contexto maior de sistemas que conseguem reunir e transmitir todos os tipos de dados em escala sem precedentes. As inovações já não estão prioritariamente voltadas para o lançamento de novos produtos, com seus desenhos e estilos inovadores. A iluminação não está tão centrada nas luminárias, e sim nos programas e controles eletrônicos. As novas tecnologias, como a das lâmpadas de LEDs, podem exigir estudos tecnológicos significativos por parte dos projetistas, e isso implica que eles têm menos tempo disponível para focar no desenho dos equipamentos de iluminação.

Os especialistas em luminotécnica têm respondido ao surgimento da iluminação com LEDs estudando de modo autodidata os produtos de iluminação de estado sólido e a gestão do tempo no projeto. Eles precisam se familiarizar com conceitos mensuráveis *in loco*, como o número de candelas (a luminância), a temperatura de cor correlacionada, o índice de reprodução de cores (e outros valores), a oscilação da luz e a difusão do feixe luminoso — sem falar nos critérios para testagem e avaliação do desempenho dos produtos.

Originalmente, o LEED não incluía o projeto de luminotécnica em seus requisitos. Os especialistas, contudo, lutavam por códigos energéticos sensatos e, à medida que o LEED se tornou mais influente, muitos deles adotaram os princípios de projeto deste sistema e contribuíram para o aprimoramento dos créditos relacionados à iluminação nas versões iniciais do LEED. Assim, com o aumento de sua popularidade, o LEED vem aumentando a conscientização da iluminação como um dos principais componentes do projeto eficiente em energia e ambientalmente responsável.

A iluminação interior permite que vejamos formas, nos desloquemos pelo espaço e executemos tarefas visuais. O projeto de luminotécnica é um processo de integração da luz com a estrutura física da edificação, o conceito do projetista para o espaço interno e os usos funcionais do espaço. Ele inicia quando se pensa na luz, e não nos equipamentos de iluminação. O ensino da luminotécnica, portanto, deveria promover um conhecimento mais profundo da luz em todas as disciplinas relacionadas para que os projetistas possam focar as práticas dos sistemas de iluminação que hoje são relevantes.

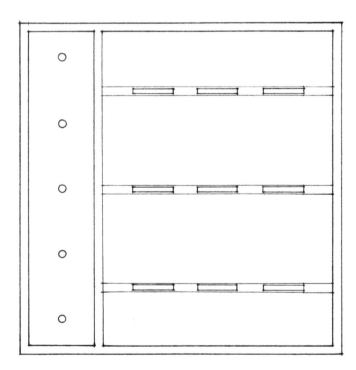

Padrões de iluminação

Luminárias mal posicionadas ou distribuídas de modo irregular contribuem para criar uma desorganização visual. Padrões de iluminação bem organizados enfatizam as características da arquitetura, oferecem pistas sobre o uso e a orientação do espaço e reforçam a intenção do projetista. Os desenhos de leiaute do projeto de luminotécnica coordenam o posicionamento das luminárias com as cabeças de *sprinkler*, os difusores, as grades de retorno do ar-condicionado, os detectores de fumaça, os alto-falantes e outros elementos do forro.

Equilíbrio no brilho

As superfícies verticais são os elementos mais evidentes, em termos visuais, em um espaço. A iluminação deveria preservar a integridade dos planos verticais, ressaltar características ou acabamentos especiais e evitar distorções espaciais como irregularidades nas paredes. Algumas estratégias:

- O uso de luzes em paredes opostas entre si.
- As luzes de parede em um plano podem ser combinadas com uma iluminação não uniforme em outro plano.
- O equilíbrio da iluminação de um espaço com a iluminação de seu centro.
- A iluminação de superfícies horizontais internas enfatiza detalhes, pessoas e movimento e tira a ênfase da arquitetura propriamente dita.
- Ilumine as superfícies verticais e do plano de teto de modo a enfatizar as formas da arquitetura.

Os fabricantes vêm desenvolvendo maneiras de integrar luminárias e lâmpadas a superfícies arquitetônicas. Essas estratégias incluem a iluminação de pisos com desenhos ou com sistemas integrados de orientação espacial, forros com superfícies homogeneamente iluminadas e painéis de metal pré-fabricados com LEDs embutidos que conferem vida às paredes por meio de uma variedade de efeitos visuais. Há desenhos tanto padronizados quanto feitos sob encomenda, e é importante que o arquiteto registre os desenhos e padrões utilizados para que os painéis possam ser substituídos com facilidade.

Razões de luminância

As diferenças de luminância são expressas como uma razão entre uma luminância e outra.

- Varie as luminâncias em alguns pontos do espaço, a fim de criar interesse visual e evitar a fadiga visual.
- Os monitores de computador tendem a refletir áreas brilhantes, embora esse problema já tenha melhorado graças a telas mais brilhantes e com melhores ângulos de regulagem. As luminárias com luz indireta também ajudam a resolver esse problema.

Sombras

Os padrões de luz e sombra criam interesse visual, ao enfatizarem a textura e a forma tridimensional dos objetos.

270 PRINCÍPIOS DE ILUMINAÇÃO

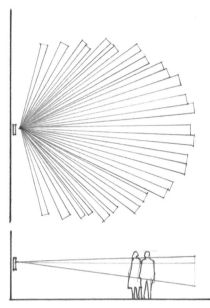

Os sensores de ocupação detectam a atividade dentro de uma área e ligam automaticamente as luzes quando alguém entra em um recinto. Eles reduzem o consumo de energia elétrica, ao desligar automaticamente as lâmpadas assim que o último usuário se retira.

A eficiência energética

A Administração das Informações Energéticas dos Estados Unidos estima que, em 2016, cerca de 10% do total da eletricidade consumida pelo setor residencial e comercial nos Estados Unidos foi destinada à iluminação; este valor corresponde a cerca de 7% do consumo de eletricidade desse país. Alguns códigos de edificações limitam o número de watts que pode ser consumido na iluminação. Os critérios de conservação de energia estão sendo cada vez mais importantes na seleção das fontes de luz, número e tipo de luminárias e especificação dos controles de iluminação. Consequentemente, os arquitetos devem estar cientes do consumo de energia ao projetarem a iluminação de um ambiente.

- Use a potência aceita pelo código para fornecer iluminação nos locais e horários necessários; limite o uso da luz indesejada.
- Faça um projeto integrado da iluminação natural e elétrica no espaço.
- Escolha cuidadosamente as fontes de luz e as distribua de modo racional.
- Controle a iluminação com o uso de dimmers, temporizadores e sensores de ocupação.

A modernização de um sistema de controles convencionais (com interruptores, *dimmers*, etc.) para outro mais moderno, com vídeos e sensores de ocupação que torna um prédio realmente inteligente, é uma mudança lógica, pois os sistemas antigos muito em breve se tornarão obsoletos. Os controles e sensores sem fio vêm sendo embutidos nas próprias luminárias, evitando a necessidade de instalações à parte. Os programas de integração reduzem os equipamentos necessários para os sistemas prediais, bem como o espaço físico exigido por sua instalação.

A *iluminância* é a medida da luz incidente em uma superfície. A iluminância não determina o nível de brilho aparente de uma superfície; uma superfície de cor escura não refletirá tanto a luz que incide sobre ela quanto uma superfície de cor clara. As condições de uma tarefa visual específica, bem como a acuidade visual do usuário, determinam o nível necessário de iluminância.

- Orientação e tarefas visuais simples: os níveis de iluminância têm pouca importância.
- Tarefas visuais cotidianas: o desempenho visual é importante, mas os níveis de iluminância variam conforme a tarefa.
- Tarefas visuais especiais: níveis de iluminância mais elevados são necessários em tarefas visuais com coisas muito pequenas ou que apresentam contrastes muito pequenos em elementos importantes.

FONTES DE LUZ ELÉTRICA

As fontes de luz elétrica empregadas em luminárias são chamadas lâmpadas. A quantidade e a qualidade da luz produzida diferem de acordo com o tipo específico de lâmpada utilizado. A luz também é modificada pelo suporte da lâmpada que a sustenta e lhe fornece energia e por qualquer refletor, lente ou defletor empregados para controlar como a luz é distribuída, difundida ou barrada.

O Índice de Reprodução de Cores (CRI) é uma medida da capacidade de uma lâmpada de mostrar as cores de modo preciso, quando comparada com uma fonte de luz de referência de temperatura de cor semelhante. Os fabricantes têm buscado melhorar o CRI de todas as fontes de luz para que se possa atingir uma boa representação de cores com pouco gasto de energia. Contudo, o uso de um espectrômetro é a melhor maneira de se conferir a emissão de luz azul de uma fonte luminosa de LEDs, o fluxo luminoso e a capacidade de reprodução de cores, e não apenas confiar nas classificações do índice de reprodução de cores ou da temperatura de cor correlacionada.

O parâmetro da fidelidade de cores IES TM-30 é um avanço considerável em relação ao índice de reprodução de cores (CRI), pois usa 99 amostras de cores, tem um espaço entre cores mais uniforme e seus cálculos expressam mais bem as condições reais e são mais adequados a elas. Embora ele ainda não ofereça tudo o que é necessário para que se considere totalmente a reprodução de cores, quando é utilizado junto com o ícone da distorção de cores do procedimento, a adição do parâmetro da gama de cores destaca a compreensão de como uma fonte luminosa efetivamente revelará a cor.

As fontes de luz eram tradicionalmente classificadas como quentes ou frias, e muitas vezes havia apenas uma cor disponível para as fontes de luz específicas. Hoje há diversas fontes de luz com uma grande variedade de cores aparentes, incluindo lâmpadas fluorescentes e com LEDs. De acordo com Randy Burkett, da Randy Burkett Lighting Design, uma firma de iluminação de Saint Louis, Estados Unidos (*Architectural Lighting*, novembro/dezembro de 2016), com o surgimento de arranjos de emissores multicoloridos e de outras opções de fontes de LEDs mistas, a luz branca e sua capacidade de reprodução de cores pode ser adequada a uma necessidade particular de projeto.

A *temperatura de cor correlacionada (CCT)* é um padrão de referência que se correlaciona com uma cor padrão e é identificada em kelvins (K). Quanto maior for o número, mais fria será a fonte luminosa, e vice-versa.

Eficácia é a medida de eficiência de uma fonte luminosa, calculada em lúmens por watt. Um *lúmen* é a medida da quantidade de luz emitida por uma fonte ou incidente em uma superfície, independentemente da direcionalidade.

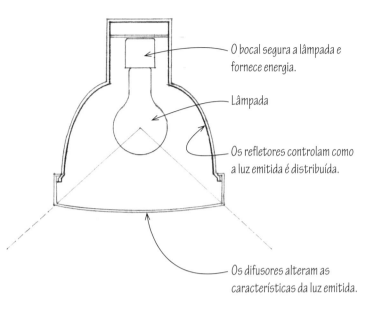

O bocal segura a lâmpada e fornece energia.

Lâmpada

Os refletores controlam como a luz emitida é distribuída.

Os difusores alteram as características da luz emitida.

Índice de Reprodução de Cores (CRI) de várias fontes luminosas

CRI	Fonte de luz
100	Luz do sol ao meio-dia; luz diurna média
93	Lâmpada incandescente de 500 W
89	Lâmpada fluorescente de luxo de luz branca e fria
78	Lâmpada fluorescente de luxo de luz branca e quente
62	Lâmpada fluorescente branca e fria
52	Lâmpada fluorescente branca e quente

Temperatura de cor correlacionada (CCT)

Kelvin	Fonte de luz
2700	Lâmpada incandescente
3000	Lâmpada de halogênio
2700–6500	Lâmpada fluorescente
3000–4000	Lâmpada de halogeneto metálico
2800–6000	Lâmpada LED
5500–7500	Luz diurna

DIODOS EMISSORES DE LUZ (LEDs)

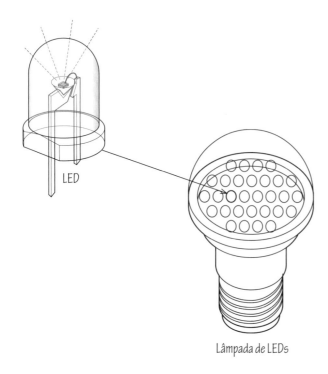

Lâmpada de LEDs

Lâmpada tubular de LEDs

Os LEDs (diodos emissores de luz) emitem pouquíssimo calor e são muito eficientes em termos de energia. Eles têm vida útil extremamente longa, em geral de cerca de 10 anos. LEDs de luz branca e alta potência são utilizados para a iluminação. Eles são resistentes a vibrações, ao calor e a choques e não contêm mercúrio. Suas lâmpadas minúsculas (3 mm) podem formar arranjos maiores para misturar cores e aumentar a iluminação. Os LEDs funcionam com tensão de corrente contínua, que é convertida da corrente alternada na própria lâmpada.

As lâmpadas de LEDs são utilizadas para a iluminação residencial e comercial. Esses equipamentos hoje estão sendo projetados para a maioria dos propósitos de iluminação, inclusive para focar a luz, e cada vez mais são utilizados para a iluminação sobre o plano de trabalho. As lâmpadas de LEDs também são empregadas em luminárias embutidas em forros ou painéis de parede, em escadas e para a sinalização de emergência. Existem fitas de LEDs flexíveis, que permitem a iluminação homogênea em linhas curvas ou com ângulos retos.

Os LEDs são projetados para consumir menos energia e têm potências muito inferiores às das demais fontes de luz. O consumo de energia elétrica é medido em watts, mas essa unidade não é a adequada para determinar o brilho de um LED. Para isso, mede-se o fluxo luminoso em lumens (lm), e quanto mais elevado ele for, mais brilhante será a lâmpada. Por exemplo, uma lâmpada de LEDs entre 6 e 9 watts tem fluxo luminoso de 450 lm, o equivalente a uma lâmpada incandescente de 40 w; uma entre 25 e 28 watts tem fluxo luminoso de 2.600 lm, equivalendo a uma lâmpada incandescente de 150 w.

Uma questão que pode afetar as lâmpadas de LEDs é o controle térmico do ambiente no qual elas são utilizadas. Cargas térmicas elevadas podem reduzir os fósforos que são empregados em um LED para converter a luz azul e violeta em luz branca, degradar a cor do silício de grau óptico e reduzir a durabilidade dos diodos que compõem as lâmpadas. Isso acarretará uma perda do fluxo luminoso gerado ao longo da vida útil dos LEDs, e a cor emitida por esses sofrerá alteração. No passado, os fabricantes costumavam incluir dissipadores de calor nessas lâmpadas, que chegavam a aumentar em mais de 50% o peso total do produto, elevando o consumo de material e os custos de transporte, além de resultar em lâmpadas bem mais volumosas. Todavia, as lâmpadas mais modernas são muito mais sofisticadas, leves e esbeltas, e, portanto, consomem alumínio, cerâmica ou outro material dissipador menos pesado. Além disso, os modelos mais modernos de lâmpada de LEDs contam com o dissipador de calor integrado ao próprio desenho do produto ou com um sistema de ventilação que afasta o calor dos LEDs. Alguns modelos inclusive possuem ventiladores, mas há o risco de superaquecimento, caso o ventilador pare de funcionar.

DIODOS EMISSORES DE LUZ (LEDs)

Alguns dos problemas do uso dos LEDs advêm de sua incompatibilidade com os componentes e controles das luminárias herdados dos fabricantes de equipamentos de iluminação antigos ou em estado sólido. A evolução contínua da tecnologia dos LEDs tem tornado praticamente impossível o desenvolvimento de um conjunto de normas técnicas. Contudo, à medida que o uso da iluminação com LEDs se tornar mais difundido, imagina-se que esses problemas sejam resolvidos.

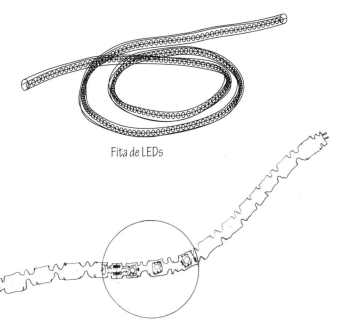

Fita de LEDs

Fita de LEDs RibbonLyte, fabricada pela Acolyte Lighting

Iluminação de escada com fitas de LEDs

Luminárias de LEDs

Eficiência comparativa da lâmpadas

Tipo de lâmpada	Lúmens/watt
Incandescente de 100–200 W (230 V)	13–15
Halógenas de 100–200–500 W (230 V)	16–20
Incandescente de 5–40–100 W (120 V)	5–18
Fluorescente, tubular, reator eletrônico T12	60
Fluorescente compacta de 9–32 W	46–75
Fluorescente, tubular, reator eletrônico T8	80–100
Fluorescente, espiral, reator eletrônico	114–124
Lâmpada de halogeneto metálico	65–115
Lâmpada de sódio de alta pressão	85–150

274 LÂMPADAS FLUORESCENTES

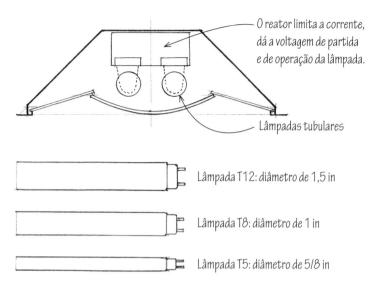

O reator limita a corrente, dá a voltagem de partida e de operação da lâmpada.

Lâmpadas tubulares

Lâmpada T12: diâmetro de 1,5 in

Lâmpada T8: diâmetro de 1 in

Lâmpada T5: diâmetro de 5/8 in

A lâmpada T12 padrão é atualmente considerada ultrapassada, tendo sido substituída pelas lâmpadas T8.

Lâmpadas T8 e T5:
- Representação de cores melhor que nas lâmpadas T12 padrão
- A T5 tem eficiência de iluminação maior que a T8 ou a T12
- Diâmetros de tubos menores que a T12
- As lâmpadas T5 são menores que as T8, mas produzem praticamente a mesma quantidade de luz, podendo provocar ofuscamento.

Lâmpadas Fluorescentes Compactas:
- Disponíveis de 5 a 80 watts
- Alta eficácia (60–72 lúmens por watt, em geral)
- Boa representação de cores
- Longa vida útil (6.000 a 15.000 horas)
- Em tubo ou em espiral
- Muitas estão disponíveis com um lastro reator e bases rosqueadas, para a substituição direta de lâmpadas incandescentes
- Impossibilidade de controle do feixe luminoso e do uso de *dimmers*
- Contêm mercúrio

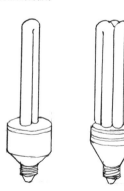

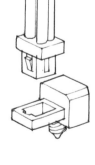

As lâmpadas de descarga produzem luz por meio da descarga de energia elétrica entre eletrodos em um recipiente preenchido com gás. Um tipo comum é a lâmpada fluorescente.

As lâmpadas fluorescentes são lâmpadas de descarga tubulares de baixa intensidade que produzem luz ao gerar um arco elétrico que passa pelo vapor de mercúrio lacrado dentro de seus tubos. Isso produz uma luz ultravioleta que energiza o fósforo que reveste as paredes internas dos tubos e então emite luz visível. Por conterem mercúrio, as lâmpadas fluorescentes exigem um cuidado especial ao serem recicladas. A partir de 15 de abril de 2007, os fabricantes dos Estados Unidos membros da Associação Nacional de Fabricantes de Produtos Elétricos voluntariamente adotaram limites máximos de conteúdo total de mercúrio em lâmpadas fluorescentes compactas: 5 mg para lâmpadas com até 25 w de potência, 6 mg para lâmpadas entre 25 e 40 w. Todavia, uma lâmpada tubular que se quebrar sempre liberará mercúrio no meio ambiente, exigindo a adoção de procedimentos especiais para a sua limpeza segura. Por outro lado, os LEDs, que não contêm mercúrio, cada vez mais substituem as lâmpadas fluorescentes em muitos usos.

As lâmpadas fluorescentes são mais eficientes e têm maior vida útil (6.000 a 24.000 horas ou mais) do que as incandescentes. Elas emitem pouco calor e estão disponíveis em diversos tipos e potências. Os comprimentos comuns variam entre os 152 mm de uma T5 de 4 watts e os 2438 mm de uma T12 de 125 watts. As lâmpadas fluorescentes exigem um reator para regular a corrente elétrica através da lâmpada. Sua base pode ser com pinos ou rosqueada.

A substituição de lâmpadas fluorescentes por lâmpadas de LEDs é relativamente recente no mercado. Assim, aquelas ainda são uma opção viável, quando se considera desempenho, vida útil e custo. As lâmpadas fluorescentes são, na verdade, uma tecnologia intermediária entre a das lâmpadas incandescentes e a das lâmpadas de estado sólido de LEDs.

Atualmente há lâmpadas fluorescentes em diversas cores, incluindo branco quente, branco frio, luz do sol, luz diurna fria e luz celeste branca. Os índices de CRI aproximados variam entre 50 e 95, e as temperaturas de cor entre 2700 K e 8000 K. Também há lâmpadas fluorescentes com *dimmer*.

LÂMPADAS DE DESCARGA DE ALTA INTENSIDADE 275

As lâmpadas de *descarga de alta intensidade* (HID) – de vapor de mercúrio, sódio de alta pressão (HPS) e de halogeneto metálico – produzem luz ao transmitir uma corrente elétrica através de um gás ou vapor sob alta pressão. Essas lâmpadas têm uma longa estimativa de vida e consomem pouca energia para produzir uma grande quantidade de luz a partir de uma fonte relativamente pequena. Elas levam vários minutos para aquecer. A maioria é empregada para a iluminação industrial, comercial, viária e de segurança. Seu nível de representação de cores em geral é baixo ou médio. Em muitas aplicações, as lâmpadas de descarga de alta intensidade estão sendo substituídas pelas de LEDs.

As lâmpadas de halogeneto metálico são utilizadas em espaços com pés-direitos altos, onde ficam ligadas durante longos períodos. Seu tempo de partida varia entre 1 e 20 minutos, dependendo do tipo. Essas lâmpadas têm cor, eficácia e vida útil excelentes. Seus CRIs geralmente ficam entre 70 e 90, e suas CCTs entre 2.500 K e 5.000 K.

As lâmpadas de sódio de alta pressão (HPS) produzem uma luz laranja rosada quando aquecidas. A lâmpada SON Branca é uma variação da HPS, com uma temperatura de cor de aproximadamente 2.700 K e um CRI de 85, semelhante ao da luz incandescente. As SON Brancas às vezes são empregadas dentro de restaurantes. Contudo, são mais caras, sua vida útil é mais curta e sua eficiência de iluminação é menor que a de outras lâmpadas HPS.

Lâmpadas de vapor de mercúrio são utilizadas principalmente em ambientes externos, para a iluminação de estacionamentos e segurança. São as menos eficientes das lâmpadas HID.

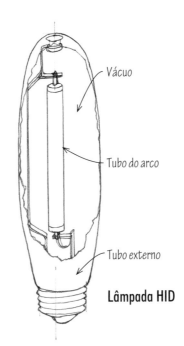

Vácuo

Tubo do arco

Tubo externo

Lâmpada HID

Tanto as lâmpadas de halogeneto metálico quanto as SON brancas têm bulbos em formato elipsoidal.

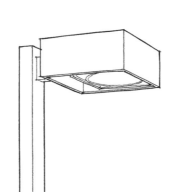
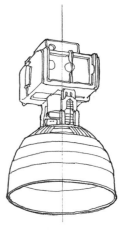

Luminárias para lâmpadas de halogeneto metálico

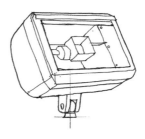

276 LÂMPADAS INCANDESCENTES

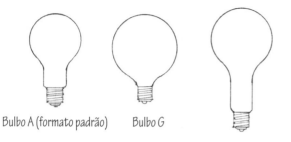

Bulbo A (formato padrão) Bulbo G

Bulbo PS (formato de pêra)

Bulbo C (formato cônico)

Bulbo F (formato de chama)

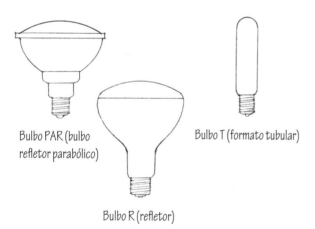

Bulbo PAR (bulbo refletor parabólico)

Bulbo T (formato tubular)

Bulbo R (refletor)

Lâmpadas incandescentes consistem em filamentos que são aquecidos dentro de um recipiente vítreo até que brilhem. Estão disponíveis lâmpadas incandescentes entre 6 e 1.500 watts, que têm uma baixa classificação de eficácia, variando de 4 a 24,5 lúmens/watt. Apenas cerca de 12% da vatagem utilizada é direcionada para a produção de luz, o restante é calor emitido. Elas também têm uma vida útil relativamente curta, de 750 a 4.000 horas de uso. Devido a seu gasto de energia, as lâmpadas incandescentes têm sido reguladas ou eliminadas em muitos países, incluindo os Estados Unidos.

Lâmpadas de tungstênio-halogênio, também conhecidas como lâmpadas de halogênio ou quartzo, são lâmpadas incandescentes com uma pequena quantidade de gás halogênio dentro de um bulbo hermético. Elas têm pouca perda de eficácia ao longo do tempo. Disponíveis entre 5 e 1500 watts, produzem de 10 a 22 lúmens por watt.

Enquanto as lâmpadas incandescentes comuns operam em circuitos de voltagem padrão, as lâmpadas de baixa voltagem, inclusive as de tungstênio-halogênio, operam entre 6 e 75 volts. Elas oferecem um controle de raios mais preciso; maior eficácia; economias de energia, quando é necessária luz focada; e de 1.000 a 6.000 horas de vida útil. Embora sejam mais eficientes que as lâmpadas incandescentes comuns, a eficiência das lâmpadas incandescentes de baixa voltagem não é tão boa quanto a das lâmpadas fluorescentes e de LEDs, e elas exigem um transformador abaixador para baixar a tensão até 12 V. Além disso, o uso de *dimmers* exige transformadores magnéticos especialmente projetados para o uso em componentes de iluminação de baixa voltagem (tensão). Os sistemas de baixa tensão são considerados mais apropriados para a iluminação de destaque ou sobre o plano de trabalho, e não para a iluminação geral.

FIBRAS ÓTICAS E DIODOS EMISSORES DE LUZ (LEDS) 277

As fibras de vidro ou plástico óticas na iluminação ótica por fibras transmitem luz de uma extremidade a outra ao refletir os raios de luz para frente e para trás dentro do núcleo da fibra, em um padrão em zigue-zague. Cada fibra é protegida por um revestimento transparente. Fibras de diâmetros pequenos são combinadas em feixes flexíveis.

Um sistema típico de iluminação com fibras óticas inclui:
- Um projetor de luz, que pode ter uma roda de cores
- Uma fonte de luz de tungstênio-halogênio ou halogeneto metálico
- Uma armação para fibras óticas
- Feixes de fibras óticas e suas fixações

A iluminação com fibras óticas permanece sendo uma boa solução para transmitir luz de uma única lâmpada que está localizada em um local discreto e iluminar uma escada ou alguns pontos focais afastados. Ela também é útil para iluminar armários expositores de museus, pois seus cabos não aquecem.

Os fabricantes estão começando a coordenar seus produtos com fibra ótica de modo que sejam compatíveis entre si. Os cabos de acrílico são mais baratos do que os de vidro, mas se degradam com o tempo. O acúmulo de poeira durante a instalação também é um problema.

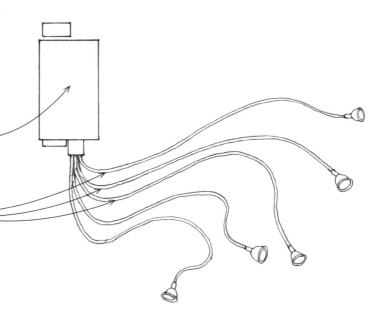

Um lustre com fibras óticas

278   LUMINÁRIAS

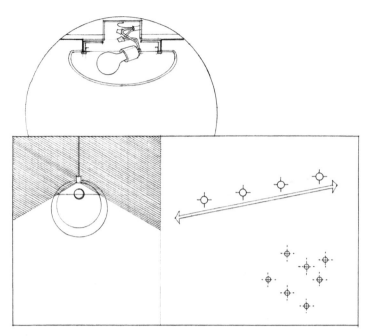

As luminárias são parte integral do sistema elétrico de uma edificação, transformando energia em iluminação útil. As luminárias exigem uma conexão elétrica ou um fornecimento de energia, uma armação e uma lâmpada.

Devemos nos preocupar não somente com o desenho e a forma da luminária, mas também com a forma da iluminação que ela proporciona. Fontes pontuais dão foco a um espaço, já que a área de maior brilho tende a chamar nossa atenção. Elas podem ser empregadas para ressaltar uma área ou um objeto de interesse. Várias fontes pontuais podem ser dispostas de modo a formar um ritmo e uma sequência. Pequenas fontes pontuais, quando agrupadas, podem criar brilhos e lampejos.

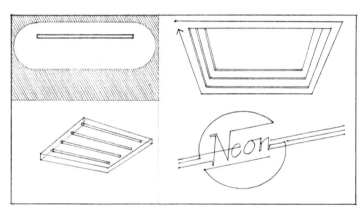

Fontes lineares podem ser utilizadas para dar direção, enfatizar as arestas de planos ou circundar uma área. Uma série paralela de fontes lineares pode formar um plano de iluminação que é efetivo para a iluminação geral e difusa de uma área.

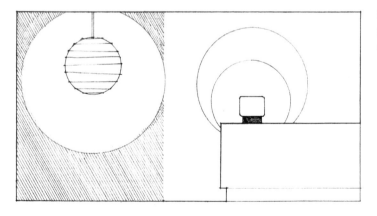

Fontes volumétricas são fontes pontuais expandidas pelo uso de materiais translúcidos em esferas, globos ou outras formas tridimensionais.

TIPOS DE LUMINÁRIAS 279

Uma luminária consiste em uma ou mais lâmpadas elétricas com toda a fiação e as partes necessárias para sustentar, posicionar e proteger as lâmpadas, conectá-las a uma fonte de energia e distribuir a luz.

As luminárias podem fornecer iluminação direta e/ou indireta. A forma de distribuição depende do desenho da luminária, bem como de sua localização e orientação no espaço. Algumas fontes de luz servem principalmente como pontos focais decorativos. Outras fornecem luz necessária, enquanto as luminárias propriamente ditas são escondidas ou não enfatizadas.

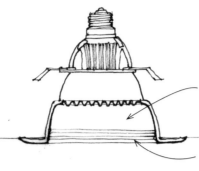

Os refletores controlam a distribuição da luz emitida por uma lâmpada.

Os defletores em luminárias de embutir reduzem o brilho de uma fonte de luz na abertura da armação.

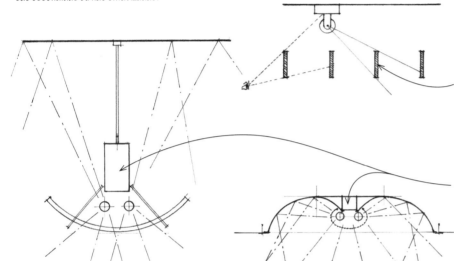

Os defletores, como palhetas ou em colmeia, redirecionam a luz emitida e/ou cobrem a fonte a partir de certos ângulos de observação.

Exemplos de luminárias de iluminação direta/indireta

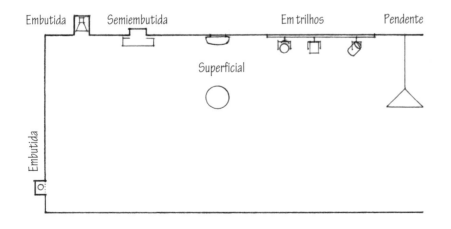

Uma luminária pode ser instalada em um teto ou uma parede e estar:
- Embutida
- Semiembutida
- Superficial
- Em trilhos
- Pendente

LUMINÁRIAS EMBUTIDAS

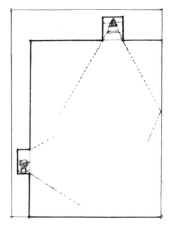

As luminárias podem ser embutidas em tetos ou paredes.

Globo regulável

Luz descendente com defletor

Luz descendente pontual

Luz de parede com defletor

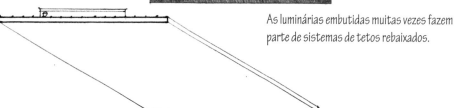

As luminárias embutidas muitas vezes fazem parte de sistemas de tetos rebaixados.

Luminárias embutidas ficam ocultas no teto acabado e emitem luz por uma abertura no plano do teto. Elas preservam a superfície plana do teto.

Luminárias embutidas oferecem uma forma não intrusiva de iluminar percursos em um espaço maior ou fornecer níveis mais altos de luz em uma área específica. Porém, quando utilizadas indiscriminadamente em toda uma área, podem criar um padrão homogêneo monótono no teto e um nível de iluminação uniforme, mas desinteressante.

Luzes descendentes são utilizadas em arranjos múltiplos para fornecer luz ambiente a um espaço maior ou para oferecer um brilho focal em uma superfície de trabalho ou um piso. Hoje também há lâmpadas de LEDs para isso. Lâmpadas e acessórios para luzes descendentes incandescentes estão disponíveis em vários estilos, permitindo ao projetista vários efeitos. Algumas luminárias embutidas têm a aparência de buracos negros em um teto claro quando apagadas. Luzes descendentes localizadas muito próximas a uma parede podem criar padrões recortados feios. Luzes de parede são projetadas para iluminar uma superfície vertical fosca de modo mais uniforme. As paredes podem ser iluminadas de duas maneiras: com *wallwashing* e *wall grazing*. Estes são sistemas similares de distribuição da luz na superfície da parede, variando basicamente quanto à distância das luminárias em relação ao plano iluminado.

Wallwashers costumam ser instalados a pelo menos 30 cm em relação ao plano da parede, diminuindo sua textura. No caso dos *wall grazers*, as luminárias ficam a, no máximo, 30 cm, ressaltando a textura da parede. A altura total da parede determina a distância das luminárias em relação a ela. Também existem *wallwashers* de LEDs reguláveis.

LUMINÁRIAS SEMIEMBUTIDAS

A caixa de certas luminárias pode ser parcialmente embutida no teto ou na parede, enquanto outra parte da caixa, dos refletores ou das lentes se projeta para fora do teto ou da parede. O tamanho reduzido de muitas luminárias de LEDs lhes permitem ficar totalmente embutidas; as luminárias para lâmpadas incandescentes, por serem maiores, ficavam apenas parcialmente embutidas.

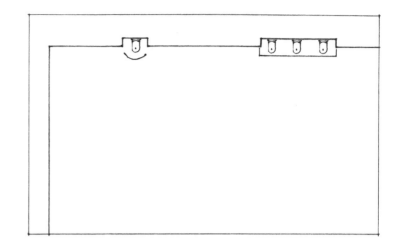

Luminárias que lançam luz de cima para baixo podem causar ofuscamento em telas de computadores, especialmente se as lâmpadas estiverem visíveis ou se a luminária criar uma área brilhante no campo mais escuro do teto. Esse problema tem sido reduzido com monitores mais claros e finos utilizados hoje, que são mais facilmente ajustáveis para evitar o ofuscamento.

Difusores dão certa proteção, mas luminárias pendentes que fazem a luz refletir do teto e ser filtrada antes de descer podem minimizar o ofuscamento de modo mais eficaz.

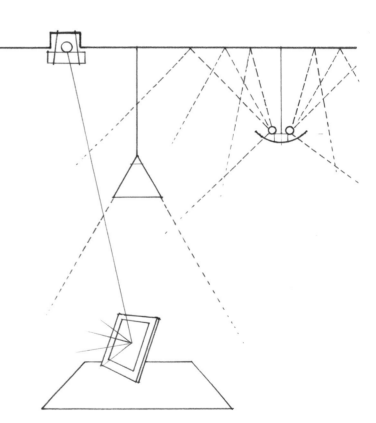

282 LUMINÁRIAS DE INSTALAÇÃO SUPERFICIAL

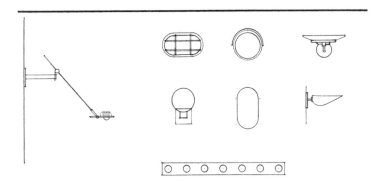

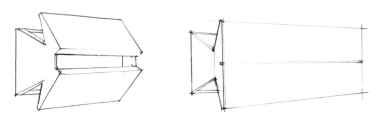

A ADA (Lei para os Norte-Americanos com Deficiência) exige que luminárias de instalação superficial posicionadas entre 68,5 cm e 203,2 cm de altura em relação ao nível do piso não podem se projetar mais do que 10 cm da parede.

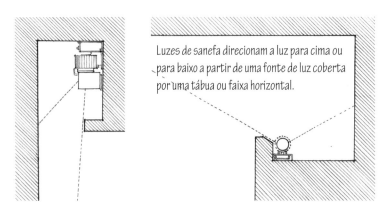

Luzes de sanefa direcionam a luz para cima ou para baixo a partir de uma fonte de luz coberta por uma tábua ou faixa horizontal.

Luzes de cornija direcionam a luz para baixo a partir de uma cornija junto às quinas de um teto.

Luminárias de instalação superficial são instaladas na parede ou no teto acabado e em geral são fixas em uma caixa de junção embutida. Luminárias que são instaladas diretamente em um teto costumam ficar posicionadas sobre as pessoas e os móveis de um recinto e podem difundir sua luz em uma área maior.

Luminárias de paredes muitas vezes são decorativas e ajudam a dar ambiência ao espaço. Elas podem lançar luz para cima, para baixo ou para os lados, bem como emitir um suave brilho da própria luminária.

Luminárias de paredes podem ser empregadas para iluminação sobre o plano de trabalho, quando sua iluminação focaliza a área de trabalho. Quando instaladas em uma parede ou em um teto, elas ajudam na iluminação geral do espaço. O posicionamento horizontal e vertical deve ser cuidadosamente coordenado com as janelas e os móveis. Um desenho versátil para a iluminação sobre o plano de trabalho consiste em uma pantalha que usa magnetos para facilitar seu posicionamento ao longo de qualquer uma das partes de seus suportes de metal.

Sancas de iluminação, luzes de sanefa e luzes de cornija são métodos de se iluminar um ambiente indiretamente a partir de um detalhe de arquitetura ou de uma luminária industrializada. Elas dão um brilho suave e indireto à área que iluminam e são utilizadas com frequência para acentuar detalhes de tetos ou texturas de paredes.

Vejamos algumas considerações importantes para o detalhamento de sancas de iluminação (*Architectural Lighting*, março/abril de 2015):

- Lembre-se de que as juntas ou frestas entre as luminárias afetarão o padrão de luz. A instalação das luminárias de uma extremidade a outra da sanca em um arranjo assimétrico ou inclinado pode eliminar pontos escuros afastados de uma lâmpada.

- O topo da lâmpada deve ficar alinhado com a face da sanca para prevenir linhas de sombra.

- Termine a sanca antes de ela tocar na parede perpendicular a ela para evitar linhas de corte acentuadas.

- Nos pontos em que a sanca se aproximar de uma parede perpendicular, mantenha pelo menos 30 cm sem luminárias para evitar pontos quentes.

- Em geral, a superfície do forro deve ter acabamento fosco ou acetinado muito reflexivo, enquanto a superfície interna da sanca deve ser bem plana, para minimizar as reflexões especulares.

- À medida que a distância da sanca em relação ao plano do forro aumentar, a uniformidade do brilho deste também deverá ser maior.

LUSTRES E TRILHOS COM SPOTS   283

Lustres são fixos em caixas de junção embutidas ou superficiais cobertas por tampas e que pendem de um teto em uma haste, uma corrente ou um fio. Os lustres podem lançar luz para cima, para baixo ou em um ângulo regulável.

Lustres voltados para cima ou com iluminação indireta banham o teto com luz. Alguns também têm luz descendente. Eles podem estar:
- Suspensos no teto
- Instalados sobre móveis altos
- Fixos a paredes, pilares ou a seus próprios pedestais

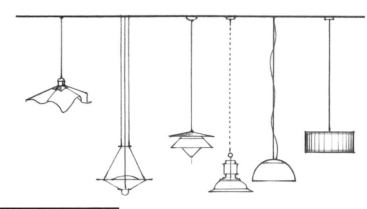

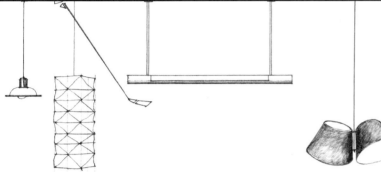

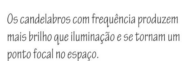

Trilhos com *spots* consistem em *spots* ou projetores reguláveis instalados em um trilho embutido, superficial ou pendente através do qual a corrente elétrica é transmitida. As luminárias podem se mover e ser reguladas de modo a projetar luz em múltiplas direções. Os códigos de construção podem exigir que cada *spot* no trilho seja considerado uma única luminária.

Os candelabros com frequência produzem mais brilho que iluminação e se tornam um ponto focal no espaço.

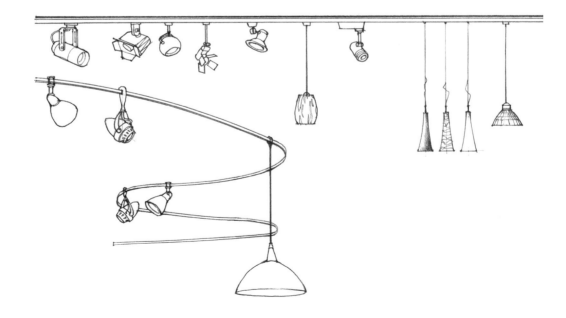

284 LUMINÁRIAS DE MESA E DE PISO

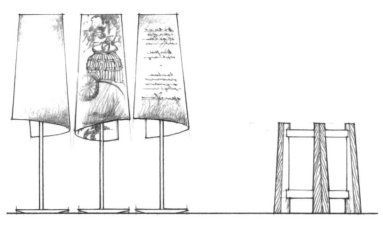

Luminárias de mesa

Luminárias decorativas servem como pontos de destaque dentro de um espaço. A luz que elas produzem pode ser secundária em relação à aparência da luminária, cuja superfície brilhante chama nossa atenção. As luminárias portáteis geralmente são conhecidas como lâmpadas, e suas fontes de luz, como bulbos.

Luminárias de mesa e sobre os planos de trabalho são encontradas tanto em espaços residenciais quanto comerciais. Muitas delas são reguláveis, de modo a se adequarem a várias tarefas e a preferências individuais. Essas luminárias podem ajudar a economizar energia, pois fornecem uma luz focada onde é necessário, permitindo níveis mais baixos de *iluminação geral*.

As luminárias de mesa podem ter funções tanto práticas quanto decorativas. Elas se tornam parte da decoração de um recinto, dando iluminação geral e sobre os planos de trabalho.

As luminárias de piso podem direcionar a luz para cima, para baixo ou em ângulos reguláveis (luminárias articuladas). Assim como as luminárias de mesa, elas se tornam parte da decoração e podem fornecer iluminação geral e sobre planos de trabalho.

Luminárias de mesa e de piso ajudam a dar escala humana aos espaços de arquitetura ao criar detalhes decorativos e direcionar a luz. Elas também costumam ser fáceis de manejar, dando aos usuários controle sobre o ambiente.

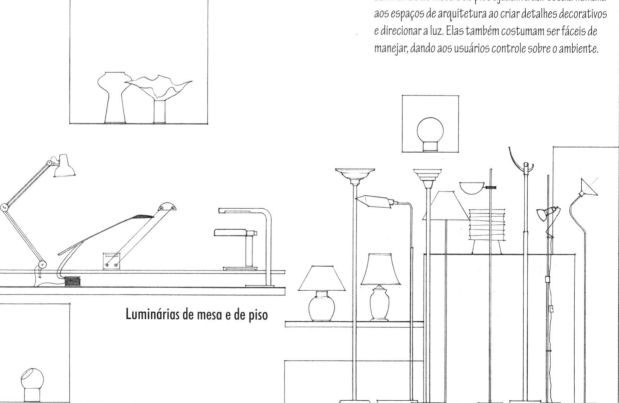

Luminárias de mesa e de piso

TIPOS DE ILUMINAÇÃO

O arranjo de luminárias e o padrão de luz que elas fornecem devem estar coordenados com as características de arquitetura de um espaço e seu padrão de uso. Como nossos olhos procuram os objetos mais brilhantes e os contrastes tonais mais fortes em seu campo de visão, essa coordenação pode servir para reforçar os elementos de arquitetura e valorizar a função do espaço.

A fim de se planejar a composição visual de um projeto de iluminação, uma fonte de luz pode ser considerada tendo a forma de um ponto, uma linha, um plano ou um volume. Se a fonte de luz estiver mascarada da visão direta, a forma da luz emitida e o formato da iluminação produzida deverão ser considerados. Seja o padrão das fontes de luz regular ou variado, um projeto de iluminação deve ter composição equilibrada, dar uma sensação apropriada de ritmo e enfatizar o que é importante.

O projeto de iluminação manipula os elementos fundamentais e as características do ambiente e da *iluminação dirigida*, assim como o brilho.

- A iluminação geral fornece um nível de luz básico, sem produção de sombras, que é relaxante e minimiza o interesse nos objetos e nas pessoas.
- A iluminação dirigida oferece um contraste em brilho que é direcionado e cria um senso de profundidade. Os exemplos incluem a iluminação sobre o plano de trabalho e a iluminação de destaque.
- O brilho — gerado, por exemplo, por luminárias decorativas, candelabros de cristal, lantejoulas e luzinhas cintilantes — é estimulante e pode distrair, mas também entretém.

As inovações criadas pela iluminação de LEDs em estado sólido têm feito empresas tradicionais, como a Philips, Osram e GE, reconsiderar totalmente seus negócios. No momento em que esta edição de *Arquitetura de Interiores Ilustrada* estava sendo preparada para a publicação (2018), ainda era difícil acompanhar a reconfiguração radical dos principais atores do mercado anteriores à era dos LEDs. Até mesmo a Lightfair, o maior evento para profissionais de luminotécnica dos Estados Unidos, foi transferida de Nova York para a Filadélfia e, depois, para San Diego, focando mais a tecnologia do que a aparência dos produtos de iluminação.

A luz anima os espaços e revela formas e texturas.

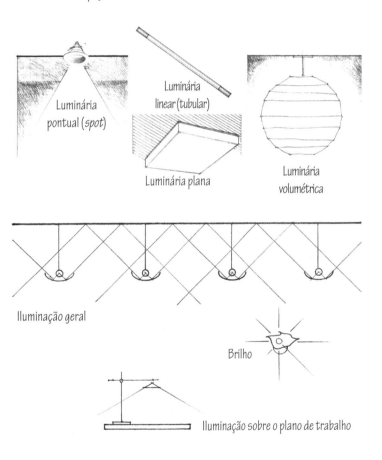

286 ILUMINAÇÃO GERAL

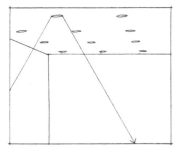

Fontes pontuais para iluminação geral

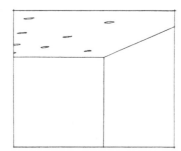

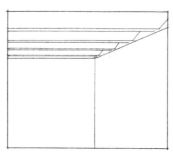

Fontes lineares para iluminação geral

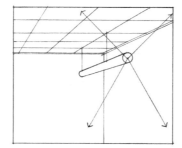

Fontes lineares diretas/indiretas

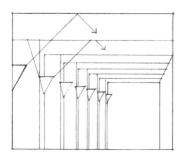

Fontes pontuais indiretas

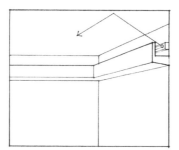

Fontes lineares indiretas

A iluminação geral ilumina um recinto de um modo bastante uniforme, geralmente difuso. A iluminação dispersa de fato pode reduzir o contraste entre a iluminação geral e as superfícies do entorno de um recinto. A iluminação geral também pode ser empregada para suavizar sombras, amaciar e expandir os cantos de uma sala e fornecer um nível de iluminação confortável para movimentos seguros e manutenção geral.

A iluminação geral é adequada a espaços reconfigurados com frequência e onde a localização das atividades varia muito. As luminárias para esse tipo de iluminação devem ter fontes pontuais ou lineares de luz direta, direta/indireta ou indireta. As luminárias de LEDs do tipo fita podem ser utilizadas para a iluminação geral.

A adição da iluminação sobre o plano de trabalho à iluminação geral fornece um nível maior de iluminação localizada para as áreas com tarefas visuais, com áreas do entorno menos iluminadas. Essa estratégia economiza energia, melhora a qualidade da iluminação e permite ao usuário maior controle.

A ILUMINAÇÃO DIRIGIDA

A iluminação localizada cria áreas mais brilhantes dentro dos níveis de iluminação geral de um espaço por meio do uso da iluminação sobre o plano de trabalho e da iluminação dirigida.

A iluminação localizada ou sobre o plano de trabalho ilumina áreas específicas de um espaço para a execução de tarefas ou atividades visuais. As fontes de luz geralmente são localizadas próximas — acima ou ao lado — da superfície de trabalho, possibilitando que a potência disponível seja aproveitada de modo mais eficiente do que na iluminação geral. As luminárias em geral são do tipo direto, e a regulagem do brilho e da direção da luz é sempre desejável.

Para minimizar o risco de um grau de luminosidade inaceitável entre o plano de trabalho e o entorno, a iluminação sobre o plano de trabalho muitas vezes é combinada com a iluminação geral. Dependendo do tipo de luminária empregada, a iluminação localizada também pode contribuir para a iluminação geral de um espaço.

Além de tornar uma tarefa visual mais fácil de executar, a iluminação localizada também pode criar variedade e interesse, dividindo um espaço em várias áreas, reunindo um grupo de móveis ou reforçando o caráter social de um recinto.

Iluminação sobre o plano de trabalho

Iluminação para leitura

Iluminação de destaque

Iluminação de destaque

Iluminação de destaque é uma forma de iluminação dirigida que cria pontos focais ou padrões rítmicos de claro e escuro dentro de um espaço. Em vez de simplesmente servir para iluminar uma tarefa ou atividade visual, a iluminação dirigida pode ser empregada para diminuir a monotonia da iluminação geral, enfatizar as características de um recinto ou ressaltar objetos de arte ou bens que se valoriza.

Brilho

A iluminação pode ressaltar os objetos sobre os quais ela brilha ou introduzir pontos de brilho na própria luminária. Pequenas lâmpadas halógenas, altamente focadas, refletem pontos móveis de luz em superfícies reflexivas. Lustres grandes também costumam produzir pouca iluminação geral: eles servem principalmente como fontes de brilho decorativo.

Brilho

MEDINDO A LUZ

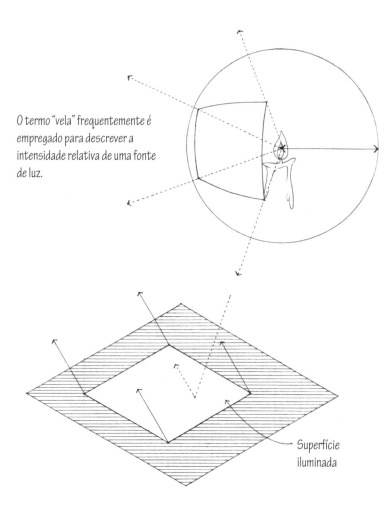

O termo "vela" frequentemente é empregado para descrever a intensidade relativa de uma fonte de luz.

Superfície iluminada

A tecnologia de iluminação tem avançado quase tão rapidamente quanto a TIC. Os princípios básicos do projeto de iluminação não mudaram, mas as ferramentas disponíveis sim. A conservação de energia é um fator muito importante no projeto de iluminação, e há programas de computador que realizam os cálculos exigidos pelos códigos. O maior desafio hoje é minimizar o gasto de energia sem prejudicar a qualidade.

Recomendações quantitativas relativas aos padrões de projeto de iluminação incluem *luminância* (ou iluminamento), níveis de *iluminância*, uniformidade e ofuscamento. Tradicionalmente, os padrões de iluminação têm empregado uma abordagem quantitativa para determinar quantos *lux* são necessários. Esses padrões não refletem questões qualitativas e podem resultar em uma iluminação excessivamente uniforme e pouco econômica.

Iluminância é a intensidade da luz que incide sobre determinado local de uma superfície iluminada. É medida em lumens por metro quadrado (*lux*) ou lumens por pé quadrado (pés-vela). Essa medição de luz pode ser calculada com o método dos lumens, o método dos pontos ou com um programa de computador mais preciso. Os programas de modelagem por computador simulam a iluminação dos espaços de modo cada vez mais preciso.

Brilho é a percepção subjetiva de vários níveis de intensidade de luz. Luminância é a quantidade de energia luminosa que é refletida de uma superfície e interpretada pelo sistema visual. Interpretar a luminância pode ser bastante complexo tecnicamente, mas também envolve muita intuição e depende da experiência do usuário.

Os projetistas de iluminação (luminotécnicos) têm se direcionado para uma nova abordagem que envolve questões qualitativas de projeto como as seguintes:
- Aparência desejada para o espaço
- Cor e luminância dos acabamentos
- Integração da luz diurna
- Controle do ofuscamento
- Distribuição da luz sobre as superfícies e os planos de trabalho
- Modelagem da presença de pessoas, objetos e sombras
- Foco voltado para os pontos de interesse
- Controle dos sistemas de iluminação

Um projeto de iluminação bem-sucedido é determinado pelo equilíbrio de luminâncias relativas, e não pela quantidade de luminância que incide sobre as superfícies de um ambiente. Não obstante, medições de luminância são empregadas para selecionar lâmpadas e luminárias e para avaliar um projeto de iluminação. Os dados fotométricos a serem considerados incluem:

- Curva de Distribuição de Intensidade Luminosa (CDIL) representa o padrão de luz produzido por uma lâmpada ou luminária em determinada direção a partir do centro da fonte luminosa. Essa informação costuma ser disponibilizada pelos fabricantes de luminárias.

- Coeficiente de Utilização (CU) indica a eficiência de uma luminária.

- Fator de Depreciação reflete a perda de produção de luz que ocorre devido a fatores como a perda de geração de lúmens ao longo da vida útil de uma lâmpada, ao acúmulo de sujeira nas superfícies de uma luminária e aos efeitos da temperatura.

Direta-concentrada
0%–10% para cima
90%–100% para baixo

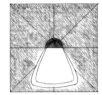

Direta-distribuída
0%–10% para cima
90%–100% para baixo

Semidireta
10%–40% para cima
60%–90% para baixo

Geral difusa
40%–60% para cima
40%–60% para baixo

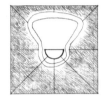

Semi-indireta
60%–90% para cima
10%–40% para baixo

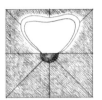

Indireta
90%–100% para cima
0%–10% para baixo

Direta-indireta
40%–60% para cima
40%–60% para baixo

As luminárias podem ser classificadas de acordo com o modo como distribuem a luz emitida por suas lâmpadas. Os tipos básicos listados aqui se baseiam no percentual de luz emitida para cima e para baixo da linha horizontal.

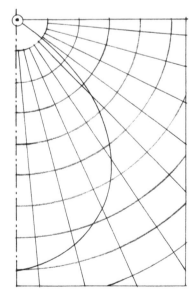

Exemplo da curva de distribuição de intensidade luminosa de uma luminária do tipo direta-concentrada.

290 A ACÚSTICA

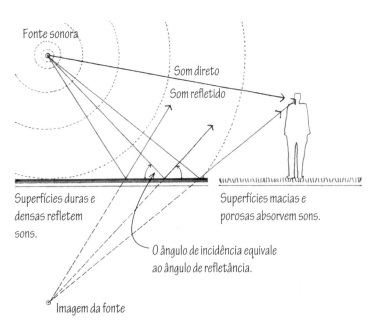

- Fonte sonora
- Som direto
- Som refletido
- Superfícies duras e densas refletem sons.
- Superfícies macias e porosas absorvem sons.
- O ângulo de incidência equivale ao ângulo de refletância.
- Imagem da fonte

Princípios da acústica

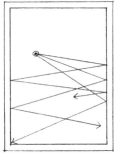
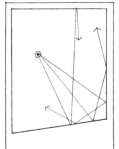
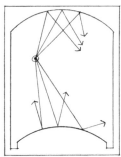

Superfícies refletivas paralelas podem causar ecos e oscilação aerostática.

Superfícies oblíquas podem fragmentar sons.

Superfícies côncavas focalizam sons; superfícies convexas difundem sons.

Acústica é o ramo da física que trata da produção, do controle, da transmissão, da recepção e dos efeitos do som. Na arquitetura de interiores, nós nos preocupamos com o controle do som nos espaços internos. Mais especificamente, buscamos preservar e enfatizar sons desejados e reduzir ou eliminar sons que possam interferir em nossas atividades.

O som ocorre quando a energia é transmitida como ondas de pressão através do ar ou de outro meio. Uma onda sonora se expande de forma esférica a partir de sua fonte, até encontrar um obstáculo em seu caminho. Quando uma onda de som atinge um objeto, ela é absorvida ou refletida, ou mesmo absorvida e refletida.

Em um recinto, primeiro ouvimos um som diretamente de sua fonte e depois uma série de reflexões daquele som. As superfícies refletivas são úteis quando se quer reforçar sons desejáveis, ao se direcionar e distribuir seus percursos em um recinto. A presença contínua dos sons refletidos, no entanto, também pode causar problemas de eco, oscilação aerostática e reverberação.

Ecos podem ocorrer em grandes espaços quando superfícies refletivas paralelas distanciadas em mais de 18 metros refletem ondas sonoras suficientemente altas e recebidas suficientemente tarde de modo a serem percebidas como se fossem de fontes distintas. Em recintos menores, superfícies refletivas paralelas podem causar uma sucessão rápida de ecos, que chamamos de oscilação aerostática.

Reverberação se refere à persistência de um som dentro do espaço, causado por reflexões múltiplas do som depois de sua fonte ter parado. Embora algumas músicas sejam aprimoradas com longos tempos de reverberação, a fala pode se tornar embaralhada em tal tipo de ambiente acústico. Para garantir a clareza dos sons, pode ser necessário alterar o formato e a orientação das superfícies de um recinto ou ajustar a proporção entre os materiais absorventes e os refletivos.

As exigências para nível de som, tempo de reverberação e ressonância variam com a natureza das atividades e dos tipos de sons gerados. Um engenheiro acústico, tendo em mãos os critérios estabelecidos, pode determinar as necessidades acústicas de um espaço. O arquiteto de interiores deve estar ciente de como a seleção e a disposição dos materiais absorventes afetam o desempenho acústico de um recinto.

O projeto da acústica está se tornando integrado às melhores práticas de projeto, e seus profissionais têm procurado obter um melhor desempenho acústico em todos os tipos de espaço desde as primeiras etapas do processo projetual. Alguns países estão inclusive adotando novas normas para a acústica de salas de aula. Com o aumento da expectativa de vida das populações, as questões relativas a uma boa audição também estão se tornando mais relevantes.

O SOM

Decibel (dB) é uma unidade que expressa a pressão relativa ou a intensidade dos sons em uma escala uniforme que varia de zero, para o som menos perceptível, a cerca de 130, para o limiar da dor. Como as medidas em decibéis se baseiam em uma escala de logaritmos, os níveis de decibéis de duas fontes sonoras não podem ser somados matematicamente, ou seja, 60 dB + 60 dB = 63 dB, e não 120 dB.

Um contorno de altura igual é a curva que representa o nível de pressão no qual sons de diferentes frequências são julgados por um grupo de ouvintes como sendo de mesma altura.

Sone é uma unidade de medição da altura aparente de um som.

Ruídos

Chamamos os sons indesejáveis, irritantes ou discordantes de ruídos. Os ruídos podem ser controlados de três formas:
- Isolando o ruído na sua fonte
- Situando as áreas ruidosas o mais longe possível das áreas silenciosas
- Reduzindo a transmissão de sons de um espaço a outro

Os espaços barulhentos afetam de modo significativo nosso cérebro e nossas funções corporais. Já está comprovado que o excesso de ruído em ambientes escolares reduz o desenvolvimento cognitivo. Um estudo conduzido pelo Centro Médico da Universidade de Chicago concluiu que o barulho em hospitais prejudica o sono necessário para a recuperação de 40% dos pacientes. Tanto o sistema de certificação LEED como o WELL incluem os ruídos em suas pontuações. Os ruídos nos escritórios podem distrair e irritar, e as conversas de terceiros podem diminuir a produtividade dos trabalhadores. A análise do desempenho acústico de um projeto tornou-se parte crucial de qualquer solução de projeto na maior parte das tipologias de edificação comercial. Os produtos acústicos mais recentes têm sido desenvolvidos de modo que se fundam com os outros elementos de interior.

O isolamento de sons

Os sons podem ser transmitidos através do ar e dos materiais sólidos da estrutura de uma edificação. Como é difícil controlar os sons gerados por estruturas, sempre que possível eles devem ser isolados em suas fontes. Estratégias para isso incluem o uso de equipamentos mecânicos com baixos níveis de ruídos, apoios resilientes e conexões flexíveis para isolar vibrações de equipamentos da estrutura de uma edificação e a eliminação da transmissão de ruídos entre ambientes contíguos que ocorre por dutos ou tubos interconectados.

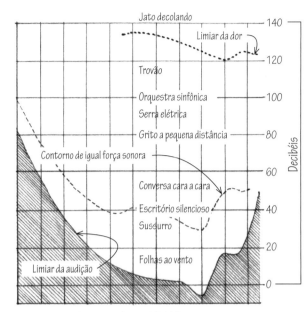

Frequência de áudio de 15 Hz a 16.000 Hz

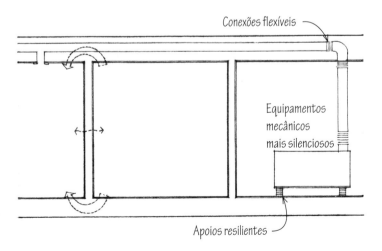

292 A REDUÇÃO DE RUÍDOS

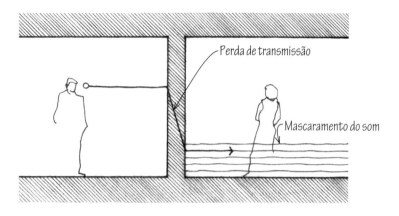

Perda de transmissão

Mascaramento do som

Percebe-se uma redução de ruídos quando os níveis de pressão de som entre dois espaços fechados são diferentes. Isso pode ser provocado por:

- Perda de transmissão entre a parede, o piso e o teto
- Absortância do espaço receptor
- Nível de mascaramento ou do som ambiente, que pode diminuir a percepção dos sons que nos perturbam

O som ou ruído ambiente ou de fundo normalmente está presente em um ambiente, incluindo tanto as fontes internas quanto as externas, as quais não são claramente diferenciadas pelo ouvinte. Um tipo de ruído de fundo chamado de ruído branco às vezes é introduzido propositalmente em um espaço, para mascarar ou anular sons indesejáveis.

Cada material tem suas próprias características acústicas, e qualquer acabamento ou objeto de um espaço pode absorver, barrar ou transmitir o som. Alguns fabricantes de móveis estão criando linhas de produtos que usam a estética contemporânea para abordar a redução de ruídos com divisores espaciais e recintos privativos. No entanto, o controle acústico com acessórios e sistemas de painel, junto com sistemas de climatização (como as vigas refrigeradas), podem tornar um espaço silencioso demais para que seja confortável e que até mesmo pequenos sons podem se tornar um incômodo.

Dispositivos de mascaramento

A redução de ruídos necessária de um espaço a outro depende do nível da fonte de sons e do nível de intrusão do som que possa ser aceitável pelo ouvinte.

Agrupar as atividades conforme os níveis de som, isolando as áreas silenciosas das mais ruidosas ou separando-as com o uso de massas ou pela distância, pode ser uma estratégia eficaz de redução de ruídos.

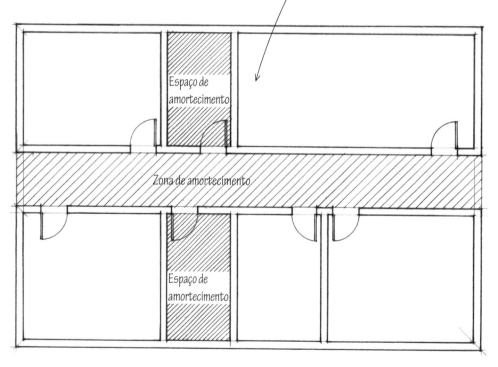

PERDA NA TRANSMISSÃO

Perda na transmissão (PT) é uma medida do desempenho de um material de construção ou de uma estrutura na prevenção da transmissão de sons aéreos à medida que passam por tal material ou estrutura. Três fatores enfatizam a classificação PT de um material de construção:

- Massa: em geral, quanto mais pesado e denso um corpo, maior sua resistência à transmissão de sons.
- Separação em camadas: a introdução da descontinuidade no material interrompe o percurso através do qual os sons estruturais podem ser transmitidos de um espaço a outro.
- Capacidade de absorção: materiais absorventes ajudam a dissipar tanto os sons refletidos quanto os transmitidos em um recinto.

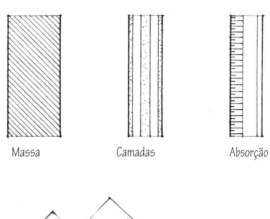

Massa   Camadas   Absorção

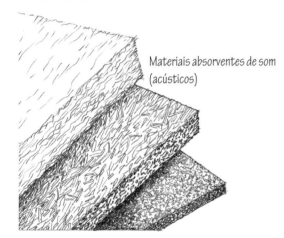

Materiais absorventes de som (acústicos)

Uma *classe de transmissão sonora* (CTS) é um número inteiro que combina os valores de PT de várias frequências. A CTS fornece uma estimativa do desempenho de uma divisória em certas situações comuns de isolamento de som. Quanto maior o nível de CTS, maior é o valor de isolamento de som do material ou da construção. Uma porta aberta tem um nível 10 de CTS; uma construção normal tem níveis entre 30 e 60; exige-se de construções especiais uma classe acima de 60.

Exemplo de padrão de painel acústico existente no mercado

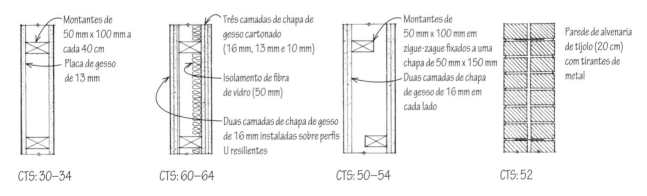

CTS: 30–34   CTS: 60–64   CTS: 50–54   CTS: 52

294 A CONSTRUÇÃO DESCONTÍNUA

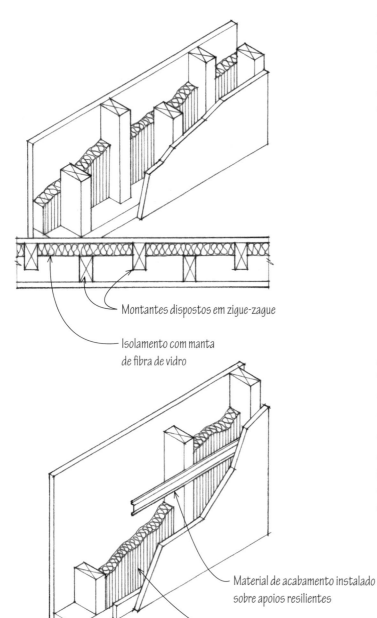

Montantes dispostos em zigue-zague

Isolamento com manta de fibra de vidro

Material de acabamento instalado sobre apoios resilientes

Isolamento com manta de fibra de vidro

A disposição em zigue-zague dos montantes de uma parede ou divisória – formando duas fileiras separadas de montantes em zigue-zague – quebra a continuidade do caminho ao longo do qual os sons oriundos da estrutura podem ser transmitidos.

A instalação de uma manta de fibra de vidro entre as duas fileiras de montantes aumenta a perda de transmissão.

A instalação dos materiais de acabamento sobre peças ou apoios flexíveis ou resilientes permite que a superfície possa vibrar normalmente sem transmitir os movimentos vibratórios e os ruídos associados à estrutura de sustentação.

O som pode ser transmitido através de qualquer vão com ar, até mesmo através das menores frestas existentes em portas, janelas e tomadas elétricas. O isolamento cuidadoso dessas aberturas pode ajudar a evitar o ingresso de sons aerotransportados em um recinto.

As características de um material como absorvente de som dependem de sua espessura, densidade, porosidade e resistência ao fluxo de ar. Os materiais fibrosos permitem a passagem de ar ao mesmo tempo que retêm a energia do som e, portanto, são frequentemente utilizados como materiais acústicos, como mantas de fibra de vidro ou de lã de rocha.

Em um recinto de construção padrão sem tratamento acústico, as ondas de som atingem as superfícies das paredes, teto e piso, que então transmitem uma pequena porção do som aos espaços adjacentes. As superfícies do cômodo absorvem outra pequena parcela do som, mas a maior parte é refletida de volta para o ambiente.

Os materiais absorventes podem mudar as características de reverberação de um recinto ao dissipar parte da energia incidente e reduzir a parcela do som que é transmitida. Isso é particularmente útil em espaços com fontes de ruídos distribuídas, como escritórios, escolas e restaurantes.

A redução da reverberação do plano do teto em geral é a abordagem mais eficaz no controle de ruídos em um ambiente. Forros com placas acústicas são excelentes absorventes de som. Eles absorvem mais som quando instalados em um sistema de teto suspenso que pode, então, ser instalado diretamente sobre uma superfície. Painéis metálicos perfurados com bases acústicas e painéis acústicos de tetos feitos de fibras de madeira com resina também funcionam bem para o controle dos ruídos.

O tratamento de paredes e pisos também ajuda no controle do som. Painéis de parede acústicos têm esse objetivo e geralmente são revestidos em tecido com classificação de resistência ao fogo. As divisórias acústicas são cada vez mais comuns, inclusive aquelas projetadas com sistemas de persianas que podem abrir ou fechar com muita facilidade. Também há no mercado painéis revestidos de feltro para o controle acústico.

Os carpetes são os únicos acabamentos de piso que absorvem o som. Abafam o som das pegadas e do movimento de móveis, limitando assim a transmissão de ruídos aos espaços do pavimento inferior.

O coeficiente de absorção sonora média mede a eficiência dos materiais internos a um recinto em termos de absorção do som; quanto maior for a classificação, mais som estará sendo absorvido.

A média de absorção sonora (MAS) é a média dos coeficientes de absorção sonora em uma faixa de frequências. Os fabricantes listam as classificações da média de absorção sonora para os produtos acústicos; alguns usam classificações de coeficiente de redução sonora (CRS), um sistema similar, porém mais antigo.

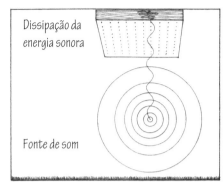

Painéis acústicos para paredes

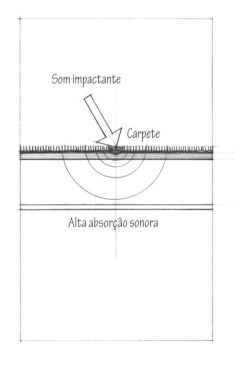
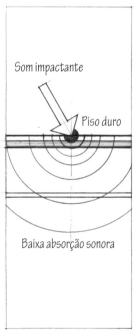

A ACÚSTICA EM ESCRITÓRIOS

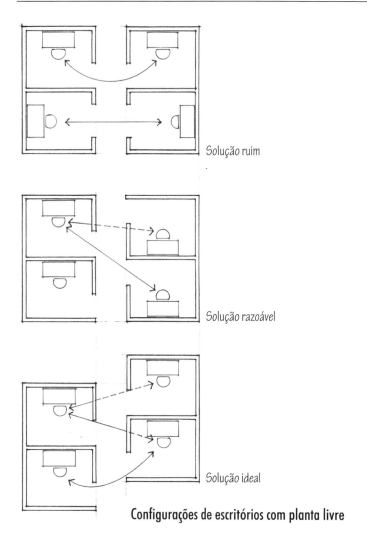

Configurações de escritórios com planta livre

A privacidade acústica continua sendo uma característica desejada por aqueles que trabalham em escritórios, assim como por aqueles que fazem teletrabalho. As escolhas materiais e as tipologias de recinto afetam o desempenho acústico de um espaço, e também a saúde e o conforto dos usuários. Os escritórios com planta livre podem ser inadequados em termos de privacidade acústica e inteligibilidade da fala.

Os postos de trabalho ou cubículos geralmente têm divisórias que não vão até o forro, e os ruídos podem ser um problema. Os cubículos de escritórios usam materiais acústicos para absorver parte dos ruídos, mas o som muitas vezes atravessa as aberturas dos cubículos e passa por cima de divisórias baixas. A localização cuidadosa dos postos de trabalho pode ajudar a bloquear parte desses sons indesejáveis.

Parte significativa do som em escritórios é refletida pelo forro. Um forro de placas acústicas suspensas absorverá o ruído indesejável. Quando for preferível um teto sem forro, o emprego de placas acústicas circulares (do tipo nuvem) ou retangulares e separadas sobre as áreas mais barulhentas ajudará a controlar os níveis de ruído. A combinação de um tratamento de forro e outro de parede e a distribuição adequada dos móveis e acessórios também podem evitar a dispersão do som.

A interferência de conversas de terceiros está relacionada à sua inteligibilidade. Os sistemas eletrônicos de mascaramento do som podem ajudar a reduzir a inteligibilidade desses diálogos ao aumentar o nível de ruído ambiente de um espaço de resto silencioso. Com a emissão de um som que lembra o vento sussurrante, os sistemas de mascaramento de som são elaborados para bloquear as frequências da fala humana, evitando que as conversas de um vizinho distraiam um indivíduo de sua tarefa. Há disponíveis sistemas com alto-falantes de cerca de 7,5 cm de diâmetro que são instalados no forro no teto e projetam o som diretamente sobre o espaço de trabalho. Eles são especialmente recomendáveis em tetos aparentes (sem forro) ou sem acabamento.

Os forros de placas acústicas suspensas podem absorver sons indesejáveis.

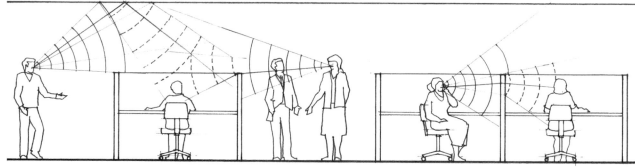

Acústica de escritórios com planta livre

7

Materiais de Acabamento

298 MATERIAIS DE ACABAMENTO

Os materiais de acabamento podem ser uma parte integral dos elementos de arquitetura que definem um espaço interno ou podem ser acrescentados como uma camada adicional ou cobertura a paredes, tetos e pisos previamente construídos em um recinto. Em ambos os casos, eles devem ser selecionados tendo-se o contexto da arquitetura em mente. Juntamente com os móveis, os materiais de acabamento desempenham um papel significativo na criação da atmosfera desejada de um espaço interno. Ao se especificar os materiais de acabamento, há fatores funcionais, estéticos e econômicos a serem considerados.

A busca por novos materiais de acabamento inicia no comércio e nas revistas de projeto em geral. O local de procura seguinte é a internet, começando com os *blogs* de projeto que são fáceis de salvar como favoritos para referências futuras. Uma conta no Pinterest oferece a opção de criar painéis no qual são organizados "pins" para inspiração — e por meio dos quais é mais fácil acompanhar móveis, acessórios, acabamentos e equipamentos que você gostaria de lembrar. As feiras comerciais — inclusive aquelas fora de sua região — são outra ótima fonte de inspiração. Se você não tem como frequentá-las, acompanhe as notícias na imprensa. Lembre-se também de observar as tendências nos campos relacionados, como a moda e o desenho industrial, e no mundo em geral.

Os *acabamentos sintéticos* imitam os materiais naturais. Os fabricantes estão introduzindo acabamentos sintéticos que apresentam desempenho superior ao dos materiais autênticos, como uma pedra sintética que lembra o ônix, mas resiste melhor a arranhões, manchas e calor.

Os materiais de acabamento artesanais de hoje estão oferecendo opções para os arquitetos que querem produtos que digam algo a respeito de seus clientes como indivíduos. Muitos artesãos usam as redes sociais para divulgar seus produtos.

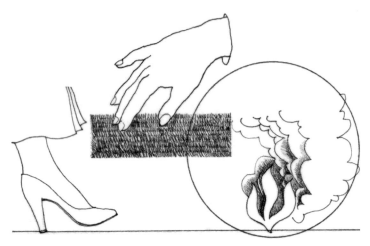

Os critérios funcionais

As propriedades hidrofóbicas são cada vez mais apreciadas entre os critérios funcionais para os materiais de acabamento de interiores. O chamado efeito lótus deriva da propriedade das folhas dessa planta, que são revestidas de minúsculos cristais de cera, provocando a separação da água em gotículas e a escoando, sem retenção de umidade. Os cientistas vêm aplicando a nanotecnologia para gerar esse efeito e produzir uma variedade de produtos, inclusive tintas autolimpantes, que se lavam com a chuva; balcões, azulejos e aparelhos que repelem líquidos; pisos que não retêm sujeira, óleo ou resíduos alimentares, mas não requerem vedantes a base de silicone; tecidos que não permitem a penetração de pó, água ou óleo; revestimentos de parede que resistem a umidade, fogo e produtos químicos; e carpetes que ajudam a limpar de odores o ar dos interiores domésticos.

O fenômeno natural que mantém a pele de um tubarão sem cracas ou algas está sendo utilizado para o desenvolvimento de superfícies resistentes a germes e com baixíssima resistência à água, propriedades muito valiosas no projeto de cozinhas e áreas hospitalares.

Outros critérios funcionais incluem:
- Segurança, saúde e conforto
- Durabilidade no período de uso previsto
- Facilidade de limpeza, manutenção e reparo
- Grau necessário de resistência ao fogo
- Propriedades acústicas adequadas

Critérios estéticos
- Cor, seja natural ou aplicada
- Textura
- Padrão

Critérios econômicos
- Custo inicial de aquisição e instalação
- Avaliação do ciclo de vida (ACV) dos materiais e produtos, incluindo os impactos no ambiente e na saúde, da aquisição das matérias-primas até a reciclagem ao fim da vida útil

Uso de madeira reciclada

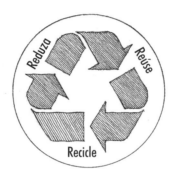

Logotipo do Forest Stewardship Council

Critérios de projeto sustentável
- Minimização do uso de materiais novos e maximização do reúso de materiais existentes
- Uso de materiais com conteúdo reciclado
- Uso de materiais de fontes sustentáveis locais rapidamente renováveis e certificadas
- Uso de produtos de fabricantes que empregam processos sustentáveis
- Minimização de lixo na construção, instalação e embalagem
- Durabilidade e flexibilidade de uso
- Redução da *energia incorporada* na fabricação e no transporte
- Uso de materiais atóxicos.

O REVESTIMENTO DE PISOS

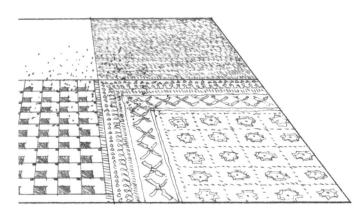

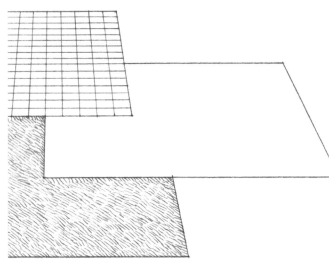

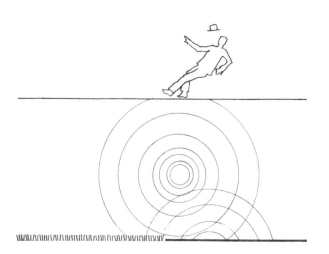

Revestimento de piso é a camada final de um sistema de piso. Como o piso está sujeito ao desgaste direto e representa uma grande parte da área da superfície de um recinto, ele deve ser selecionado com base em critérios tanto funcionais quanto estéticos.

- Durabilidade: resistência a abrasão física, amassões e desgaste.
- Facilidade de manutenção: resistência a sujeira, umidade, gordura e manchas, especialmente em áreas de trabalho e de trânsito intenso.
- Conforto dos pés: esta característica refere-se ao grau de elasticidade e — em menor grau — de calor.
- Resistência a escorregões: em áreas suscetíveis a umidade, recomenda-se evitar o uso de materiais de revestimento de piso duros e escorregadios.
- Ruídos de impacto: pisos flexíveis podem abafar parte desses ruídos. Materiais de pisos macios, peluciados ou porosos reduzem ruídos de impacto e sons aerotransportados.

A sujeira que geralmente se acumula sobre o piso pode ser disfarçada por uma mistura de cores neutras de valor médio, um padrão que mimetize qualquer sujeira ou marca superficial ou um material cuja cor e textura natural é atraente e é mais perceptível do que uma sujeira qualquer no piso.

O calor de um piso pode ser real ou aparente. Um material de piso pode ser aquecido por calor radiante e se manter aquecido por sua própria massa térmica ou pelo isolamento do piso. O piso também pode parecer quente se tiver uma textura macia, um valor tonal de médio a escuro e um matiz quente. É claro que em climas quentes uma superfície de piso fresca é mais confortável do que uma superfície quente.

A descarga eletrostática (ESD) é o fenômeno que produz um leve choque elétrico com a eletricidade estática transmitida quando você toca uma maçaneta de metal depois de caminhar em um piso acarpetado. A rápida proliferação de equipamentos eletrônicos tem provocado uma maior preocupação com o controle da ESD em qualquer empresa que deseje fabricar e entregar equipamentos eletrônicos sem danos. A necessidade de soluções de piso dissipador assumiu um significado extra. Os materiais comuns que podem transmitir uma carga eletrostática incluem as superfícies de trabalho enceradas, pintadas ou plastificadas; os pisos vinílicos encerados ou comuns, bem como aqueles de concreto impermeabilizado; roupas; cadeiras de vinil, fibra-de-vidro ou madeira acabada; sacolas de plástico comuns e caixas ou bandejas de plástico ou isopor; e equipamentos utilizados em auditórios e salas de reunião. Uma vez instalado, o material se torna eletrostaticamente carregado, a não ser que seja aterrado ou seja descarregado com o passar do tempo. A carga eletrostática é, então, transferida a um material, criando uma ESD. Essas descargas podem afetar a operação normal de um sistema eletrônico e causar mal funcionamento, interrupção, degradação e mesmo destruição dos equipamentos.

Avaliações de descarga eletrostática devem ser conduzidas com o assessoramento de um profissional qualificado e certificado. Muitos produtos de piso são feitos para serem utilizados junto com outros produtos antiestáticos que gastam com o uso. Também há vários tipos de piso elaborados especialmente para minimizar a geração de cargas estáticas e retirar a eletricidade estática dos usuários em risco de sofrerem um evento de ESD. Eles estão disponíveis em placas ou rolos de vinil, pisos vinílicos compostos, pisos de borracha ou carpetes.

O piso pode, por meio de sua cor, padrão e textura, desempenhar um papel relevante na determinação do caráter de um espaço.

Um piso de cor clara aumenta o nível de luz em um recinto, ao passo que um piso escuro absorve a maior parte da luz que incide em sua superfície. Uma cor clara amplia o espaço e enfatiza a suavidade dos pisos polidos. Uma cor escura dá profundidade e peso a um piso.

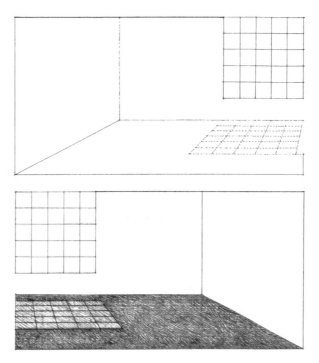

Diferentemente das superfícies de parede e teto de um ambiente, um piso transmite suas características táteis — sua textura e densidade — diretamente a nós à medida que caminhamos por sua superfície. A textura física de um material de piso e como o material é instalado estão diretamente relacionados com o padrão visual criado. É essa textura visual que nos comunica a natureza do material de piso e o caráter do espaço.

Um piso neutro e sem padrão pode servir como um simples fundo para os ocupantes e para a mobília de um recinto, mas, por meio do uso de um padrão, o piso também pode se tornar um elemento dominante no espaço interno. O padrão pode ser empregado para definir áreas, sugerir percursos ou simplesmente acrescentar interesse, por meio de sua textura.

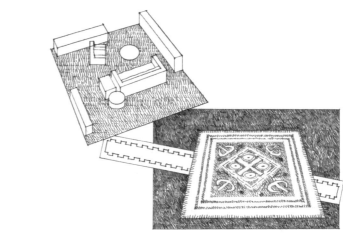

Nossa percepção de um padrão de piso é afetada pelas leis da perspectiva. Assim, um padrão em pequena escala muitas vezes pode ser visto como uma textura fina ou um tom misto e não como uma composição de elementos individuais de projeto. Além disso, qualquer elemento linear contínuo em um padrão de piso pode afetar a proporção aparente de um piso, exagerando ou diminuindo uma de suas dimensões.

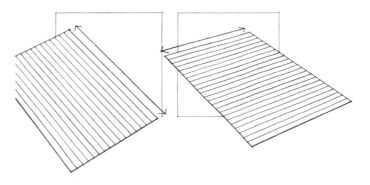

PISOS DE MADEIRA

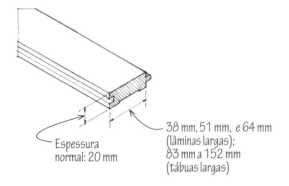

Espessura normal: 20 mm

38 mm, 51 mm, e 64 mm (lâminas largas);
83 mm a 152 mm (tábuas largas)

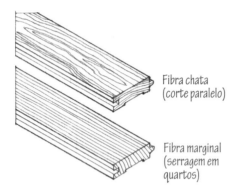

Fibra chata (corte paralelo)

Fibra marginal (serragem em quartos)

Piso de madeira maciça

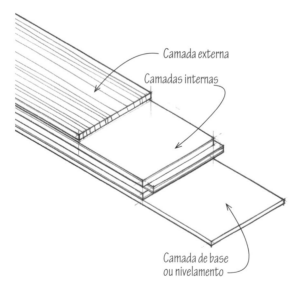

Camada externa

Camadas internas

Camada de base ou nivelamento

Piso de madeira laminada

Os pisos costumam ser divididos em pisos duros, como madeira, pedra, lajotas cerâmicas; flexíveis, como linóleo ou cortiça; e macios, que consistem principalmente em carpetes e tapetes. Entre os pisos duros, os pisos de madeira são admirados por seu calor, sua aparência natural e combinação atraente entre conforto, elasticidade e durabilidade. Sua manutenção também é relativamente fácil, sob uso moderado, e, quando danificados, podem ser substituídos ou receber novo acabamento.

Espécies duráveis de madeira de lei de grã compacta (como carvalho branco ou vermelho, bordo, faia e nogueira-pecã) e de madeira macia (pinheiro do sul, pinheiro Douglas, lariço ocidental, cicuta e outras) são utilizadas para acabamentos de pisos. Entre estas, pinheiro do sul e pinheiro Douglas são as mais comuns no mercado norte-americano. As madeiras de melhor classe são de cor clara ou selecionada e minimizam ou excluem defeitos, como nós, estrias, rachas e irregularidades na superfície.

As madeiras empregadas para pisos devem ter fontes sustentáveis e certificadas. Espécies raras ou exóticas devem ser evitadas. Os pisos de madeira antigos ou de demolição, removidos de edificações prestes a serem postas abaixo, apresentam um caráter e uma pátina muito apreciados.

Outros tipos de madeira empregada para pisos incluem bambus e pisos velhos reciclados. O bambu é tecnicamente um capim, e sua habilidade de crescer rapidamente após a colheita lhe rendeu uma reputação de material sustentável. Os pisos de bambu antigos eram laminados com adesivo de formaldeído de ureia. Hoje, colas muito menos tóxicas oferecem a mesma resistência e qualidade de acabamento, conferindo a esses pisos praticamente o mesmo estilo e beleza de acabamento das madeiras-de-lei. Há pisos de bambu disponíveis em três tipos de grã (textura, fibra): grã com tiras paralelas, grã vertical ou de borda e grã horizontal ou chata.

Pisos sólidos de madeira estão disponíveis em lâminas e tábuas. Os laminados geralmente são vendidos na forma de lâminas estreitas, embora também estejam disponíveis em lâminas de até 15 cm de largura.

Pisos de madeira de lei industrializados ("engenheirados" de madeira de lei) são impregnados com acrílico ou impermeabilizados com uretano ou vinil. Pisos laminados são feitos sob alta pressão, incluindo revestimentos de madeira, como os duradouros painéis impermeáveis de uretano acrílico. O bambu também pode ser laminado sob alta pressão, serrado em tábuas, imerso em poliuretano e revestido com poliuretano acrílico. A maioria dos produtos de bambu viaja longas distâncias para chegar ao mercado norte-americano.

Pisos de madeira são na maior parte das vezes acabados com poliuretano de cor clara, verniz ou selador penetrante; os acabamentos podem variar de alto brilho a fosco. Em uma situação ideal, o acabamento deve aumentar a durabilidade da madeira e sua resistência à água, sujeira e manchas sem esconder a beleza natural da madeira. *Stains* (corantes) são utilizados para reforçar a cor natural da madeira sem obscurecer a grã. Os pisos de madeira também podem ser encerados, pintados ou mesmo trabalhados com estêncil, mas as superfícies pintadas requerem maior manutenção.

PISOS DE MADEIRA

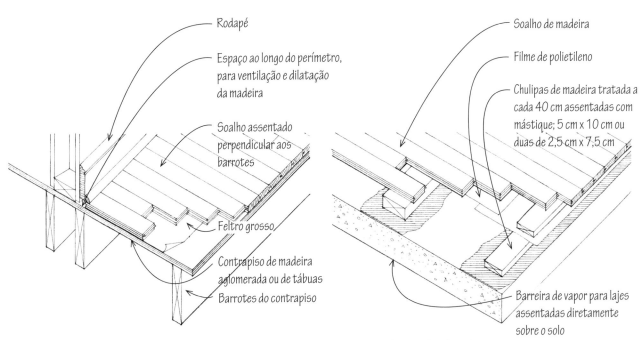

Piso de madeira sobre contrapiso e barrotes

Piso de madeira sobre laje de concreto

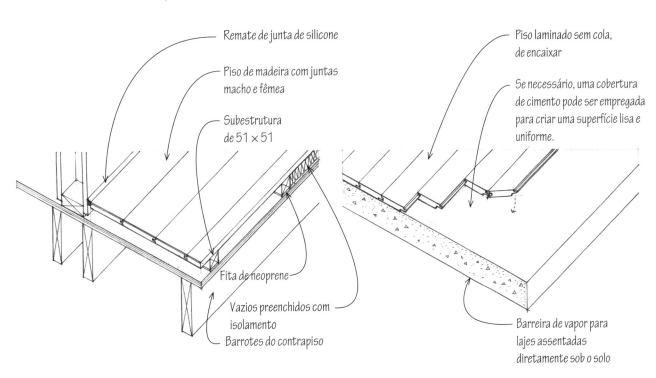

Instalação sobre piso de madeira flutuante

Instalação sobre piso de madeira laminada sem cola

304 PISOS CERÂMICOS E DE PEDRA

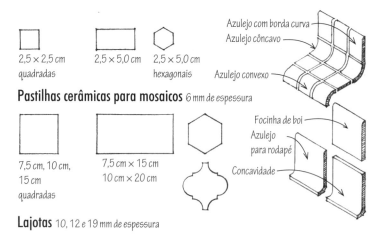

Pastilhas cerâmicas para mosaicos 6 mm de espessura

Lajotas 10, 12 e 19 mm de espessura

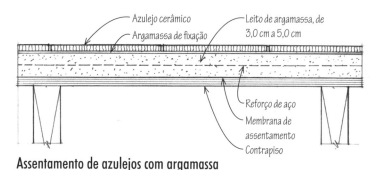

Assentamento de azulejos com argamassa

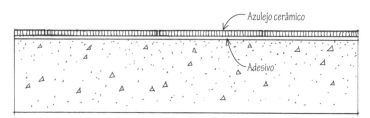

Assentamento de azulejos com adesivo

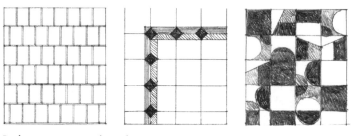

Padrões para pisos de pedra

Os pisos cerâmicos e de pedra são sólidos e duradouros. Dependendo da forma das peças individuais e do padrão no qual elas são assentadas, esses materiais para pisos podem ter uma aparência fria e formal ou transmitir uma sensação de informalidade a um ambiente.

Cerâmicas — pequenas unidades moduladas de argila natural ou de porcelana — são amplamente utilizadas em pisos. As de argila natural não são vítreas e apresentam suaves cores terra; as de porcelana podem ter cores brilhantes e são vítreas, tornando-se densas e impermeáveis.

Lajotas são peças moduladas maiores para pisos feitas de argila endurecida a fogo e não vítreas. Lajotas cerâmicas de maior tamanho estão disponíveis em vários tamanhos e padrões, algumas imitando pedra natural ou madeira, e são praticamente à prova de umidade, sujeira e manchas.

Os pisos de pedra fornecem uma superfície sólida, permanente e altamente duradoura. Os tipos de pedra mais utilizados para pisos incluem:
- Ardósia: castanhos avermelhados, cinzas, verdes, azuis e pretos. Disponíveis em quadrados ou formas irregulares e podem ser formais ou informais.
- Mármore: branco, rosas, verdes, marrons. Rajados e listrados. Presta-se a uma elegância formal.
- Granito: mais de 200 cores. Fácil de polir, também vem com acabamentos friccionados ou térmicos.

Os azulejos e pisos cerâmicos são assentados com argamassa de cimento e areia ou adesivo. O assentamento com argamassa é feito em pisos sujeitos a flexão e deflexão, para evitar que as peças cerâmicas quebrem ou fissurem

Pisos cerâmicos ou de pedra são assentados com gráute. A gráute está disponível em várias cores e pode ser selecionada para contrastar com o material de piso ou para se mimetizar com ele.

As tendências atuais em termos de pisos incluem lajotas e placas de madeira, aço e pedra, bem como materiais diversos que imitam o concreto; formas geométricas, como os hexágonos; referências à arte contemporânea; com superfícies espelhadas ou metalizadas e até acabamentos ondulados que sugerem o movimento. Podem ser encontradas também lajotas de porcelana vitrificada em cores sólidas ou com desenhos gráficos abstratos.

OUTROS PISOS DUROS 305

O concreto também pode ser utilizado como uma superfície de acabamento para pisos se for suficientemente liso e nivelado. Ele deve ser resistente a manchas e gordura. Pode receber pintura, *stain* ou ter um aditivo corante antes de lançado. Um acabamento com agregado exposto pode ter uma textura interessante.

Granitina é um tipo especial de acabamento com agregado aparente com um padrão do tipo mosaico formado por lascas de mármore. Está disponível em lajotas ou moldado *in loco*. A granitina comum apresenta acabamento desbastado e polido e é composta principalmente de lascas de pedra relativamente pequenas unidas por um aglutinante a base de resina ou cimento. As granitinas com desenho especial ou exótico usam agregados especiais com aglutinantes a base de resina de epóxi. A granitina veneziana apresenta tanto lascas de pedra grandes quanto pequenas. A granitina paladiana consiste em placas de mármore cortadas ou partidas que são assentadas a mão de acordo com um determinado desenho, que também possui lascas de pedra menores nos interstícios. A granitina rústica tem acabamento texturizado e uniforme que deixa aparentes as lascas de pedra ásperas e é empregada principalmente em exteriores.

Materiais sem emendas, duráveis e aplicados em massa são empregados para instalações comerciais, industriais e institucionais. Os materiais de piso são lançados sobre o concreto e outros *substratos* rígidos. Pisos de quartzo sem emenda consistem em agregados de quartzo colorido em uma massa epóxi de cor clara.

Granitina comum é um acabamento desbastado e polido que consiste principalmente em lascas de pedra pequenas.

Granitina veneziana consiste principalmente em grandes lascas de pedra, com pequenas lascas que preenchem os espaços intermediários.

Tipos de granitina

Granitina fina
Uma camada de cobertura de granitina resinosa de 6 a 13 mm é lançada sobre um contrapiso de madeira, metal ou concreto

Granitina monolítica
Uma camada de cobertura de granitina de, no mínimo, 16 mm de espessura é lançada sobre uma laje de concreto com acabamento rugoso.

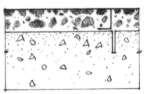

Granitina com aglutinante
Uma camada de cobertura de granitina de cimento Portland de, no mínimo, 16 mm de espessura e uma base reforçada de argamassa são mecanicamente aglutinadas a uma laje de concreto com acabamento rugoso.

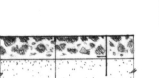

Granitina sobre leito de areia
Uma camada de cobertura de granitina de cimento Portland com 16 mm ou mais é lançada sobre uma base reforçada de argamassa e uma membrana isolante de areia, para controlar rachaduras quando se esperam movimentos estruturais.

PISOS FLEXÍVEIS

Materiais flexíveis para pisos compõem superfícies econômicas, densas e não absorventes com durabilidade relativamente boa e facilidade de manutenção. Seu grau de elasticidade possibilita que tais materiais para pisos sejam resistentes a arranhões permanentes e contribui para seu conforto e silêncio. O grau de conforto obtido dependerá não somente da flexibilidade do material, mas também do tipo de base empregada e da dureza do substrato de apoio.

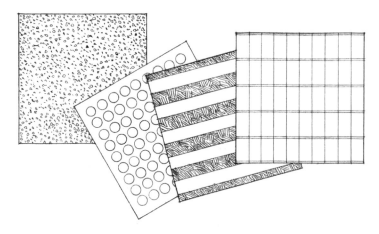

Folhas de linóleo e de vinil vêm em rolos de 1.829 mm x 4.572 mm, assim como em lajes ou placas quadradas. Elas podem ser cortadas em placas na fábrica ou na própria obra. Outros materiais de pisos flexíveis estão disponíveis em placas quadradas, com cerca de 25 cm ou 30 cm de lado. Embora as folhas resultem em um piso sem juntas, as placas são mais fáceis de instalar se o piso não for nivelado. Placas flexíveis individuais também podem ser substituídas, se danificadas.

Os tipos de pisos flexíveis variam em termos de desempenho e sustentabilidade.

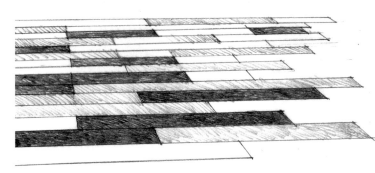

- Os produtos de borracha, vinil, linóleo e cortiça oferecem a melhor flexibilidade.
- As folhas e as placas de vinil e linóleo resistem a manchas, gordura e queimaduras de cigarros.
- Produtos de vinil, especialmente em folhas, não são ecologicamente sustentáveis.
- Pisos de linóleo e cortiça natural são feitos de materiais naturais renováveis e têm índices de COVs mais baixos.
- O desenho superficial nas folhas e placas de vinil pode desaparecer, ao passo que no linóleo e na cortiça as cores se mantêm ao longo de toda a sua vida útil.
- Placas de couro, que são relativamente caras, desenvolvem uma pátina atraente com o uso e o passar do tempo.

O substrato de madeira ou concreto sob os pisos flexíveis deve estar limpo, seco, plano e liso para evitar que qualquer irregularidade no material de base fique aparente. Os materiais para pisos flexíveis não são feitos para serem instalados sobre azulejos cerâmicos. Placas de linóleo e cortiça não devem ser instaladas abaixo do nível do solo. Alguns materiais de piso flexíveis são fornecidos junto com seus próprios adesivos, para facilitar a aplicação.

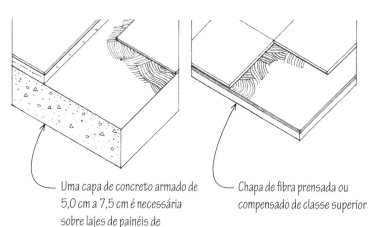

Uma capa de concreto armado de 5,0 cm a 7,5 cm é necessária sobre lajes de painéis de concreto pré-fabricadas.

Chapa de fibra prensada ou compensado de classe superior

REVESTIMENTOS MACIOS PARA PISOS

Há duas categorias principais de revestimentos macios para pisos – carpetes e tapetes. Esses revestimentos dão aos pisos maciez visual e tátil, flexibilidade e calor, e estão disponíveis em uma ampla gama de cores e padrões. Essas propriedades, por sua vez, possibilitam aos carpetes e tapetes absorver o som, reduzir os ruídos de impacto e criar uma superfície confortável e segura para se caminhar. De modo geral, os carpetes são mais fáceis de instalar do que os revestimentos de piso duros, além de sua manutenção ser simples nos ambientes relativamente limpos.

Quase todos os inúmeros tipos de carpete são recicláveis. Algumas fibras superficiais podem ser quebradas e reusadas para a fabricação de novos produtos. Muitas das empresas que reciclam carpetes também recebem as telas de suporte, que são recicladas à parte dos carpetes. O carpete reciclado geralmente vira uma resina plástica que pode ser utilizada na criação de novos produtos e, às vezes, inclusive novos carpetes. Os carpetes são, na maior parte das vezes, fabricados em largos rolos de 3.658 mm, chamados de *broadloom*. Alguns carpetes especiais vêm na largura de 5.486 mm. Carpetes tecidos também são manufaturados nas larguras de 6.858 mm a 9.144 mm e, em geral, são utilizados para usos residenciais.

Carpetes *broadloom* são vendidos por metro quadrado, cortados sob medida e instalados sobre almofadas, usando tiras sem bordas, ou colados com adesivos, em instalações comerciais. Os carpetes normalmente são instalados de parede a parede, cobrindo toda a superfície de um recinto.

Como os carpetes costumam ser fixos em um piso, eles devem ser limpos no próprio local e não podem ser girados, para equilibrar o desgaste. A localização das juntas, o tipo de avesso e a técnica empregada para as emendas do carpete podem ter um efeito significativo sobre a vida útil de um carpete *broadloom*.

Hoje existem no mercado muitas opções de sistemas de capachos de fibras ou metal que ajudam a manter as entradas seguras, secas e limpas. Alguns desses produtos são macios e fibrosos, outros possuem componentes metálicos.

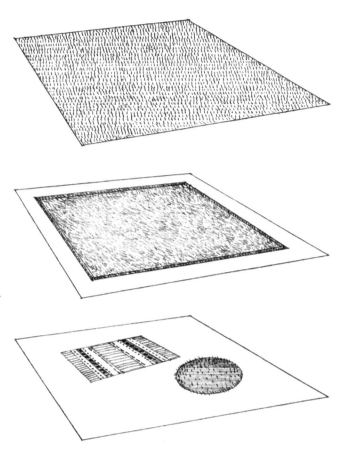

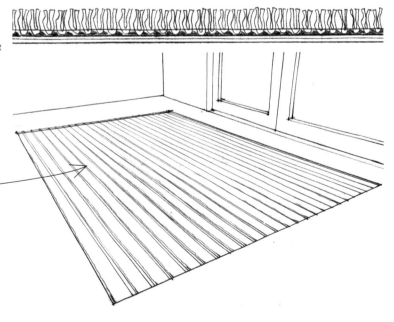

308 CARPETES EM PLACAS

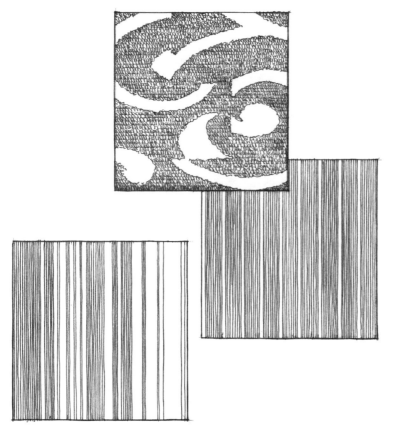

Carpetes em placas são peças moduladas de carpete que podem ser instaladas de modo similar ao das instalações sem emendas que vão de parede a parede ou ser dispostos em padrões sutis ou bastante exuberantes. Eles podem ser empregados tanto em contextos residenciais quanto comerciais e geralmente são feitos por tufagem ou armadas por fusão. As placas de carpete apresentam as seguintes vantagens:

- Podem ser facilmente cortadas para instalação em contornos irregulares, com perdas mínimas.
- Placas individuais podem ser substituídas, se gastas ou danificadas.
- Podem ser removidas facilmente e reutilizadas.
- Em aplicações não residenciais, as placas de carpete podem ser removidas para acessar as instalações de um piso elevado.

As placas de carpete estão disponíveis em variedade e tamanhos diversos. Elas podem ser instaladas de várias maneiras sobre o contrapiso: com apenas o perímetro colado *in loco* com adesivo, completamente coladas ou coladas *in loco* com pontos de cola de contato. Placas de carpete de grau comercial têm uma base forte o suficiente para evitar a retração ou dilatação das placas e para evitar que as bordas do carpete descolem ou enrolem.

As placas de piso de tecido composto combinam os atributos dos revestimentos macios com a longa durabilidade. Elas geralmente estão disponíveis em unidades com cerca de 60 cm de lado.

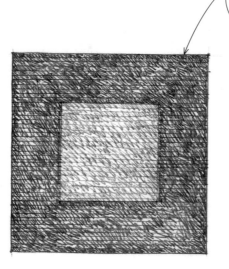
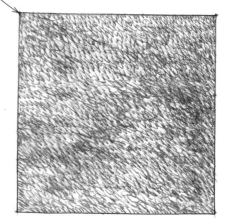

O desempenho de um carpete depende de vários fatores, especialmente do tipo de fibra utilizada. Cada fabricante de carpete oferece combinações de fibras de superfície genéricas que melhoram características específicas, como durabilidade, resistência ao desgaste, facilidade de limpeza, cor e lustro.

Fibras de carpete

O **nylon** tem excelente resistência e durabilidade, é resistente a mofo e seca rapidamente. O nylon também pode ser tingido com o uso de soluções resistes ao descoloriment causado por raios solares ou produtos químicos. As novas marcas de nylon macio e com fibras de diâmetro menor têm aumentado a receptividade desse produto para fins residenciais.

O **poliéster PET** é uma forma durável de poliéster, feita de recipientes plásticos reciclados. Resiste a sujeira, abrasão, manchas e ao descoloriment.

A **olefina** (polipropileno) é firme na cor e resistente a abrasão, desgaste e mofo. A maioria dessas fibras não tem a flexibilidade e a resistência ao esmagamento do nylon e é mais adequada para carpetes. Um novo tipo de fibra de olefina é processada especialmente para ser macia, resistente a manchas e duradoura.

A **lã** tem excelente elasticidade e calor e boa resistência a desgaste, chamas e solventes. A lã é um material sustentável e com excelente resistência ao descoloriment. É fácil de limpar e de conservar, mantém boa aparência por mais tempo e envelhece graciosamente.

Técnicas de tingimento

Tingimento por solução consiste em acrescentar tintura a um carpete sintético antes que o fio seja extrudado. Essa técnica é a mais eficaz na fixação da cor e a mais resistente a produtos químicos, gases, alvejantes e à ação da luz do sol.

Tingimento contínuo envolve a aplicação de tintura à face aberta de um carpete e fixação por meio da injeção de vapor. Esse é o método de tingimento mais barato, mas é o menos eficaz na fixação da cor e o menos uniforme.

Tingimento de peças atualmente é o método mais popular de tingimento. Carpetes brancos com um fundo primário chamados de panos crus são imersos na tintura antes que se aplique um fundo secundário.

Tingimento por impressão ou contato pode ser utilizado sobre quase todos os tipos de lanugem. Essa técnica produz boa fixação de cor e penetração.

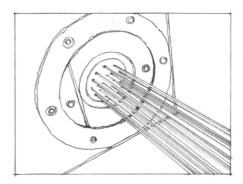

Uma fieira é um aparelho com muitos poros por meio do qual os polímeros plásticos viscosos são extrudados em ar ou líquido frio para esfriarem e formarem fibras.

Visão microscópica das fibras de nylon

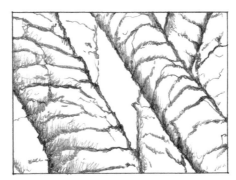

Visão microscópica das fibras de lã

Carpete tufado

Carpete tecido

Carpete armado por fusão

Carpetes tufados
A maioria dos carpetes comerciais é feita com a inserção de tufos de fios em um fundo principal. Um fundo secundário pode ser acrescentado para maior estabilidade dimensional.

Carpetes tecidos
Feitos em teares, os carpetes tecidos têm fabricação muito mais lenta e cara do que os carpetes tufados. Carpetes Axminster, que geralmente são feitos com 100% de lã ou 80% de lã e 20% de nylon, são o tipo mais duradouro e com menor desgaste. São empregados em usos residenciais e hotéis. Carpetes Wilton são decorativos de lã empregados em residências. Ambos os tipos são tramados na própria base de tecido e não exigem uma base secundária.

Carpetes armados por fusão
Os carpetes armados por fusão são criados em pares opostos, com a lanugem incorporada na base de cada lado, e então separada para criar o fio cortado. São empregados em lugares muito movimentados, como terminais de aeroporto.

Almofadas de carpete
As almofadas ou acolchoados de carpete agregam elasticidade, reduzem os ruídos de impacto e podem estender significativamente a vida do produto. Em geral, elas são utilizadas com carpetes residenciais, mas alguns tipos comprimem com muita facilidade e não duram se estiverem sujeitos a tráfego intenso.

- As almofadas (ou acolchoados) de borracha esponjosa têm uma face sintética no topo e podem de despedaçar com o uso.

- As almofadas de espuma de uretano também rompem com o uso, assim seu uso não é recomendado em áreas de tráfego intenso.

- Restos de almofadas de carpete com diferentes cores e densidades são moldados e comprimidos juntos para formar novas almofadas, que possuem um revestimento superior.

- As placas de borracha utilizadas como base para carpete contêm menos ar e oferecem menor resistência, evitando seu esmagamento e deformação provocado pelos móveis.

- As placas de borracha nervuradas são boas para a umidade, mas não com ar seco, e, às vezes, são macias demais.

- Fibras sintéticas, de juta, pelo e tecido reciclado são densas e utilizadas em tapetes e carpetes comerciais.

- A espuma aerada de uretano superdensa é extremamente resistente e empregada em carpetes tecidos e pisos radiantes.

TEXTURAS DE CARPETES E TAPETES

Depois da cor, a textura é a principal característica visual de um tapete ou carpete. As várias texturas disponíveis resultam da construção da lanugem, da altura da lanugem e da maneira como o carpete é cortado. Há três tipos principais de texturas de tapetes.

- **Fio cortado** resulta quando cada laço de fio é cortado. Pode ser produzido por tufagem, entrelaçamento ou fusão.
- **Fio laçado ou inteiro** é mais duro e mais fácil de manter do que fio cortado. O fio laçado pode ser produzido por meio de técnicas de tufagem, entrelaçamento e tecelagem. É duradouro e de fácil manutenção e funciona bem com móveis sobre rodas.
- **Combinações com lanugem cortada e não cortada** são um pouco mais aconchegantes do que as lanugens com apenas fios laçados e têm proporções variadas de fios cortados e inteiros. Podem ser produzidas por tufagem ou entrelaçamento.

Veludo ou pelúcia
Seu fio cortado, liso e muito fino marca as pegadas.

Friza ou Twist
Os fios são torcidos, para criar uma textura mais pesada e mais áspera

Laços em Nível
Tufos de laços de mesma altura

Saxônia
Seu fio de múltiplas camadas produz uma aparência lisa e macia e marca as pegadas.

Shag
Uma superfície texturizada é gerada com fios longos e torcidos.

Laços de vários níveis ou padronizados
Laços inteiros criam padrões esculpidos.

Corte e laço
A combinação de fios laçados e cortados cria padrões.

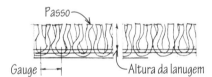

Termos de lanugem
- Densidade é uma medida da quantidade de fibra de lanugem por peso em determinada área de carpete. Maior densidade geralmente resulta em melhor desempenho.
- Passo se refere ao número de pontas de fio em 685 mm (27 polegadas) de largura de tapete tecido.
- Gauge se refere ao espaçamento entre agulhas na largura de uma tufadora, expresso em frações de uma polegada.
- Peso de face é o peso total dos fios de face medidos por onças por jarda quadrada.

312 TAPETES

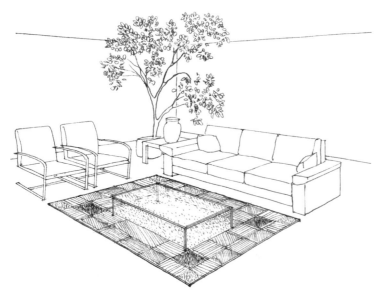

Tapetes são peças individuais de cobertura fabricadas ou cortadas em tamanhos padronizados, muitas vezes com uma borda acabada. Eles não são feitos para cobrir todo o piso de um recinto, e sim simplesmente colocados sobre outro material de piso acabado.

Tapetes de tamanho grande cobrem a maior parte do piso de um cômodo, deixando uma faixa de piso acabado exposto ao longo das bordas do ambiente. Eles têm aparência aproximada a dos carpetes de parede a parede, mas podem ser removidos quando se deseja, para limpeza quando necessário, e virados, para desgaste mais uniforme.

Tapetes de tamanho menor cobrem uma porção menor do piso de um recinto e podem ser empregados para definir uma área, unificar um conjunto de mobiliário ou delinear um percurso. Tapetes decorativos, especialmente aqueles feitos a mão, também podem ser o elemento de projeto dominante e dar foco à distribuição do mobiliário de um recinto.

Técnicas de tufagem a mão, com nós, laços e tranças, produzem vários estilos de fios laçados e/ou cortados que são comumente empregados em tapetes decorativos. Os nós dos tapetes orientais são feitos a mão, um de cada vez, e não se desfazem. Hoje, a impressão digital permite aos fabricantes trabalhar junto com os projetistas na criação de desenhos customizados.

Numdah Indiano

Tapete Navajo

Bokhara Afegão

Bengali Chinês

REVESTIMENTOS DE PAREDES

Os revestimentos de parede são utilizados para aumentar a durabilidade, a absorção de sons e a refletância da luz ou modificar a aparência de uma parede. Alguns são parte integral da estrutura de uma parede; outros, são camadas separadas fixas à estrutura. Já outros revestimentos são finas camadas ou coberturas aplicadas sobre uma superfície de parede. Além dos fatores estéticos como cor, textura e padrão, há considerações funcionais e econômicas a serem feitas na seleção de um material e de um revestimento de parede, incluindo as seguintes:

- Se o revestimento é um material aplicado, que tipo de apoio ou base é necessário?
- Qual tipo de acabamento, revestimento ou cobertura a parede irá receber?
- Qual deve ser a durabilidade do material ou do revestimento e qual é sua facilidade de manutenção?
- Qual é o grau necessário de absorção de sons, refletância de luz e resistência a fogo?
- O acabamento de parede contém materiais tóxicos ou emite compostos orgânicos voláteis (COVs)?
- O acabamento de parede contém materiais reciclados ou recicláveis?

Conservar amostras de materiais de acabamento em prateleiras abertas e próximas a mesas de reunião encoraja os projetistas a manter os materiais organizados.

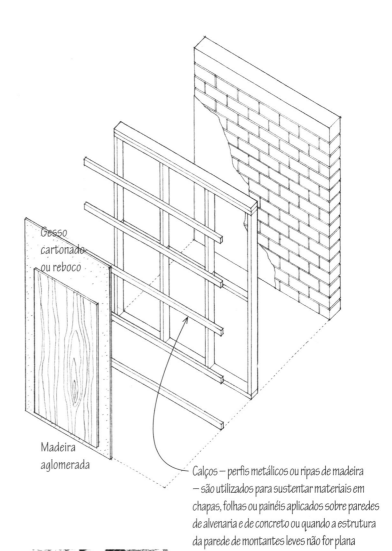

Calços — perfis metálicos ou ripas de madeira — são utilizados para sustentar materiais em chapas, folhas ou painéis aplicados sobre paredes de alvenaria e de concreto ou quando a estrutura da parede de montantes leves não for plana e nivelada.

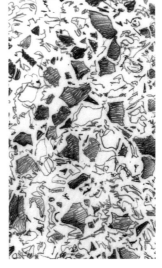

Cada placa deste revestimento fabricado com vidro reciclado nos Estados Unidos é única em termos de cor, padronagem e tamanho e formato de seus agregados.

314 REVESTIMENTOS DE PAREDES

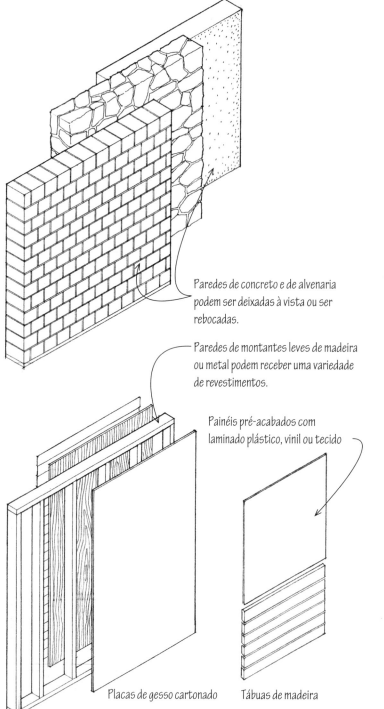

Paredes de concreto e de alvenaria podem ser deixadas à vista ou ser rebocadas.

Paredes de montantes leves de madeira ou metal podem receber uma variedade de revestimentos.

Painéis pré-acabados com laminado plástico, vinil ou tecido

Placas de gesso cartonado Tábuas de madeira

Painéis arquitetônicos de resina estão disponíveis em lâminas translúcidas ou incolores, com agregados e camadas intermediárias, e em lâminas decoradas. Alguns produtos contêm resinas recicladas de produtos já utilizados; painéis sem materiais agregados podem ser reciclados mais facilmente. Esses painéis podem ser instalados como divisórias ou paredes internas ou fixados à superfície de uma parede com conectores de metal.

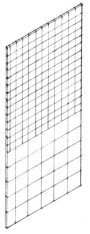

Azulejos cerâmicos Revestimentos flexíveis

PAINÉIS TRIDIMENSIONAIS FORMADOS A VÁCUO

Os avanços na tecnologia dos laminados permitem hoje oferecer painéis tridimensionais formados a vácuo com desenhos cada vez mais realistas, ajudando a conferir aos interiores uma nova forma que vai muito além das típicas superfícies bidimensionais das paredes. Esses painéis táteis têm oferecido opções de desenho praticamente infinitas para os interiores comerciais. Atraentes e resistentes, eles conferem flexibilidade ao projeto, estão disponíveis em tamanhos variados, podem ser empregados em paredes, lambris, tetos, espelhos de balcão, móveis, mostradores ou expositores, entre outras aplicações da arquitetura de interiores. Os desenhos e as texturas inovadores combinam com as opções de customização, agregando valor estético e vantagens ao projeto.

A fabricação atual de laminados tridimensionais oferece qualidade consistente, desenhos personalizados e combinações de cores a preços inferiores dos painéis laminados do passado. O especificador de uma construtora pode escolher dentre uma variedade de padronagens tridimensionais e, então, combiná-las com uma das várias opções de acabamento a fim de criar um painel ímpar. Alguns fabricantes oferecem também chapas customizadas com o logotipo do cliente ou outras características de sua marca.

A base do produto acabado é um termoplástico bruto como o PVC (cloreto de polivinila), o PETG (polietileno tereftalato modificado com glicol) ou o ABS (acrilonitrilo-butadieno-estireno). As folhas decorativas laminadas têm textura metálica, patinada, da madeira ou uma cor sólida. Camadas invisíveis de revestimento especial ou máscaras podem oferecer proteção adicional. Após a laminação e produção das folhas, o substrato é moldado a vácuo no formato final. Segue-se o resfriamento, o corte e a inspeção para o controle de qualidade. Os painéis acabados são extremamente leves e podem ser enrolados para baratear o transporte. Os fabricantes costumam oferecer painéis de 1.219 mm × 2.438 mm, painéis de lambris entre 762 e 813 mm × 1.219 mm e painéis menores, para uso pontual ou em espelhos de balcão de cozinha de 467 mm × 610 mm ou menos.

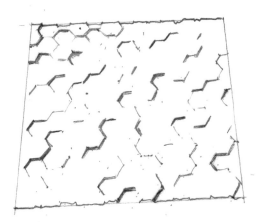

316 PEDRA SINTÉTICA

As bancadas de cozinha e outras superfícies residenciais e comerciais contemporâneas muitas vezes são feitas com pedra sintética. Esse material é feito com uma resina especial e é resistente a água, manchas, calor, produtos químicos, arranhões e impactos e impedem a proliferação de bactérias e fungos. Estão disponíveis em várias espessuras a partir de 3 mm e geralmente são pré-fabricadas e montadas *in loco*. Suas juntas de instalação são coladas e praticamente invisíveis.

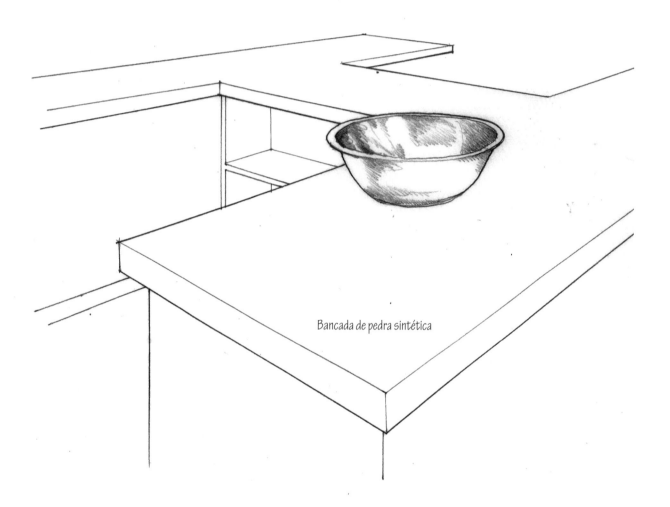

Bancada de pedra sintética

REVESTIMENTOS DE PAREDES EM MADEIRA

Painéis de ripas ou tábuas de madeira

Os painéis de ripas ou tábuas de madeira consistem em uma série de peças finas de madeira conectadas entre si por ripas de madeira. As lâminas verticais se chamam montantes, e as horizontais, travessas. Esses painéis incluem placas de madeira maciça, placas de madeira laminada e placas de madeira revestidas com laminado plástico. Painéis de madeira de lei já tratados com *stain*, acabados e prontos para uso estão disponíveis em muitas cores e diferentes tipos de madeiras.

Os painéis maciços de madeira oferecem durabilidade e criam textura. O padrão e a textura da parede dependem da largura, da orientação e do espaçamento das tábuas, assim como dos detalhes das juntas. O lambri geralmente consiste em tábuas de madeira com encaixes macho e fêmea e sulcos, para parecerem duas lâminas finas; é usado em paredes e em tetos.

Os painéis de madeira compostos (ou compósitos) usam restos de fibra de madeira de outros processos fabris. Sua estrutura é mais estável do que a da madeira maciça, e eles podem ser mais duradouros. A madeira dos painéis compostos age como um sumidouro de carbono, podendo sequestrar mais dióxido de carbono do que aquele que é liberado com sua produção, transporte e instalação. Os painéis compostos atualmente produzidos não afetam a qualidade do ar dos interiores.

Os painéis de madeira aglomerada e MDF (chapa de fibra de média densidade) são fabricados misturando-se partículas ou fibras de madeira com resina, parafina ou outro aditivo. O painel é então formado e curado sob pressão e calor, lixado e cortado nas dimensões desejadas. Esses painéis podem ser fabricados especialmente para resistir à umidade e ao calor, atender a níveis especificados de qualidade do ar do interior, ter densidade superior e reter parafusos. Eles também podem ser ultraleves e podem ser produzidos com diferentes espessuras e dimensões. A maioria dos painéis compostos possui um revestimento decorativo ou laminado de alta pressão. Uma superfície comum é aquela feita com laminado termofundido (TFL), que é feito de um papel decorativo de cor sólida ou impresso saturado com resina melamínica e fundido ao painel composto sob calor e pressão.

A madeira aglomerada é composta de pequenas partículas de madeira. No MDF, essas lascas de madeira são reduzidas a fibras de celulose, produzindo painéis com superfície lisa e núcleo homogêneo.

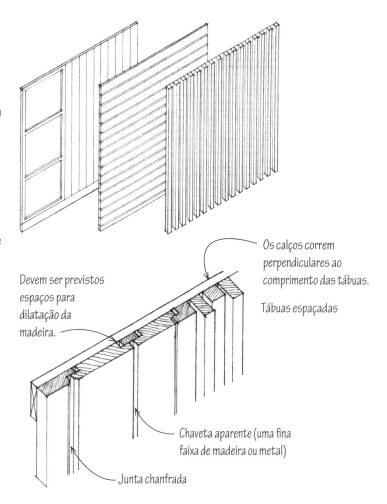

Devem ser previstos espaços para dilatação da madeira.

Os calços correm perpendiculares ao comprimento das tábuas.

Tábuas espaçadas

Chaveta aparente (uma fina faixa de madeira ou metal)

Junta chanfrada

Exemplos de juntas

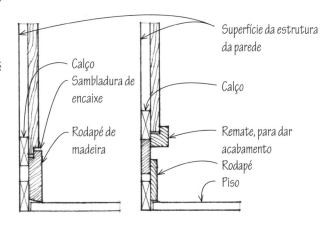

Calço
Sambladura de encaixe
Rodapé de madeira

Superfície da estrutura da parede
Calço
Remate, para dar acabamento
Rodapé
Piso

Detalhes de rodapés Os detalhes de teto podem ser tratados de maneira similar.

Madeira laminada

Madeira laminada é uma chapa de madeira constituída por meio da união de folhas sob calor e pressão, geralmente com a grã das folhas adjacentes dispostas em ângulos retos entre si. O núcleo da chapa pode ser de madeira aglomerada, MDF, laminado ou madeira maciça. Alguns produtos de madeira laminada contêm formaldeído. As chapas geralmente têm 1.219 mm × 2.438 mm e espessura de 6 a 9 mm.

As chapas de madeira geralmente são revestidas com laminados ou artificiais decorativos ou lâminas de madeira. Há dois tipos de lâminas de madeira: madeira de lei e madeira macia; a madeira de lei é utilizada para os acabamentos das paredes. As folhas são cortadas de diversas maneiras, incluindo o corte em quartos, o corte tipo fenda e o corte rotativo. As finas chapas de madeira adjacentes entre si podem, então, ser arranjadas em padrões como o emparelhamento tipo livro, o emparelhamento tipo espinha de peixe, o corrido, o tipo diamante e o aleatório.

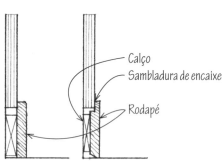

Emparelhamento da madeira laminada

- Emparelhamento tipo livro
- Emparelhamento espinha de peixe
- Emparelhamento corrido
- Emparelhamento tipo diamante
- Emparelhamento aleatório

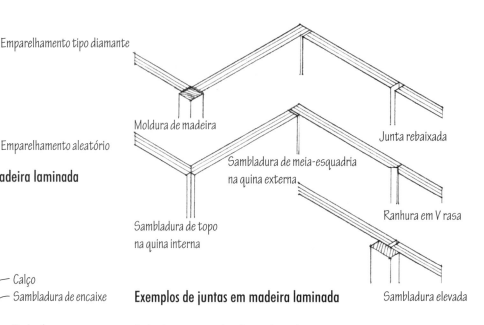

Exemplos de juntas em madeira laminada

- Moldura de madeira
- Sambladura de meia-esquadria na quina externa
- Sambladura de topo na quina interna
- Junta rebaixada
- Ranhura em V rasa
- Sambladura elevada

As bordas expostas das chapas de madeira laminada devem receber acabamento com uma ripa de madeira de lei ou ser cobertas com um remate.

Exemplos de detalhes de rodapés de madeira laminada

- Calço
- Sambladura de encaixe
- Rodapé

PAREDES REBOCADAS

O reboco é um composto de gesso ou cal, água e areia e, às vezes, outras fibras que são aplicadas na forma pastosa na superfície de paredes ou de tetos e então são deixados a endurecer e secar. O reboco de gesso é um material durável, relativamente leve e resistente ao fogo que pode ser utilizado sobre qualquer superfície de teto ou parede não sujeita a umidade ou a água. O estuque de folhado ou estuque fino é uma argamassa de gesso pré-fabricada aplicada a um acabamento muito fino de uma ou duas camadas sobre uma base de chapa de gesso cartonado.

Os rebocos são aplicados em duas ou três camadas, cujo número depende do tipo e da resistência da base utilizada. Os rebocos de duas camadas têm uma camada de base e, sobre ela, uma camada de acabamento. Os de três camadas são aplicados em três camadas sucessivas: o revestimento estriado, o emboço e o revestimento final.

- O revestimento estriado é a primeira camada em um reboco de três camadas. Ele deve aderir firmemente à tela metálica e dar uma base melhor para a segunda camada ou emboço.
- O emboço é uma camada nivelada de reboco com acabamento rugoso — seja a segunda camada em um reboco de três camadas ou a camada de base aplicada sobre uma tela com gesso ou sobre alvenaria.
- A última camada de reboco serve como acabamento ou como base para pintura.
- A espessura total de um reboco de acabamento varia de 1,0 a 2,0 cm.

A aparência final da superfície de um reboco depende tanto de sua textura quanto do acabamento. O reboco pode ser alisado, para produzir um acabamento plano e não poroso. Ela também pode ter um ou mais pigmentos agregados à sua massa, ser pintado com uma cor ou receber várias camadas de tinta. Acabamentos lisos aceitam cobertura com papel de parede ou tecidos.

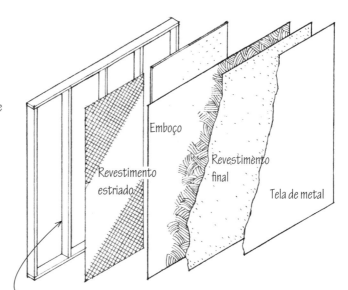

Estrutura de montantes leves de madeira ou metal ou calços sobre alvenaria ou parede de concreto

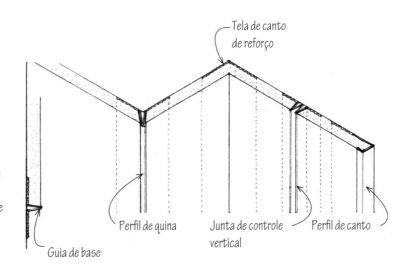

São necessários acessórios de metal para dar acabamento e proteger as quinas e os cantos das superfícies rebocadas.

PAREDES DE CHAPAS DE GESSO

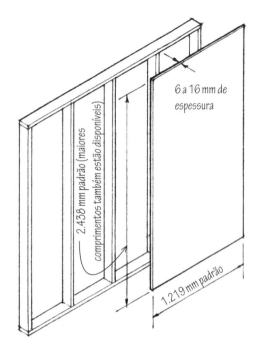

6 a 16 mm de espessura

2.438 mm padrão (maiores comprimentos também estão disponíveis)

1.219 mm padrão

As chapas de gesso — geralmente chamadas de gesso cartonado ou *drywall* — consistem em um núcleo de gesso coberto com papel ou outro material. Elas podem ser acabadas com pintura ou com a aplicação de azulejos cerâmicos ou uma cobertura flexível.

Os principais tipos de chapas de gesso incluem:
- Chapas de gesso comum, para paredes e tetos internos
- Chapas de gesso resistentes a umidade, utilizadas como base para azulejos cerâmicos, sob condições de alta umidade
- Chapas de gesso resistentes ao fogo (Tipo X), utilizadas em construções resistentes ao fogo

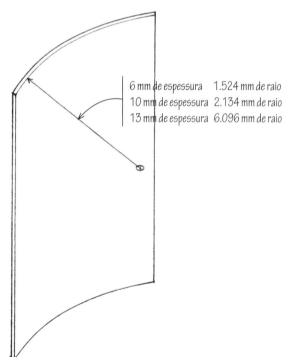

6 mm de espessura   1.524 mm de raio
10 mm de espessura 2.134 mm de raio
13 mm de espessura 6.096 mm de raio

As chapas de gesso podem ser curvadas, conforme sua espessura.

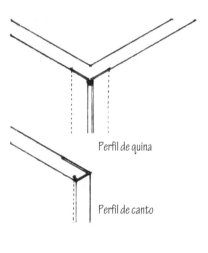

Perfil de quina

Perfil de canto

Cantoneiras de metal são necessárias para dar acabamento e proteger as bordas e os cantos das superfícies das chapas de gesso cartonado.

Azulejos cerâmicos

Os azulejos cerâmicos são peças de revestimento moduladas de argila cozida e de outros materiais cerâmicos. Eles proporcionam uma superfície permanente, duradoura e à prova d'água para as superfícies internas. Estão disponíveis em acabamentos brilhantes ou foscos e com uma ampla gama de cores e desenhos superficiais.

Tijolos especiais incluem tijolos de vidro, tijolos feitos a mão ou feitos sob encomenda, tamanhos especiais e peças de remate. A argamassa para assentamento de azulejos estão disponíveis em uma ampla variedade de cores. Evite usar argamassas muito pigmentadas com azulejos de parede de cores contrastantes, pois elas podem escorrer e manchar os azulejos.

Os azulejos cerâmicos podem ser assentados com argamassa fina ou grossa.

- No assentamento com argamassa fina, o azulejo cerâmico é assentado sobre uma base contínua e estável de argamassa de gesso, chapa de gesso cartonado ou chapa de madeira aglomerada, usando uma fina camada de argamassa com pouca água, argamassa de cimento látex-Portland, argamassa epóxi ou um adesivo orgânico.
- No assentamento com argamassa grossa, o azulejo cerâmico é aplicado sobre uma camada de argamassa de cimento Portland. A camada, de espessura relativamente grossa (1,5 a 2,0 cm), permite caimentos precisos e bem planos no acabamento. Os azulejos cerâmicos podem ser instalados em uma tela de metal sobre o concreto, em alvenaria, madeira compensada, estuque de gesso, gesso cartonado ou estrutura de montantes leves de madeira.

Os azulejos de vidro podem ser utilizados em paredes, pisos e balcões, tanto externos quanto internos. Os azulejos de vidro industrializados com superfícies planas e dimensões regulares são mais fáceis de instalar que os cortados a mão, extremamente texturizados. Os coloridos são instalados com argamassa fina com um aditivo de látex e uma graute modificada com látex.

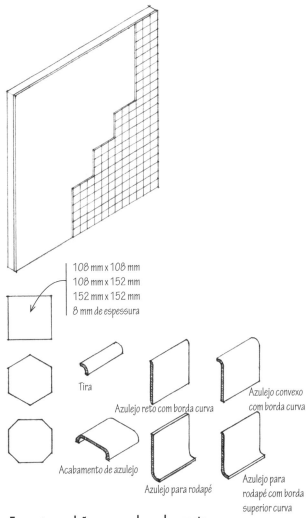

108 mm x 108 mm
108 mm x 152 mm
152 mm x 152 mm
8 mm de espessura

Tira
Azulejo reto com borda curva
Azulejo convexo com borda curva
Acabamento de azulejo
Azulejo para rodapé
Azulejo para rodapé com borda superior curva

Formatos padrão e peças de acabamento

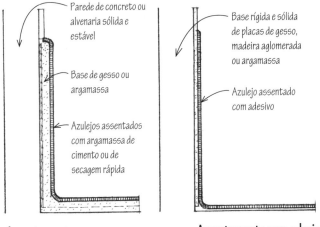

Parede de concreto ou alvenaria sólida e estável
Base de gesso ou argamassa
Azulejos assentados com argamassa de cimento ou de secagem rápida

Base rígida e sólida de placas de gesso, madeira aglomerada ou argamassa
Azulejo assentado com adesivo

Azulejos de vidro   **Assentamento com argamassa grossa**   **Assentamento com adesivo**

322 REVESTIMENTOS DE PAREDE FLEXÍVEIS

Papel de parede

Papel de parede com pó de vidro (glass bead)

Revestimento de tecido entrelaçado

Revestimento de parede fotográfico

Além de serem pintadas, as superfícies com reboco alisado ou gesso cartonado podem ser acabadas com vários revestimentos de parede flexíveis, que estão disponíveis em uma grande variedade de cores, padrões e desenhos. Há seis categorias de revestimentos de parede, com base em seu desempenho:

I. Revestimentos apenas decorativos: papel de parede que não foi testado e outros revestimentos de paredes residenciais.
II. Revestimentos decorativos com durabilidade média: testados, mas principalmente para uso residencial.
III. Revestimentos decorativos de durabilidade alta: testados para uso residencial médio.
IV. Tipo I, de uso comercial: testados para uso residencial pesado ou uso comercial leve, como escritórios privativos e apartamentos de hotel.
V. Tipo II, de uso comercial: testados para padrões superiores e adequados a áreas públicas, como refeitórios, corredores e salas de aula.
VI. Tipo III, de uso comercial: testados para os padrões mais elevados e para o uso em corredores de serviço com tráfego intenso.

O papel de parede tem um revestimento de papel sobre uma base, também de papel. Não costuma ser empregado em projetos comerciais, uma vez que suja, desgasta e desbota, além de não ser testado quanto à resistência ao fogo.

Os revestimentos de parede vinílicos, com base de papel ou tecido, são feitos para serem resistentes e duradouros e são testados quanto à resistência ao fogo. São fáceis de limpar, resistem à abrasão e não desbotam. Contudo, há problemas ambientais em sua fabricação, uso e descarte; por isso, cada vez mais se buscam alternativas similares ao seu uso.

Tecidos como lã, linho, algodão, aniagem e *grasscloth* exigem um revestimento de base que funcione como uma barreira para que a cola não atravesse a face do tecido e melhore a estabilidade dimensional. Eles devem ser tratados com um impermeabilizante e às vezes exigem tratamento retardante de fogo, o qual, no entanto, não é sustentável.

A cortiça obtida da casca reciclável da corticeira é duradoura e flexível. Ela aceita tanto acabamentos à base de cera como de poliuretano e apresenta desempenho acústico e térmico excelentes, mas pode ser afetada pela presença de umidade.

Tintas

A tinta é uma mistura de um pigmento sólido suspenso em um veículo e é aplicada como um revestimento fino e geralmente opaco. As tintas podem decorar, proteger e modificar a superfície sobre a qual elas são aplicadas. *Primers* são tintas que melhoram a adesão de revestimentos subsequentes. Eles também podem servir de fundo e barreira de umidade ou inibidores de ferrugem.

> Pigmento é uma substância insolúvel de grão muito pequeno que está suspensa em um veículo líquido, para dar a cor e a opacidade de uma demão de tinta.
>
> \+
>
> Veículo é um líquido no qual o pigmento se dispersa antes da aplicação em uma superfície, para controlar a consistência, a adesão, o brilho e a durabilidade da tinta.

As tintas látex são o tipo mais comum de tintas para interiores. Elas são à base de água e fáceis de limpar com a água. Tintas alquidas são resinas diluídas em tiner que utilizam como veículo um dos vários tipos de poliésteres modificados a óleo. O uso dessas tintas está sendo restringido em algumas partes dos Estados Unidos por motivos ambientais.

Desde os seus primórdios até o século XVIII, a tinta era misturada a mão e em pequenas quantidades. As indústrias de tinta surgiram no século XIX, produzindo tintas prontas para o uso e atendendo à demanda cada vez maior. No século XX, os fabricantes passaram a substituir os ingredientes naturais por pigmentos e estabilizadores sintéticos, podendo, então, obter lotes de tinta realmente uniformes.

O chumbo é uma neurotoxina especialmente prejudicial a fetos, bebês e crianças pequenas, e que pode provocar problemas de aprendizado, náusea, tremores e dormência nos braços e nas pernas. O uso desse metal foi proibido por uma lei federal na maioria das tintas nos Estados Unidos em 1978. As partículas de chumbo de tintas velhas de prédios antigos ficam suspensas no ar ou se depositam em superfícies como o carpete, e, então, podem retornar ao ar. As crianças, ao brincar no chão ou sobre superfícies empoeiradas e colocar suas mãos na boca ou no nariz, podem ingerir e inalar partículas ou poeira de tintas à base de chumbo. A exposição ao chumbo vem sendo relacionada a diversos problemas de saúde física e mental, como o transtorno de déficit de atenção e hiperatividade (TDAH), problemas de audição, leitura e aprendizado, desenvolvimento cognitivo atrasado, escores de quociente intelectual reduzidos, retardo mental, epilepsia, convulsões e coma, e pode inclusive levar à morte.

As casas construídas antes de 1950 costumam ter tinta com altos níveis de chumbo. Os esforços atuais para remover ou restaurar pinturas à base de chumbo deterioradas, junto com outras medidas para a redução e prevenção do acúmulo do chumbo na poeira, têm resultado em decréscimos substanciais e permanentes nos níveis de poeira de chumbo nos interiores e nos níveis sanguíneos das crianças.

A tinta antimicrobiana é um novo produto útil para o controle passivo de infecções. Ela contém um composto de amônio quaternário desinfetante que mata 99,9% de cinco patógenos que costumam ser associados a infecções hospitalares dentro de duas horas de exposição com a superfície pintada e permanece efetivo por quatro anos em uma superfície intacta e com manutenção apropriada. Essa tinta é recomendada para quartos de hospital, bem como creches, moradias assistidas, cruzeiros e outros ambientes fechados nos quais as infecções podem se espalhar rapidamente.

O brilho das tintas

O brilho de uma tinta depende do tamanho das partículas de pigmentos e da razão entre o pigmento e o solvente. Embora o nome utilizado pelos fabricantes para os níveis de brilho variem, as categorias básicas são brilho, semibrilho e fosca. Algumas empresas vendem tintas com acabamento casca de ovo, perolado e/ou acetinado, que são mais laváveis que as tintas foscas, porém menos brilhantes que as tintas semibrilho.

- Tintas foscas são utilizadas em tetos e forros, bem como em cômodos cujas paredes estão pouco sujeitas ao contato. Seu baixo brilho pode ajudar a ocultar pequenas imperfeições superficiais. Elas podem ser lavadas com delicadeza, mas não esfregadas.
- Tintas semibrilho são utilizadas em paredes de áreas sujeitas a muito contato, como cozinhas e banheiros e em esquadrias. Elas são duradouras, laváveis, podem ser esfregadas e apresentam algum brilho.
- Tintas brilhantes têm alto brilho e são as mais duradouras para portas, esquadrias e armários. Essas superfícies podem ser lavadas e esfregadas, mas deixam as imperfeições à vista.
- Os fundos preparadores são utilizados para que qualquer superfície previamente pintada possa receber uma tinta de cor diferente, inclusive com menos pigmento do que a anterior. Os fundos preparadores transparentes podem ser acetinados ou brilhantes e permitem que a cor pré-aplicada na parede permaneça visível.

Stains

Stains são soluções de corantes ou pigmentos translúcidos ou transparentes aplicados de modo a penetrar e colorir uma superfície, sem obscurecer a grã.

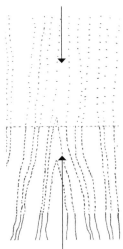

Stains penetrantes entram em uma superfície de madeira, deixando um filme muito fino sobre esta.

Stains pigmentados ou opacos são corantes a óleo que contêm pigmentos capazes de obscurecer a grã e a textura de uma superfície de madeira.

Refletâncias da luz

A refletância de uma superfície pintada depende tanto de seu nível de brilho como de sua cor. As partículas de pigmento maiores e em proporção relativamente mais alta de uma tinta fosca difundem mais as ondas de luz do que as partículas menores em tamanho e número em uma tinta brilhante. Como já comentamos, as cores mais escuras absorvem mais os raios de luz do que as cores claras. Além disso, a maior proporção de pigmento nas tintas escuras diminui sua refletância.

Para uma penetração máxima da luz natural, as tintas com alta refletância devem ser utilizadas em tetos, forros e paredes. Altos níveis de refletância também ajudam a aproveitar melhor a energia gasta com a iluminação elétrica.

Tintas com acabamentos especiais

Existem tintas com acabamentos que imitam os materiais naturais, como a grã da madeira ou a granulação do mármore, por exemplo. Geralmente essas tintas são compostas de diversas camadas de tinta e/ou massa. Algumas tintas com acabamento especial usam uma mistura de tinta com massa corrida, mas buscam criar um acabamento original em vez de imitar um acabamento existente.

Há muitos tipos de tintas com acabamentos especiais, incluindo as seguintes:

- Tintas transparentes (esmaltes) podem ser aplicadas em várias demãos diferentes, criando superfícies coloridas complexas.
- Um esmalte pigmentado pode ser aplicado em um padrão irregular com o uso de uma esponja ou um pedaço de pano, espalhado com uma ferramenta ou aplicado em uma última demão.
- *Trompe l'oeil*, um termo francês que significa literalmente "enganar os olhos", usa a perspectiva e sombras para criar a ilusão de objetos de arquitetura tridimensionais ou naturais.
- Estêncis podem ser utilizados para criar faixas ou padrões repetitivos maiores.
- Técnicas de patinagem são empregadas para conferir a uma superfície a aparência de desgaste e velhice.

Trompe l'oeil: Autorretrato, Gerard Dou, c. 1650

ACABAMENTOS DE TETO 325

A parte inferior de um piso e a estrutura da cobertura podem ser mantidas à vista, sem o uso de um forro. É mais comum, no entanto, que se acrescente um material para tetos separado ou que este seja preso ou pendurado em uma superfície de apoio. A variedade de materiais de teto é semelhante a dos materiais para paredes, exceto pelo fato de que estes são muito pesados para que sejam pendurados em uma estrutura suspensa.

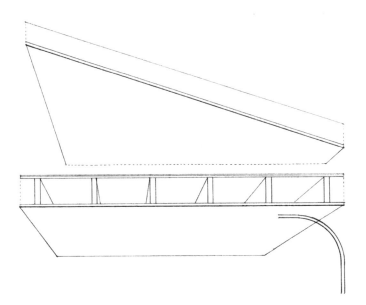

Chapas de gesso cartonado ou chapas de madeira

As chapas de gesso cartonado ou de madeira compensada ou aglomerada proporcionam superfícies de teto contínuas que podem ter acabamento liso, texturizado, pintado ou mesmo receber papel de parede.

O reboco também cria a oportunidade de se fundir planos de teto e de parede, com o uso de superfícies curvas chamadas de molduras côncavas.

Tanto o reboco quanto o gesso exigem uma estrutura uniforme de madeira ou metal que é fixa ou suspensa na estrutura do piso ou da cobertura.

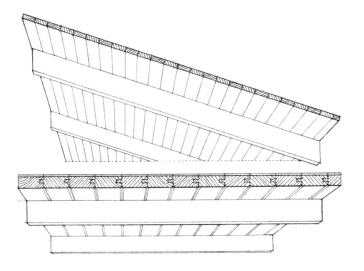

Madeira

Tábuas ou pranchas de madeira podem vencer os vãos entre as vigas, para formar plataformas estruturais em um piso ou uma cobertura. A parte inferior das tábuas pode ficar à vista, como teto acabado.

As tábuas de madeira costumam ter 15 cm de largura e em geral têm juntas macho e fêmea, com sulcos em V. Também estão disponíveis tábuas com juntas simples, em canaleta e em outros padrões industrializados.

Quando se deixa a estrutura de cobertura de madeira à vista, não é criado um pleno acima do forro.

326 ACABAMENTOS DE TETO

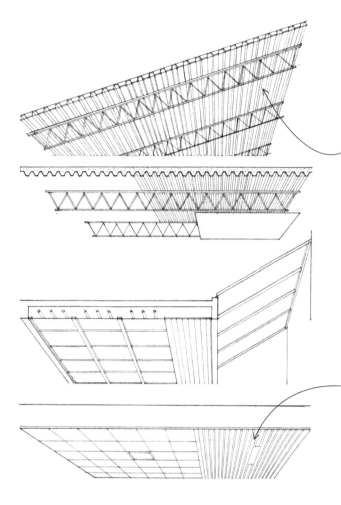

Telhados de metal

Em telhados de metal, chapas de aço corrugado formam a plataforma estrutural para o isolamento térmico e os demais materiais da cobertura. Chapas de aço celulares ou corrugadas também fornecem uma forma permanente e um reforço para o concreto quando empregadas na parte inferior de lajes de concreto compostas.

A parte inferior das chapas de aço pode permanecer à vista como superfície de teto. Juntamente com as vigas de aço de alma aberta ou vigas-treliça, as chapas de aço definem tetos com uma textura linear. Contudo, as chapas de aço aparentes podem transmitir os ruídos de impacto do pavimento superior ou do telhado.

Tetos modulados

Os materiais para tetos modulados geralmente são sustentados por uma grade de metal suspensa em uma cobertura ou em uma estrutura de piso. Chapas acústicas para tetos formam um padrão em grelha quadrado ou retangular que pode ser bem marcado ou sutil, dependendo do desenho das chapas.

Painéis metálicos longos e estreitos podem ser instalados de modo a criar curvas suaves paralelas ao comprimento dos painéis. Em ambos os casos, luminárias, difusores de ar e outras instalações mecânicas podem ser integrados ao sistema modular. Aberturas permitem que o som seja absorvido por uma base de isolamento acústico em manta.

Forros em placas do tipo nuvem ou retangulares

Os forros do tipo nuvem ou em placas retangulares e isoladas umas das outras são suspensos no teto, ajudando a configurar os espaços internos. Suas superfícies podem ser suavemente curvas e acabadas de modo que a luz refletida seja destacada.

Os forros do tipo nuvem ou em placas retangulares que são acústicos oferecem os benefícios dos sistemas de forro em grelha e, ao mesmo tempo, mantém alto nível de visibilidade do teto e facilitam o acesso aos equipamentos nele instalados. As bordas desses elementos costumam ser revestidas de metal.

Chapas ou painéis de metal perfurado também podem ser suspensas, formando desenhos curvos ou angulares, e ter fundos acústicos, que absorverão os ruídos do ambiente.

PAINÉIS ACÚSTICOS DE TETO   327

Em espaços comerciais, um sistema modular de forro suspenso é utilizado para integrar e dar flexibilidade à distribuição das luminárias e às saídas de distribuição de ar. O sistema típico consiste em painéis modulados sustentados por uma grade de metal suspensa na estrutura acima. Os painéis geralmente são removíveis, para acesso ao espaço acima do teto.

Painéis acústicos são unidades moduladas de fibra de vidro ou fibra mineral. Estão disponíveis em uma variedade de formatos quadrados e retangulares. Alguns podem ter acabamento em alumínio, vinil, cerâmica ou madeiras, e suas bordas podem ser quadradas, chanfradas, rebaixadas ou em macho e fêmea. Os painéis acústicos podem ter faces perfuradas, trabalhadas com desenhos diversos, texturizados ou mesmo fendas.

Os painéis acústicos são excelentes absorventes de som em um ambiente. Alguns são classificados quanto à resistência ao fogo ou para o uso em locais com altos níveis de umidade.

Gabaritos de metal perfurados com bases de placas com fibras estão disponíveis para uso em tetos suspensos. Com a remoção da base acústica, elas podem ser empregadas para a entrada do ar de retorno de um sistema de climatização.

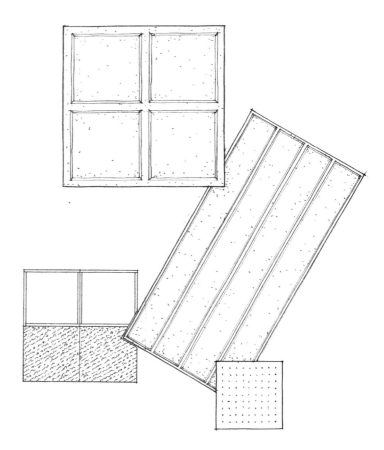

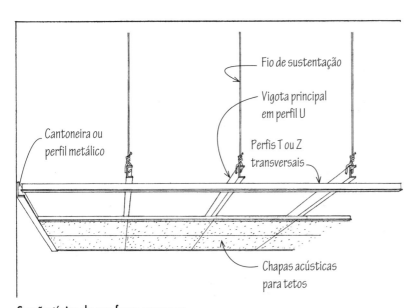

Sessão típica de um forro suspenso

328 DECORAÇÕES E ACESSÓRIOS

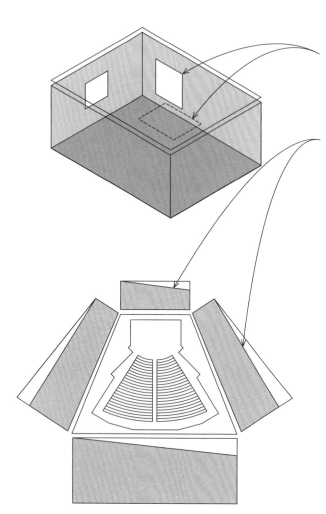

Os códigos de edificações regulam a resistência ao fogo de materiais decorativos suspensos em prédios de auditórios, instituições de ensino e dormitórios. Esses materiais de decoração, como cortinas, drapeados e outros elementos suspensos, devem ser resistentes a chamas ou incombustíveis. Em alguns tipos de edificações institucionais, há normas mais rígidas que às vezes chegam a tratar de itens como quadros ou fotografias.

Nos Estados Unidos, em prédios de auditórios, instituições de ensino e dormitórios, os materiais combustíveis, porém resistentes a chamas, não podem ocupar mais de 10% da área de parede ou forro na qual estão instalados.

Também nos Estados Unidos, quando os auditórios são equipados com *sprinklers*, a quantidade de materiais decorativos resistentes a chamas não pode exceder 75% da área de parede ou forro na qual estão instalados.

O uso generalizado de acabamentos químicos retardantes (ou retardadores) de chamas, que impedem ou dificultam a dispersão do fogo, está sendo profundamente questionado, pois esses produtos parecem ser menos efetivos como forma de proteção ou combate a incêndio e são mais perigosos à saúde humana e ao meio ambiente do que outrora se imaginava. Os PBDEs (éteres de difenilo polibromado) têm sido utilizados como retardantes de chamas em materiais de construção, móveis, acessórios, espumas de poliuretano e tecidos. Esses produtos químicos, assim como outros retardantes de chamas, já foram associados a problemas de desenvolvimento nas crianças, e os cientistas têm recomendado a revisão das normas que exigem o uso dos retardantes de chamas e também têm defendido a limitação desses produtos. As campanhas aparentemente enganosas lançadas pelas indústrias do tabaco e de produtos químicos para a promoção dos retardantes de chama, apesar das pesquisas falhas que ofereciam poucas evidências de sua efetividade, têm ressaltado a necessidade de os especificadores de materiais entendam os fatores de segurança e riscos à saúde representados por todos os materiais de construção.

8
Móveis e Acessórios

330 MÓVEIS E ACESSÓRIOS

Móveis e acessórios compõem a categoria de elementos de projeto que por definição se restringe quase que totalmente à esfera do projeto de interiores. Ao passo que paredes, pisos, tetos, janelas e portas são definidos no projeto de arquitetura de uma edificação, a seleção e a disposição dos elementos móveis de interior — móveis, tratamentos de janelas e acessórios — são as principais tarefas da arquitetura de interiores.

Móveis e acessórios mediam a arquitetura e as pessoas. Eles oferecem uma transição de forma e escala entre um espaço interno e o indivíduo. Os móveis e acessórios tornam os interiores habitáveis ao dar conforto e utilidade para as tarefas e atividades que executamos.

Os arquitetos de interiores geralmente diferenciam móveis e acessórios residenciais dos comerciais. Móveis para escritórios — sistemas de divisórias moduladas, cadeiras, escrivaninhas — às vezes são chamados de "acessórios do contrato" nos Estados Unidos. A distinção pode ser de estilo, durabilidade ou resistência ao fogo. Alguns itens servem tanto para ambientes residenciais quanto profissionais. Com o a popularização dos *home offices*, muitos itens de uso misto surgiram no mercado. Alguns fabricantes de móveis residenciais têm trazido para este mercado as linhas comerciais com estofamentos de alta durabilidade.

Com as recentes mudanças na maneira como os escritórios são projetados e utilizados, o projeto focado nos seres humanos e na saúde do planeta entrou em evidência. Os projetistas já não se limitam a consultar as listas de materiais não desejáveis e buscam informações e transparência durante a seleção de materiais. As declarações dos produtos quanto à saúde dos usuários (Health Product Declarations — HPDs) colocam esse tipo de informação nas mãos do arquiteto para que ele possa tomar decisões melhores.

Os arquitetos estão criando espaços que as pessoas querem explorar. Ter flexibilidade dentro do espaço pessoal e ir a outro lugar reforça o senso de propriedade do lugar. Nos escritórios, quadros brancos são instalados em praticamente todos os locais, de modo que as pessoas possam anotar ideias e expô-las onde os outros as vejam.

Os escritórios construídos no passado estão sofrendo profundas transformações. Os proprietários de escritórios para aluguel estão se voltando para espaços destinados a *start-ups*, que preferem alugar uma sala que não exija reforma nem adaptação. Muitas firmas novas querem chegar e instalar seus móveis, telefones e computadores: querem espaços do tipo *plug'n'play*. Dessa maneira, a fim de se tornarem atraentes para empresas de tecnologia, publicidade e propaganda, gestão de redes sociais e serviços de informação, esses espaços devem ter posicionamento de mercado, tecnologia, organização e estética ideais. Em geral, os prédios com instalações aparentes exigem que os arquitetos trabalhem junto com os engenheiros para garantir que o leiaute dos sistemas prediais esteja adequado à arquitetura de interiores desses locais.

Espaços abertos ao uso público geralmente têm exigências mais rigorosas para segurança contra incêndio. As exigências de acessibilidade também afetam os móveis em espaços públicos e no trabalho. Recursos de uso intensivo, como salas de aula, prédios de saúde e restaurantes exigem móveis e acessórios muito duradouros e de boa qualidade.

Além de atender a funções específicas, os móveis contribuem para o caráter visual dos ambientes internos. A forma, as linhas, a textura e a escala das peças individuais, bem como a organização espacial desempenham um papel essencial no estabelecimento das características expressivas de um recinto. Os móveis podem ser de forma linear, plana ou volumétrica; suas linhas podem ser retilíneas ou curvilíneas, angulares ou livres. Eles podem ter proporções horizontalizadas ou verticalizadas; podem ser leves e etéreos ou pesados e sólidos. Suas texturas podem ser polidas e brilhantes; macias e sedosas, quentes e suaves ou rugosas e pesadas; suas cores podem ser de aparência natural ou transparente, de temperatura quente ou fria, de valor tonal claro ou escuro.

Hoje muitos projetos misturam móveis de diferentes períodos históricos com peças contemporâneas. A maior parte dos projetistas não busca decorar salas com móveis de determinados períodos históricos, embora isso seja adequado em ambientes históricos ou para um cliente que tem uma coleção de antiguidades. Referências históricas e culturais também incluem a disposição dos móveis e a seleção de acabamentos e de acessórios, assim como a escolha das peças de mobiliário. Alguns desenhos de móveis do passado se tornaram clássicos e ainda são fabricados, embora muitas reproduções não tenham a qualidade dos originais em termos de materiais, mão de obra ou durabilidade.

Móveis antigos geralmente são reconhecidos como tendo pelo menos 100 anos. As antiguidades costumam ser identificadas com grandes culturas, períodos, países ou indivíduos. Peças autênticas em boa condição geralmente são caras.

Móveis modernistas incluem peças produzidas no final do século XIX e início do século XX por *designers* como Michael Thoner, Charles Rennie Mackintosh e dos artesãos do movimento Bauhaus.

Móveis contemporâneos incluem peças produzidas atualmente por artistas em atividade.

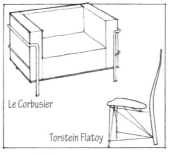
Le Corbusier
Torstein Flatoy

Arne Jacobsen

Mies van der Rohe

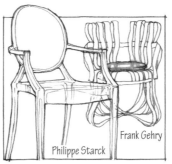
Philippe Starck
Frank Gehry

Charles Rennie Mackintosh
Hans Wegner

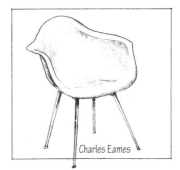
Charles Eames

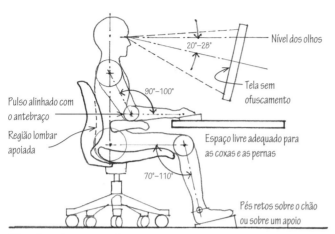

Diretrizes de ergonomia

Conforme a qualidade de seu desenho, os móveis podem oferecer ou limitar o conforto físico de modo real e tangível. Nossos corpos nos dirão se uma cadeira é desconfortável ou se uma mesa é alta ou baixa demais para nosso uso.

Os fatores humanos, portanto, são uma grande influência na forma, proporção e escala dos móveis. A *ergonomia* é a aplicação dos fatores humanos ao desenho de produtos e à arquitetura. Para dar utilidade e conforto na execução de nossas tarefas, os móveis devem ser, antes de tudo, projetados para responder ou corresponder a nossas dimensões, aos espaços vazios necessários aos nossos padrões de movimento e à natureza da atividade que executamos.

Nossa percepção de conforto naturalmente é condicionada pela natureza da tarefa ou da atividade que está sendo desempenhada, sua duração e outros fatores circunstanciais como a qualidade da iluminação e até mesmo nosso estado de espírito. Às vezes, a eficácia de um elemento de mobiliário pode depender de seu uso correto — do nosso aprendizado de como fazê-lo.

Cadeira Assimétrica Bertoia

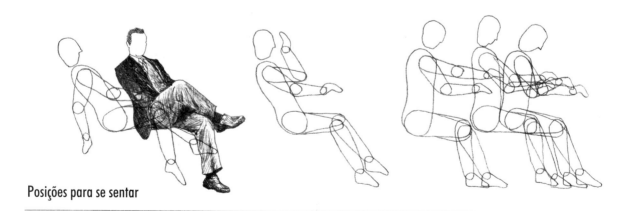

Posições para se sentar

LEIAUTE DE MOBILIÁRIO

O modo como o mobiliário é disposto em um cômodo irá afetar como o espaço é utilizado e percebido. Os móveis podem ser simplesmente colocados como objetos escultóricos no espaço. É mais comum, no entanto, que os móveis sejam organizados em agrupamentos funcionais. Esses agrupamentos, por sua vez, podem ser dispostos de forma a organizar e estruturar o espaço.

A maioria dos móveis consiste em peças unitárias ou individuais que permitem flexibilidade de arranjo. Os móveis geralmente são deslocáveis e podem consistir em vários elementos especializados, assim como em uma mescla de formas de estilos.

Conjuntos de móveis embutidos, por outro lado, permitem flexibilidade de uso e mais espaço. Geralmente há mais continuidade de forma entre os elementos de mobiliário e menos espaços residuais ou frestas entre eles.

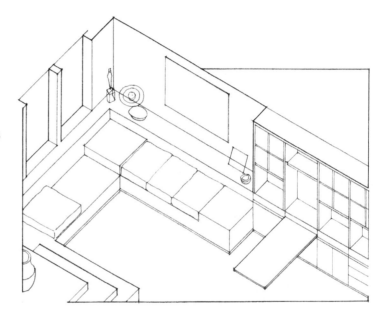

Unidades moduladas combinam a aparência unificada dos móveis embutidos com a flexibilidade de mobilidade das peças unitárias individuais.

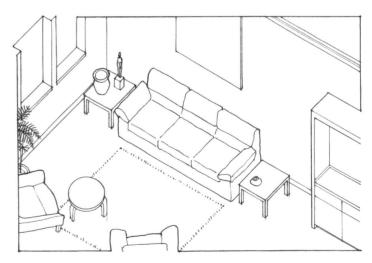

MATERIAIS DE MOBILIÁRIO

Os móveis geralmente são fabricados em madeira, metal ou plástico ou outros materiais sintéticos. Cada material tem pontos fortes e fracos que devem ser considerados no desenho e na execução de móveis, caso se deseje que a peça seja forte, estável e duradoura.

Madeira

Uma consideração fundamental na forma como a madeira é empregada e como são feitas as samblagens é a direção da fibra ou grã. A madeira é forte quando comprimida na direção da fibra, mas pode ser amassada ou esmagada quando a carga for aplicada perpendicularmente à grã. A madeira também pode ser tracionada na direção de sua fibra, mas irá rachar quando tracionada sob ângulo reto à grã. A madeira resiste menos ao cisalhamento na direção da fibra. Ela se expande ou contrai perpendicularmente a sua fibra, com mudanças no nível de umidade. Todos esses fatores pesam no modo como a madeira é trabalhada e como são feitas as samblagens.

Madeira compensada é um material laminado que consiste em um número ímpar de folhas (finas lâminas) dispostas entre si em ângulos retos na direção da fibra, dando resistência em ambas as direções. Além disso, a qualidade e a aparência do revestimento podem ser controladas para aumentar a força das camadas externas onde os esforços são maiores.

Madeira aglomerada é feita com a colagem de pequenas partículas de madeira sob calor e pressão. Geralmente é empregada como principal material para painéis decorativos e armários. Os adesivos empregados tanto em madeira compensada quanto em madeira aglomerada podem conter formaldeído; há produtos disponíveis com teores mais baixos de COV.

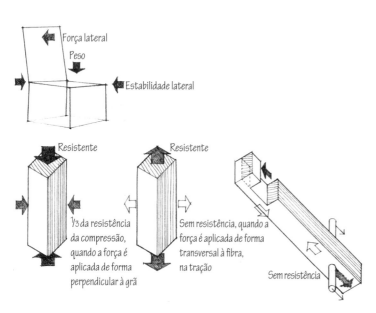

Resistência da madeira em relação à direção da fibra ou grã

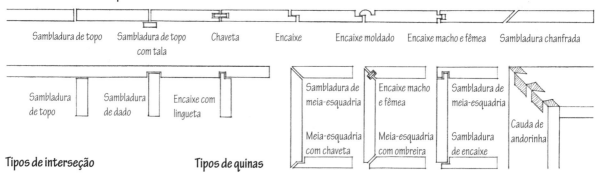

Tipos de sambladuras de madeira

O metal

Assim como a madeira, o metal é resistente tanto à compressão quanto à tração, mas não tem uma direção de grã predominante. O metal também é *dúctil* (pode ser transformado em fios e martelado até ficar fino). Tais fatores, com sua relação entre resistência e peso, possibilitam que o metal tenha seções transversais relativamente finas e possa ser moldado ou torneado para a fabricação de mobiliário. O metal pode ser parafusado com ou sem porcas, rebitado ou soldado.

O plástico

O plástico é um material único na forma como pode ser moldado, texturizado, colorido ou empregado. Isso se deve aos numerosos tipos e variações de materiais plásticos que estão disponíveis e sendo desenvolvidos hoje. Embora não seja tão forte quanto a madeira e o metal, o plástico pode ser reforçado com fibra de vidro. Acima de tudo, ele pode se tornar estruturalmente estável com facilidade e ter formas rígidas. Os móveis plásticos quase sempre consistem em uma peça única sem juntas ou conexões, e móveis feitos de outros materiais frequentemente contêm partes de plástico.

Tecidos que combinam fibras sintéticas e *elastômeros* oferecem força com flexibilidade e têm a propriedade de retornar ao formato original após serem esticados. Esses materiais estão estimulando o desenho de móveis que sustentam o corpo sem comprimir tecidos e nervos.

Muitas peças de mobiliário combinam uma variedade de materiais, como cadeiras com estruturas de madeira ou metal e assentos e espaldares de tecido ou plástico, penteadeiras com espelhos e mesas com tampos de vidro. Móveis forrados com tecido têm uma camada de espuma ou esponja coberta que reforça a estrutura, dando mais conforto e melhorando a aparência. Algumas cadeiras e outros móveis têm sido projetados para serem desmontados e terem partes recicladas.

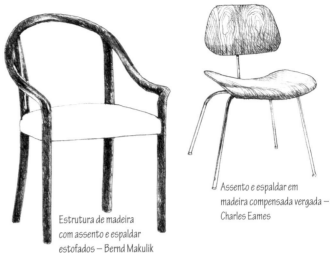

Estrutura de madeira com assento e espaldar estofados – Bernd Makulik

Assento e espaldar em madeira compensada vergada – Charles Eames

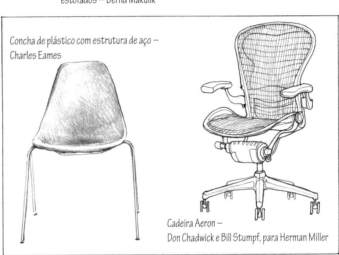

Concha de plástico com estrutura de aço – Charles Eames

Cadeira Aeron – Don Chadwick e Bill Stumpf, para Herman Miller

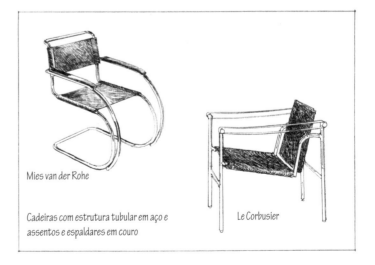

Mies van der Rohe

Cadeiras com estrutura tubular em aço e assentos e espaldares em couro

Le Corbusier

336 ASSENTOS

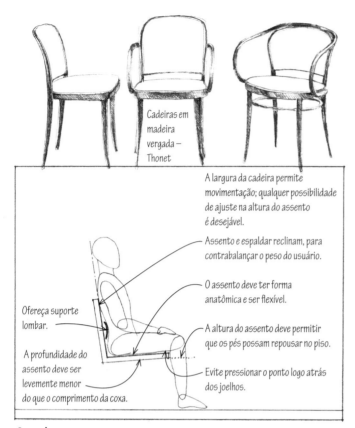

Cadeiras em madeira vergada – Thonet

A largura da cadeira permite movimentação; qualquer possibilidade de ajuste na altura do assento é desejável.

Assento e espaldar reclinam, para contrabalançar o peso do usuário.

O assento deve ter forma anatômica e ser flexível.

Ofereça suporte lombar.

A altura do assento deve permitir que os pés possam repousar no piso.

A profundidade do assento deve ser levemente menor do que o comprimento da coxa.

Evite pressionar o ponto logo atrás dos joelhos.

Considerações gerais

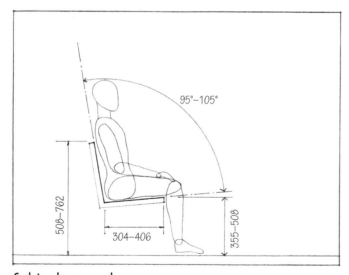

Cadeira de uso geral

Os assentos devem ser projetados para sustentar confortavelmente o peso e a forma do corpo do usuário. Devido à grande variação dos tamanhos dos corpos humanos, no entanto, e ao perigo de se projetar de modo demasiadamente preciso para condições específicas que resultariam em um assento confortável, o que se ilustra nessas páginas são os fatores que afetam nosso julgamento pessoal do conforto e várias dimensões que devem servir apenas como diretrizes. Todas as dimensões estão em milímetros.

As dimensões apropriadas para uma cadeira são determinadas não somente pelas dimensões do corpo humano e pelo usuário proposto para a cadeira, mas também por fatores culturais e questões de escala e estilo. Uma cadeira relativamente desconfortável, pequena e dura pode encorajar os clientes de um restaurante de *fast-food* a fazer uma refeição rápida e seguir adiante. Uma cadeira de uma grande sala de estar bem forrada convida o usuário a relaxar.

O fator de conforto também é afetado pela natureza da atividade que o usuário possa estar desenvolvendo naquele momento. Há diferentes tipos de cadeiras e de assentos para diferentes usos. Princípios de desenho ergonômico são especialmente importantes para cadeiras que se destinam a longos períodos de uso, como cadeiras de mesas para computador. Alturas de assentos reguláveis e de apoios para as costas permitem que diferentes usuários adaptem suas próprias cadeiras. Os assentos mal projetados são uma grande causa de problemas de saúde entre trabalhadores sedentários, e os desenhistas de produto atuais estão trabalhando com projetos que incentivem os empregados a se levantar e circular pelos escritórios.

ASSENTOS

Os fabricantes estão produzindo assentos que ofereçam privacidade tanto visual quanto acústica. Eles apresentam espaldares baixos, médios ou altos e formas ortogonais ou curvilíneas, com superfícies estofadas, laminadas ou de madeira. Alguns sistemas com assentos possuem encostos bastante altos, que também servem como divisores espaciais.

Com o desenvolvimento recente de novos mecanismos, algumas cadeiras estão sendo redesenhadas para o local de trabalho da era digital, onde as pessoas já não ficam limitadas a uma mesa.

Cadeiras para usuários mais idosos e pessoas com problemas de mobilidade devem ter apoios para braços sólidos, assentos relativamente altos e bases estáveis. Os assentos especiais para usuários obesos também podem ser compartilhados por um adulto e uma criança. Móveis para crianças têm suas próprias exigências dimensionais.

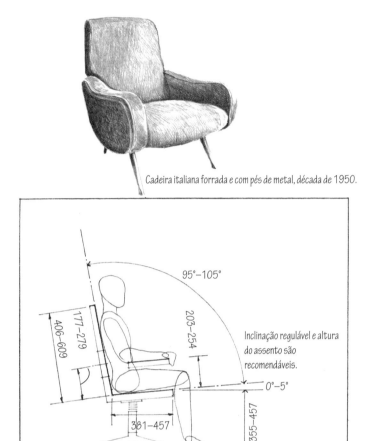

Cadeira italiana forrada e com pés de metal, década de 1950.

Cadeira de escritório

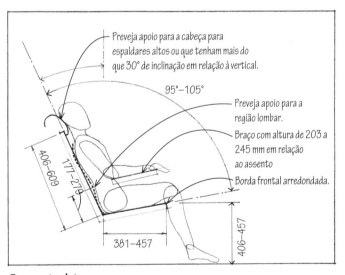

Espreguiçadeira

Todas as dimensões estão em milímetros.

338 TECIDOS PARA ESTOFAMENTO

Os tecidos para estofamento devem ser selecionados para resistir ao desgaste natural no fim a que se destinam. Os tecidos para uso comercial apresentam em sua etiqueta classificação quanto à resistência ao desgaste, sol e fogo. O desejo de se evitar materiais tóxicos como o formaldeído, o PVC e os ftalatos, que vêm sendo seriamente questionados por seus efeitos adversos à saúde, tem levado muitos arquitetos a banirem esses produtos que os contenham. A Lista Vermelha mantida pelo International Living Future Institute (ILFI) classifica certos produtos como nocivos. Embora a maioria dos produtos químicos nocivos seja removida durante o processo de fabricação, um percentual geralmente permanece e é emitido na forma de gases nas casas e nos locais de trabalho ou absorvido pela pele das pessoas. Os projetistas têm à sua disposição as declarações dos produtos quanto à saúde dos usuários (Health Product Declarations – HPDs) para determinar o risco de material tóxico em determinado tecido ou móvel. Contudo, esse nível de transparência nem sempre está disponível, e os projetistas precisam se basear em certificações de terceiros independentes, como Greenguard, Cradle to Cradle, the Global Organic Textile ou o Living Product Challenge. Alguns fabricantes atualmente produzem linhas de tecido com conteúdo zero de PVC, certificados pela Greenguard e com fibras recicladas ou naturais.

Os materiais de estofamento incluem:

Algodão — Fibra vegetal com baixa elasticidade e flexibilidade. É combustível e amassa com facilidade. Seu uso é principalmente residencial.

Linho — Derivado do caule da planta com o mesmo nome. Extremamente forte, tende a ser quebradiço e a amassar com facilidade. É mais resistente a mofo do que o algodão. Para uso profissional e residencial.

Rami — Fibra natural lustrosa e muito forte. Dura, quebradiça e não elástica. Frequentemente misturada com linho e algodão. Uso profissional e residencial.

Seda — Produzido pelo bicho-da-seda; é a mais forte de todas as fibras naturais. Resiste a solventes, mas degrada com a exposição ao sol. Só costuma ser utilizada em moradias.

Raiom — Fabricado a partir da polpa da madeira. Raiom de viscose é boa para misturar com outras fibras e aceita bem corantes. Uso profissional e residencial.

Acrílico — Imita a seda ou a lã, aceita bem corantes, pode amassar. Uso em exteriores.

Vinil — Simula o couro ou a camurça. Durável, fácil de limpar. Não é sustentável. Uso profissional e residencial.

Poliéster — Não amassa, resiste à abrasão, tem estabilidade dimensional, resiste a amassões. Uso profissional.

Tecidos para interior e exterior
> Fabricantes como Sunbrella Contract já vendem tecidos resistentes ao intemperismo, que podem ser utilizados tanto em interiores como em exteriores, em ambientes residenciais ou comerciais.

Tecido de cortiça
> Um material impermeável, antimicrobiano e maleável disponível em diferentes cores e padronagens. É utilizado como alternativa ao couro e serve para o estofamento de móveis e painéis de parede.

Tecidos especiais

Fibras elastométricas (Spandex) retornam às suas formas originais. Uso comercial.

Crypton® é um processo de tratamento de diversos tecidos, como algodão, linho, seda, lã, acrílico, raiom, poliéster e tecidos revestidos, para aumentar sua durabilidade e resistência a manchas e à umidade.

A tecnologia Nanotex® modifica as fibras no nível molecular, prevenindo sua danificação por poeira, manchas e sujeira.

Os tecidos metálicos são produzidos para aplicações em interiores ou exteriores, inclusive toldos, forros, barreiras para segurança pessoal e patrimonial, divisórias e outros.

Os tecidos para estofamento customizados (fabricados sob encomenda) são especificados por meio do sistema Customer's Own Material (COM), que já se tornou parte da era digital, com sites com muitas informações e conselhos. Hoje, os arquitetos têm comunicação muito rápida com especialistas, prazos para produção reduzidos, entrega da noite para o dia e acesso a importantes informações sobre o comportamento dos tecidos para estofamento.

Cadeiras

Poltronas	Servem para se descansar, conversar ou ler; são completamente estofadas; fabricadas em madeira, plástico, aço ou uma combinação de materiais.
Cadeiras de aproximação	Geralmente mais leves e menores do que as poltronas; espaldares verticais para estudar e fazer refeições.
Cadeiras sem suporte de braços	Para relaxar em uma posição parcialmente inclinada; muitas vezes são reguláveis; devem ser fáceis de sentar e levantar, nem muito baixas nem muito macias; devem dar suporte adequado às costas.

Bergère tradicional

Cadeira Wassily – Marcel Breuer

Arne Jacobsen

Alvar Aalto

Cadeira com espaldar de travessas e pés redondos

Cadeira Hardoy
(Cadeira Borboleta)

Espreguiçadeira Eames

ASSENTOS RESIDENCIAIS

Sofás	Projetados para acomodar duas ou mais pessoas; geralmente são estofados; curvos, retos ou angulares; com ou sem braços.
Namoradeira	Um pequeno sofá com apenas dois lugares.
Conjunto de sofá	Sofá dividido em partes que pode ser montado de diferentes maneiras.
Sofá-cama	Sofá projetado para ser transformado em cama.

Sofá-cama Twilight – projeto de Flemming Busk para Softline

Sofá Poet – Finn Juhl, produzido por Onecollection

Namoradeira Cisne – projeto de Arne Jacobsen para Fritz Hansen

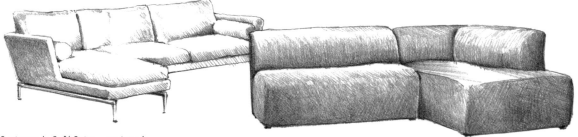

Conjunto de Sofá Suita – projeto de Antonio Cittero para Vitra

Conjunto de Sofá Josie – Mitchell Gold + Bob Williams

Sofá com forma livre – projeto de Isamu Noguchi; fabricação de Vitra

Sofá Petit Modele – projeto de Le Corbusier, Pierre Jeanneret e Charlotte Periand; fabricação de Cassina

342 ASSENTOS COMERCIAIS E PROFISSIONAIS

Cadeira Ergon 3 – Herman Miller

Cadeira executivo Eames – Alyssa Coletti/Nonfiction Creative

Charles Eames

Cadeira executivo adjacente, em bancadas

Cadeira de restaurante

Bancos de bar

Os assentos comerciais e profissionais devem ser fabricados para ter resistência tal que suportem os trabalhadores sem causar fadiga ao longo do dia de trabalho. Os assentos não devem ser selecionados somente a partir do *status* do usuário na empresa ou no empreendimento, mas escolhidos principalmente para acomodar o tamanho do usuário individual e para dar apoio adequado ao tipo de atividade que se tem em mente.

Cadeiras de escrivaninha
> Projetadas para serem flexíveis e móveis; mecanismos giratórios; com rodízios; com apoios para os braços.

Cadeiras executivo
> Frequentemente projetadas como símbolos de *status*; permitem ao usuário se reclinar para trás; giratórias; não são adequadas para longo uso junto ao computador. Elas têm sido redesenhadas e simplificadas ao máximo sem perda do conforto.

Cadeiras sem apoios para os braços
> Destinam-se a visitantes ao escritório ou para uso rápido; geralmente têm tamanho pequeno.

Cadeiras de empilhar e de dobrar
> Utilizadas para grandes agrupamentos de pessoas ou como assentos auxiliares; são leves e moduladas; frequentemente fabricadas em aço, alumínio ou plástico; algumas estão disponíveis com apoios para os braços e têm assentos e espaldares forrados; algumas têm mecanismos de conexão para ser utilizadas em fileiras.

Cadeiras de restaurante
> Devem ser resistentes; o nível de conforto costuma ser escolhido conforme o tipo de serviço. As cadeiras com braços devem ser coordenadas com a altura dos tampos de mesa; o tamanho da cadeira afeta os padrões de assento.

Bancos
> Devem ser selecionados de acordo com sua estabilidade e facilidade de movimento, bem como por sua aparência.

ASSENTOS COMERCIAIS E PROFISSIONAIS — 343

Sofás
    Podem ser dispostos em L ou U, para grupos de conversação em salas de estar, grandes escritórios privativos, áreas de estar; estranhos geralmente se sentam em extremidades opostas deixando os lugares do centro vazios.

Namoradeiras
    Estilo íntimo que tende a desencorajar o uso por dois estranhos; mas são úteis em pequenos escritórios privativos onde podem ser utilizados para pequenos cochilos.

Assentos modulados ou conjuntos de sofá
    Estão disponíveis sem apoios para os braços, com somente o apoio para o braço direito ou o esquerdo ou como móvel de canto. Os assentos modulados também se referem aos bancos com uma base contínua à qual os assentos individuais estão presos.

Assentos estofados fixos
    Geralmente são projetados para duas ou quatro pessoas; bancos maiores ou em forma de U ou em configurações circulares apresentam problemas de acesso aos assentos centrais.

Assentos com encostos do tipo divisória
    Esses sofás ou bancos com laterais e espaldares muito altos oferecem privacidade acústica para os empregados.

Banquetas
    Assentos longos e geralmente estofados voltados para mesas múltiplas; permitem que as mesas sejam deslocadas ao longo da banqueta e reunidos para acomodar tamanhos variáveis de grupos.

Assentos para auditórios
    Fornecem absorção acústica além da função de se sentar. Há exigências para prevenção de incêndio quanto aos materiais e à disposição dos assentos. Uma prática de ensino cada vez mais comum é a "sala de aula invertida", o sistema no qual os estudantes assistem a aulas expositivas e estudam o material online, e só depois fazem trabalhos em sala de aula. Essa estratégia tem levado ao uso, em sala de aula, de mesas móveis e tecnologia sem fio, em vez do arranjo tradicional de mesas e cadeiras voltadas para o professor.

Poltronas reclináveis
    Esses assentos podem ser utilizados tanto para as pessoas se sentarem como para dormirem e atendem às necessidades dos familiares e acompanhantes de pacientes, cuja presença contribui para a rápida convalescença dos enfermos.

Chappelle — Jerry Helling/Bernhardt Design

MESAS

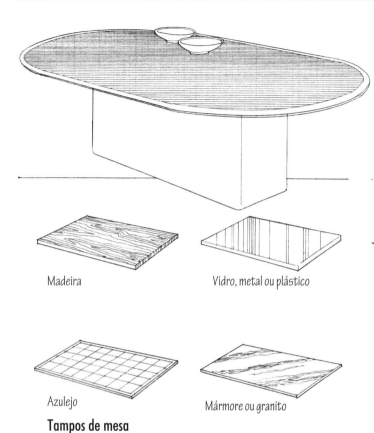

As mesas são basicamente superfícies planas e horizontais sustentadas pelo piso e utilizadas para comer, trabalhar, armazenar e dispor objetos. Elas devem ter os seguintes atributos:

- Força e estabilidade para suportar os itens em uso
- Tamanho, formato e altura em relação ao piso corretos para o fim a que se destina
- Fabricação em materiais duradouros

Os tampos de mesa podem ser de madeira, vidro, plástico, pedra, metal, azulejo ou concreto. O acabamento da superfície deve ser duradouro e ter boa resistência ao desgaste. A cor e a textura da superfície devem ter a refletância de luz adequada à tarefa visual.

Os tampos de mesa podem ser sustentados por pernas, cavaletes, bases sólidas ou gaveteiros. Eles também podem estar embutidos e ser baixados de estantes de parede e se apoiar em pernas ou suportes retráteis. As bases das mesas devem se relacionar em escala e tamanho com os tampos de mesa para dar estabilidade e apoio adequados.

Madeira · Vidro, metal ou plástico · Azulejo · Mármore ou granito

Tampos de mesa

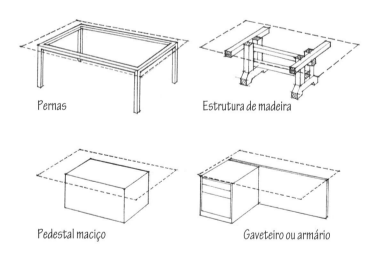

Pernas · Estrutura de madeira · Pedestal maciço · Gaveteiro ou armário

Apoios para mesa

DIMENSÕES DE MESAS

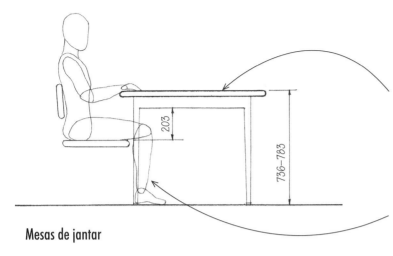

Deve-se prever um mínimo de 60 cm para cada pessoa em torno do perímetro de uma mesa de jantar.

O formato da mesa deve ser compatível com o formato da sala.

O acabamento da superfície deve criar um fundo agradável para a louça, a cutelaria e os outros objetos de mesa.

Para maior flexibilidade de acomodação tanto de pequenos quanto de grandes grupos, são desejáveis mesas com folhas de centro, que são ampliáveis.

Os apoios das mesas não devem reduzir o espaço para os joelhos e as pernas dos usuários.

Mesas de jantar

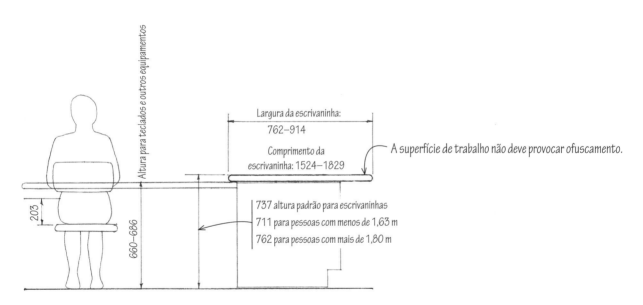

A superfície de trabalho não deve provocar ofuscamento.

737 altura padrão para escrivaninhas
711 para pessoas com menos de 1,63 m
762 para pessoas com mais de 1,80 m

Bancadas e postos de trabalho

Todas as dimensões estão em milímetros.

346 ESTILOS DE MESAS E USOS

Mesas de jantar
Escolhidas de acordo com o estilo, o número de assentos (com folhas de centro opcionais para expansão) e espaço que ocupam; podem ser fabricadas em série ou feitas sob encomenda.

Mesas de centro
Projetadas para colocar livros, revistas e bebidas em frente a um sofá. As mesas de canto fornecem superfícies para abajures e outros acessórios ao lado de um assento. Outras mesas pequenas servem para colocar acessórios e ajudam a equilibrar a decoração.

Mesa com base de arame – projeto de Charles e Ray Eames para Herman Miller

Mesa expansível "ponte" – projeto de Matthew Hilton para DWR

Mesa adaptável – projeto de TAF Architects para Muuto

Mesa de jantar Saarinen – projeto de Eero Saarinen para Knoll

Mesa de jantar Platner – projeto de Warren Platner para Knoll

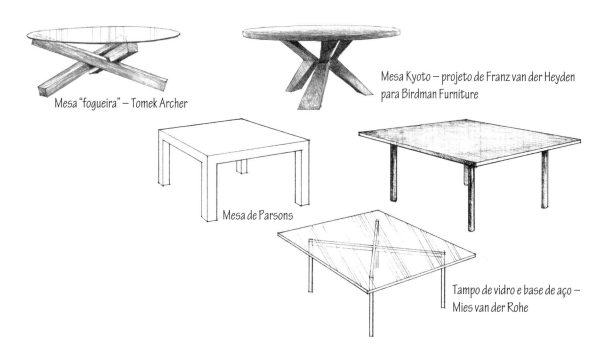
Mesa "fogueira" – Tomek Archer

Mesa Kyoto – projeto de Franz van der Heyden para Birdman Furniture

Mesa de Parsons

Tampo de vidro e base de aço – Mies van der Rohe

ESTILOS DE MESAS E USOS

Mesas de restaurantes
> Escolhidas conforme sua durabilidade, estilo, número de assentos e espaço que ocupam; base com apoio central; os tampos podem ser feitos sob encomenda ou padronizados. Mesas retangulares para dois podem ser unidas para acomodar grupos maiores; mesas circulares são utilizadas com frequência para grupos maiores; mesas quadradas podem ser colocadas na diagonal.

Mesas de reunião
> Grandes mesas isoladas com muitos assentos ou pequenas mesas desenhadas de modo a serem movimentadas para atender a diferentes configurações de salas de reunião ou auditórios; são escolhidas conforme sua capacidade, flexibilidade e aparência.

Mesas de diretoria
> Grandes mesas projetadas para transmitir prestígio e estilo; podem ter equipamentos de comunicação ou tecnologia da informação embutidos.

Mesas de hotéis e escrivaninhas
> Similares em estilo às unidades residenciais, mas com padrão comercial, em termos de durabilidade.

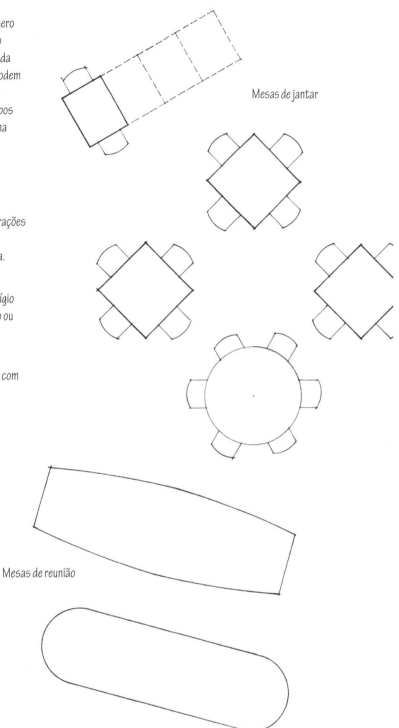

Mesas de jantar

Mesas de reunião

348   POSTOS DE TRABALHO

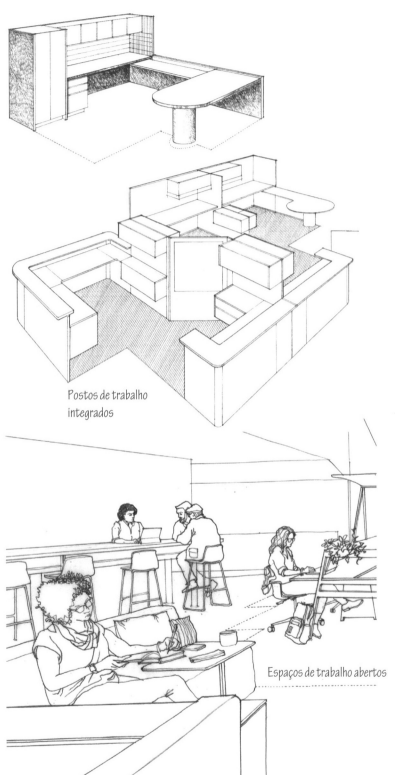

Postos de trabalho integrados

Espaços de trabalho abertos

Os projetistas muitas vezes chamam uma área de trabalho individual – que inclui uma mesa, uma cadeira, um computador e equipamentos relacionados, bem como os armários anexos – de postos de trabalho ou estações de trabalho. Os ambientes de trabalho continuam mudando, mas muitas pessoas ainda trabalham em postos de trabalho separados em cubículos. Esses sistemas ainda são fabricados e também estão disponível para reutilização, o que apresenta vantagens tanto econômicas quanto de sustentabilidade. Para indivíduos que precisam de um alto nível de foco em seu trabalho, escritórios privados e outros espaços com proteção acústica ainda são necessários. Hoje, de certa forma, é mais provável que esses espaços sejam escolhidos pela tarefa, não pelo *status* do usuário.

No entanto, a tendência dos escritórios em casa e o uso de computadores portáteis e comunicações sem fio está criando um mercado para móveis de escritório que têm uso flexível e são fáceis de mover. Os assentos e superfícies de trabalho atualmente são projetados para múltiplos empregados que vão e vêm em horários diferentes. Os acessórios podem ser agrupados para pequenos trabalhos em grupos e reuniões, e então podem ser distribuídos para trabalhos individuais.

Esses espaços de trabalho muito abertos prejudicam o desempenho acústico e precisam ser cuidadosamente planejados. Alguns espaços profissionais são projetados com base em quatro estilos de trabalho populares: colaboração, aprendizado, interação e concentração. O objetivo é fomentar a colaboração, a concentração e os encontros ao acaso e, ao mesmo tempo, oferecer uma variedade de recursos e leiautes. Os postos de trabalho podem se tornar um pouco mais personalizados, para que os usuários se sintam bem e os ajudem a trabalhar melhor.

Os espaços de *coworking*, voltados para *start-ups* e *freelas*, permitem àqueles que geralmente trabalham em casa se encontrar, colaborar e aproveitar a companhia de outras pessoas. Eles tendem a ser grandes, arejados e aconchegantes, criando oportunidades para os usuários fazerem intervalos e conversarem. Eles também são um meio de encontrar amigos, expandir a rede de relacionamento e, ocasionalmente, identificar oportunidades de trabalho ou conhecer pessoas com as quais possam colaborar.

POSTOS DE TRABALHO   349

As mesas ou escrivaninhas variam em estilo e função. A escrivaninha tradicional inclui armários e gavetas em sua base. Uma escrivaninha também pode simplesmente consistir em um tampo ou superfície de trabalho apoiada em um pedestal com espaço para armazenagem. Essa estação de trabalho básica pode ser ampliada com superfícies de trabalho adicionais nos lados ou atrás do usuário.

A escolha de uma escrivaninha deve levar em consideração como ela pode ser utilizada, assim como questões de estilo e *status*. O tamanho e a configuração da escrivaninha devem corresponder às necessidades de armazenagem e de colocação dos equipamentos, inclusive de computadores e periféricos. Uma mesa de trabalho também pode ser compartilhada por vários usuários.

Mesas para se trabalhar em pé

Ficar o dia inteiro sentado junto a uma mesa, especialmente com postura ruim e pouca movimentação geral, pode ter efeitos negativos sobre o corpo humano, contribuindo para a obesidade, os problemas de coluna e as doenças cardíacas.

As mesas para se trabalhar em pé estão agregando uma dimensão vertical aos interiores dos espaços de escritório mais progressivos. Algumas delas tem alturas fixas, para serem utilizadas sempre em pé; outras são reguláveis, possibilitando que se trabalhe em pé ou sentado. Ficar em pé junto a uma mesa pode reduzir significativamente as queixas dos trabalhadores de desconforto músculo-esquelético. Essa postura também pode diminuir a fadiga e incentivar o usuário a mudar de postura com mais frequência, e, por conseguinte, é vista como uma maneira mais saudável de trabalhar.

Há três tipos básicos de mesas para se trabalhar em pé de altura regulável:

1. Mesa de acionamento manual: o usuário gira uma manivela para erguer ou abaixar o tampo. Costumam ser mais baratas.

2. Mesa de acionamento elétrico: costumam ser operadas por meio de botões, ajustando a altura ou retornando à posição programada.

3. Mesa com contrapesos: de operação manual, porém facilitada por um sistema de contrapesos.

Pode haver diferenças significativas no ajuste de altura do tampo de diferentes modelos, especialmente quando os sistemas de acionamento são distintos. Acessórios reguláveis utilizados em mesas sem regulagem de altura podem acarretar riscos ergonômicos quando instalados em mesas cuja altura pode ser regulável em virtude de suas alturas pré-estabelecidas e seus ajustes limitados. Outra opção que traz flexibilidade de uso e benefícios à saúde são os bancos reguláveis para uso sentado padrão ou praticamente em pé. Em escritórios onde os trabalhadores ficam em pé junto a suas mesas, pode ser necessário reservar um espaço extra para se deixar as cadeiras que não estiverem sendo utilizadas.

Espaços que estimulam a movimentação das pessoas ao longo do dia estão se tornando mais comuns na cultura dos espaços de trabalho. Os escritórios estão sendo projetados com uma grande variedade de espaços, incluindo locais para se ficar de pé, grupos de poltronas e salas de reunião ou uso privativo, de modo que as pessoas possam trocar de ambiente. Porém, quando isso é inviável, as mesas para se trabalhar em pé ainda incentivam os trabalhadores a se movimentar e cuidar da postura.

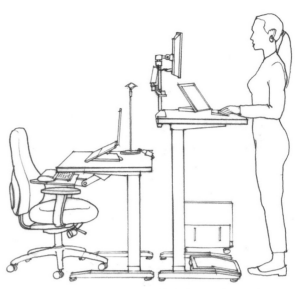

Mesa para se trabalhar em pé ou sentado

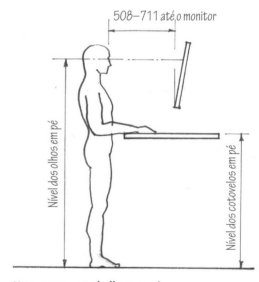

Mesas para se trabalhar em pé

350 MÓVEIS MODULADOS

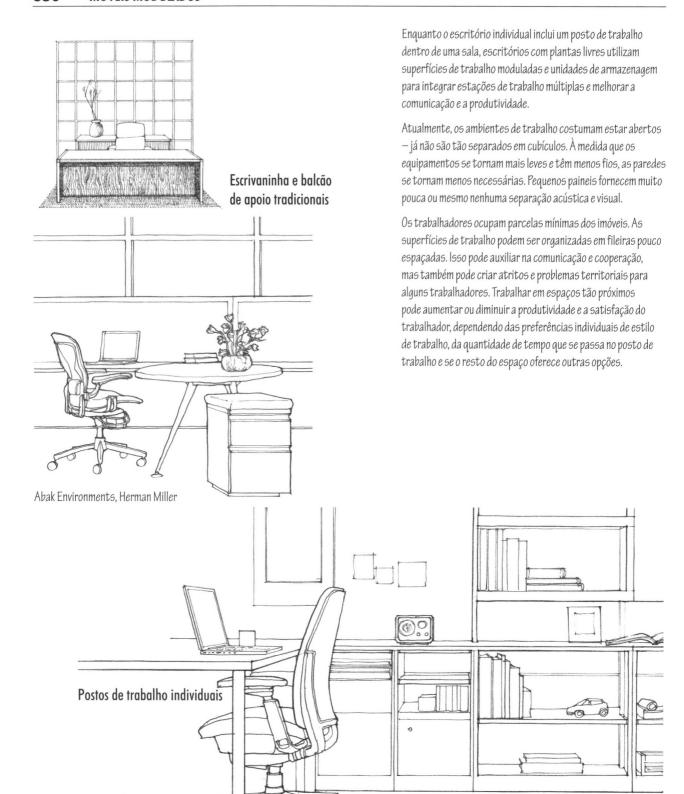

Escrivaninha e balcão de apoio tradicionais

Abak Environments, Herman Miller

Postos de trabalho individuais

ap40, uma estante de aço

Enquanto o escritório individual inclui um posto de trabalho dentro de uma sala, escritórios com plantas livres utilizam superfícies de trabalho moduladas e unidades de armazenagem para integrar estações de trabalho múltiplas e melhorar a comunicação e a produtividade.

Atualmente, os ambientes de trabalho costumam estar abertos – já não são tão separados em cubículos. À medida que os equipamentos se tornam mais leves e têm menos fios, as paredes se tornam menos necessárias. Pequenos painéis fornecem muito pouca ou mesmo nenhuma separação acústica e visual.

Os trabalhadores ocupam parcelas mínimas dos imóveis. As superfícies de trabalho podem ser organizadas em fileiras pouco espaçadas. Isso pode auxiliar na comunicação e cooperação, mas também pode criar atritos e problemas territoriais para alguns trabalhadores. Trabalhar em espaços tão próximos pode aumentar ou diminuir a produtividade e a satisfação do trabalhador, dependendo das preferências individuais de estilo de trabalho, da quantidade de tempo que se passa no posto de trabalho e se o resto do espaço oferece outras opções.

MÓVEIS MODULADOS 351

No passado, o mercado de acessórios para escritórios comerciais era caro demais e em escala muito grande para os pequenos negócios. Muitas das peças projetadas hoje podem ser utilizadas em um escritório residencial, e os fabricantes estão começando a disponibilizar mobiliário para escritórios para esse novo mercado.

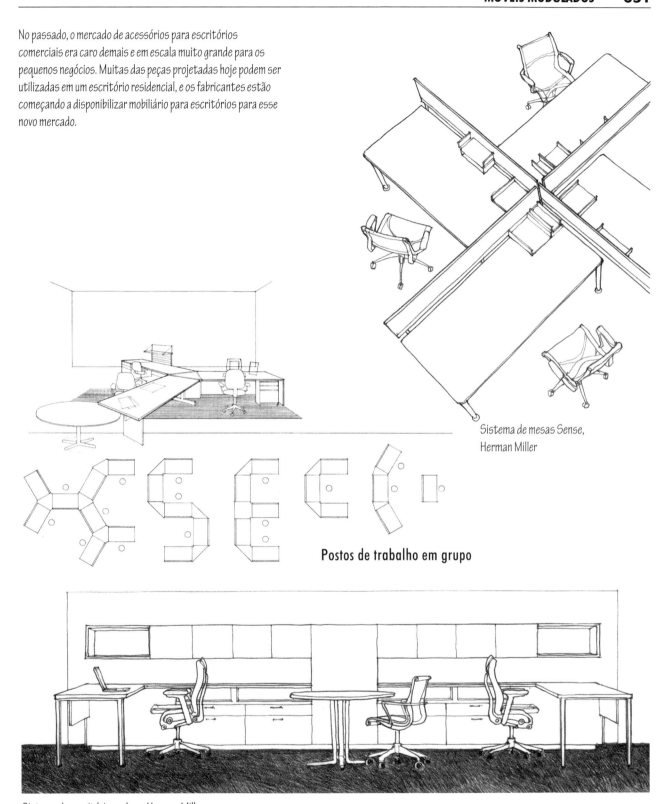

Sistema de mesas Sense, Herman Miller

Postos de trabalho em grupo

Sistema de escritório em lona, Herman Miller

AS CAMAS

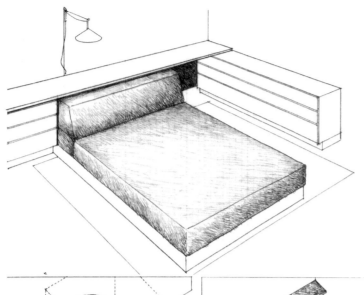

As camas consistem em dois componentes básicos: o colchão e a base ou estrutura de apoio (*box*). Há vários tipos de colchões, cada um feito de sua própria forma para sustentar e responder à forma e ao peso de uma pessoa. O julgamento e a escolha pessoal, portanto, são necessários na seleção de um colchão.

Os colchões de mola não são todos iguais. Hoje, a maioria é produzida com fibras sintéticas e espuma plástica, e todos têm as molas feitas com arame de mesmo diâmetro. Os especialistas em geral concordam que os melhores colchões são aqueles mais simples feitos com materiais como algodão orgânico, lã e látex natural (da seringueira).

Os arquitetos de interiores se envolvem com a seleção da base ou da estrutura da cama, da cabeceira, das peseiras, do dossel, dos criados-mudos, dos armários associados, das luminárias e dos controles eletrônicos. O projetista também pode especificar itens de cama e colchas e outros acabamentos para o quarto.

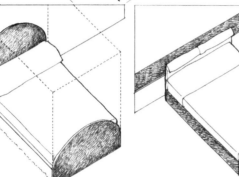
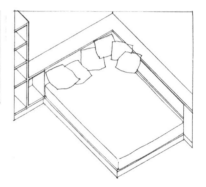

Cabeceiras, peseiras e dosséis definem o volume de espaço ocupado por uma cama.

Uma cama pode repousar sobre uma plataforma, enfatizando a horizontalidade do conjunto.

Uma cama posicionada em um canto ou inserida em uma alcova ocupa menos espaço de piso, mas pode ser difícil de arrumar.

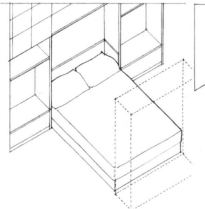
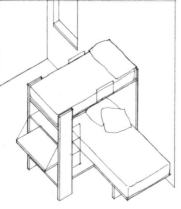
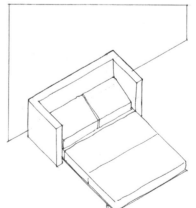

Uma cama pode estar integrada a um armário ou uma estante na cabeceira, na peseira ou em ambas as extremidades.

Beliches utilizam espaços verticais para acomodar camas em níveis diferentes. Armários e escrivaninhas podem ser incorporados ao conjunto.

Sofás e poltronas que se convertem em camas oferecem opções convenientes de acomodação temporária.

DIMENSÕES DE CAMAS

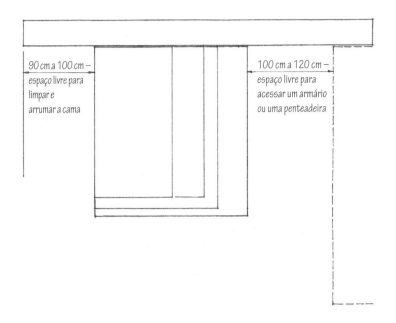

90 cm a 100 cm – espaço livre para limpar e arrumar a cama

100 cm a 120 cm – espaço livre para acessar um armário ou uma penteadeira

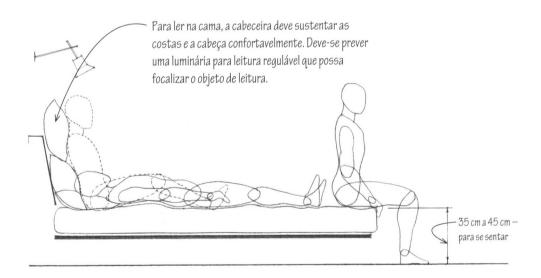

Para ler na cama, a cabeceira deve sustentar as costas e a cabeça confortavelmente. Deve-se prever uma luminária para leitura regulável que possa focalizar o objeto de leitura.

35 cm a 45 cm – para se sentar

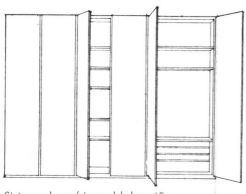

Sistemas de armários modulados estão disponíveis com portas lisas, vidraças ou venezianas.

A quantidade e o tipo de mobília em um dormitório dependem do tamanho do recinto, do estilo de projeto e das necessidades para o usuário final. Um dormitório com armários à parte ou *closet* pode precisar de menos itens de mobiliário para armazenagem. Um dormitório infantil pode ter a função extra de área para brincar ou estudar, enquanto dormitórios para hóspedes podem ter vidas alternativas como gabinetes, salas de costura ou depósitos. Os dormitórios podem incluir vários equipamentos de vídeo e áudio ou computadores, exigindo instalações elétricas adequadas.

Móveis embutidos podem ajudar a manter as linhas de um dormitório limpas e evitar que o ambiente fique atravancado. Peças individuais equilibram o tamanho e a escala da cama e dão mais estilo, detalhes e superfícies úteis.

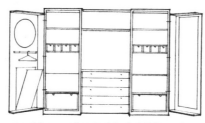

Armário no estilo colonial – Luigi Massoni

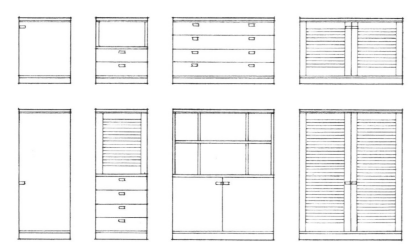

Cômodas e armários modulados que podem ser utilizados de forma isolada, sobrepostos ou agrupados lateralmente.

O MOBILIÁRIO PARA DORMITÓRIOS

Armários no estilo colonial são armários móveis com portas frontais e frequentemente com gavetas na base.

Os baús para guardar colchas e roupas podem ser simples caixas de madeira com abertura superior, mas há também peças mais elaboradas com gavetas na parte inferior, comumente chamadas de cômodas.

Os armários em estilo antigo têm gavetas ou portas tanto na parte superior quanto na inferior.

As secretárias ou escrivaninhas e cômodas altas, com pernas, têm frentes que se abrem para baixo, para criar uma superfície para escrever com gavetas na parte inferior. Elas às vezes têm prateleiras para livros ou mostruários na parte superior.

As penteadeiras são projetadas para que a usuária se sente de frente a um espelho enquanto se maquia ou coloca suas joias. As cômodas guardam pequenos itens de vestuário e frequentemente incluem um espelho.

As mesinhas de cabeceira ou criados-mudos são projetados para apoiar itens que podem ser necessários à noite.

Armário de guardar louças no estilo provinciano francês

Secretária norte-americana antiga

Penteadeira inglesa

Penteadeira norte-americana antiga

Cômoda de capitão naval inglês

Baú chinês

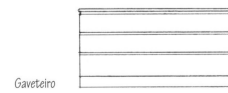

Gaveteiro

Mesa de cabeceira de 3 gavetas BCS – Projeto de George Nelson para Herman Miller

ARMAZENAGEM

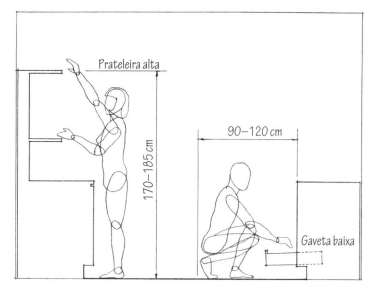

A provisão de armários adequados e projetados corretamente é muito importante no planejamento de ambientes internos, em especial quando o espaço é exíguo ou se deseja uma aparência de organização. Para determinar as necessidades de armazenagem, analise o seguinte:

Acessibilidade: Onde os armários são necessários?
Conveniência: Que tipo de armário deve ser disponibilizado? Quais tamanhos e formatos de itens serão armazenados? Qual será a frequência de uso?
Visibilidade: Os itens ficarão à vista ou ocultos?

Os armários devem ser distribuídos conforme a necessidade. O acesso a eles deve levar em consideração qual nosso alcance quando sentados, de pé ou ajoelhados. A armazenagem de itens frequentemente utilizados deve ser em locais de acesso facilitado, enquanto os arquivos mortos ou itens utilizados eventual ou sazonalmente devem ficar em locais menos evidentes.

Os móveis de escritório estão sendo projetados com unidades relativamente pequenas, as quais oferecem mais flexibilidade para armazenagem e atendem a diferentes necessidades pessoais. Os armários retráteis podem acomodar desde itens de vestuário a materiais de escritório.

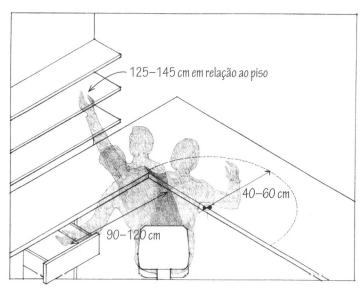

Dimensões ergonômicas

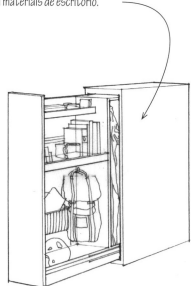

Armário retrátil da Knoll

ARMAZENAGEM   357

O tamanho, a proporção e o tipo de armário dependem do tipo e da quantidade dos itens a serem armazenados, da frequência de uso e do grau de visibilidade que se deseja. Os tipos básicos de armários são prateleiras, gavetas e armários fechados. Eles podem estar suspensos no teto, instalados em uma parede ou simplesmente estar sobre o piso, como móveis independentes. Os armários também podem estar embutidos na espessura de uma parede, ocupar um nicho ou aproveitar espaços residuais, como aqueles que sobram sob uma escadaria.

Prateleiras

Prateleiras estreitas são melhores para armazenagem, porque os itens estão sempre à vista. Em espaços de armazenagem profundos, itens que são pouco utilizados tendem a ficar no fundo da prateleira e os itens utilizados com frequência migram para frente.

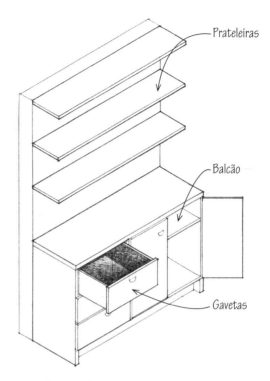

Tipos básicos de móveis para armazenagem

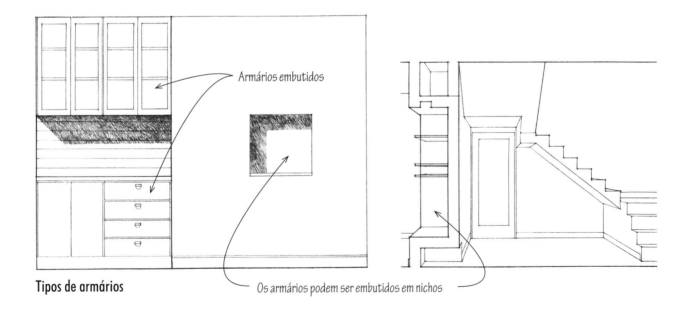

Tipos de armários

358 ARMÁRIOS E OUTROS MÓVEIS EMBUTIDOS

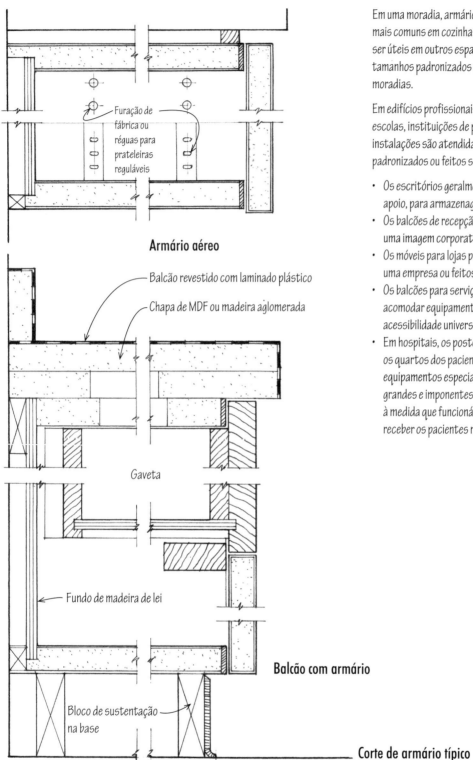

Em uma moradia, armários e outros móveis embutidos são mais comuns em cozinhas, lavanderias e banheiros, mas podem ser úteis em outros espaços. Balcões e armários aéreos de tamanhos padronizados são previstos no leiaute da maioria das moradias.

Em edifícios profissionais, as exigências variáveis de escritórios, escolas, instituições de pesquisa, bibliotecas, lojas e outras instalações são atendidas por uma ampla variedade de móveis padronizados ou feitos sob encomenda.

- Os escritórios geralmente apresentam estantes e balcões de apoio, para armazenagem e mostruários.
- Os balcões de recepção às vezes são projetados para reforçar uma imagem corporativa.
- Os móveis para lojas podem ser de linha, padronizados para uma empresa ou feitos sob encomenda.
- Os balcões para serviços de alimentação e "bandejões" devem acomodar equipamentos e o fluxo de usuários, além de ter acessibilidade universal.
- Em hospitais, os postos para enfermeiras e os móveis para os quartos dos pacientes devem prever a instalação de equipamentos especializados. O uso de balcões de recepção grandes e imponentes vem desaparecendo gradualmente, à medida que funcionários equipados com *tablets* passam a receber os pacientes na entrada dos hospitais.

BALCÕES

Os balcões são utilizados tanto em projetos residenciais como comerciais. Os balcões residenciais costumam ser encontrados em cozinhas e banheiros, mas também podem ser instalados em lavanderias, despensas e gabinetes. Os balcões comerciais podem estar sujeitos a usos mais rústicos, e quando forem utilizados para o preparo de alimentos, os materiais utilizados devem estar de acordo com as normas sanitárias.

As opções sustentáveis incluem o reúso dos materiais utilizados nos balcões e o uso de materiais reciclados. Os materiais empregados para a construção de balcões incluem:

- Laminados plásticos: à prova d'água, resistentes a manchas, fáceis de limpar. Não resistem ao calor; as juntas podem danificar; os arranhões não podem ser consertados. As juntas escuras exigem o uso de remates.
- Granito: durável, resistente à água e ao calor.
- Ardósia: resistente à água e ao calor, não mancha, antibactericida
- Pedra-sabão: resistente à água e ao sabão e não mancha; com textura agradável. Requer tratamento com óleo a cada dois meses.
- Mármore: mancha com vinho; exige o uso de um selador; resiste ao calor.
- Superfícies de pedra: resistentes à água e a manchas; pequenos arranhões, manchas e queimaduras podem ser lixados; podem manchar com a água. Há pias embutidas disponíveis.
- Resina epóxi: superfície durável que é aplicada sobre superfícies pintadas ou não.
- Pedra artificial: não porosa; resistente a abrasão, manchas e impactos. Textura e aparência de uma resina.
- Concreto: sua superfície duradoura e agradável ao tato adquire uma pátina com o uso; pode manchar e fissurar; recomenda-se a aplicação de um selador.
- Azulejo e cerâmica: resistem ao calor e não mancham; duradouros; a massa dos rejuntes exige manutenção.
- Madeira: a água pode danificar sua superfície; exige a aplicação mensal de óleo mineral. Pequenos danos podem ser recuperados com lixamento.
- Composto de papel: feito de papel tratado com resina, que então é prensado e cozido em chapas rígidas. É higiênico, não arranha e resiste ao calor.
- Zinco: tem o aspecto de um metal quente e é fácil de manter. Há muitos acabamentos disponíveis.

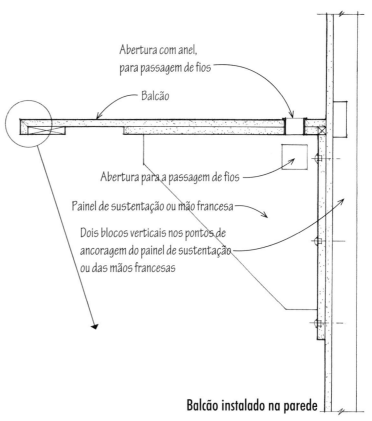

Balcão instalado na parede

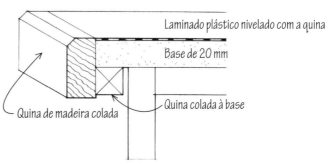

Quinas de balcão

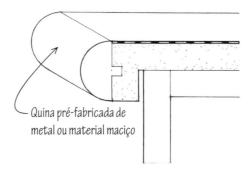

360 ARMÁRIOS

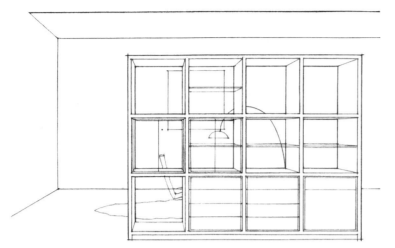

Sistemas modulados de parede consistem em prateleiras, gavetas e armários modulados que podem ser combinados de vários modos para compor conjuntos independentes. As unidades podem ter frentes abertas ou portas com ou sem vidraças ou mesmo persianas. Alguns sistemas têm iluminação integrada.

Uma estante grande pode funcionar como uma divisória solta em uma sala.

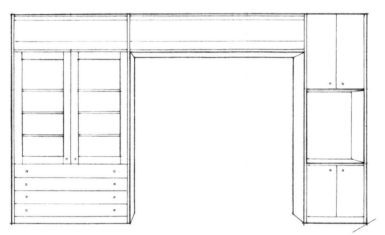

Um conjunto de armários de parede pode formar um espaço recuado raso, como uma alcova.

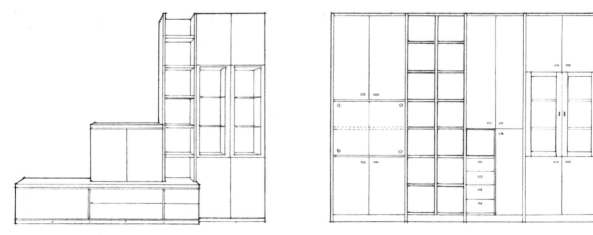

Um conjunto de armários de parede pode ficar solto ou estar em um nicho de parede.

Escritórios

Armários de apoio ou armários modulados que podem ser conectados são projetados para armazenar documentos, apoiar equipamentos e deixar à vista trabalhos que estão sendo realizados. Eles evitam a desorganização da mesa de trabalho propriamente dita ao incluir gavetas, arquivos, portas com prateleiras, prateleiras com equipamentos retráteis ou mesmo bares.

Os sistemas de arquivamento devem ser escolhidos conforme as necessidades de arquivamento do cliente, a disponibilidade de espaço e a frequência de consulta. Os arquivos verticais têm de duas a cinco gavetas, geralmente 381 mm ou 457 mm de largura e entre 457 mm e 737 mm de profundidade.

Os arquivos laterais têm de duas a cinco gavetas de altura e geralmente 762 mm, 914 mm ou 1.067 mm de largura e 381 mm ou 457 mm de profundidade.

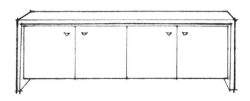

Balcão com armário
736 mm de altura
457 a 508 mm de profundidade

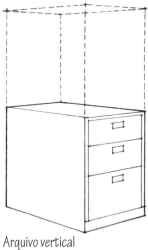

Arquivo vertical

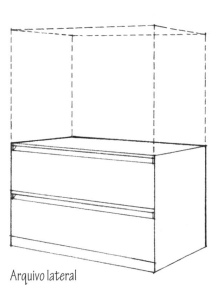

Arquivo lateral

362 PROTEÇÃO DE JANELAS

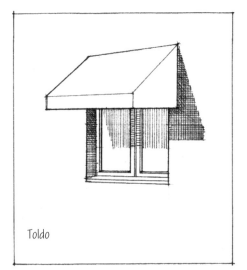

Toldo

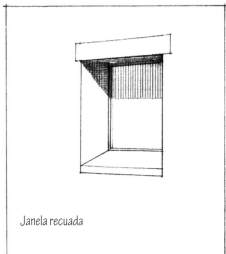

Janela recuada

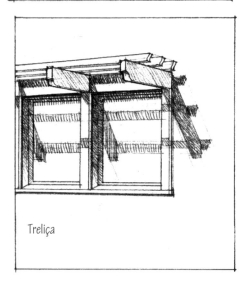

Treliça

Na ampla categoria de elementos de proteção de janelas se incluem recursos que fornecem controle adicional de luz e possibilitam aberturas para vistas e passagem de ar, calor e frio. Alguns desses elementos podem reduzir a perda de calor no inverno e o ganho de calor no verão. Porém, eles não são eficazes na redução de vazamento de ar ou infiltrações; para isso, é preciso usar massa para calafetar e gaxetas em volta das janelas.

Proteção externa de janelas

Os elementos externos de proteção normalmente são projetados como elementos integrais da arquitetura de uma edificação. Quando acrescentados a uma edificação existente, tais alterações devem respeitar o estilo da arquitetura existente.

Toldos Tecidos sintéticos à prova d'água e resistentes ao mofo e à descoloração esticados em uma estrutura para fornecer sombra. Alguns são retráteis.

Beirais e janelas recuadas
Dão proteção contra o sol e a chuva. Se apropriadamente orientados, os beirais permitirão a entrada da luz do sol através da janela no inverno.

Treliças Estruturas abertas que filtram a luz e fornecem sustentação para trepadeiras, cujas folhas produzem sombra no verão.

Proteção interna de janelas

Os elementos internos de proteção variam de acordo com o modo como restringem a luz, permitem a ventilação e dão vistas e com o modo como alteram a forma e a aparência de uma janela. Eles também diferem na forma de abrir e fechar; o tratamento dado a uma janela não deve interferir em sua operação ou restringir o acesso a suas ferragens.

Os avanços nos sistemas de sombreamento que buscam melhorar o desempenho geral da edificação e aumentar o conforto dos usuários merecem a atenção dos arquitetos. É importante considerar tanto a aparência do produto no interior como no exterior do prédio. Os tecidos de cores claras geralmente refletem mais energia solar e são melhores para reduzir os ganhos térmicos nos interiores do que aqueles de cores escuras, mas sua maior transmissão de luz visível também pode contribuir para o desconforto visual e o ofuscamento. Os tecidos escuros, por sua vez, reduzem o ofuscamento e oferecem melhores vistas do exterior. A densidade do tecido pode ajudar os interiores a alcançar níveis ideais de iluminação natural, privacidade e de visualização da natureza, mas a preferência dos consumidores ainda é pelo uso de toldos, cortinas e persianas de cores claras.

Quebra-luzes, toldos, cortinas e persianas de tecido oferecem o máximo de regulagem para equilibrar a incidência de luz natural, o ofuscamento e o aproveitamento da vista externa, conforme a necessidade dos usuários. No entanto, esses elementos somente são efetivos se utilizados na posição correta ao horário e à estação do momento, em virtude das diferentes alturas solares. Os usuários que estão próximos a uma fachada oeste precisam se proteger do calor e do ofuscamento. Os controles automáticos (que de preferência devem ter a possibilidade de desligamento e acionamento manual do sistema) podem ajudar nessas questões e ser especialmente efetivos em espaços grandes e compartilhados por muitos usuários, como saguões e auditórios.

Elementos pesados de proteção de janelas

Venezianas
- Folhas rígidas, geralmente de madeira, articuladas para abrir e fechar como se fossem portas em miniatura.
- As venezianas podem ter as palhetas reguláveis, de modo que a luminosidade possa ser controlada.
- As folhas de janelas com venezianas dão um aspecto limpo, preciso.
- Quando fechadas, as venezianas dão uma sensação de proteção.
- Venezianas com palhetas são mais recomendadas para sombreamento no verão, permitindo ventilação e entrada de luz natural ao mesmo tempo em que bloqueiam o calor solar; sua eficácia é menor para bloquear a perda de calor no inverno.

Persianas
- As persianas horizontais são feitas com palhetas largas ou estreitas de madeira ou metal.
- O espaçamento e a regulagem das palhetas dão um bom controle de luz e ar; palhetas estreitas obstruem menos a visão do que palhetas largas.
- Persianas são difíceis de limpar e tendem a acumular sujeira.
- Também existem palhetas estreitas horizontais inseridas em alguns vidros térmicos, reduzindo o problema da limpeza.
- Persianas verticais têm palhetas, geralmente de tecido opaco ou translúcido, que estão presas na parte superior e inferior. As persianas verticais acentuam a altura de um recinto, coletam menos pó e podem ser adaptadas de modo a cobrir aberturas com formas incomuns.
- Use apenas persianas sem corda em espaços frequentados por crianças. Existem controles manuais e automáticos disponíveis.
- Persianas geralmente são mais eficazes na redução do ganho de calor no verão do que na redução da perda de calor no inverno.

Venezianas

Persianas horizontais

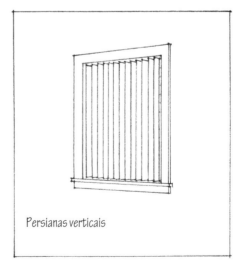

Persianas verticais

Cortinas longas

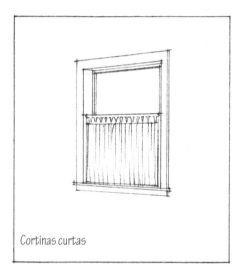

Cortinas curtas

Os elementos de proteção de janelas feitos de tecidos macios tendem a suavizar as linhas de um espaço interno e dar mais interesse visual e detalhe. Eles podem responder às necessidades de privacidade e a níveis variáveis de luz, absorver o som e dar isolamento térmico. Tecidos finos e transparentes amaciam e difundem a luz, filtram as vistas e dão privacidade durante o dia. Tecidos para cortinas sintéticos, incluindo acetatos, poliéster, náilon e fibras de vidro dão mais resistência ao sol e ao fogo.

Cortinas longas

Panos para cortinas são de tecidos totalmente opacos, parcialmente opacos ou translúcidos, e em geral são plissados, pendurados em uma barra ou trilho e podem ser puxados para um ou ambos lados de uma janela.

Há vários tipos de plissados, como os simples, os tombados, os invertidos, etc.

- Cortinas longas podem ser inteiras e ter caimento liso, ter uma extremidade fixa ou ser presas com laços. Festões são drapeados de tecido pendurados entre dois pontos.
- Cortinas longas podem reduzir a troca ou transmissão de calor quando são penduradas próximas às janelas, terminam abaixo do peitoril ou no piso, são fechadas nos dois lados e sobrepostas no centro.
- A cor da cortina e o uso de um tecido de trama aberta ou fechada também contribuem para o ganho e a perda de calor.

Cortinas curtas

- Cortinas curtas são menos formais do que as longas. Elas podem ser fixas ou reguláveis a mão. Na parte superior, podem ter laços, ser franzidas com fios elásticos ou ser rendadas. Podem ter uma sanefa no topo.
- As cortinas podem ser penduradas dentro da moldura da janela ou fora, para unificar um grupo de janelas.
- Cortinas franzidas com fios elásticos são presas diretamente em barras transversais nos caixilhos das janelas e ficam soltas, penduradas, ou presas em outra barra, na base.
- Cortinas típicas de cafeterias são feitas de modo a cobrir toda a janela ou apenas a metade inferior.

Quebra-luzes

- Quebra-luzes funcionam melhor na prevenção da perda ou do ganho de calor quando instalados próximos ao vidro com os lados próximos à parede.
- Quebra-luzes são feitos de tecidos translúcidos, opacos ou de blackout. Vinil, tela de fibra de vidro, bambu ou palhetas de madeira também estão disponíveis.
- Quebra-luzes geralmente são fechados de cima para baixo, para cobrir parte ou toda a abertura de janelas. Estão disponíveis controles manuais e automáticos e quebra-luzes para claraboias.
- Os quebra-luzes com tela (como o Sombrite®) nem sempre oferecem o nível de proteção solar anunciado. Contudo, há produtos disponíveis que são muito precisos e homogêneos, possibilitando o controle do ofuscamento.
- Quebra-luzes com tela geralmente são encontrados em vários matizes de verde, na cor branca, em preto ou diferentes tons de cinza.
- Persianas têm um mecanismo com mola afixado em um pedaço de material flexível.
- Persianas plissadas translúcidas, transparentes ou opacas fecham de forma compacta, como uma sanfona.
- Persianas com tecidos alveolares apresentam tanto propriedades de isolamento térmico quanto níveis variáveis de translucidez, por meio da união de duas camadas de poliéster e uma camada de ar de isolamento térmico. Elas oferecem propriedades de isolamento térmico limitadas, graus variáveis de translucidez e fecham de forma compacta.
- Alguns quebra-luzes são uma peça única com dobras horizontais que são elevadas por cordões e que ficam retas e penduradas quando soltas.
- Persianas verticais em geral são feitas de tecido leve e transparente ou de cor clara, preso verticalmente por cordas em trilhos horizontais.
- Outras persianas têm o formato de balão, quando erguidas por cordas verticais.
- Persianas duplas têm, de um lado, uma superfície branca altamente refletora, e do outro, uma superfície escura absorvente de calor; elas podem ser invertidas sazonalmente, com a superfície refletora voltada para o lado mais quente (seja interno, seja externo).
- Persianas de enrolar e alguns tipos de persianas horizontais têm camadas de fibras e extremidades fechadas para ter isolamento térmico e criar uma barreira de ar.

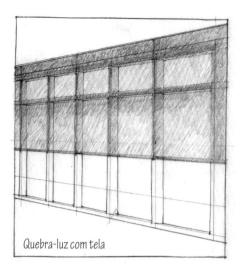

Quebra-luz com tela

Quebra-luz

Persiana horizontal

366 ACESSÓRIOS

Os acessórios na arquitetura de interior são aqueles itens que embelezam e dão riqueza estética a um espaço. Tais itens podem dar prazer visual, interesse tátil ou estimular a mente. Enfim, os acessórios — individualmente ou coletivamente — são a prova cabal de uma moradia.

Os acessórios ajudam a relacionar os interiores de arquitetura com a escala humana e a diferenciar zonas pessoais, sociais e públicas em torno do corpo humano. Eles ajudam a identificar o uso que se pretende para um espaço e o caráter de seus usuários.

Os acessórios devem ser escolhidos de modo a sustentar o conceito de projeto do espaço e a reforçar princípios de projeto, como ritmo, textura, padrão e cor. Eles servem para amarrar elementos ou funcionar como ponto focal.

Acessórios que dão riqueza visual e tátil a um ambiente podem ser utilitários, eventuais ou decorativos.

Acessórios utilitários

Acessórios utilitários incluem itens úteis como:

- Acessórios para escritório, como risque e rabisque, suportes para cartões, suportes para clipes e bandejas para papéis são frequentemente vendidos em conjunto.
- Acessórios para mesas de restaurantes ajudam a reforçar o conceito e o estilo de serviço.
- Acessórios para apartamentos expressam o conceito e o nível de serviço de um hotel.
- Acessórios residenciais para cozinhas, salas de jantar e banheiros são utilizados frequentemente tanto pela função quanto pela aparência.

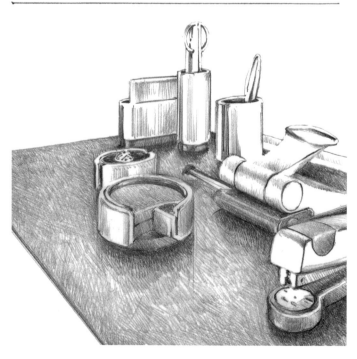

Acessórios de decoração

Acessórios de decoração enchem os olhos, as mãos ou o intelecto sem necessariamente terem fins utilitários. Os acessórios decorativos e as obras de arte devem estar incluídos no orçamento do projeto, e devem ser feitas provisões para mostruários e iluminação. Os acessórios de decoração podem incluir:

Obras de arte — As pesquisas têm demonstrado que o propósito da arte em nossas vidas varia da mera decoração à extrema funcionalidade, oferecendo alívio ao estresse, servindo como meio de orientação espacial, reforçando uma cultura corporativa e conectando as empresas — especialmente as multinacionais — a comunidades locais. A seleção e distribuição das obras de arte pode enfatizar fortes elementos de projeto ou alterar a percepção das proporções do espaço. As obras de arte podem ser selecionadas de uma coleção do cliente, adquiridas para se começar uma coleção ou encomendadas especialmente para um determinado projeto. Consultores de arte ajudam os projetistas e os clientes a encontrar e adquirir peças apropriadas. Além de pinturas, gravuras e fotos, os projetistas podem incluir esculturas e peças de artesanato de cerâmica, vidro, metal, tecido ou outros.

Coleções — Coleções de objetos quase sempre têm significado pessoal. As coleções frequentemente criam uma oportunidade para repetição de formas, cores, texturas ou padrões. Peças individuais podem ser exibidas como elementos focais.

Residenciais — O que escolhemos mostrar em nossas casas expressa como vivemos e o que valorizamos. Os arquitetos podem ajudar seus clientes a modificar seus pertences, selecionar novos objetos e organizar sua disposição com eficiência. Acessórios que expressam individualidade geralmente são mais interessantes que linhas de produtos pré-selecionados vendidos para formar conjuntos.

As peças de artesanato são uma tendência renovada. Trabalhar com artesãos traz seus próprios desafios e frustrações, bem como chances para se interagir com mulheres de comunidades rurais e de trazer técnicas artesanais raras para dentro de um projeto. A fim de obter sucesso, o arquiteto deve dedicar algum tempo para entender o artesanato e as técnicas envolvidas. Visitar fornecedores de peças artesanais ajuda o projetista a ter sucesso no trabalho com a nova técnica. É importante que se estabeleçam expectativas claras quanto à comunicação e ao direito do artesão de dizer não sempre que necessário. As peças produzidas à mão levam mais tempo para serem feitas do que as industrializadas, e isso deve ser levado em consideração no cronograma. Um passo importante para o desenvolvimento de um relacionamento de longo prazo também é investir no desenvolvimento dos fornecedores das peças de artesanato. Os produtos feitos à mão tendem a apresentar mais imperfeições do que os industrializados, mas isso pode se tornar uma fonte de interesse e orgulho. Pequenas inconsistências inclusive às vezes tornam as peças muito especiais.

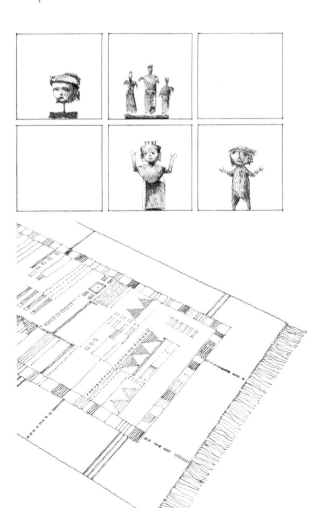

368   PLANTAS

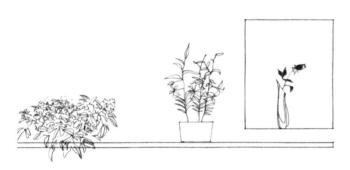

Plantas e flores, como sinais visíveis da natureza, trazem sua expressão de vida e crescimento aos espaços internos. As plantas melhoram a qualidade do ar e aumentam os níveis de umidade interna. No entanto, podem servir como abrigos para insetos e outras pestes e para a proliferação de mofo. As plantas devem ser cuidadosamente selecionadas de acordo com seus níveis necessários de luz e de manutenção, assim como sua escala, forma e cor. Algumas empresas contratam companhias para selecionar, colocar, manter e substituir suas plantas de acordo com um cronograma.

Plantas artificiais e preservadas podem lembrar muito as plantas vivas e substituí-las onde o uso de plantas naturais é problemático devido à falta de luminosidade ou a problemas de controle de pestes. O uso de plantas artificiais e preservadas continua se expandindo à medida que sua qualidade aumenta.

As plantas artificiais são compostas de folhas de tecido de poliéster presas a pecíolos de plástico que, por sua vez, ficam presos a galhos e troncos de madeira reais ou artificiais. As folhas frequentemente têm imagens realistas gravadas em suas superfícies.

A maioria das plantas preservadas são palmeiras; galhos e folhas reais são presos a troncos artificiais. As folhas são tratadas para ficarem macias e verdes e para serem resistentes ao fogo. Embora não precisem de irrigação, as plantas artificiais e os arranjos de flores artificiais tendem a quebrar e a acumular poeira e, portanto, também exigem manutenção. Assim, devem ser substituídos quando começarem a se deteriorar.

Bibliografia

AL Architectural Lighting, One Thomas Circle, N.W. Suite 600, Washington DC 20005, published six times per year. archilighting.com. Up-to-date information on lighting and design.

Allen, Edward, and David Swoboda. *How Buildings Work*. 3rd ed. New York: Oxford University Press, 2005.

Allen, Phyllis Sloan, and Lynn M. Jones. *Beginnings of Interior Environment*. 10th ed. Upper Saddle River, NJ: Prentice Hall, 2008.

Bevlin, Marjorie Elliott. *Design Through Discovery: The Elements and Principles*. 6th ed. New York: Wadsworth Publishing, 1993.

Binggeli, Corky. *Building Systems for Interior Designers*. 3rd ed. Hoboken, NJ: John Wiley & Sons, 2016.

Binggeli, Corky. *Materials for Interior Environments*. 2nd ed. Hoboken, NJ: John Wiley & Sons, 2014.

Binggeli, Corky, and Patricia Greichen. *Interior Graphic Standards*. 2nd ed. Hoboken, NJ: John Wiley & Sons, 2011.

Birren, Faber. *Principles of Color: A Review of Past Traditions and Modern Theories of Color Harmony*. Revised ed. Atglen, PA: Schiffer Publishing, Ltd., 2007.

Ching, Francis D. K. *Architectural Graphics*. 6th ed. Hoboken, NJ: John Wiley & Sons, 2015.

Ching, Francis D. K. *Building Construction Illustrated*. 5th ed. Hoboken, NJ: John Wiley & Sons, 2014.

Ching, Francis D. K. *A Visual Dictionary of Architecture*. 2nd ed. Hoboken, NJ: John Wiley & Sons, 2011.

Hall, Edward T. *The Hidden Dimension*. Reissued ed. New York: Anchor, 1990.

HPB High Performing Buildings, published quarterly by W. Stephen Comstock, ASHRAE, 1791 Tullie Circle N.E., Atlanta, GA 30329–2305. Detailed case studies that feature integrated building design practices and improved operations and maintenance techniques.

Karlen, Mark. *Space Planning Basics*. 3rd ed. Hoboken, NJ: John Wiley & Sons, 2009.

Metropolis: Architecture and Design at All Scales. Bellerophon Publications Inc. 205 Lexington Avenue, New York, NY 10016.

Pile, John F. *Interior Design*. 4th ed. Upper Saddle River, NJ: Prentice Hall Press, 2007.

Piotrowski, Christine M., and Elizabeth A. Rogers. *Designing Commercial Interiors*. 2nd ed. Hoboken, NJ: John Wiley & Sons, 2007.

Tilley, Alvin R., and Dreyfuss Associates. *Measure of Man and Woman: Human Factors in Design*. Revised ed. Hoboken, NJ: John Wiley & Sons, 2001.

Glossário

acabamentos decorativos Qualquer uma das várias técnicas que buscam imitar os materiais naturais, como a fibra da madeira ou o grão do mármore. O termo também se refere a qualquer tipo de tinta decorativa.

acessibilidade Característica de projeto que descreve ambientes do ambiente físico que permitem a pessoas com deficiências físicas ou necessidades especiais usá-lo com segurança e dignidade.

ADA Lei de direitos civis federais norte-americana que trata do projeto acessível e da construção de edificações e equipamentos públicos e privados.

água potável Água adequada para o consumo humano.

ampère Unidade de medida da quantidade real de fluxo de energia ou corrente elétrica em um circuito elétrico.

axonométrica Perspectiva na qual todas as linhas são paralelas aos três principais eixos, os quais são desenhados em escala, mas cujas linhas diagonais e curvas ficam distorcidas.

bacia sanitária Aparelho sanitário que consiste em um recipiente de cerâmica com assento removível com dobradiça e tampa, além de um sistema para a descarga com água. É popularmente chamada *privada* ou *patente*.

bariátrico Relativo ao tratamento da obesidade ou especializado nele.

barrote Uma viga paralela utilizada em série para a sustentação de pisos, forros ou coberturas planas.

batente A parte da esquadria de uma porta contra a qual a folha fecha.

brilho A sensação por meio da qual um observador consegue discernir quanta energia luminosa é refletida por uma superfície.

building information modeling (BIM) Uma representação digital das características físicas e funcionais de uma edificação,
que funciona como uma ferramenta de compartilhamento de informações.

CAD (projeto assistido por computador) Programa da tecnologia da informação empregado para o processo e a documentação de projeto.

caixotão Painel recuado, geralmente quadrado ou octogonal, em teto, forro ou abóbada. O mesmo que *caixão*.

calço Ripa de madeira ou perfil de metal fixado a uma parede para criar a base para uma tela metálica ou um material de acabamento ou mesmo formar uma câmara de ar em um sistema de painéis compostos.

camada de revestimento Camada não portante de tijolo, pedra, concreto ou cerâmica aplicada a uma base.

cargas dinâmicas Cargas aplicadas repentinamente a uma edificação, muitas vezes com mudanças rápidas em sua intensidade e ponto de aplicação, incluindo os terremotos e as cargas eólicas.

cargas mortas Cargas estáticas que atuam verticalmente e para baixo em uma edificação, incluindo o peso do próprio prédio e o peso de seus elementos acessórios, móveis embutidos ou fixos e equipamentos permanentes.

classe de transmissão sonora (STC) Classificação numérica de um dígito do desempenho de um material de construção ou elemento composto na prevenção da transmissão de sons aéreos.

clerestório Faixa horizontal de janelas para iluminação natural localizada no alto de uma parede externa, frequentemente acima de uma cobertura.

coeficiente de absorção O percentual de energia sonora incidente que é absorvido por um material, dividido por 100.

composto orgânico volátil (COV) Composto do hidrocarbono que evapora imediatamente; alguns COVs são gases emitidos sob a temperatura ambiente.

condução Transferência direta de calor das partículas mais quentes para as mais frias em um meio ou dos corpos que estão em contato direto.

convecção Transferência de calor devido ao movimento circulatório das partes aquecidas de um líquido ou gás.

cor diluída A redução do valor normal de um matiz por meio da adição de branco cria uma cor diluída daquele matiz.

cornija Moldura contínua que coroa ou divide horizontalmente uma parede.

corrente alternada (CA) Corrente elétrica que inverte sua direção em intervalos regulares.

corrente contínua (CC) Corrente elétrica que flui em apenas uma direção.

corrosão galvânica A deterioração de um material causada por uma corrente elétrica que é conduzida por um líquido condutor a dois metais diferentes.

corte Projeção ortográfica de um objeto ou estrutura do modo como seria visto se fosse cortado por um plano vertical, mostrando sua configuração interna.

croma O grau pelo qual uma cor difere de um cinza com a mesma iluminação ou brilho, correspondendo à saturação da cor percebida.

dado (1) Parte vertical de um pedestal, entre a base e a cornija. (2) Ranhura retangular em um elemento, para receber a extremidade de outra peça de samblagem.

decibel (dB) Unidade que expressa a pressão ou intensidade relativa dos sons em uma escala uniforme, que vai do zero, para o som menos perceptível, a cerca de 130, a intensidade média de som que provoca dor no ouvido de uma pessoa.

degrau em leque Veja *degrau ingrauxido*.

degrau ingrauxido Piso de escada na forma de uma fatia de pizza; é empregado em escadas circulares, de caracol, em quarto de

372 GLOSSÁRIO

volta ou em meia volta. O mesmo que degrau em leque.

desenhos de vistas múltiplas Conjunto de projeções ortográficas em um objeto ou construção, incluindo plantas, cortes e elevações.

dintel Veja *verga*.

dúctil Aquilo que pode ser estirado até se tornar um fio ou martelado em lâminas finas.

eficácia A medida de uma fonte de luz em lumens por watt.

elastômeros Fibras capazes de retornar ao seu formato original após terem sido esticadas.

elevação interna Projeção ortogonal de qualquer uma das paredes internas de uma edificação.

emissão de gases A vaporização de compostos químicos no ar de um espaço.

empena A parte triangular de uma parede que fecha as extremidades de um telhado com duas águas. O mesmo que *oitão*.

encaixe Um corte feito nas bordas de um material, como uma placa acústica, a fim de conectá-la à sua grelha de suporte.

energia incorporada O consumo total de energia associado a um material em particular, incluindo a obtenção de suas matérias-primas, seu processamento e transporte ao ponto de uso.

ênfase O destaque ou a proeminência dados a um elemento de uma composição, por meio do contraste, anomalia ou contraponto.

equilíbrio O arranjo ou proporção agradável ou harmonioso das partes e elementos em um projeto ou composição.

ergonomia A aplicação de fatores humanos ao projeto.

escala Tamanho, extensão ou grau proporcional, geralmente em relação a algum padrão ou a uma constante estabelecida.

especular Reflexão sobre uma superfície lisa como o vidro ou a pedra polida, na qual o ângulo de incidência equivale ao ângulo de reflexão.

espelho A face vertical de um degrau de escada.

estrutura (1) Conjunto estável de elementos projetado e construído para funcionar como um todo na sustentação e transmissão segura ao solo das cargas. (2) A organização dos elementos ou partes em um sistema complexo de acordo com o caráter geral do conjunto.

éteres de difenilo polibromado Veja *PBDEs*.

evaporação O processo de conversão da água em vapor, com sua decorrente perda térmica.

fenestração O projeto e a distribuição de janelas em uma edificação.

figura e fundo A relação entre o perfil ou a superfície externa de um formato ou forma (a figura) e a parte do campo visual que está atrás (o fundo) e contra qual a figura é vista.

força lateral Qualquer força que age horizontalmente em uma estrutura.

forma O formato e a estrutura de algo, sem considerar sua substância ou material.

formato O perfil ou a configuração da superfície de uma forma ou figura, geralmente dando certa ênfase à área fechada ou à massa.

fotometria A medição das propriedades da luz, especialmente da intensidade luminosa.

fotovoltaico Termo relacionado a uma das várias tecnologias que usam um aparato de estado sólido capaz de converter a energia solar em energia elétrica, como a tecnologia que utiliza painéis solares expostos à luz solar para gerar uma corrente elétrica.

fundação A subestrutura que compõe a base de uma edificação, ancora-a ao solo e sustenta os elementos construtivos e espaços acima.

harmonia A consonância ou o arranjo agradável de elementos ou partes em uma composição.

iluminação dirigida Iluminação que cria um contraste de brilho direcionado e gera a sensação de profundidade.

iluminação geral Iluminação projetada para criar um nível de luz sem sombras e sem direção, vinda de todos os lados.

iluminância A quantidade de luz que incide em uma superfície e é medida em lux ou pés-vela.

índice de reprodução de cores (CRI) Medida da capacidade de uma lâmpada de reproduzir as cores com acuidade, quando comparado com uma fonte de luz de referência com temperatura de cor similar.

infiltração A corrente de ar externo que entra em um espaço interno por meio de frestas em janelas e portas ou outras aberturas na vedação de uma edificação.

laje Placa horizontal, rígida e geralmente monolítica, como uma laje de concreto armado.

laminado (1) Lâmina fina de madeira utilizada para revestir tábuas ou pranchas de compensado ou aglomerado. (2) Conjunto de lâminas coladas que compõe um laminado de madeira ou madeira laminada.

lâmpada (1) Aparato que produz luz; um bulbo ou tubo com sistema de geração de luz. (2) Termo comumente empregado para se referir a uma luminária de piso ou mesa.

lâmpada de descarga de alta intensidade (lâmpada HID) Uma lâmpada que produz luz mediante a descarga de eletricidade através de um vapor metálico em um recipiente de vidro hermético.

lâmpada fluorescente compacta Lâmpada fluorescente com reator embutido. Disponível em vários formatos.

lavatório Cuba ou bacia com água corrente, para a lavagem da face e das mãos.

lintel Veja *verga*.

lúmen Medida da quantidade de luz emitida por uma fonte luminosa ou que incide em uma superfície, não importa qual seja sua direção.

luminância Medida do brilho de uma fonte de luz ou de uma superfície iluminada.

matiz O atributo por meio do qual reconhecemos e descrevemos uma cor, como o vermelho ou o amarelo.

matizes complementares Matizes que estão opostos entre si em uma roda de cores.

GLOSSÁRIO **373**

motivo Formato, forma ou cor recorrente e característica em um desenho ou projeto.

oitão Veja *empena*.

oscilação aerostática Uma sucessão rápida de ecos com tempo suficiente entre cada reflexão para que possa ser percebido pelo ouvinte com uma série de sinais distintos e produzidos pela reflexão de sons que chegam em uma superfície dura. É percebida com um zunido ou uma série de estalos.

padrão Desenho decorativo ou ornamentação em uma superfície que quase sempre se baseia na repetição de um motivo. O mesmo que padronagem.

parede de cisalhamento Lâmina vertical que atua como uma grande viga laminar, transferindo as cargas laterais às fundações.

parede estrutural. Veja *parede portante*.

parede interna Parede que divide uma edificação em cômodos e não se encontra no perímetro.

parede portante Parede capaz de sustentar uma carga imposta, como a carga de um piso ou cobertura. O mesmo que parede estrutural.

patente Veja *bacia sanitária*.

PBDEs (éteres de difenilo polibromado) Produtos químicos utilizados como retardantes de chamas em materiais de construção, móveis, espuma de poliuretano e tecidos. É frequentemente associado a problemas de fertilidade nos seres humanos.

perda por transmissão Medida do desempenho de um material de construção ou sistema de edificação para prevenir os sons aéreos.

peripiano Tijolo assentado na horizontal, com sua extremidade paralela à superfície da parede.

perspectiva cônica Desenho que representa de modo realista objetos e relações espaciais tridimensionais em uma superfície bidimensional.

perspectiva paralela Veja *vista de linhas paralelas*.

pé-vela Unidade de Iluminância obtida com a luz gerada por uma vela à distância de um pé (30,48 cm), igual a um lúmen por pé quadrado.

pigmento Substância particulada insolúvel e suspensa em um veículo líquido utilizada para conferir cor e opacidade a uma tinta.

pilar Elemento estrutural rígido, vertical e relativamente esbelto projetado para transferir ao longo de seu eixo principalmente cargas aplicadas a suas extremidades.

pilastra Pequena projeção retangular em uma parede e tratada como um pilar ou coluna.

piso A superfície horizontal superior de um degrau de escada, sobre a qual se apoiam os pés.

plano Superfície gerada por uma reta que se move em uma direção que não seja sua direção intrínseca. A largura e o comprimento de um plano predominam em relação à espessura mínima que ele deve ter para ser visível.

planta baixa Desenho que representa um corte no plano horizontal feito em uma edificação ou parte dela, com a remoção da seção superior.

pleno O espaço entre um teto rebaixado e o plano do piso acima ou o espaço sob um piso elevado, especialmente quando utilizado para o insuflamento ou retorno de ar condicionado.

ponto Elemento geométrico adimensional que marca um local no espaço. Conceitualmente, um ponto não tem comprimento, largura ou profundidade.

privada Veja *bacia sanitária*.

projeção oblíqua A representação de um objeto tridimensional com uma face principal paralela ao plano do desenho, criada com a projeção de linhas paralelas em qualquer ângulo que não seja 90° em relação ao plano do desenho.

projeção ortográfica Método de projeção no qual os projetores paralelos encontram o plano do desenho em ângulos retos; qualquer elemento que é paralelo ao plano do desenho permanece com tamanho, formato e configuração reais.

projeto baseado em evidências Abordagem de projeto que busca resultados de projeto superiores ao basear suas decisões em pesquisas confiáveis.

projeto sustentável Abordagem holística ao projeto de edificações que reduz os impactos sociais, econômicos e ecológicos negativos sobre o meio ambiente, por meio da conservação e do reúso dos recursos naturais, energia, água e materiais de construção.

proporção A relação de uma parte com outra, com o todo ou entre dois objetos.

radiação A energia térmica emitida por um corpo aquecido, transmitida através de um espaço intermediário e absorvida por um corpo mais frio, sem ser afetada pelo movimento ou pela temperatura do ar.

rebaixo Canaleta, vinco ou entalhe feito perto da borda de um elemento, de modo que outro elemento possa ser conectado a ele.

reciclagem de uso Alterar uma edificação de modo que ela assuma uma função diferente da original.

recuo Rebaixo contínuo que separa visualmente o encontro de dois planos e ressalta suas arestas por meio das linhas de sombra que cria.

reflexão de encobrimento O ofuscamento refletido em um plano de trabalho, reduzindo o contraste necessário para a percepção de detalhes.

reta Elemento geométrico que conceitualmente tem apenas uma dimensão: o comprimento. O comprimento de uma reta predomina visualmente em relação à espessura necessária para que seja visível.

retardante (ou retardador) de chamas Composto químico que inibe, suprime ou atrasa a produção de chamas, prevenindo a dispersão do fogo.

reverberação A persistência de um som dentro de um espaço, causada por reflexões múltiplas do som após a interrupção de sua fonte.

revestimento fino Leve nivelamento ou camada de reboco de acabamento.

ripado (1) Trama de ripas de madeira empregada como base para um

374 GLOSSÁRIO

revestimento. (2) Conjunto de ripas que fazem parte do madeiramento de um telhado.

ritmo Movimento caracterizado pela repetição ou alternância padronizada de elementos ou motivos formais de forma igual ou modificada.

sanca Superfície côncava na aresta de um teto ou forro, eliminando o ângulo interno entre seu plano e os das paredes.

sanefa (1) Painel ou faixa horizontal empregada para proteger da luz. (2) Drapeado curto e ornamentado colocado no alto de uma janela.

saturação A pureza ou vivacidade de um matiz; a intensidade de uma cor.

seção áurea A proporção entre duas partes diferentes de um todo na qual a razão entre as partes maior e menor é igual à razão entre a parte maior e o todo.

série de Fibonacci Série de números inteiros na qual cada termo é a soma dos dois termos precedentes.

sísmico Relativo a um terremoto ou a uma vibração de solo.

sistema de aquecimento solar ativo Sistema de calefação que usa meios mecânicos para coletar, armazenar e distribuir a energia solar.

sistema de aquecimento solar passivo Sistema de calefação que usa o próprio projeto da edificação e as correntes naturais de calor para coletar, armazenar e distribuir a energia solar, utilizando o mínimo de ventiladores ou bombas.

sofito A face inferior de um elemento de arquitetura, como um arco, viga, cornija ou escada.

sone Unidade de medida da altura aparente de um som.

substrato Qualquer material que é colocado por baixo ou serve como base ou fundação para outro material.

superestrutura A arcabouço estrutural de uma edificação que se encontra acima do nível do solo, consistindo em pilares, vigas e paredes portantes que sustentam as lajes de piso e cobertura.

telhado de uma água Telhado em vertente que tem apenas um plano.

textura A qualidade tátil e visual de uma superfície, além de sua cor ou forma; geralmente é empregada para descrever a rugosidade relativa de uma superfície.

tom Valor relativamente escuro de uma cor, produzido com a adição de preto.

tonalidade Valor intermediário de uma cor, entre uma cor diluída e uma cor mais escura.

trompe l'oeil Desenho ou pintura que utiliza a perspectiva e as sombras para criar a ilusão de objetos tridimensionais.

tubo de queda Tubo vertical em uma instalação (de água ou esgoto, por exemplo).

valor tonal Grau no qual uma cor parece refletir a luz, correspondendo à claridade da cor percebida.

vedações externas O fechamento de uma edificação, ou seja, suas paredes externas, janelas, portas e cobertura, o qual protege e abriga os espaços internos do ambiente externo.

ventilação natural O fornecimento de ar fresco por meio do movimento natural do ar, em vez do uso de recursos mecânicos.

verga Arco ou pequena viga que sustenta o pano de parede acima de uma abertura de porta ou janela e permite que os esforços de compressão sejam desviados e direcionados para as laterais da abertura. O mesmo que *lintel* ou *dintel*.

vidraça Os painéis ou chapas de vidro ou de outro material transparente similar produzidos para serem instalados em janelas, portas ou espelhos.

vidro aramado Vidro liso, estampado ou canelado que apresenta uma tela de arame embutida no centro de sua chapa a fim de prevenir o estilhaçamento no caso de quebra por choque ou dilatação térmica excessiva.

vidro de segurança Placa de vidro que tem como principal característica não estilhaçar, como o vidro temperado ou o vidro laminado.

vidro laminado Duas ou mais chapas de vidro fixadas a uma película intermediária que retém os fragmentos caso a vidraça seja quebrada, evitando o estilhaçamento.

vidro temperado Vidro anelado reaquecido e resfriado, para aumentar sua resistência ao impacto e aos esforços térmicos; ele quebra formando pequenos pedaços cúbicos (não estilhaça). É um tipo de *vidro de segurança*.

viga Elemento estrutural indeformável projetado para sustentar e transferir as cargas horizontalmente no espaço até os elementos de apoio.

viga de borda Elemento estrutural que sustenta as extremidades de barrotes, montantes ou caibros.

viga mestra Uma grande viga principal projetada para a transferência de cargas concentradas em diferentes pontos de seu comprimento.

visitabilidade Movimento para a construção da maioria das novas moradias de modo que possam ser imediatamente acessíveis e ocupadas por pessoas com dificuldades de locomoção.

vista de linhas paralelas Desenho no qual as retas efetivamente paralelas são representadas paralelas entre si, em vez de convergirem, como ocorre em uma perspectiva cônica. O mesmo que *perspectiva paralela*.

vítreo Propriedade de algo que lembra o vidro por sua aparência, dureza, fragilidade ou impermeabilidade.

volt Medida da energia elétrica potencial que flui em um condutor, em resposta a uma diferença de carga elétrica entre dois pontos de um circuito.

volume O tamanho de um objeto tridimensional ou a quantidade de espaço que ele ocupa, medida em uma unidade cúbica.

watt Medida da potência necessária para manter uma corrente elétrica.

Índice

A

Aalto, Alvar, 340
Abak Environments, 350
abrigos, projeto após desastres, 37
absorção seletiva, 116
acabamento, materiais, 297–328
    acabamentos sintéticos/falsos, 298, 324
    aparelhos sanitários, 242
    balcão/bancada, 316, 359
    cor, 300, 301, 309, 321–324
    critérios econômicos, 299
    critérios estéticos, 299, 313
    critérios funcionais, 299
    decorações e remates, 328
    descarga eletrostática, 300–301
    elevatores, 222
    feitos a mão, 298
    influência na acústica, 294
    informações gerais, 298
    janelas, 192
    materiais superficiais maciços, 316, 359
    padrões, 301, 304, 306, 308, 317,322
    portas e suas esquadrias, 199
    projeto sustentável, considerações, 50, 51, 299, 302
    qualidade do ar interno afetada, 231
    questões de prevenção e combate a incêndio, 253, 320, 328
    resistentes a chamas, 328
    textura, 112, 300, 301, 305, 311, 317, 322
    tintas e similares, 231, 323–324
acabamento, materiais, forros, 172, 176, 178, 325–327
    de madeira, 325
    de metal, 326
    em placas retangulares isoladas e do tipo nuvem, 326
    gesso e gesso cartonado, 325
    modulares, 326, 327
    placas acústicas, 326–327
acabamento, materiais, paredes, 162, 163, 313–315, 317–322
    alvenaria, 314
    azulejos cerâmicos, 314, 321
    concreto, 314
    considerações estéticas, funcionais e econômicas, 313

cor, 321, 322
gesso, 319
gesso cartonado, 314, 320
madeira, 314, 317–318
padrões, 317, 322
painéis de resina, 314
painéis pré-fabricados, 314
painéis tridimensionais formados a vácuo, 315
revestimentos de parede flexíveis, 314, 322
textura, 317, 322
acabamento, materiais, pisos, 159, 231, 300–312
    carpetes, 231, 307–311
    concreto, 304
    cor, 300, 301, 309
    descarga eletrostática, 300–301
    granitina, 305
    lajotas e pedras, 304
    madeira, 302–303
    padrões, 301, 304, 306, 308
    resilientes, 306
    revestimentos macios, 307–312
    sem emendas, duráveis e aplicáveis com massa, 305
    tapetes, 307, 312
    temperatura, 300
    textura, 300, 301, 305, 311
acesso
    a zonas, adequação entre espaço e acesso, 70–71
    acessibilidade para pessoas com deficiência (ver deficiência, pessoas com)
    exigências dos códigos de edificações, 254
    portas, 198 (ver também portas)
    transições espaciais, 28, 29
acessórios e móveis, 329–368. Ver também móveis
    acessórios, 366–367
    "acessórios do contrato" (Estados Unidos), 330
    artesanais, 36
    consideração do processo de programação, 65
    controle acústico, 292, 337
    elementos de proteção de janelas, 184, 234, 265, 267, 328, 362–365
    escritórios, 330, 337, 342–343, 345, 348–351, 356, 358, 359, 361, 366
    espaços curvilíneos, 25
    função e propósito, 328
    materiais, 36, 334–335

planos, 102
plantas, 48, 368
posição das portas, 29, 206
posicionamento das janelas e móveis, 197
questões de prevenção e combate a incêndio, 253, 328
residenciais, 330, 340–341
acessórios utilitários, 366
aço ou metal
    acabamento de forro ou teto, 326
    construção de escadas, 213
    construção de rampas, 218
    esquadrias de janela, 193
    guarda-corpos, 215
    iluminação, 275
    móveis, 335
    paredes, 162–163
    pisos, 159
    portas, 202, 204
    tecidos, 339
    treliças, 20
    vigas, 20
acrílico, 338
acústica, 290–296. Ver também audição
    absorção de sons, 295
    classe de transmissão sonora (STC), 293
    configuração dos espaços internos, 17
    construção descontínua e influência, 294
    definição, 290
    ecos, 290
    em escritórios, 60, 291, 296, 348
    forros e, 175, 176, 182, 295, 296, 326–327
    mobiliário e seu efeito, 337
    oscilação aerostática, 182, 290
    paredes e divisões internas que a afetam, 165, 167, 283, 295, 296
    perda na transmissão, 292, 293
    placas acústicas, 175, 176, 295, 296, 326–327
    portas e influência, 198
    princípios, 290
    projeto acústico, 290
    reverberação, 290, 295
    ruídos e redução de ruídos, 291, 292
    sistemas de mascaramento eletrônico de sons, 296
    sons em geral, 290, 291

376 ÍNDICE

ADA (Lei para os Norte-Americanos com Deficiências), 214, 222, 241, 254, 282
adequação dinâmica, 52
adequação estática, 52
adjacências
    aberturas de parede que as criam, 168
    janelas que as criam, 183
    processo de elaboração do programa de necessidades que a inclui, 66
Administração das Informações Energéticas dos Estados Unidos, Estados Unidos, 270
Agência de Proteção Ambiental dos Estados Unidos (EPA), certificação de lareiras, salamandras e fogões a lenha, 226
aglomerado, 203, 231, 317, 334, 358
água
    bacia sanitária, 241, 242 (ver também bacia sanitária)
    calefação e condicionamento de ar, 237
    em sistemas ambientais de interior, 228–229, 239–244, 250
    fornecimento, 239
    materiais de acabamentos hidrofóbicos, 299
    prevenção e combate a incêndio, sistemas, 239, 250
    projeto sustentável, considerações, 50, 51, 240
    quente, calefação com, 235
    sanitário, 239, 240, 244
    sistemas hidrossanitários, 9, 228–229, 240–243
água quente, calefação, 235, 239
algodão, 338
almofadas, carpetes, 310
altura
    como dimensão funcional, 61
    como dimensão humana, 53
    de interruptores e tomadas, 248
    de tetos, 26–27, 177–178
    espaço interno, 26–27
    espelhos de piso de escada, 208
    móveis com regulagem de altura, 52, 349
    paredes, 168, 169
American National Standards Institute (ANSI), 252
American Society for Testing and Materials (ASTM), 252
ampères, 245
ampliação por adição
    desenvolvimento do espaço, 11
    em espaços retangulares, 23
    modificação espaços via, 32
ampliações, 23, 32, 167
analisadores eletrônicos de cores, 119

análise
    cores, 119
    espaço, 66
    processo projetual, 42
ângulos
    de escadas, 209
    de incidência e refletância, 256
    de quadrados, 106
    de triângulos, 105
    de visão, 87
    forros com formas livres, 180
antiguidades, móveis, 331
ap40, 350
aquecimento
    água quente, 239
    ar condicionado, 237
    climatização, 228–229, 230–231, 233–235, 237, 239
    conforto térmico, 230
    estufas e salamandras a lenha, 226
    janelas, 196
    lareiras, 223–226
    modos de transferência térmica, 230
    qualidade do ar interno, considerações, 231
    sistema com ar forçado, 233
    sistema de calefação a água, 235
    sistemas, 233–235
    sistemas mecânicos, 9, 233–235
    sistemas radiantes, 235
    solar, 196, 234, 239, 267, 362
ar. Ver também ar condicionado; ventilação
    calefação com sistema de ar forçado, 233
    calefação e condicionamento, 237
    circulação no sistema de esgoto, 244
    distribuição sobre o piso, 238
    filtragem, 231
    infiltrações, 232
    janelas e fluxo de ar, 195, 231
    lareiras, desenho, 224
    pé direito e fluxo de ar, 178
    qualidade do ar interno, 231
    transições espaciais, 28, 30
ar condicionado
    calefação, 237
    climatização, 228–229, 231–232, 236–238
    distribuição sobre o piso, 238
    filtragem, 231
    qualidade do ar interno, considerações, 231
    sistema oculto ou incluído no forro, 175
    sistemas mecânicos, 9, 232
Archer, Tomek, 346
armários
    armazenagem, 360–361
    dimensões, 356, 361

    dormitórios, 354–355
    embutidos, 354, 357, 358
    escritórios, 356, 358, 361
    formas e tipos, 357
armazenagem. Ver armários
arquitetura de interiores, 35–90
    adequação ao espaço, 70–71
    arranjos em planta, 72–75
    critérios de projeto, 47
    definição, 36
    desenhos de linhas paralelas, 77, 82–84
    desenhos de vistas múltiplas, 77, 78–81
    dimensões humanas e funcionais, 53–55, 57–62
    elaboração do programa de necessidades, 63–68
    envelhecimento da população, 37, 53, 55
    equipe de projeto e construção, 39–40
    esboços à mão livre, 89–90
    espaços de escritórios, 38, 48, 55, 60, 74
    espaços flexíveis, 37
    espaços para coworking, 38
    estratégias em planta, 74–75
    fatores humanos, 52–62
    informações gerais, 36–38
    LEED, sistema de certificação em sustentabilidade, 50
    moradias para várias gerações, 37
    para espaço pessoal, 52, 56
    perspectivas, 77, 85–88
    preservação histórica, 36
    processo projetual, 41–45
    projeto assistido por computador (CAD), 76, 85, 88
    projetos bons e ruins, 46
    representação gráfica, 76–90
    resiliente, 37, 63
    serviços de saúde, 38, 49, 55, 63
    sistemas de desenho, 77–88
    sustentável, 48–51 (ver também projeto sustentável)
arranjos de emissores multicoloridos, 271
artesanato, 36, 298, 367
assentos
    área da lareira, 223
    cadeiras, 337, 340, 342
    comerciais, 337, 342–343
    considerações gerais, 336
    dimensões, 57–58, 336, 337
    ergonomia, 332, 336
    escadas, 31
    escala, 137
    materiais, 335
    poltronas, 337

ÍNDICE 377

privacidade, 337, 343
residenciais, 340–341
sofás, 341, 343
tecidos para estofamento, 338–339
atividades
arranjos de planta, 72–73
configuração dos espaços internos para, 17
consideração do processo de programação, 65, 68–69
modificação do espaço interno, 32
móveis para atividades específicas, 336
posição das portas, 29, 206
projeto acústico, 292
relações entre elas, 68–69
audição, 52, 291. *Ver também acústica*
Autodesk Revit, 85
avaliação do ciclo de vida (ACV), 50, 299
avaliação, processo projetual, 44, 45
azulejos
acabamento de parede, 314, 321
acústicos, 175, 176, 295, 296, 326–327
balcões/bancadas, 359
pisos, 304
tampos de mesa, 344

B

bacias sanitárias, 61, 241, 242
baixa voltagem, iluminação, 276
balaustradas, 215
abertas, 215
escadas, 151, 209, 214–215
padrões rítmicos, 151
rampas, 219
bancadas/balcões
construção, 359
dimensões funcionais, 59
escala, 137
materiais, 316, 359
bandeira de porta, 204, 205
bandeiras, 174
banheiras
acessíveis, 61
dimensões, 61, 242
materiais de acabamentos, 242
tipos, 243
banheiros
aparelhos sanitários, 241–243
armários, 358
arranjos de planta, 74
bacias sanitárias, 61, 241, 242
bancadas, 359
banheiras, 61, 242, 243

dimensões funcionais, 61
duchas, 61, 242, 243
banzos, 212–213
barrotes, 11, 12, 159
Bauhaus, movimento, 331
beirais, 362
Bernhardt Design, 343
Berson, David, 92
bidês, 241, 242
BIM (*building information management*), *software*, 20, 76
biomímica, 49, 129
Birdman Furniture, 346
Birren, Faber, 127
bordas, definição, 4, 31
Breuer, Marcel, 340
brilho, 261, 278, 283, 285, 287
equilíbrio da iluminação, 269, 288–289
luz e brilho, 258, 259, 260, 265, 269, 288–289
ofuscamento causado, 260, 265
razão de luminosidade, 259, 260
Busk, Flemming, 341

C

cadeiras. *Ver assentos*
calços, 313
calefação. *Ver aquecimento*
calefação por ar quente insuflado, 233
calor radiante, 235
camas, 61, 352–353
características
princípios para definição, 63
programas de necessidade que determinam as caracerísticas desejáveis, 68
qualidade do ambiente interno, 50
qualidade do ar interno, 231
características olfativas, 52
características térmicas. *Ver temperatura*
cargas
colunas/pilares portantes, 10, 164
dinâmicas, 8
mortas, 8
paredes portantes, 8, 12, 32–33, 160–161, 164
pisos carregados, 158–159
sistema estrutural, 8, 10, 12–13, 33
vivas, 8
carpetes
acústica, 295
almofadas, 310
armados por fusão, 310
como revestimento de piso, 307–311

em placas, 308
fabricação, 310
fibras, 309
lanugem, 311
qualidade do ar interno afetada, 231
tecidos, 310
texturas, 311
tingimento, técnicas, 309
tufados, 310
Cassina, 341
centro
centralidade de um recinto quadrado, 21
centralidade dos espaços curvilíneos, 24, 25
círculos como formatos autocentrados, 104
de atenção, 96
de visão (C), 86
ênfase da centralização, 153
equilíbrio radial, 142
pirâmides e cúpulas que enfatizam o centro, 21, 27
ponto de fuga centralizado ou descentralizado, 96
Chadwick, Don, 335
chumbo, tinta, 323
cilindro, 103
circulação
arquitetura de interiores que a influenciam, 52, 56, 66, 70, 71
configuração dos espaços internos, 17
continuidade rítmica, 148
em espaços retangulares, 22
equilíbrio assimétrico que a expressa, 144
escadas que a afetam, 31, 210, 216–217
espaço pessoal, 56
formatos curvilíneos que a expressam, 104
linhas que a expressam, 97, 100
paredes que a restringem, 167
portas que a afetam, 29, 168, 206
processo de elaboração do programa de necessidades que a inclui, 66
triângulos que a sugerem, 105
Cittero, Antonio, 341
claraboias
como elementos de transição espacial, 30
em cúpula ou inclinadas, 267
em tetos, 179
iluminação natural, 30, 33, 179, 189, 194, 265, 267
modificação, 33
operação, 189
planas, 267
tubulares, 267
clerestórios, 181, 194, 197

378 ÍNDICE

coberturas
  abobadadas, 27
  caibros, 12
  com duas águas, 27
  como planos, 102
  de uma água, 27, 179
  definição de espaços, 3
  em espaços quadrados, 21
  no sistema de vedação externa, 9
  sem forro, 27, 172, 173, 325–326
  sistema estrutural, 8, 9, 12
  teto formado por elas, 27, 172, 173, 179,
    325–326
  vão vencido, 20
códigos
  acessibilidade, 254
  conservação de energia, 254, 283
  construção de paredes, 160
  elevadores, 221
  escadas, 208, 209, 210, 211, 214, 253
  exigências do projeto sísmico, 160
  iluminação, 253, 270, 283
  janelas e paredes de vidro, 187, 189
  lareiras, 224
  luz diurna ou natural, 253
  pesquisas, elaboração do programa de necessida-
    des, 64
  prevenção e combate a incêndio, 250–251,
    252, 253
  rampas, 218
  saídas de emergência, 253
  saúde e segurança, 253
  sistemas ambientais internos, 241, 248,
    250–254
  sistemas elétricos, 248, 252
  sistemas hidrossanitários, 252
  sistemas mecânicos, 252
  ventilação, 253
coeficiente de utilização, 289
coleções de objetos, 367
Coletti, Alyssa, 342
Commission Internationale de l'Eclairage (CIE),
  normas, 119
  Diagrama de Cromaticidade CIE, 119
compostos orgânicos voláteis (COVs), 231
compressão em pilares e vigas, 10
comprimento
  de onda, 115–116
  de retas, 97
  em espaços quadrados, 21
  em espaços retangulares, 22
  planos, 101
comunicação
  configuração dos espaços internos, 17

processo de elaboração do programa de necessidades que a inclui, 66
sistemas de prevenção e combate a incêndio que
  incluem a, 251
sistemas elétricos, 9
transições espaciais, 28
conceitualização, 43
concreto
  balcões, 359
  construção de escadas, 213
  construção de rampas, 218
  lajes, 13, 20, 159
  paredes, 163, 314
  pilares, 13
  pisos, 159, 304
condução, 230
conectores
  espaços de transição que funcionam como,
    28–31
  espaços retangulares que funcionam como, 22
  na arquitetura de interiores, 52
cones, 103
conforto térmico, 230
construção
  de balcões/bancadas, 359
  de carpetes, 310
  de escadas, 212–213
  de janelas, 190–191
  de paredes, 160, 162–163
  de pisos, 159
  de portas, 202–203
  de tetos, 175
  descontínua, 294
  desenhos executivos, 76
  equipe de projeto e da, 39–40
  guarda-corpos, 214–215
continuidade
  aberturas de parede que facilitam a, 168
  da forma, 104
  de características espaciais da arquitetura, 7
  de ritmos, 148, 149
contorno
  de linha, 97, 99
  de padrões rítmicos, 149
  de volumes, 113
contraponto de características arquitetônicas
  espaciais, 7
contraste
  cor, 122–123, 124, 126, 127
  de características arquitetônicas espaciais, 7
  de luz, 258, 259, 260, 265
  forros suspensos que os criam, 174
  ritmos contrastantes, 150
  simultâneo, 122–123

textura, 110, 139
  visual, 93–94
convecção, 230
cor
  amostras, 118
  arranjos de emissores multicoloridos, 271
  configuração dos espaços internos, 16, 17
  contrastantes, 122–123, 124, 126, 127
  contraste simultâneo, 122–123
  croma ou intensidade, 116, 118, 119, 120,
    121, 126, 128
  de paredes, 128, 129, 169, 171, 321, 322
  de pisos, 128, 129, 300, 301, 309
  dimensões, 117
  distribuição cromática, 128
  distribuição tonal, 129
  ênfase com seu uso, 152
  equilíbrio, 139, 143
  espaço, 124–125
  esquemas, 126–129
  fidelidade das cores, medição, 271
  harmonia, 126, 127, 145
  índice de representação de cores, 271, 274,
    275
  luz e, 115–116, 121, 129, 181, 258, 263,
    271, 324
  mapas, 119
  materiais de acabamentos, 300, 301, 309,
    321, 322, 323–324
  matiz, 116, 117–118, 120, 121, 122–123,
    126–127
  mistura, 116, 119, 120, 122
  padrões, 125, 127
  parâmetro da gama de cores, 271
  percepção visual, 92, 93, 115, 121
  pigmentos, 116, 120, 323, 324
  planos, 101, 128
  primária, 117
  ritmos, 149, 150
  saturação, 117, 119, 121, 124–125
  secundária, 117
  sistemas, 117–119
  temperatura de cor correlacionada, 271, 275
  temperaturas, 124–125, 263, 271, 274,275
  terciária, 117
  tetos, 128, 129, 178, 181
  textura que a afeta, 171
  tintas, 323–324
  tons, 120, 127, 129, 152
  triângulos, 127
  valor, 116, 117–118, 120, 121, 123–127,
    129, 143, 152
  variedade, 146
  vocabulário de projeto, 115–129

ÍNDICE 379

cor diluída, 120, 127
corrente alternada, 246, 272, 276
corrente contínua (CC), 246, 272, 276
corrimãos
    escadas, 151, 209, 214–215
    rampas, 219
cortes, 80, 225
cortiça
    como acabamento de parede, 322
    tecido, 339
cortinas, 328, 364
coworking, 38, 348
cozinhas
    armários, 358
    arranjos de planta, 74
    bancadas, 59, 137, 316, 359
    dimensões funcionais, 59
    em escritórios, 38, 60
    pias e torneiras, 242, 243
Cradle to Cradle, 338
crianças
    dimensões de ambientes hospitalares, 55
    exposição ao chumbo, 323
    janelas seguras, 184
    móveis projetados, 337
    retardantes de chamas, 328
croma
    cor, 116, 118, 119, 120, 121, 126, 128
    Diagrama de Cromaticidade CIE, 119
    distribuição cromática, 128
    esquemas de cores monocromáticos, 126
Crypton®, 339
cubos, 103
cúpulas, ver domos
Customer's Own Material (COM), sistema, 339

D

decibéis (dB), 291
declarações dos produtos quanto à saúde dos
  usuários (Health Product Declarations – HPDs),
  50, 330, 338
decorações/acessórios decorativos, 328, 367
deficiência física, pessoas
    acessibilidade de assentos, 58
    acessibilidade de banheiros, 61, 241, 243
    acessibilidade em cozinhas, 59
    corrimãos, dimensões, 214
    dimensões humanas e funcionais, 54, 55,
      58–59, 61
    exigências dos códigos de edificações, acessibili-
      dade, 254
    iluminação, considerações, 282
    largura da porta afetando o acesso, 29

móveis projetados para elas, 337
plataformas elevatórias para cadeira de rodas,
  221
projeto universal ou inclusivo, 63
uso de elevadores, 222
visitabilidade, 5, 31
defletores, 174, 260, 279, 280
degrau. Ver escadas e degraus
descarga eletrostática (ESD), 300–301
desenho
    arquitetura de interiores, 76–90
    assistido por computador (CAD), 20, 24, 76,
      85, 88
    esboços à mão livre, 89–90
    perspectivas, 77, 85–88
    sistemas, 77–88
desenho biofílico, padrões, 49
desenho universal ou inclusivo, 63
desenhos de linhas paralelas
    axonométricas, 82, 83
    da arquitetura de interiores, 77, 82–84
    projeções oblíquas, 82, 84
desenhos de vistas múltiplas
    arquitetura de interiores, 77, 78–81
    como projeções ortogonais, 78–81
    cortes, 80
    elevações internas, 81
    plantas, 79
desenhos esquemáticos, 43
desenhos executivos, 76
detalhes
    equilíbrio e peso visual, 139
    escala afetada, 137
    harmonia, 145, 146
    percepção visual, 92
    ritmo, 149
    variedade, 146
detectores de fumaça, 251, 253
digitalização de cores portáteis, ferramentas de, 126
dimensões
    altura, 26–27, 52, 53, 61, 168, 169, 177–
      178, 208, 248, 349
    aparelhos sanitários, 242
    armários, 356, 361
    arranjos de planta, 72
    assentos, 57–58, 336, 337
    camas, 61, 353
    comprimento, 21, 22, 97, 101, 115
    cor, 117
    corrimãos, 214
    equilíbrio, 139
    escadas, 208, 209
    espaciais, 20–27
    espaços curvilíneos, 24–25

espaços quadrados 21
espaços retangulares, 22–23
funcionais, 53, 57–62
lareiras, 224–225
largura, 20, 21, 22, 29, 97, 101, 209, 218–
  219
mesas, 345
profundidade, 78, 166, 208
programa de necessidades, dimensionamento,
  66
proporções (ver proporções)
rampas, 218–219
verticais, 26–27 (ver também altura)
dimensões estruturais, 53
dimensões humanas
    arquitetura de interiores, 53–55, 57–62
    escala, 135, 137, 184, 284
    estrutural, 53
    funcional, 53, 57–62
dimensões mínimas, plantas, 74
dimétricas, 82
diodos emissores de luz (LEDs). Ver LEDs, iluminação
diodos emissores de luz orgânicos (OLEDs), 256
distância
    intensidade da luz afetada, 181, 256
    percepção das cores, 128
    social, 52, 56
domos
    claraboias em cúpula, 267
    espaços quadrados, 21
    pé direito, 27
    tetos abobadados, 180, 182
dormir
    camas, 61, 352–353
    dimensões funcionais, 61
    sistema circadiano, 92, 264–265
dormitórios e armários, 354–355
ducha higiênica, 241
duchas, 61, 242, 243
DWR, 346

E

Eames, Charles, 331, 335, 340, 342, 346
Eames, Ray, 346
economia
    como critério de projeto, 47
    da forma, 104
ecos, 290
edificações
    códigos de edificação/obras (ver códigos)
    cortes, 80
    espaço externo, 4–5

380 ÍNDICE

espaço interno (*ver* espaço interno)

instalações prediais, 9

modificação de prédios existentes, 32–34

reciclagem de uso, 32

relacionamento com o terreno, 4

sistemas estruturais, 8–15, 20, 33–34, 228–229

vedações externas, 9

eficácia, de uma fonte luminosa, 271

eixo central de visão (ECV), 86, 87

elementos

  dominantes, 16, 152, 154

  ênfase, 152–154

  internos da edificação, elementos, 155–226 (*ver também* elementos específicos)

  lineares, 99 (*ver também* retas)

  móveis, equipamentos e acessórios (*ver* equipamentos e acessórios, móveis)

  relações espaciais, 2, 134

  subordinados, 152, 154

elementos circulares

  círculos, 96, 103, 104

  escadas circulares, 211

  espaços internos circulares, 24

elementos curvilíneos

  espaços internos, 24–25

  formatos, 103, 104

  linhas curvas, 24–25, 98

  paredes curvas, 25, 167

  rampas curvilíneas, 218

  tetos curvos, 180

elementos quadrados

  espaços internos, 21

  formatos, 103, 106

elementos retangulares

  adição, subtração e fusão do espaço, 23

  espaços internos, 22–23

  formatos, 103, 106

  paredes, 167

elementos suspensos resistentes a chamas, 328

elevações

  elevações internas, 81

  elevações oblíquas, 82

  lareira, 225

elevadores

  a tração, 220

  acesso a escadas de emergência, 221

  códigos, 221

  comerciais, 220

  como elemento interno da edificação, 220–222

  de carga, 221

  escadas rolantes e, 222

  hidráulicos, 220

  materiais de acabamentos, 222

  panorâmicos, 221

  plataformas elevatórias para cadeira de rodas, 221

  residenciais privados, 221

  sem casa de máquinas, 220

  uso e aplicação limitados, 221

elevadores elétricos, 220

energia

  climatização, 228, 233–236, 239, 245–249

  códigos de conservação, 254, 283

  consumo nos Estados Unidos, 228

  elétrica (*ver* sistemas elétricos)

  fontes, 228, 245

  iluminação eficiente em energia, 270, 272, 288

  luz como energia radiante, 256

  projeto sustentável, consideração, 50, 51, 228, 245

energia solar. *Ver também* luz natural (diurna, solar)

  água quente, 239

  calefação ativa, 234

  calefação passiva, 234

  em sistemas de climatização de interiores, 234, 239, 246

  janelas, tratamentos de janela e ganhos térmicos solares, 196, 234, 267, 362

  para iluminação, 265

ênfase, como um princípio de projeto, 130, 152–154

entradas, 6, 31. *Ver também* portas

envelhecimento da população

  arquitetura de interiores, 37, 53, 55

  assentos, 337

  dimensões humanas, 53, 55

  percepção visual, 115

envidraçamento

  janela, 183, 186, 187, 188, 196

  pintura, 324

  porta, 199

  segurança, 187

Environmental Product Declaration (EPD), 50

equilíbrio

  assimétrico, 143–144, 147

  como um princípio de projeto, 130, 139–144

  contrabalanços, 143

  definição, 139

  radial, 142

  simétrico, 141–142

  unidade, 147

  visual, 139–144

ergonomia, 332, 336

esboços à mão livre para arquitetura de interiores, 89–90

escada de marinheiro, 209

escadas circulares, 211

escadas como esculturas, 31

escadas de mão, 209

escadas e degraus

  aço, 213

  circulação afetada, 31, 210, 216–217

  códigos, 208, 209, 210, 211, 214, 253

  como barreira à visibilidade, 5

  como elementos de transição espacial, 31

  como elementos internos da edificação, 208–217

  concreto, 213

  construção, 212–213

  degraus ingrauxidos, 211

  dormentes ou banzos (vigas), 212–213

  escada em meia volta, 210

  escada em quarto de volta (escada em L), 210

  escada reta (de lanço reto), 210

  escadas externas, 31

  escadas rolantes, 222

  escala, 137

  espaços quadrados, 21

  espirais, 211

  formas, 216–217

  guarda-corpos e corrimãos, 151, 209, 214–215

  iluminação integrada, 273

  internos, 31, 208–217

  madeira, 212

  modificação, 33

  padrões rítmicos, 151

  patamares, 210

  pisos e espelhos, 208, 211, 212–213

  planejamento espacial, 216–217

  plataformas elevatórias inclinadas para cadeira de rodas, 221

  saúde, considerações, 52

  tamanho 209

  tipos de planta, 210–211

escala

  alteração de forros, 174, 177–178

  como um princípio de projeto, 130, 135–138

  cor, 128

  de janelas, 138, 184

  de paredes, 169

  espacialidade, 6

  humanas, 137, 284

  iluminação criando senso de, 256, 284

  mecânica, 135

  proporções, 135

  relações de escala, 138

  textura, 108, 112

  visual, 136

escritórios

  acústica, 60, 291, 296, 348

ÍNDICE 381

armários, 356, 358, 361
arquitetura de interiores, 38, 48, 55, 60, 74
arranjos de planta, 74
assentos, 337, 342–343
bancadas, 359
cor, 125
coworking, 38, 348
dimensões funcionais, 60
envelhecimento da população, 55
home offices, 38, 330, 348, 351, 354, 359
mesas, escrivaninhas e superfícies de trabalho, 345, 348–351
móveis e acessórios, 330, 337, 342–343, 345, 348–351, 356, 358, 359, 361, 366
plantas de interior (vegetação), 48
postos de trabalho, 348–351
pré-fabricados, 330
projeto sustentável, 48
esferas, 96, 103
esgoto, 239, 240, 244
espaço arquitetônico, 3, 7
espaço externo, 4–5
espaço interno, 1–34
  características espaciais, 6
  configuração, 16–17, 172
  cor, 124–125
  definição, 6, 72
  dimensões espaciais, 20–27
  espaço externo, 4–5
  forma espacial, 18–19
  modificação, 32–34
  modificações no espaço arquitetônico, 7
  quadrado, 21
  relação figura e fundo, 18–19
  retangulares, 22–23
  ritmo espacial, 151
  sistemas estruturais, 8–15, 20, 33–34
  transições espaciais, 5, 6, 28–31
espaço pessoal, 52, 56
espaço tridimensional
  desenhos de linhas paralelas, 82–84
  desenhos de vistas múltiplas, 78–81
  equilíbrio, 140
  escadas, 216
  formatos tridimensionais, 103
  impressões tridimensionais, 88
  painéis tridimensionais formados a vácuo, 315
  perspectivas, 85–88
  planos de fechamento, 102
  proporções, 131
  ritmo, 148
  sistema de modelagem tridimensional por CAD, 20, 24, 76, 85
  sistemas estruturais compostos, 14–15

textura como superfície estrutural tridimensional, 107
volume (ver volume)
espaços
  adequação, 70–71
  ampliações, 11, 23, 32
  análise, na elaboração do programa de necessidades, 66
  características, 6
  circulação (ver circulação)
  circulares, 24, 211
  cor, 124–125
  coworking, 38, 348
  curvilíneos, 24–25
  de transição, 5, 6
  definição, 3, 6, 72
  dimensões espaciais, 20–27
  escala, 6, 112
  escritórios (ver escritórios)
  estruturação, 8–15, 20, 33–34
  flexíveis, 37
  forma e espaço, 6, 18–19, 114
  forma espacial, 18–19
  fusão, 23, 30, 33, 73
  internos (ver espaços internos)
  modificação, 32–34
  planejamento espacial, 66–67, 197, 206, 216–217
  proporção entre elementos e espaços, 134
  quadrados, 21
  rearranjo, 32
  relações com os elementos, 2, 134
  retangulares, 22–23
  ritmo espacial, 151
  subtração, 11, 23
  textura, 112
  transições espaciais, 5, 6, 28–31
  tridimensionais (ver espaço tridimensional)
  vazios, 113, 114
espaços elípticos, interiores, 24
espectro eletromagnético, 115, 263
esquadrias
  de janelas, 30, 192–193
  de portas, 199, 204–205
estabilidade
  de quadrados, 106
  divisórias soltas, 166
  triângulos representando, 105
estêncil, 324
estética
  arranjos de planta, 73
  materiais de acabamento, 299, 313
estilo, como critério de projeto, 47
estofamentos, 231, 338–339

estufas a gás, 223
Euclides, 132
evaporação, 230

F

Facility Guidelines Institute (FGI), diretrizes funcionais para o programa de necessidades, 63
fatores humanos
  aplicação na ergonomia, 332, 336
  conforto térmico, 230
  considerações sobre a saúde, 52, 92, 115, 231, 253, 256, 265, 323, 328, 332, 336, 338
  debilidades (ver deficiência, pessoas com)
  dimensões humanas e funcionais, 53–55, 57–62, 135, 137, 184, 284
  espaço pessoal, 52, 56
  idade como (ver envelhecimento da população; crianças)
  sentidos, 52, 92, 93–94, 107, 115, 121, 291 (ver também temperatura)
  sistema circadiano, 92, 264–265
fechamento
  janelas, 9, 183, 184
  paredes, 9, 12, 167
  sistema de vedações externas, 9, 12
Federal Housing Administration (FHA), 252
fenestração, 183, 184. Ver também janelas
fibra de vidro, isolamento em manta, 294
fibras de carpetes, 309
fibras de olefina, 309
fibras ópticas, iluminação, 277
figura e fundo
  arranjo da planta, 73
  espaços internos, 18–19
  percepção visual, 93–94
Flatoy, Torstein, 331
flexão, vigas sujeitas, 10
flexibilidade
  arranjos de planta, 72, 75
  de triângulos, 105
  equilíbrio assimétrico, 144
  espaços flexíveis, 37
  forma flexível, 95
  leiaute dos móveis, 333
  revestimentos de parede flexíveis, 314, 322
foco interno, 70, 71. Ver também centro
fogões à lenha, 226. Ver também lareiras; péletes (aquecedores, salamandras)
forma
  como critério de projeto, 47
  continuidade, 104
  cor como uma de suas propriedades visuais, 115, 124 (ver também cor)

382 ÍNDICE

definição, 95
economia, 104
escadas, 216–217
espacial, 18–19
espacialidade, 6
espaço, 6, 18–19, 114
formatos, diferenciação, 103 (*ver também* formatos)
iluminação, 285
linhas, 95, 97–100
paredes, 167
planos, 95, 101–102
pontos, 95, 96
teto, 179–180
textura (*ver* textura)
unidade, 104
vocabulário de projeto, 95–102, 113–114
volume, 95, 113–114
formatos abstratos ou não figurativos, 103
formatos naturais, 103
forro artesoado, 174
forros/tetos
abóbadas, 180, 182
acústica e, 175, 176, 182, 295, 296, 326–327
altura, 26–27, 177–178
bandeiras ou outros elementos suspensos, 174
caixotões, 174
calefação por radiação, 235
cobertura com uma água, 179
coberturas com duas águas, 179
com placas retangulares isoladas, 176, 296, 326
com tecido esticado, 176
como interno da edificação, elementos, 172–182
como planos, 102
configuração dos espaços internos, 16, 172
construção, 175
cor, 128, 129, 178, 181
curvos, 180
definição de espaços, 6, 172
domos, 27, 180, 182
em espaços quadrados, 21
escala, alteração, 174, 177–178
formas, 179–180
formas das coberturas, 27, 172, 173, 179, 325–326
formas livres, 180
instalações e outros sistemas internos ocultos, 175, 176, 233
luminárias, 174, 175, 181, 269, 279–283
luz afetada, 179, 181, 264
macios, 176

modificações, 33
padrões, 173
piramidais, 179
pisos, formação, 172, 173, 178, 325
ripas de madeira ou metal, 174, 325, 326
sancas de iluminação, 178, 180
sistema estrutural, 9, 11
sistemas de prevenção e combate a incêndio integrados, 175, 250
suspensos, 174–176, 280, 295, 325–326
tipo nuvem, 176, 296, 326
treliças espaciais, 174
forros/tetos, materiais de acabamentos, 172, 176, 178, 325–327
em placas retangulares isoladas e do tipo nuvem, 326
gesso e gesso cartonado, 325
madeira, 325
metal, 326
modulares, 326, 327
placas acústicas, 326–327
fotovoltaicas, 246. *Ver também* energia solar
Fritz Hansen, 341
função e propósito
acessórios, 328
arranjos de planta, 72
como critério de projeto, 47
consideração do processo de programação, 64
iluminação, 268
janelas, 183
mesas, 344
móveis, 331
paredes, 160–161
portas, 198
satisfação com as cores, 128
sistema de calefação, 233
sistemas ambientais internos, 228
fundações, 8
fusão de espaços, 23, 30, 33, 73

G

galerias, 5, 22
galerias arcadas, 5
gás, estufas, 223
Gehry, Frank, 14, 331
General Services Administration (GSA), 252
geometria
ênfase com deslocamentos, 153
formatos geométricos, 103
proporções baseadas na geometria, 132
gesso cartonado, 162, 314, 320, 325
Global Organic Textile, norma, 338
Gold, Mitchell, 341

granitina, pisos, 305
grau
de ênfase, 154
na proporção, 131
Green Building Initiatives, Green Globes, 50
Greenguard, 338
guarda-corpos fechados, 214

H

halogeneto metálico, lâmpadas, 275
harmonia
como um princípio de projeto, 130, 145–146
criação, 146
definição, 145
esquemas de cor que a promovem, 126, 127, 145
proporções harmônicas, 133
unidade, 145–147
variedade e, 146–147
Helling, Jerry, 343
Herman Miller, 335, 342, 346, 350, 351, 355
hidrofobia, 299
Hilton, Mathew, 346
home office, 38, 330, 348, 351, 354, 359
Housing and Urban Development, Department of (HUD), 252

I

Illuminating Engineering Society (IES), 263, 264, 271
iluminação, 256–290
ambiente, 261, 285, 286
artificial, 16, 116, 121
baixa voltagem, 276
bidirecional, 265
brilho, 261, 278, 283, 285, 287
códigos, 253, 270, 283
configuração dos espaços internos, 16, 17
controles e sensores sem fio, 270
cornija, 282
de destaque, 276, 285, 287
descendente, 280, 283
difusa, 256, 262, 267, 289
difusores, 260, 279, 280
direcional, 262
direta, 279, 289
distorção das cores, 116, 121, 263, 271
eficácia, 271
eficiência em energia, 270, 272, 288
eficiências comparadas, 273
em estado sólido, 268
energia solar, 265

ÍNDICE 383

ênfase com seu uso, 153
equilíbrio afetado por, 140
equilíbrio com o brilho, 269, 288–289
escadas com iluminação integrada, 273
escala criada, 256, 284
fibras óticas, 277
fidelidade das cores, medição para, 271
fluorescente, 116, 121, 262, 263, 271, 274
focal, 285, 287
fontes de luz elétrica, 263, 271–276
fontes lineares, 278, 285
fontes planas, 285
fontes pontuais, 278, 285
fontes volumétricas, 278, 285
forma, 285
função e propósito, 268
Illumination Measurement Guide, 264
iluminância, 270, 288
índice de representação de cores, 271, 274, 275
indireta, 279, 282, 283, 289
instalação nas paredes, 269, 279, 282
integração com o piso, 269
integração com os móveis, 283, 360
integrada ou suspensa no forro ou teto, 174, 175, 181, 269, 279–283
lâmpadas, 271–276, 284
lâmpadas de descarga de alta intensidade, 275
LEDs, 116, 121, 256, 260, 263, 265, 268, 269, 271, 272–273, 275, 280, 285, 286
LEED, princípios, 268
luminância, 269, 288–289
luminárias, 278–284
luzes que mostram as cores, 119
medição, 264, 288–289
padrões, 268, 285, 289
parâmetro da gama de cores, 271
princípios, 268–270
projeto de iluminação, 268, 285–287
projeto sustentável, consideração, 256
sancas de iluminação, 181, 282
sanefa, 282
sistemas elétricos, 9, 229, 248, 249, 263, 270, 271–284
sobre o plano de trabalho, 261, 272, 276, 282, 284, 286, 287
sombras, 262, 269
tecnologia de vídeos e sensores, 270
temperatura de cor correlacionada, 271, 275
voltada para cima, 181, 282, 283
iluminação dirigida, 285, 287
iluminação fluorescente
comparada à iluminação incandescentee, 274
difusa, 262

distorção das cores, 116, 121, 263, 271
estrutura e funcionamento, 274
índice de representação de cores, 274
informações gerais, 274
lâmpadas compactas, 274
mercúrio, 274
T5, T8, T12, 274
iluminação geral, 261, 285, 286
iluminação incandescente
comparação com a de LEDs, 272
comparação com a fluorescente, 274
distorção das cores, 116, 121, 263
estrutura e funcionamento, 276
informações gerais, 276
semi-embutida, 281
iluminação natural
claraboias, 30, 33, 179, 189, 194, 265, 267
códigos, 253
com base na adequação ao espaço, 71
configuração dos espaços internos, 16
cor, 121, 263, 324
equilíbrio afetado por ela, 140
iluminação natural, exemplos, 266–267
janelas, 186, 187, 189, 194, 264–267
Lighting Measurement 83 (LM–83), guia para teste e cálculos de iluminação, 264
modificações que a afetam, 33
ofuscamento, 265
princípios, 265
sistema circadiano e, 264–265
temperagem de janelas, 265, 362
transições espaciais, 28, 30
uso do projeto sustentável, 49, 51, 186
iluminância, 270, 288
imagem como critério de projeto, 47
incubadoras acadêmicas, 43
infiltração, 232
instalações elétricas
armários, 245
circuitos elétricos, 245, 247, 248
códigos, 248, 252
como sistemas ambientais internos, 228–229, 245–249
corrente contínua e corrente alternada, 246, 272, 276
disjuntores (interruptores de circuito), 247
distribuição da energia sem fio, 247
embutidas no forro, 175
energia solar, 246 (ver também energia solar)
estrutura, 246–247
iluminação via, 9, 229, 248, 249, 263, 270, 271–284
interruptores, 247, 248
nas instalações prediais, 9

símbolos elétricos comuns, 249
tomadas em, 248, 249
transmissão, 245
instalações prediais, escala, 135
instalações prediais, sistemas
códigos, 252
embutidos no forro, 175, 176, 233
instalações prediais, 9
sistemas ambientais internos, 232–238
intensidade luminosa, curva de distribuição, 289
interior da edificação, elementos, 155–226. Ver também elementos específicos
elevadores, 220–222
escadas, 208–217
estufas e salamandras a lenha, 226
forros/tetos, 172–182
informações gerais, 156–157
janelas, 183–197
lareiras, 223–226
paredes, 160–171
pisos, 158–159
portas, 198–207
rampas, 218–219
interruptores com aterramento, 248
interruptores elétricos, 247, 248
ipRGC, 92
isométricas, 82, 83

J

Jacobsen, Arne, 331, 340, 341
janelas
aberturas de parede, 168
arremates, detalhes, 184, 190–191
claraboias, 30, 33, 179, 189, 194, 265, 267
clerestórios, 181, 194, 197
códigos, 187, 189
com bandeira móvel, 204, 205
com caixilhos fixos, 188, 189
com veneziana portuguesa, 189
como elemento interno da edificação, 183–197
como elementos de transição espacial, 5, 28, 30
construção, 190–191
corrediças, 188
de batente, 188
de hospital ou de toldo, 189
de sacada, 189
em espaços retangulares, 22
em paredes portantes, 12
embutidas, 362
escala, 138, 184
espaços quadrados, 21
esquadrias, 30, 192–193
esquadrias finas ou pesadas, 30

384 ÍNDICE

fechamento, 9, 183, 184
fenestração, 183, 184
função e propósito, 183
ganhos térmicos solares, 196, 234, 267, 362
guarnições, 190–191
guilhotina, 188
iluminação natural, 186, 187, 189, 194, 264–267
internas, 30
luzes laterais, 204, 205
materiais de acabamentos, 192
modificação, 33
operação, 188–189
paredes com janela, 165, 194, 197
planejamento espacial, 197
prateleiras de luz, 267
qualidade do ar do interior, 231
tamanho 189, 194
toldos, 189
translúcidas, 186
tratamentos de janela, 184, 234, 265, 267, 328, 362–365
uso do projeto sustentável, 186, 195
ventilação, 186, 188–189, 195, 231–232
vergas, 12, 33
vidraças, 183, 186, 187, 188, 196
vistas emolduradas ou filtradas por elas, 183, 185–186
janelas de correr, 188
janelas, tratamentos de
beirais e janelas reguadas, 362
claraboias, 267
cortinas e drapeados, 328, 364
elementos leves de proteção, 328, 362, 364–365
elementos pesados de proteção, 363
escala, alteração, 184
externas, 362
ganhos térmicos solares, 234, 267, 362
internas, 362
ofuscamento, proteção, 265, 362
persianas, 363
quebra-luzes, 362, 365
segurança, 184
toldos, 362
treliças, 362
venezianas, 363
jantar
dimensões, 57–58, 345
mesas, 57, 344, 345, 346–347
Jeanneret, Pierre, 341
Jongerius, Hella, 118
Juhl, Finn, 341
juntas recuadas, 169

K

Kavanaugh, Geere, 90
Knoll, 346

L

lã, fibras de carpete, 309
lajes horizontais, 12, 13, 20, 159
lajes planas, 12, 13, 20, 159
lajotas cerâmicas, assentamento, 304, 321
lambri, 169, 315, 317
laminado termofundido, 317
laminados plásticos em balcões/bancadas, 359
lâmpadas, 274–276
lareiras. Ver também estufas e salamandras a lenha
códigos, 224
como elementos internos da edificação, 223–226
dimensões, 224–225
plantas, cortes e elevações, 225
pré-fabricadas, 226
tipos, 223, 224
largura
escadas, 209
espaços quadrados, 21
espaços retangulares, 22
planos, 101
portas, 29
rampas, 218–219
retas, 97
sistemas estruturais que afetam a, 20
lavatórios, 61, 242, 243
Le Corbusier, 331, 335, 341
LEDs, iluminação
comparada à iluminação incandescente, 272
danos causados pela luz azul, 256
distorção das cores, 116, 121, 263, 271
downlights (iluminação descendente), 280
embutidos, 280
energia solar, 265
iluminação ambiente, 286
índice de representação de cores, 271
informações gerais, 272–273
integração nas paredes, 269
lâmpada de descarga de alta intensidade substituídas, 275
ofuscamento, 260
orgânicos, 256
problemas, 272–273
projeto de iluminação, 268, 285
questões de calor e temperatura, 272
sistema circadiano, 265
wallwashers, 280

LEED (Leadership in Energy and Environmental Design)
acústica e ruídos, 291
iluminação, 268
seleção do processo de elaboração do programa de necessidades, 63
v4, 50
leiautes com dimensões folgadas, 75
Lightfair, 285
linhas
como elemento da forma, 95, 97–100
curvas, 24–25, 98
desenhos de linhas paralelas, 77, 82–84
diagonais, 98
do horizonte, 86, 87
elementos lineares, 99
formas lineares, 100
horizontais, 98
iluminação na forma de linhas, 278, 285
retas, 98
sugeridas, 97
verticais, 98
linho, 338
lintéis, 12, 33, 223
lixo, descarte, 9, 239, 240, 244
local de trabalho. Ver coworking; escritórios
longarinas. Ver vigas mestras
lótus, efeito, 299
lúmens, 271–273, 276, 288
luminárias, 278–284
de mesa, 284
de piso, 284
embutidas, 279, 280
instaladas em superfícies, 279, 282
luzes de trilho, 279, 283
pendentes, 279, 283
portáteis, 284
semi-embutidas, 279, 281
lustres voltados para cima, 181, 282, 283
luz, 256
aberturas na parede para sua admissão, 168
adequação ao espaço com base na luz, 71
branca, 115, 116, 121, 263
brilho, 258, 259, 260, 265, 269, 288–289
comprimento de onda, 115, 116
contraste, 258, 259, 260, 265
cor, 115–116, 121, 129, 181, 258, 263, 271, 324
definição, 256
difusa, 256, 262, 264, 267, 289
equilíbrio afetado por ela, 140
espacialidade, 6
espectro eletromagnético, 115, 263
espectro visível, 115

forros afetados, 179, 181, 264
incidente, 256, 257, 270, 288
janelas, 186, 187, 189, 194, 264–267
materiais opacos que a bloqueiam, 256
medição, 264, 288–289
modificações que a afetam, 33
não difusa, 256
natural (*ver* luz natural (diurna, solar))
ofuscamento, 260–261, 265, 281, 362
paredes que afetam a, 264
percepção visual, 92, 93
portas e influência, 198
refletida, 116, 256–257, 258, 261, 263, 264–267, 324
sistema circadiano, 92, 264–265
textura, 109, 258
tinta refletiva, 324
transições espaciais, 28, 30
translucência que a afeta, 256–257
uso do projeto sustentável, 49, 51, 186, 256
luzes de cornija, 181, 282
luzes de parede, 280
luzes de safena, 282
luzes laterais, 204, 205
luzes que mostram as cores, 119

M

Mackintosh, Charles Rennie, 331
madeira
acabamento de piso, 302–303
acabamento de tetos, 325
balcões, 359
compensada, 159, 162, 203, 231, 303, 306, 318, 334
construção de coberturas, 174
escadas, construção, 212
grã (textura), 334
janelas, esquadrias, 192
juntas, 334
mesas, 344
móveis, construção, 334
parede, acabamento 314, 317–318
paredes, construção, 162–163, 314
pisos, construção, 159
portas, construção, 203, 204–205
rampas, construção, 218
treliças, 20
vigas, 20
magnitude, na proporção, 131
Makulik, Bernd, 335
marquises (forros), 176, 296, 326
Massoni, Luigi, 354

materiais. *Ver também* materiais de acabamentos; materiais específicos (por exemplo, madeira)
acessórios e móveis, 36, 334–335
harmonia, 145
planos, 101
projeto sustentável, consideração, 50, 51, 299, 302
textura, 107, 112, 300, 301, 305,311, 317, 322
materiais de revestimento sólido, 316, 359
materiais translúcidos, 256
matiz, 116, 117–118, 120, 121, 122–123, 126–127
MDF (chapa de fibra de média densidade), 317, 358
mercúrio em lâmpadas fluorescentes, 275
mesas
dimensões, 345
escala, 137
estilos e usos, 346–347
função e propósito, 344
jantar, 57, 344, 345, 346–347
suportes, 344
tampos, 344
mesas, escrivaninhas e superfícies de trabalho, 345, 348–351
mesas para se trabalhar em pé, 349
mesas para se trabalhar em pé ou sentado, 349
metal. *Ver* aço ou metal
mictórios, 241, 242
moradias para várias gerações, 37
móveis
acústica, 337
agrupamentos, 16, 17, 72, 73, 147, 333
ajustáveis em altura, 52, 349
antigos, 331
armários, 354–358, 360–361
arranjos em planta, 72, 73, 74–75
assentos, 57–58, 137, 332, 335, 336–343
camas, 61, 352–353
como divisórias independentes, 166
configuração dos espaços internos, 16, 17
contemporâneos, 331
cor, 128
dimensões, 57–58, 61, 66, 336, 337, 345, 349, 353, 356, 361
embutidos, 74, 333, 354, 357, 358
ergonomia, 332, 336
escala, 136, 137
espaços curvilíneos, 25
forma espacial, 19
função e propósito, 331
integrados com a iluminação, 283, 360
leiaute, 333
materiais, 334–335

mesas, 57, 137, 344–347
modernos, 331
modulados, 74, 75, 333, 343, 350–351, 354, 360
para escritórios, 330, 337, 342–343, 345, 348–351, 356, 358, 359, 361
posição das janelas e móveis, 197
posição das portas, 29, 206
privacidade, 337, 343
proporções, 133, 134
tecidos para estofamento, 338–339
Munsell, Albert H., 118
Munsell, sistema de cores, 118, 119
Muuto, 346

N

náilon em fibras de carpete, 309
Nanotex®, 339
Noguchi, Isamu, 341
Nonfiction Creative, 342
nuvens, forros, 176, 296, 326

O

obras de arte, 367
ofuscamento
direto, 260
indireto, 260, 261
luz e ofuscamento, 260–261, 265, 281, 362
soluções, 260, 261, 265, 281, 362
OLEDs, 256
olfato, consideração na arquitetura de interiores, 52
Onecollection, 341
orientação
de janelas, 194, 196
ênfase com seu uso, 153
harmonia, 145
variedade, 146
oscilação aerostática, 182, 290

P

padrão
configuração dos espaços internos, 16, 17
cores que o criam, 125, 127
definição, 111
estrutura de telhado aparente, 27
forro, 173
iluminação, 268, 285, 289
linhas que criam, 99
luzes e sombras, 17, 109, 129, 269
materiais de acabamentos, 301, 304, 306, 308, 317, 322

386 ÍNDICE

paredes articuladas por eles, 171
pisos, 301, 304, 306, 308
planos, 101
princípios de projeto que estabelecem, 130
projeto biofílico, 49
ritmos, 148–151
texturais, 108, 111
padrões de claro e escuro, 17, 109, 129, 269
painéis
    acústicos, 295
    de acabamento de parede, 314, 315
    indicadores, 251
    madeira, 317–318
painéis tridimensionais formados a vácuo, 315
Pantone®, sistema de cores, 119
papel de parede, 322
paredes
    aberturas, 168 (ver também portas; janelas)
    acústica, 165, 167, 295
    altura, 168, 169
    articulação, 169, 171
    calefação por radiação, 235
    como elemento interno da edificação, 160–171
    como planos, 102
    concreto, 163, 314
    construção, 160, 162–163
    cor, 128, 129, 169, 171, 321, 322
    curvas, 25, 167
    de alvenaria, 163, 314
    de cisalhamento, 11
    definição de espaços, 3, 6, 161, 167
    desenhos de vistas múltiplas, 78–81
    escadas sustentadas por paredes, 212
    escala, 169
    estruturais, 8, 12, 32–33, 160, 161, 164
    exigências do cógido de edificações, 160
    externas, 4–5, 9, 160
    fechamento, 9, 12, 167
    formas, 167
    função e propósito, 160–161
    fundações, 8
    grossas e finas, 5, 163
    iluminação, instalação ou integração nas paredes, 269, 279, 282
    internas (ver paredes internas e divisórias)
    luz afetada, 264
    materiais de acabamentos, 162, 163, 313–315, 317–322
    modificação, 32
    não estruturais, 165
    resistentes ao fogo, 253, 320
    sistema estrutural, 8, 9, 11
    textura, 169, 170, 171, 317, 322

transversais, 12
vidro, 165, 194, 197
paredes internas e divisórias
    como elementos internos da edificação, 160–161, 165–166
    configuração dos espaços internos, 16
    controle acústico, 165, 293, 296
    não portantes, 165
    sistema estrutural, 9, 11
    soltas, 166
patamares
    de escadas, 210
    de rampas, 219
PBDEs (éteres de difenilo polibromado), 253, 328
pedra
    balcões/bancadas, 359
    paredes, 163, 314
    pisos, 304
    tampos de mesa, 344
péletes (aquecedores, salamandras), 223
percepção visual, 92–94, 115, 121
perda na transmissão, 292, 293
Perriand, Charlotte, 341
persianas, 363
perspectiva, 6, 70, 71. Ver também vistas
perspectiva, desenhos
    arquitetura de interiores, 77, 85–88
    assistido por computador (CAD) ou digital, 85, 88
    ponto de fuga, 77, 86, 87
perspectivas axonométricas, 82, 83
peso
    dimensões humanas, 53
    retas, 97
    visual equilibrado, 139
pias, 242, 243. Ver também lavatórios
pigmentos, 116, 120, 323, 324
pilares
    definição, 10
    definição de espaços, 3, 161
    modificação, 33
    paredes construídas com, 160, 161, 164
    portantes, 10, 164
    ritmo, 151
    sistema estrutural, 8, 10–11, 13, 33
pilastras, 12
pirâmide
    como formatos, 103
    em espaços quadrados, 21
    forros piramidais, 179
    pé direito, 27
pisos
    barrotes, 11, 12, 159
    calefação por radiação, 235

como elemento interno da edificação, 158–159
como planos, 102
como tetos do pavimento inferior, 172, 173, 178, 325
concreto, 159, 304
construção, 159
contrapisos, 159
cor, 128, 129, 300, 301, 309
definição de espaços, 3, 6
distribuição sobre o piso, 238
drenos, 244
iluminação integrada, 269
materiais de acabamento, 159, 231, 300–312
modificações, 33
painéis acústicos, 295
sistema estrutural, 8, 11, 12
pisos de bambu, 302
pisos resilientes, 306
plano do desenho (PD), 85, 86, 87
planos
    características superficiais, 101, 108, 128
    do desenho, 85, 86, 87
    elemento da forma, 95, 101–102
    formas planas, 102
    iluminação na forma de planos, 285
    janelas de separação de planos, 183
    linhas articulando suas bordas, 99, 101
plantas
    arranjos, 72–75
    desenhos de vistas múltiplas, 78–79
    eletricidade e iluminação, 249
    escadas, 210–211
    estratégias, 74–75
    lareira, 225
    oblíquas, 82, 84
    planejamento espacial, 66–67, 197, 206, 216–217
plantas (vegetais) nos interiores, 48, 368
plantas baixas, 79
plástico na construção de móveis, 335
plataformas elevatórias para cadeira de rodas, 221
Platner, Warren, 346
poliéster, 338
poliéster PET, fibras de carpete, 309
ponto
    centralizado ou descentralizado, 96
    como elemento da forma, 95, 96
    de ênfase, 152–154
    de fuga, 87
    de observação, 85
    definição, 96
    iluminação pontual, 278, 285
portas
    almofadadas, 199, 203

ÍNDICE **387**

articuladas, 201
bandeiras (acima das portas), 204, 205
basculantes, 201
com visores/venezianas, 199
como elemento interno da edificação, 198–207
construção de, 202–203
corrediças, 188, 200
de dobrar especiais, 201
de vidro, 187, 188, 199, 203
esquadrias, 199, 204–205
esquadrias, 204–205
externas, 199
função e propósito, 198
internas, 199–207
lisas, 199, 203, 204
luzes laterais, 204, 205
madeira, 203, 204–205
materiais de acabamentos, 199
no sistema de vedação externa, 9
ocas, 202, 203, 204
operação, 200–201
parcialmente de vidro, 199, 203
planejamento do espaço e, 206
porta-veneziana, 199, 203
privacidade, 207
resistentes ao fogo, 199, 253
sanfonadas, 201
tamanho 199
vaivém, 200
ventilação, 199
vidraças, 199
visores, 199, 203
vistas, 198, 207
portas
como aberturas de parede, 168
como elementos de transição espacial, 5, 6, 28–29
como elementos internos da edificação, 198–207
escala, 137, 138
espaços retangulares, 22
esquadrias, 199, 204–205
modificação, 33
paredes portantes, 12
privacidade, 207
tamanho 199
ventilação, 199
vergas, 12, 33
vistas, 198, 207
pórticos, 5
preservação histórica, 36, 319
prevenção e combate a incêndio, sistemas de
abastecimento de água, 239, 250
alarmes de incêndio, 251, 253

códigos, 250–251, 252, 253
com sistemas de comunicação, 251
detectores de fumaça, 251, 253
elevadores, 220, 221
embutidos no forro, 175, 250
materiais decorativos resistentes a chamas, 328
painéis indicadores, 251
paredes resistentes ao fogo, 253, 320
portas, 199, 253
retardantes de chamas, 253, 328
sistemas de combate a incêndio, 250–251, 253
privacidade
acústica, 296, 348
arranjos de planta, 72, 74
janelas que afetam a, 184
móveis que promovem a, 337, 343
paredes que promovem a, 160, 167
portas e influência, 207
profundidade
de divisórias soltas, 166
desenhos de vistas paralelas que sugerem, 78
piso de degrau, 208
programa de necessidades
análise espacial, 66
determinação das características desejáveis, 68
determinação das relações desejáveis, 68–69
exigências de mobiliário, 65
exigências dimensionais, 66
exigências dos usuários, 64
exigências impostas pelas atividades, 65, 68–69
funcionais, 63, 64
na arquitetura de interiores, 63–68
planejamento espacial, 66–67
projeções oblíquas
como desenhos de linhas paralelas, 82, 84
elevações oblíquas, 82
plantas oblíquas, 82, 84
projeto
acústico, 290 (*ver também* acústica)
ativo, 31
baseado em evidências, 38, 43
bom e ruim, 46
critérios, 47
equipe de projeto e construção, 39–40
iluminação, 268, 285–287 (*ver também* iluminação)
interno (*ver* arquitetura de interiores)
padrões (*ver* padrões)
resiliente, 37, 63
sísmico, 160

projeto assistido por computador (CAD), 20, 24, 76, 85, 88
projeto inclusivo, 63
projeto, princípios, 130–154
ênfase, 130, 152–154
equilíbrio, 130, 139–144
escala, 130, 135–138
harmonia, 130, 145–146
proporção, 130, 131–134
ritmo, 130, 148–151
variedade de unidades, 130, 146–147
projeto, processo, 41–45
análise, 42
avaliação, 44, 45
avaliação de alternativas, 44
definição do problema, 41
desenvolvimento do conceito, 43
desenvolvimento e refinamento, 45
elaboração do programa de necessidades, 42–43
implementação, 45
reavaliação do projeto finalizado, 45
síntese, 43
tomada de decisões, 44–45
projeto sustentável
acesso à água e sua conservação, 50, 51, 240
arquitetura de interiores, 48–51
biomímica, 49, 129
considerações sobre o consumo de energia, 50, 51, 228, 245
desenho biofílico, padrões, 49
espaço externo, 4
estratégias, 48
importância das janelas, 186, 195
LEED, sistema de certificação em sustentabilidade, 50, 63, 268, 291
luz/iluminação, 49, 51, 186, 256
materiais de acabamentos, 50, 51, 299, 302
processo de elaboração do programa de necessidades que o inclui, 63, 64
sistemas e normas de certificação ambiental, 50, 63
suporte, 51
sustentabilidade como um critério de projeto, 47
transições espaciais, 30
ventilação natural, 30, 195
projeto, vocabulário, 91–154
cor, 115–129
ênfase, 130, 152–154
equilíbrio, 130, 139–144
escala, 130, 135–138
forma, 95–102, 113–114
formato, 103–106
harmonia, 130, 145–146

388 ÍNDICE

percepção visual, 92, 93–94, 115, 121
princípio de projeto, 130–154
proporções, 130, 131–134
ritmo, 130, 148–151
textura, 107–112
variedade, 130, 146–147
volume, 95, 113–114
proporção
como um princípio de projeto, 130, 131–134
definição, 131
equilíbrio, 139
escadas, 208, 210
escala, 135
grau, 131
lareiras, 224
quantidade, 131
razões, 132
relações de proporção, 134
sistemas de proporção, 132–133

Q

qualidade do ambiente interno, 50
qualidade do ar dos interiores, 231
quantidade, na proporção, 131
quebra-luzes, janelas, 362, 365

R

radiação, 230
raiom, 338
rami, 338
rampas
como elemento interno da edificação, 218–219
guarda-corpos e corrimãos, 219
inclinação, 218
patamares, 219
razão, proporção e, 132
razões de iluminância, 269, 288–289
realidade virtual, 88
reciclagem de uso, 32
redução de ruídos/sons, 291, 292
refletância de encobrimento, 261
reformas, modificação do espaço, 32–34
relações
entre edificações e o terreno, 4
escala, 138
espaços e elementos, 2, 134
esquemas de cores, 126–127
figura e fundo, 18–19, 73, 93–94
linhas que as expressam, 99
princípios de projeto para mantê-las, 130–154
programas que determinam relações desejáveis, 68–69
proporção, 134

remates, 169
remates e acabamentos
janela, 184, 190–191
lareira, 223
parede, 169
porta, 204–205
representação gráfica da arquitetura de interiores, 76–90. Ver também desenhos
retas horizontais, 98
retas verticais, 98
reverberação, 290, 295
ritmo
alternância, 149
como um princípio de projeto, 130, 148–151
contrastantes, 150
em camadas, 150
espacial, 151
estrutural, 151
fundo, 150
horizontal, 151
iluminação, 285
primeiro plano, 150
vertical, 150, 151
visual, 149, 150
roda de cores de Brewster/Prang, 117
roda de cores de Munsell, 118
ruído branco, 292

S

Saarinen, Eero, 346
saídas de emergência, 189, 253
sambladura de encaixe, 204
sapatas, 8
saúde, considerações. Ver também serviços de saúde
arquitetura de interiores, 52
códigos de saúde e segurança, 253
ergonomia, 332, 336
LEDs, iluminação, 256, 265
percepção das cores, 115
qualidade do ar interno, 231
retardantes de chamas, 253, 328
sistema circadiano, 92, 265
tecidos de estofamento que a promovem, 231, 338
tintas com chumbo, 323
seção áurea, 132
seda, 338
segurança
elevadores, 222
envidraçamento de segurança, 187
escadas, 208
saídas de emergência, 189, 253

tintas com chumbo, 323
tratamentos de janela, 184
segurança, 9, 37, 64, 65, 246, 268, 275
série de Fibonacci, 132
serviços de saúde
armários, 358
códigos de saúde e segurança, 253
na arquitetura de interiores, 38, 49, 55, 63
programação funcional, processo para, 63
projeto sustentável, 49
significado, como critério de projeto, 47
símbolos em eletricidade, 249
síntese, processo projetual, 43
sistema circadiano
estímulo circadiano, 92
fototransdução circadiana nos seres humanos, 92
influência da luz natural (diurna), 264–265
sistema de filtro de ar HEPA, 231
sistema de medidas norte-americano, 135
Sistema internacional de Unidades, 135
sistemas ambientais internos, 227–254
água e esgoto, 228–229, 239–244, 250
aquecimento, ventilação e condicionamento de ar, 228–239
fornecimento e distribuição da energia elétrica, 228–229, 245–249
normas e códigos, 241, 248, 250–251, 252–254
sistemas de prevenção e combate a incêndio, 250–251, 253
sistemas estruturais coordenados, 228–229
sistemas de armazenagem, 360–361
sistemas de distribuição sobre o piso, 238
sistemas de mascaramento eletrônico de sons, 296
sistemas estruturais
cargas sustentadas, 8, 10, 12, 13, 33 (ver também cargas)
compostos, 14–15
dimensões espaciais, 20
elétricos, 9
espaço interno, 8–15, 20, 33–34
fundações, 8
instalações hidrossanitárias, 9 (ver também instalações hidrossanitárias)
instalações prediais, 9
lineares, 10–11
mecânicos, 9 (ver também instalações)
modificações, 33–34
planos, 12–13
sistemas ambientais internos coordenados, 228–229
superestrutura, 8

ÍNDICE 389

vedações externas, 9, 12 (ver também paredes; janelas)
volumétricos, 14
sistemas hidrossanitários
    códigos, 252
    como sistemas ambientais internos, 228–229, 240–243
    dimensões, 242
    embutidos no forro, 175
    instalações prediais, 9
    materiais de acabamentos, 242
sofás. Ver assentos
sofitos, 176
Softline, 341
sólidos como volumes, 113, 114
som
    absorção, 295
    acústica, 290, 291 (ver também acústica)
    audição, 52, 291
    classe de transmissão sonora (STC), 293
    de fundo ou ambiente, 292, 296
    decibéis, 291
    escritórios, 60, 291, 296, 348
    isolamento, 291
    perda na transmissão, 292, 293
    ruídos, 291, 292
    sistemas de mascaramento eletrônico de sons, 296
sombras. Ver também forma
    definição de linhas e planos, 99, 103
    forma definida por sombras, 103
    formas planas, 101
sone, 291
Spandex®, 339
Starck, Philippe, 331
Steelcase, 350
Stumpf, Bill, 335
subtrações dos espaços, 11, 23
superestrutura, 8

T

TAF Architects, 346
tamanho
    ênfase com seu uso, 152
    escadas, 209
    escala e tamanho, 135–138 (ver também escala)
    harmonia, 145
    janelas, 189, 194
    percepção das cores, 128
    portas, 199
    proporções, 131–134 (ver também proporção)
    ritmos, 149
    variedade, 146

tapetes, 128, 307, 312
tecidos
    como acabamento de parede, 322
    elementos leves de proteção de janelas, 328, 362, 364–365
    especiais, 339
    estofamento, 231, 338–339
    para interiores e exteriores, 339
    qualidade do ar interno afetada, 231
tecidos de metal, 339
técnicas de relaxamento, 324
telhado/cobertura em shed, 27, 179
temperatura
    arquitetura de interiores, considerações, 52
    conforto térmico, 230
    das cores, 124–125, 263, 271, 274, 275
    janelas, 195, 196, 234, 267, 362
    LEDs, questões, 272
    mudança climática e temperatura, 63
    pé direito e temperatura, 178
    pisos, 300
    portas e influência, 198
    temperatura de cor correlacionada, 271, 275
    ventilação natural, 195
terreno, 4, 50
tetos. Ver forros/tetos
textura
    carpetes, 311
    configuração dos espaços internos, 16, 17
    contraste, 110, 139
    cor afetada pela textura, 171
    definição, 107
    equilíbrio, 139, 143
    escala, 108, 112
    espaço, 112
    estrutura de cobertura aparente, 27
    física, 107
    harmonia, 145
    linhas criadoras, 99
    luz e textura, 109, 258
    materiais, 107, 112, 300, 301, 305, 311, 317, 322
    materiais de acabamentos, 112, 300, 301, 305, 311, 317, 322
    padrões, 108, 111
    paredes, 169, 170, 171, 317, 322
    percepção visual, 93
    pisos, 300, 301, 305, 311
    planos, 101, 108
    retas, 97
    ritmos, 149, 150
    tato, 107
    variedade, 146

visual, 107, 109, 174
vocabulário de projeto, 107–112
Thonet, Michael, 331, 336
tintas e revestimentos
    acabamentos decorativos, 324
    alquida, 323
    antimicrobianos, 323
    brilho, 323, 324
    chumbo, 323
    como materiais de acabamentos, 323–324
    definição, 323
    látex, 323
    qualidade do ar interno afetada, 231
    refletâncias da luz, 324
    stains, 323
toldos, 362
tomadas elétricas, 248, 249
tons, cor, 120, 127, 129, 152
torneiras, 243
transições espaciais, 5, 6, 28–31
translucência, 186, 256–257
transporte vertical
    elevadores, 220–222
    escadas (ver escadas)
    escadas rolantes, 222
    rampas, 218–219
    sistemas elétricos, 9
treliças, 20, 362
triângulos, 103, 105, 127
trilhos para spots, iluminação, 279, 283
trimétricas, 82
Trompe l'oeil, 324
tubos de luz, 267
tubulões, fundações, 8

U

U.S. Green Building Council (USGBC), LEED, sistema de certificação em sustentabilidade, 50, 63, 268, 291
unidade
    como princípio de projeto, 130, 146–147
    da forma, 104
    equilíbrio, 147
    harmonia, 145–147
    promoção das proporções, 133
    promoção do esquema de cores, 126
    tensão estabelecida pela variedade, 146, 147
utilidade, 47

V

valor tonal, cor, 116, 117–118, 120, 121, 123, 124–125, 126–127, 129, 143, 152

390 ÍNDICE

van der Heyden, Frans, 346
van der Rohe, Mies, 331, 335, 346
varandas, 5
variedade
    como um princípio de projeto, 130, 146–147
    e unidade, 146, 147
    harmonia, 146–147
vazio, como volume, 113, 114
venezianas, 363
venezianas, portas, 199, 203
ventilação
    aberturas de parede, 168
    climatização, 228–229, 231–232
    códigos, 253
    filtragem, 231
    janelas, 186, 188–189, 195, 231–232
    natural, 28, 30, 195, 231–232
    portas e influência, 199
    qualidade do ar interno, 231
    sistemas mecânicos, 9, 232
    transições espaciais, 28, 30
vidro. *Ver também* janelas
    aramado, 187
    azulejos de vidro, 321
    elevadores com fundo de vidro, 221
    laminado, 187
    paredes, 165, 194, 197
    portas, 187, 188, 199
    tampos de mesa, 344, 346
    temperado, 187, 199

vigas
    banzos ou dormentes, 212–213
    barrotes, 11, 159
    como degraus, 212–213
    definição, 10
    definição de espaços, 3, 161
    lajes, 13
    lintéis, 12, 33, 223
    longarinas, 11
    modificação, 33
    paredes construídas com vigas, 160, 161, 164
    pisos com barrotes, 159
    ritmo, 151
    sistema estrutural, 8, 10–11, 33
    vão vencido, 20
vigas mestras, 11
vinil, 338
visitabilidade, 5, 31
visores em portas, 199, 203
vista. *Ver percepção visual*
vistas. *Ver também* perspectiva
    aberturas de parede, 168
    emolduramento com janelas, filtragem, 183, 185–186
    portas e influência, 198, 207
    tipos de janela, 362
    transições espaciais, 28, 30
    uso do projeto sustentável, 49, 186
Vitra, 118, 341
volts, 245, 276

volume
    elemento da forma, 95, 113–114
    iluminação na forma de volume, 278, 285
    linhas articulando as quinas de um volume, 99, 100
    sólidos, 113, 114
    vazios, 113, 114
    vocabulário de projeto, 95, 113–114

W

wall grazing, 280
Walt Disney, sala de concertos, 14
watts, 245, 270, 272, 273, 276
Wegner, Hans, 331
WELL Building Standard, 50, 291
Williams, Bob, 341

Z

zona/distância social, 52, 56
zonas
    adequação ao espaço e acessibilidade, 70–71
    arquitetura de interiores, 52, 56, 70–71
    íntimas, 56
    públicas, 56
    sociais, 52, 56
zoneamento, normas, 252